澳门科技大学社会和文化研究所

前沿 · 学术 · 原创

粤港澳大湾区发展报告（2019～2020）
编委会

主编简介

  林广志　历史学博士，澳门科技大学社会和文化研究所所长、教授，兼任澳门特区政府文化咨询委员会委员、文化产业基金项目评审委员会委员、中国澳门学学会会长。主要从事澳门经济社会史及相关公共政策研究，发表学术论文40余篇，出版（主编）《澳门之魂——晚清澳门华商与华人社会研究》《卢九家族研究》《澳门蓝皮书》《澳门绿皮书》《中葡经贸合作蓝皮书》《粤港澳大湾区发展报告》《澳门回归大事编年（2010—2014）》《澳门劳动力需求与供给研究》《唐廷枢研究》（集刊）等，主持或参与澳门特区政府、全国港澳研究会、横琴新区管委会等多项政策研究课题。

  刘　毅　经济学博士，澳门科技大学社会和文化研究所特聘教授，先后在广东省文化厅、广东省审计厅、香港大学专业进修学院、广东省社会科学院从事工作、研究和教学。主要研究领域为人口经济、劳动经济、港澳经济与社会发展等。出版《转型期中产阶层消费特征：以珠江三角洲为例》、《现代化发展之路：区域发展战略与产业调整实证研究》、《广东居民收入分配研究》（合著）、《澳门通货膨胀问题研究：成因、影响及其治理》（合著）等，主持或参与国家社科基金、广东社科基金、澳门特区政府等多项研究课题，发表学术论文近百篇。

摘　要

《粤港澳大湾区发展规划纲要》（以下简称《规划纲要》）颁布以来，国家、省、市一系列重要政策举措相继出台，推动人员、物资、资金、信息等要素的便捷有序流动，湾区城市融合发展进程加快，各项建设取得重大进展。但受2020年年初新冠肺炎疫情的猛烈冲击，湾区建设、城市往来、合作机制遭遇了巨大挑战。

《粤港澳大湾区发展报告（2019~2020）》由澳门科技大学社会和文化研究所策划，澳门、香港及内地20多位学者参与研创。报告以澳门参与大湾区建设为视角，以制度创新与要素流动、珠澳合作开发横琴为主题，由总报告、智库篇、热点篇、评价篇、专题篇、琴澳篇六部分共19篇专题报告及附录组成，系统分析了2019年湾区建设的现状、问题与特征，预测2020年的建设和发展趋势，并提出相关政策建议。主要专题包括湾区制度创新与珠澳合作开发横琴、城市创新能力、城市宜居环境、高新技术产业、科技金融协同、多元文化交流合作基地与"人文湾区"建设、澳门青年创新创业、澳门高校科技发展及其在湾区办学、外资银行在湾区的布局、横琴新区定位、琴澳金融合作、澳门科技企业发展、澳门单牌车入出珠海等。因应新冠疫情的影响，探讨了湾区城市公共卫生应急管理体系与合作机制、新冠肺炎疫情对湾区餐饮业的影响及其对策等。2019年湾区大数据、大事记附于书末，可供政府决策部门和社会各界参考。

关于湾区制度创新与要素流动的现状、问题及发展策略，报告认为，全面深入实施《规划纲要》，制度创新是关键，科技创新是基础，尤其要在以下方面实现突破：一是以"五通"即人员、物流、信息、资本、市场等要素的自由流通为核心规划和推动湾区制度创新，不断提升区域融合发展能力；二是强化湾区创新发展的顶层设计，建立切合实际的、高效的湾区创新合作机制，全面审视和评估湾区城市的科技基础和创新能力，分析城市间的差异、差距及科技创新合作模式，提升创新能力和创新合作水平，以科技创新推动经济转型升级，促进经济持续增长；三是进一步明确横琴在湾区的定位、功能及其内涵，按照"中央要求"，围绕"澳门所需"，聚焦"湾区所向"，发挥"横琴所能"，致力于将横琴建设成为"粤港澳深度合作示范区"。

为贯彻落实习近平主席关于"特别要做好珠澳合作开发横琴这篇文章"的重要指示精神，重点探讨了珠澳合作开发横琴的制度创新、合作模式、实施路径和具体措施。报告认为，作为粤澳合作的重要载体，琴澳合作将丰富"一国两制"新实践，促进澳门长期繁荣稳定和融入国家发展，重塑湾区时代珠海发展新优势。"做好珠澳合作开发横琴这篇文章"，"合作开发"是重点，制度创新是关键，实现澳门长期繁荣稳定、融入国家发展是目标。为此，报告提出，在横琴岛规划建设"琴澳制度创新示范区"，以共建共享为原则，将澳门自由港制度延伸至横琴，在关键领域引入澳门法律和管理制度，做好顶层设计与管理体制，修订横琴发展规划，发展重点产业，创新社会管理模式，营造澳门"生活场景"，实现生产、生活要素的无障碍流动，以此开创横琴、澳门融合发展的新局面，实现湾区制度创新的重大突破，为粤港澳大湾区制度创新和"一国两制"新实践创造最佳案例。

目　录

┃琴澳篇┃

┃附　录┃

总报告

01

"特别要做好珠澳合作开发横琴这篇文章"

——粤港澳大湾区制度创新与珠澳合作开发横琴

林广志　刘　毅　黄继华*

摘　要：横琴新区作为粤澳合作的重要载体，其设立的"初心"就是服务澳门经济适度多元发展，确保澳门经济社会的长期繁荣稳定。十年来，横琴开发建设不断获得从中央到地方强有力的政策支持，形成了国家级新区、自由贸易区和粤港澳大湾区叠加的政策优势，通过土地合作灵活多样、产业合作务实稳健及合作制度不断创新，在城市建设、经济发展、服务澳门等方面取得了显著成就。由于各种原因，横琴开发仍然存在制度衔接、产业合作、社会服务等方面的问题与瓶颈。在新的时期，粤澳在"一国两制"新实践和粤港澳大湾区建设背景下，通过强化制度创新，尤其是将澳门自由港制度延伸至横琴，在关键领域引入澳门法律和管理制度，以共建共享方式建设"琴澳制度创新示范区"，可实现琴澳两地融合式发展，促进澳门融入国家发展大局，为粤港澳大湾区制度创新和"一国两制"新实践创造新的路径与案例。

关键词：粤港澳大湾区　澳门　横琴　琴澳合作　琴澳制度创新示范区

　　通过开发横琴，实现澳门与横琴的合作发展是"一国两制"伟大实践的重要举措，是珠澳合作、粤澳合作的主要立足点，无论对澳门和横琴自身以及

---

　　* 林广志，历史学博士，澳门科技大学社会和文化研究所所长、教授；刘毅，经济学博士，澳门科技大学社会和文化研究所特聘教授；黄继华，澳门科技大学社会和文化研究所国际关系专业博士生，广东农工商职业技术学院讲师。

对珠海、广东乃至"一国两制"大业均具极其重要的历史和现实意义。中央政府、澳门特区政府、广东省政府、珠海市政府以及横琴新区管委会对于澳门与横琴的合作发展给予了高度的重视和大力的支持，两地工商及社会各界积极参与。自2009年横琴开发以来，澳门与横琴的合作发展迈出了坚实的步伐，取得了可喜的成绩，开创了全新的局面。

习近平主席高度重视横琴的开发建设，多次对横琴开发做出重要指示，反复强调横琴开发的重要性。2019年12月20日，在庆祝澳门回归祖国20周年大会暨澳门特别行政区第五届政府就职典礼上，习近平主席再次强调："特别要做好珠澳合作开发横琴这篇文章，为澳门长远发展开辟广阔空间、注入新动力"。[①]在新的时期，如何不忘初心，高质量做好"这篇文章"，是摆在澳门特别行政区、广东省政府、珠海市政府以及横琴新区政府面前的一道"考题"。澳门、珠海方面已经意识到，要做好"这篇文章"，关键是制度要创新，路径要调整。2020年1月2日，澳门特区新任行政长官贺一诚指出，"中央在利用横琴土地支持澳门产业多元发展上给出很大支持，未来我们还要解决制度上的问题。希望能为不同制度在湾区的融合作出新的尝试，建立好长远发展的基础，让澳门的产业多元有所突破"。[②]1月14日，珠海市委书记郭永航表示，建立新体制方面，"珠澳双方可以联合成立一个机构，由澳门方主导，在珠澳合作事务上共商共建共管共享。新环境方面，在横琴，打造趋同港澳的营商环境，延伸部分澳门自由港政策，实现真正的'一线放开、二线管住'"[③]。

回顾历史，珠海经济特区因开放而生，横琴新区因澳门而兴，特别是横琴新区自设立以来就肩负着服务澳门、践行"一国两制"、围绕"澳门所需"、竭尽"横琴所能"的明确使命。澳门亦因珠海和横琴的建设与发展而日益繁荣稳定，并力求通过与横琴的深入合作，推进产业适度多元发展，实现国家赋予的建设"一个中心、一个平台、一个基地"的战略目标。当前，粤港澳大湾区建设的进程、"一国两制"新实践的需要为横琴开发、琴澳合作提供了更为有

---

① 习近平：《在庆祝澳门回归祖国20周年大会暨澳门特别行政区第五届政府就职典礼上的讲话》，新华网，最后访问时间：2020年3月15日。

② 《贺一诚：站在澳门历史高度变革创新》，紫荆网，最后访问日期：2020年5月25日。

③ 《郭永航：5个"新"做好珠澳合作开发横琴文章》，南方网，最后访问日期：2020年5月25日。

利的条件和更加光明的前景。

一、横琴开发与琴澳合作决策的历程

澳门地窄人稠，产业单一性显著。2019年，澳门全域土地面积32.90平方公里，人口67.96万人，每平方公里2.07万人，地区生产总值4346.70亿澳门元，每平方公里GDP高达132.12亿澳门元，[①]人口密度和产出密度均居世界城市的前列。在产业构成方面，博彩业一业独大，近十年来博彩及博彩中介业增加值约占澳门GDP的46%~63%，2018年占50.5%。拥挤的人口和高度聚焦的产业，在一定程度上制约着澳门的进一步发展，现实条件促使澳门需要在空间上获得新的扩展。

澳门结合自身的需要，依据国家支持澳门融入国家发展大局的决策，适时提出加强与横琴的合作，携手拓展两地发展的新机遇。深化琴澳合作的提议首先在粤澳高层达成共识，进而获得中央的大力支持，开创了由合作城市政府主导、上层区域政府协调、中央政府决策的城市合作新机制和新模式，珠澳合作拉开了全新的发展大幕。这是"一国两制"伟大构想在城市合作领域的全新实践，是在一个主权国家、两种法律框架、两种经济体制下区域合作的制度创新，将进一步拓展粤澳合作的发展空间，并为国内其他地区的合作发展带来重要的示范作用，为区域合作协调发展，为"一国两制"大业提供了新的思路和新的路径。

2005年12月6日在澳门召开的粤澳合作联席会议提出了备受瞩目的粤澳合作开发横琴岛议题，开发重点聚焦于经济合作。时任澳门特区行政长官何厚铧表示，澳门全面参与开发横琴岛，粤澳可以起到主导的作用。

2009年对于横琴新区来说具有划时代的意义。1月8日，国家发改委公布《珠江三角洲地区改革发展规划纲要（2008—2020年）》，首次将与港澳紧密合作的相关内容纳入规划，并明确提出规划建设珠海横琴新区，作为粤港澳合作区域。8月14日，国务院正式批准实施《横琴总体发展规划》，横琴成为继上海浦东新区和天津滨海新区之后，由中央政府批准成立的第三个国家级新区。12月16日，横琴新区正式挂牌成立，横琴成为国家第一个粤港澳紧密合作示范区。

---

① 数据来源：《澳门统计数据库》，澳门统计暨普查局网，最后访问日期：2020年3月17日。

2011年3月6日，粤澳双方在北京签署《粤澳合作框架协议》，其中第二章专门论述"合作开发横琴"，确定粤澳共同参与横琴开发，横琴实施分线管理，24小时通关。该协议奠定了粤澳合作开发横琴以及横琴建设的基本格局。

2011年7月14日，《国务院关于横琴开发有关政策的批复》下发，决定在横琴实行比经济特区更加特殊的优惠政策，加快横琴开发。包括实行"一线"放宽、"二线"管住、人货分离、分类管理的创新通关制度，国家给予横琴新区在与澳门的合作中最宽松、最优惠的政策，特别是"比特区更特"的优惠政策，至今在全国仍无其他地区能获得如此的特殊待遇。

2015年4月8日，国务院发布《中国（广东）自由贸易试验区总体方案》，分设广州南沙、深圳前海和珠海横琴三个片区。自贸区的设立，除一系列促进改革开放的自由贸易措施的实施外，横琴新区的基本功能和产业定位进一步完善和优化。

2017年7月1日，国家发改委与粤港澳三地政府在香港共同签署《深化粤港澳合作 推进大湾区建设框架协议》，明确珠海横琴与深圳前海、广州南沙为粤港澳合作的重要平台。

2019年2月18日，中共中央、国务院印发《粤港澳大湾区发展规划纲要》，将澳门与香港、广州、深圳一同确定为粤港澳大湾区的四大中心城市，作为区域发展的核心引擎；将横琴新区确定为粤港澳深度合作示范区，从产业合作扩展到民生合作。

经过15年的多方商讨和努力实践，粤澳签订了多份协议，在国家主导规划下，最终横琴新区定型为粤港澳深度合作示范区，形成国家级新区、自由贸易区和粤港澳大湾区"三区"叠加优势。上述各项协议、规划所确定的横琴新区与澳门合作的目标、定位、产业发展以及赋予的优惠政策和措施，是一个不断调整优化的过程，并逐步完善和深入。

随着粤港澳大湾区建设上升为国家战略，琴澳合作必然迈向新的高度。积极参与横琴新区的开发，是澳门融入粤港澳大湾区，融入国家发展大局的重要平台和关键切入点。琴澳合作具有极其重要的意义：一是推动"一国两制"伟大事业继续向前迈进，二是促进澳门经济适度多元发展和维护澳门长期繁荣稳定，三是通过琴澳融合重塑珠海发展新优势。

二、横琴开发与琴澳合作取得的显著成就

2019年是澳门回归祖国20周年，也是横琴开发建设10周年。澳门和横琴两地在合作中发展，在发展中深入合作，体制机制不断创新，经济规模不断扩大，产业发展不断充实，社会事业不断完善，取得了举世瞩目的成就，"一国两制"优势得到了充分的体现。

2019年，澳门地区生产总值4346.70亿澳门元，比2009年增长了1.54倍，年均增长9.75%；人均地区生产总值645438澳门元，比2009年增长了1.03倍，年均增长7.3%。[①]同期，横琴地区生产总值由2.85亿元人民币增加到2019年的461.13亿元人民币，10年增长了160.8倍，年均增长率高达66.3%。

（一）灵活多样的土地合作

琴澳土地开发合作是两地合作的核心问题。在中央政府的支持下，琴澳在土地合作方面取得了突破性的进展，形成了三种各具特色的合作模式。

1. 租赁并管辖模式

租赁珠海拱北海关到澳门关闸之间28000平方米地段，是澳门向内地租赁土地并实施管辖的早期方式。自2002年7月23日起，该地段由珠海市租赁给澳门特区政府管辖，由澳门特区政府行使司法管辖权和行政管理权。

而影响最大、最具代表性的是澳门大学横琴新校区。2009年6月，全国人大常委会授权澳门特区政府以租赁形式取得横琴岛1.0926平方公里土地建设澳门大学横琴新校区，并在校区内依照澳门特别行政区法律实施管辖，开创了特别行政区较大规模租赁内地土地用以发展并且实施管辖的模式，一个崭新的"一国两制"区域合作"横琴模式"由此诞生。

这种模式在新启用的横琴莲花口岸再次采用。2019年10月26日，全国人大常委会授权澳门对横琴新口岸的澳方口岸及相关延伸区依照澳门法律实施管理，而且是一次授权、分阶段实施，即因应横琴口岸改造扩建工程将分三期完成及投入使用的实际状况，全国人大常委会一次给予授权，具体实施的时间和区域由国务院决定。2020年3月18日，第一阶段66428平方米的横琴澳门口岸旅检区正式移交澳门。改扩建的横琴新口岸及其中的澳方口岸（由澳门租用并管

---

① 数据来源：《澳门统计数据库》，澳门统计暨普查局网，最后访问日期：2020年3月17日。

辖），是"一国两制"下琴澳合作基础设施建设和互联互通的标志性设施。

2．共建产业园区

2010年，粤澳双方签署《关于探讨粤澳双方共建中医药科技产业园的备忘录》，确定在横琴高新技术产业区内划出0.5平方公里共建中医药科技产业园，该园区的建设实行股份合作模式，由澳门特区政府成立"澳门投资发展股份有限公司"，与横琴新区"珠海大横琴投资有限公司"携手组建"粤澳中医药科技产业园开发有限公司"，横琴方面提供土地作价占49%，澳门方面出资占51%，共同负责园区的建设、经营、运作及管理。而承载澳门产业项目的粤澳合作产业园区共有五平方公里，[①]采取澳门特区政府牵头，横琴新区配合，琴澳双方共同参与的方式进行招商。2013年确定的首批项目，至2019年底已签约28项，累计出让土地2.43平方公里。[②]余下2.57平方公里土地的招商项目，亦于2019年12月31日至2020年1月16日接受申请。

3．拍卖土地使用权

自2012年起，横琴通过招拍挂的方式向港澳企业拍卖土地使用权。该年底，澳门一批中小企业联合成立投资公司，投得横琴三万平方米商业用地。其后不断有澳门企业采取这种方式获得横琴的土地使用权。2019年12月25日，澳门恒星蓝海投资发展有限公司以接近2.88亿元人民币投得横琴2.2万多平方米商业用地，拟建高档酒店。[③]随着琴澳合作的深入，澳门企业以此方式获得的土地使用权将会越来越多。

此外，琴澳合作共同建设的横琴"澳门新街坊"项目亦取得了新进展。2020年3月，澳门都市更新股份有限公司以总价约53.48亿人民币获得总面积194415.03平方米的项目用地。[④]这是一个针对澳门居民集养老、居住、教育、医疗等功能于一体的综合民生项目，参照澳门社区建设的相关标准和规范，由

[①] 2019年12月16日，横琴新区管理委员会主任杨川对外透露，在5平方公里基础上，计划新增1平方公里土地支持澳门建设产学研一体化国际研究院。《珠海横琴计划新增1平方公里土地支持澳门建设》，新浪网，最后访问日期：2020年5月25日。

[②] 张伟宁：《为澳门发展预留充足空间——珠海促进澳门经济适度多元发展系列述评之三》，《珠海特区报》2019年12月18日，第02版。

[③] 《澳门企业来横琴拿地了！总价2.87亿元！需与世界知名酒店合作！》，腾讯网，最后访问日期：2020年3月19日。

[④] 《53.5亿！"澳门新街坊"名花有主，横琴迎来历史机遇》，腾讯网，最后访问日期：2020年3月20日。

澳门企业负责在横琴投资建设。

通过上述三种方式，澳门在横琴获得了超过澳门本土面积20%的土地使用权，给澳门的发展拓宽了宝贵空间。而澳门则向横琴注入了更多的活跃元素，实现双方优势互补。

（二）务实稳健的产业合作

在横琴注册的澳门企业从十年前的五家，发展到2019年底的2157家，澳资企业累计在横琴的投资总额为188.33亿美元，尤其是2019年，澳资企业进入横琴增长迅猛，新增注册的澳资企业745家，比前九年累计数增长了52.7%。[①]

1.旅游休闲

2019年3月，国务院批复同意《横琴国际休闲旅游岛建设方案》，琴澳旅游合作、产业对接进入快车道。从2019年9月起，港澳导游及领队经培训认证后，可换取横琴新区专用导游证开展导游领队业务。琴澳合作共同推动横琴打造国际休闲旅游岛，进一步助力澳门建设世界旅游休闲中心。

2.商务服务

由澳门30多家中小企业合股组建公司投资兴建的大型商业综合体励骏友谊广场建成开业、红旗村商业步行街引入港澳品牌商家，是琴澳商务合作的成功范例。会展方面，早在2013年6月，珠海出入境检验检疫局和澳门贸易投资促进局签署了《关于促进珠澳会展检验检疫便利化合作备忘录》，双方在会展通关质量和便利方面加强合作与创新，推进了两地会展业的合作和发展。

3.金融服务

截至2019年4月底，横琴新区共注册金融和类金融企业共6558家，注册资本达10344.45亿元人民币，区内财富管理机构资产管理规模超2.4万亿元，[②]其中澳资金融企业17家，注册资本114.13亿元。[③]粤澳合作发展基金落户横琴，首期规模约200亿元。跨境支付不断创新，横琴莲花大桥穿梭巴士受理金融IC卡支付。工商银行广东自贸区横琴分行与工银澳门共同推出"琴澳粤通卡"，为两地牌

---

① 《"琴"鸣十年与"澳"同行》，《南方日报》2019年12月17日，第A04版。

② 《今日挂牌十周年，原来你是这样的横琴！》，房讯网，最后访问日期：2020年3月23日。

③ 《横琴新区各类金融企业共7587家 注册资本8823亿元》，中国新闻网，最后访问日期：2020年3月22日；截至2020年4月底，横琴新区实有澳资企业2522家，注册资本（金）达139.44亿美元。《横琴澳资企业增长迅速》，新华网，最后访问日期：2020年5月22日。

车主提供通行费、停车费等缴费便利。横琴工行还可办理澳门企业及居民在横琴的所有涉税事项。港澳居民在横琴购买住房均可办理跨境按揭业务。2019年12月13日，珠海华发集团发行的澳门首单公募公司债券成功上市，开创了内地企业赴澳门发行公募公司债券的先河。

4．文化创意

2018年11月，横琴新区管委会印发了《横琴新区扶持文化创意产业发展办法（试行）》，为文化创意产业落户横琴提供优惠和资助，特别强调"把横琴新区扶持文化创意产业发展融入全面深化港澳合作、促进澳门经济适度多元发展之中"，"同等条件下优先支持港澳文化创意企业来横琴发展"。

5．中医保健

琴澳合作最先启动并成效显著的是粤澳合作中医药科技产业园，截至2019年9月，产业园累计注册企业159家，其中澳门企业39家，涉及中医药、保健品、医疗器械、医疗服务及生物医药等领域。产业园创新研发的氛围正在形成，与北京大学、澳门大学国家重点实验室共同成立珠海横琴新区北澳中医药创新研究院，与广州中医药大学、暨南大学、澳门大学等高校院所建立了战略合作关系。

6．科教研发和高新技术

澳门大学横琴校区面积比原澳门校区扩大约20倍，原澳门校区分别分配给澳门理工学院、澳门城市大学等高校使用，为澳门高等教育发展提供了新的空间。在教育培训和专业交流方面，澳门旅游学院与横琴新区管委会合作在横琴建设"澳门旅游学院横琴培训基地"；区内幼儿园和中小学等教育资源面向澳门扩大开放，在横琴工作的港澳籍人员子女享受与内地居民同等接受义务教育的权利；琴澳双方部分中小学及幼儿园分别结为姊妹学校。

2019年下半年，横琴新区管委会分别与澳门大学和澳门科技大学合作共建产学研基地，免费提供科技创新载体场所和扶持资金及天使投资基金，推动澳门高水平大学研究服务和知识成果转移转化。2015年6月成立的横琴·澳门青年创业谷是国家级科技企业孵化器、国家级众创空间，为澳门青年创新创业提供了相当优厚的条件。至2019年5月底，已累计孵化项目346个，其中澳门项目185个。①

---

① 《横琴·澳门青年创业谷获"粤澳青年创新创业基地"》，横琴新区政府门户网站，最后访问日期：2021年2月20日。

（三）合作制度不断创新

横琴自贸片区成立以来，主动对接国际高标准投资贸易规则，结合澳门的实际，截至2019年底，已推出420余项制度创新成果，其中三个案例获评"全国自贸试验区最佳实践案例"，12项试点经验向全国复制推广，33项入选广东省自贸试验区制度创新案例，56项改革创新措施在广东省复制推广。①

1．通关制度

2014年12月18日零时起，横琴新口岸正式投入使用，并实施24小时通关，标志着横琴与澳门沟通合作的通道全天候打通；2016年5月24日，在横琴口岸与澳门莲花口岸最先实施粤澳两地互认小客车检查结果，实行一次检查两地过关；2016年12月20日，澳门单牌车入出横琴正式实施；2018年8月，澳门特区政府与广东省政府和珠海市政府协商后提出，借珠海横琴口岸改扩建的契机，将澳方的莲花口岸搬迁至横琴口岸，并采取"合作查验、一次放行"的通关模式，随后获得国务院和全国人大常委会的同意并授权。

2．商事制度

借鉴港澳的商事登记制度，横琴于2012年5月推出《珠海经济特区横琴新区商事登记管理办法》，实施登记注册与经营审批相分离；实行有限责任公司注册资本认缴制，不再限制出资方式与时限，也无需提交验资报告，降低市场准入门槛和创业成本。2015年4月推出以营业执照信息为基础，集合企业其他登记、许可、备案、资质认证、监管、经营等信息，经国家密码管理局认证的企业电子身份证，即商事主体电子证照卡，方便企业经营者办理各类行政业务。2015年12月，进一步在商事主体电子证照卡基础上加载金融功能，将其升级为商事主体版银行卡，集身份认证、信用资信查询、金融服务三大功能为一体，横琴工商局分别与工行横琴分行、中行澳门分行、工行澳门分行合作，开展企业登记注册导办服务，投资者可以远程、异地、就近向当地银行申请横琴新区的商事登记服务，使行政服务突破时空限制延伸至澳门。

3．税收制度

一是对通过"一线"进入的境外产品，实施免税或保税；二是横琴新区内，企业之间免征增值税；三是对符合条件的企业实施15%的税率征收企业所得税；四是实行"港人港税、澳人澳税"，港澳居民的个人所得税按标准给予

---

① 《"琴"鸣十年与"澳"同行》，《南方日报》2019年12月17日，第A04版。

补贴。同时，通过"跨境电子支票缴税"，以及自主研发的全国首台远程可视自助办税终端，实现跨境办税，办税效能提升80%。

4．民生制度

积极为港澳专业人士到横琴执业拓展空间，单向认可港澳执业资格，相继出台实施港澳建筑师、医师、导游到横琴执业的政策。从2019年7月份起，试点常住横琴的澳门居民参加珠海基本医疗保险。截至11月底，3223名澳门居民选择在珠海参保，9797人次享受医疗保险待遇。[①]欢迎澳门居民在横琴置业安居，截至2019年11月，澳门居民在横琴购置各类物业累计5923套，约占横琴出售物业总套数的25%。澳门社团在内地首个综合社会服务项目也正式运营。[②]同时，一个集居住、养老、医疗、卫生为一体的"澳门新街坊"民生社区正在兴建，预计建成后将可为澳门居民按成本价提供3800套住房，并由澳门特区政府指定机构按澳门标准进行运营。[③]

三、横琴开发与琴澳合作存在的问题与趋势

横琴开发、琴澳合作取得了可喜的经济效益和社会效益，但仍存在一些问题、障碍甚至矛盾，一定程度上影响了横琴开发的效益，阻碍了琴澳合作的进程和深化。

（一）横琴与澳门在合作理念上存在一定的差异

从澳门的角度，最大的希冀是能通过合作获取土地资源，扩大发展空间。一是使经济适度多元的延伸产业和新兴产业能布局开来；二是给博彩业以外的大量中小企业寻求成本较为低廉的经营处所；三是为居民居住、教育、医疗、养老等民生事项提供改善的条件和环境。从横琴的角度，横琴总面积为106平方公里，但可规划开发的仅有28平方公里，其他大部分区域为生态保护区，客观来说，横琴可支配的土地同样也是寸土寸金。横琴希望通过与澳门的合作，在有限的土地空间上，实现促进澳门经济适度多元发展的同时，建立现代高新技术产业和现代服务业体系，成为珠海新的经济增长点，乃至珠江西岸新的发展

---

① 喻剑：《"琴澳"和鸣大湾区》，《经济日报》2019年12月26日，第10版。

② 《澳门社团在内地首个综合社会服务项目横琴落地》，央广网，最后访问日期：2020年4月6日。

③ 《53.5亿！"澳门新街坊"名花有主，横琴迎来历史机遇》，腾讯网，最后访问日期：2020年3月25日。

极点。

即使《粤澳合作框架协议》中明确横琴的开发建设是"合作开发"，"共同参与"，但在开发的过程中，存在双方利益不一致且缺乏"高层次、强有力、具效率的统筹协调，致使许多合作进展拖慢"。[①]为此，澳门学界及相关人士先后提出将横琴划为"粤澳特别合作区"，或在横琴南部海域填海"开发新区共建共管"，甚至整体划归澳门管辖等开发模式。[②]在现实中，最受称赞的是澳门大学横琴校区租赁土地，由澳门按澳门法律管辖的合作模式。这些想法，反映澳门方面比较关注横琴开发究竟由谁主导，在开发过程中澳门扮演什么样的角色，双方在开发中涉及的利益如何协调，横琴开发如何才能配合澳门经济适度多元发展，横琴开发的制度安排怎样等关键问题。[③]归根结底，谁是横琴开发的主体以及在横琴开发理念上的差异，成为双方合作的主要障碍。

（二）横琴高标准的产业规划与澳门产业相对单一的矛盾

横琴可用于开发的仅有28平方公里土地，必然需要做出极高的开发强度，才能配合高新技术产业和高端现代服务业的发展定位，从而实现可持续发展。

按照城市发展理论，当一个城市达到一定规模时，通常会出现阻碍其继续发展的诸多制约问题，尤其是产业形态和人口容量限度，由此便产生选择建设城市副中心或卫星城，突破空间密度的限制。而城市对外围空间的利用，从早期产业或居住功能向城市外围溢出，到城市功能随交通条件的改善而逐步溢出。[④]开发横琴，主要是为澳门经济适度多元发展扩展空间。但澳门本身的经济体系不完整，产业链条短，博彩业的特殊性又决定其无法实现产业先行的城市扩展溢出效应。澳门近年来大力扶植会展、文化创意、中医药、高等教育等多个新兴产业。但至今这些产业仍处于孕育期，而且还遇到各种各样的问题，距离形成一个优势产业并具有新动能和溢出带动效应的目标甚远。因此，澳门现有的产业形态难以对接横琴高要求的产业发展定位，只能在理想的规划中逐

---

① 杨允中、柳智毅：《粤港澳大湾区建设与澳门发展策略》，澳门经济学会，2017年，第35页。

② 柳智毅：《澳门与区域经济协作发展研究》，澳门经济学会，2012年，第33页。

③ 冯邦彦：《粤澳"合作开发横琴"的几个问题》，《澳门理工学报》，2011年第4期。

④ Erickson, Rodney A. "The Evolution of the Suburban Space Economy", Urban Geography, 1983.

步试探双方的产业培育，并不得不同时寻求外来资源的介入而起到推动作用。

（三）横琴产业基础欠缺与澳门经济适度多元发展内生动力不足的矛盾

横琴地区生产总值年均增长高达66.3%，是在几乎"一张白纸"的初始状态下的强势起步。但目前横琴的经济规模仍然较小，2019年每平方公里产出为16.47亿元人民币，能级量级不足、缺乏产业龙头是横琴的短板。对澳门而言，其经济产出密度相当高，2019年每平方公里产出为132.12亿澳门元，但由于地域狭小，经济规模溢出空间也非常有限。

《粤港澳大湾区发展规划纲要》提出，澳门作为四个中心城市之一，要增强对周边区域发展的辐射带动作用。弗里德曼关于"核心—边缘"理论认为，核心区域从边缘区域实现劳动力和资金的供给，边缘区域则从核心区域取得商品、信息和技术的发展，在极化和带动的作用下共同组成一个完整的空间系统。[①]现实当中，澳门经济适度多元发展充满激情却欠缺实力，长期受博彩业独大的挤占，向多元方向拓展的产业仍然微乎其微。2018年，澳门新兴产业占所有行业增加值的比重，会展业为0.8%、文化产业为0.6%、中医药产业为0.1%，而这些产业正是规划要在横琴布局的重点产业。由此可见，一方面是横琴的产业由零起步，另一方面是澳门新兴产业能级极低，自身的发展动力还不足够，难以起到带动的作用。

（四）横琴产业进入门槛高与澳门中小企业实力不足的矛盾

《横琴总体发展规划》所设定的三大类别共七大产业，均为高端技术和现代服务产业，无论对技术要求还是资金需求都相当高，形成较高的产业进入门槛。再加上横琴可开发的土地中扣除道路、绿化、居住、文化、公共设施等功能用地外，每一个产业所分配的物理空间只有一平方公里左右，完全不可能容纳相对完整的产业链条，必然要在产业链上截取效益最强的产业环节，在有限的空间内起到撬动作用，以达成产业目标，而此举必然进一步强化对产业进入的高要求。据初步估算，2010~2019年的十年间，横琴每平方公里投资强度高达108亿人民币，可见集约程度之高。

澳门以中小企业居多，又以劳动密集型为主，技术较为落后，产品和服

---

① Frideman, J.R. *Regional Development Policy*, New York: Cambridge University Press, 1992.

务质量处于低端，既没有形成规模经济效应，更缺乏核心技术引领；同时，澳门多以家族企业方式经营，管理欠规范，竞争力较弱。因此，大部分企业难以达到横琴产业布局的要求，只能被排斥在门外。即便在五平方公里的粤澳合作产业园建设中，澳门特区政府努力统筹澳门工商界参与共同建设，也是需要反复评审挑选推荐，十年期间进展缓慢，至今建成投产的还未达到园区用地的一半。

尽管横琴开发与琴澳合作仍然存在上述问题与障碍，但是大湾区建设背景下以及新一轮的强势政策导向下，横琴开发与琴澳合作可望迎来新一轮的发展。展望未来两年，琴澳合作将在产业、科研、金融及民生等方面产生新的成果。例如，国家已明确在澳门建立以人民币计价结算的证券市场，琴澳合作下的金融业可能会异军突起。2019年4月，澳门金管局表示，已经就成立澳门证券交易所开展可行性研究。可以预期的是，琴澳双方通过建立证券市场，把"澳门—横琴"打造成重要的人民币离岸市场，双方借机合作发展高端金融服务业，将离岸金融业务作为双方合作的核心业务，为内地资金提供"出海"机会，为境外资金进入内地金融市场提供投资通道，为粤港澳大湾区企业提供外汇交易、出口信贷、金融租赁、资金管理、银行贷款、国际结算等高附加值服务。在离岸金融的带动下，横琴和澳门的保险、基金、金融服务外包、金融数据处理、融资租赁、再保险、资产管理、葡语国家国际金融服务等各类金融业一定会获得较大的发展空间。

此外，民生合作也将出现新突破。2020年3月18日零时，横琴口岸澳方口岸区及相关延伸区旅检区域正式移交给澳门特区政府，即将启用的新过境口岸将实施"合作查验、一次放行"的通关模式。同时，横琴口岸综合交通枢纽工程亦正在建设当中，预计在2022年底全面完成建设。随着澳门轻轨与广珠城际延伸线相连接，单牌车数量增加，琴澳两地居民往来将更加便利快捷。"澳门新街坊"项目3800套面向澳门居民的住宅落成，以及系列以澳门模式运营管理的文化、教育、医疗、养老、社会治理等配套项目和设施的完善，澳门相关公共服务向横琴延伸，加上澳门的幼儿园、中小学在"澳门新街坊"设立分校，甚至开办澳门医院等，在横琴新区营造类澳门的居民生活社区，琴澳居民的生活与工作关系必然日益密切，两地同城化程度必然进一步加深。

四、以珠澳合作开发横琴为抓手，推进粤港澳大湾区制度创新

做好珠澳合作开发横琴"这篇文章"，"合作开发"是重点，制度创新是关键，实现澳门长期繁荣稳定、融入国家发展是目标。经过十多年开发与合作的探索，相关政府、社会各界已经充分认识到，制度创新是放大横琴开发效益、破解琴澳合作瓶颈的锁钥。2020年4月20日，澳门特区行政长官贺一诚发表《2020年财政年度施政报告》，用大篇幅阐述合作开发横琴的重要性和必要性，并在随后回应立法会议员的关切中表示，希望"横琴变成与澳门一样的制度，即使法律无法引入到横琴，但希望澳门的制度能够引入到横琴，成为可以共享、让澳门发展的地方"①。而且"特区政府已向中央申请在横琴建设粤澳深度合作区，待中央审批，并希望争取政策，把澳企在横琴投资金额计算入澳门的本地生产总值(GDP)，且税收归澳"②。

就自由港制度延伸至横琴问题，近期也有澳门学者进行了系统讨论。③但是，无论是"特上加特"的粤澳深度合作区，还是涉及生活和社会管理层面的"澳门新街坊"，两者的实施区域均为"岛内化"，如果没有全岛性的"澳门管辖"以及"澳门化"的制度突破，其整体效应和影响仍然十分有限，甚至无法"延伸"，而由于生产、生活要素无法自由流通，琴澳合作的障碍与瓶颈仍无法克服。为此，我们建议粤澳两地政府思想再解放一些，步伐迈得更大一些，将澳门的制度（主要是自由港制度和相关法律）延伸至整个横琴岛，将横琴岛建成"琴澳制度创新示范区"（以下简称示范区）。具体实施路径如下：

1. 在横琴实施自由港制度

实施与澳门自由港同等制度，推进通关制度创新、推进投资贸易自由化。具体程序是，参照全国人大常委会授权澳门对横琴口岸澳方口岸区及相关延伸区实施管辖的做法，一次批复、分阶段实施。

积极落实"一线放开、二线管住、人货分离、分类管理"的通关方式。横琴与澳门之间口岸设定为"一线管理"，对与生产有关的入境货物实行备案管理并予保税或免税。横琴与内地之间设定为"二线管理"，承担货物监管、征

---

① 《贺：多元发展要空间》，《澳门日报》2020年4月21日，第A03版。
② 《特首：澳企四千亿投资待批入琴》，《澳门日报》2020年4月22日，第A10版。
③ 参见杨道匡、骆伟建、李可、王裔莹：《自由港政策延横琴 推动粤澳深度合作》，《澳门日报》2020年4月1日，第C05版；2020年4月8日，第C04版。

税和检验检疫等职能。与生产有关的内地货物进入横琴视同出口，按规定实行退税。货物从横琴进入内地按规定办理进口报关手续，按实际报验状态征税。在此基础上逐步建立"澳门—横琴"无障碍的要素通行体系与渠道。在关税、通关等关键领域，制定符合自由港的规定，推动贸易自由化，以打破两地要素流通的壁垒，实施国际通行的自由港管理方法。加快国际贸易单一窗口建设，推进口岸监管部门间信息互换、监管互认、执法互助。澳门居民及其货物、资金、数据可在澳门与横琴之间自由往来，横琴户籍居民也可自由往来澳门从事商务及旅游活动，而内地游客可在横琴购买免税商品（但进入澳门仍需办理通行证签注），简化国际游客通关程序。

2．在关键领域引入澳门法律和管理制度

制度差异、法律差异成为两地融合需要协调及突破的重大问题。示范区首先确立的是法律制度一体化，相关生产要素（人、物及资金）跨境自由流动受到法律保护。

横琴建立与澳门等同的国际化规则。在政策制度及地方性立法上，对接澳门服务贸易规则，构建开放型经济新体制，打造高水平开放平台，加快培育国际合作和竞争新优势，形成贸易制度主体框架，促进投资自由化、贸易便利化及金融国际化。建立与示范区发展定位相匹配、与澳门自由港政策相适应的经济管理体制。把横琴建设成为"免税岛"，全面落实澳门税制，实现澳门居民和企业缴纳税负与澳门一致。建立争议解决机制，推广和提倡非诉讼纠纷解决机制，快速、公正及有效地解决纠纷，建立优良的法律制度环境。

3．做好顶层设计，创新示范区管理架构

成立"协调理事会"。在粤港澳联席会议制度基础上，成立由国家相关部门、粤澳政府多方组成的"琴澳制度创新示范区协调理事会"，作为顶层筹划机构，负责边检、海关、税务、规划、管理等重大事宜的整体协调，研究制度创新，确定重大战略。

建立"管理委员会—公司法人"的二级管理架构。其中，管理委员会是行政管理机构，承担行政管理与服务职能。管理委员会由澳门、广东两地政府派员组成，以澳门为主导。公司法人是利益分享的平台，采取股份有限公司形式，是由澳门、横琴共同出资成立的投资运营公司，也以澳门为主导。该公司为投资建设管理机构，负责基础设施、招商引资、项目管理、咨询服务、产业开发、风险投资等具体事项。横琴新区可以现有基础设施及重大项目投资折算入股，澳门以前期投资折算和现金入股（"澳门特别行政区投资发展基金"可作为合作开发横琴的资金来源）。双方按投资比例分享收益，承担风险。

4. 创新社会管理机制，营造澳门"生活场景"

以澳门模式优化示范区的社区治理模式。在已经设立的澳门街坊会联合总会办事处的基础上，直接引入澳门的社工、服务项目和服务理念，为区内澳门居民、横琴居民提供专业化、针对性、精细化的服务。

出台系列措施，创新社区管理模式，便利区内澳门居民生活。澳门车辆不需申请直接进入横琴。简化与生活有关的证件办理手续，澳门居民凭其身份证在区内可办理民事、商事等相关服务。在示范区开放互联网，打造与港澳互联互通的趋同网络环境，依法实行跨境电信服务的同城化收费。建立澳门居民生活环境及其保障体系。澳门机构、居民可依澳门法律程序在横琴办理教育、医疗、社团等服务型机构。持有澳门各类专业资格的人士到横琴就业，无需再进行专业资格认证，破除阻碍人员流动的制度壁垒。

5. 建立利益共享、风险共担机制

两地合作应摆脱单纯提供场地和政策、吸引相关企业进驻的发展模式，摆脱"谁为谁服务"的固有思维。琴澳双方应共育智力成果，共育新产业，寻找共同的未来。区域产业的对接，以互惠互利为原则、以市场调节为基础、以协商对话机制为保障，建立共同谋划产业方向、共同规划发展空间和共同分享发展成果的新机制。

建立利益分配机制，以共同利益驱动双方合作持续深入。以共同设立的投资公司，将示范区企业产业增加值、固定资产投资、税费收入等经济贡献由双方按投资比例分享。建立完善的商议机制，共同为重大项目实施、产业规划、社会管理等承担风险。

6. 及时修编横琴总体发展规划，适应未来的发展需要

《横琴总体发展规划》的目标时限为2020年，原定的一些目标和任务已经实现，有的还已经超越，但有些仍存在较大差距。在示范区规划下，需要客观评估原规划与现实发展的差距和需要，评估原规划的产业布局与现实产业的发展是否匹配和适应，评估原规划设定的人口规模和未来的发展趋势，评估原规划经济与社会协调发展是否协调，进而对总体规划做出相应调整。

结　语

回归20年来，澳门虽然保持了高速发展，经济社会发展取得了巨大成就，但是长期存在的诸如空间狭小、产业单一、人力资源不足等困难与瓶颈日益突显。为突破空间局限，澳门对粤澳之间的区域合作曾经做过多方面的衡量与探索，包括与翠亨、大广海甚至常州的"飞地"合作构想，但均未付诸实施。令人欣喜的是，在粤港澳大湾区建设背景下，特别是在习近平主席"命题作文"要求下，新一届澳门特区政府已经充分认识到，横琴是澳门未来发展的"新的出路、新的机遇、新的希望"，是澳门参与大湾区建设的"最便利""最适宜"的新空间，而且提出，"将澳门'一国两制'和国际贸易自由港等优势与横琴的资源和空间等优势结合起来，形成更高层次、更高水平的开放型经济体制，建立粤澳双方共商共建共享的体制机制，打造具有中国特色、结合'两制'优势的高水平开发区，成为'一国两制'下区域合作的先行示范区，以及'一国两制'实践的新平台"。①可以说，澳门与珠海，尤其是与横琴协同乃至融合发展，既是澳门与珠海发展的必然选择，也是粤港澳大湾区制度创新的重大突破，在当代中国深化对外开放，推进"一国两制"新实践的伟大征程中具有显著的制度示范性。

某种程度上说，横琴新区经过十年的发展，在如何与澳门合作、如何促进澳门经济适度多元发展方面已进入瓶颈期，未来十年，如何"不忘初心"、如何"做好这篇文章"，也正在面临新的抉择。将整个横琴岛建设成为"琴澳制度创新示范区"，是基于对横琴过去十年发展状况以及未来十年发展路向、澳门目前存在的在本土地理空间难以克服的困境与瓶颈以及澳门与横琴合作若干模式的综合分析之后提出来的。示范区的实质是"一国两制+"，即在"一国两制"框架下，将澳门制度如自由港、法律、社区管理模式延伸至横琴，营造与澳门相同的生产、生活环境，以自由港作为澳门、横琴融合发展的"制度契约"，为充分释放"一国"之本、"两制"之利的制度优势而创造的具有包容性的"府际合作"空间。珠澳政府通过建设示范区，凝聚两地在空间、产业、文化及人力资源等方面的优势，联合向中央政府申请相关优惠政策，联合向全球招商，重点发展旅游休闲、中医保健（大健康）、特色金融、人工智能和会

---

① 澳门特别行政区政府：《二〇二〇年财政年度施政报告》，澳门特区政府网页，2020年4月20日。最后访问日期：2020年9月16日。

议展览等双方具有一定基础且发展前景看好的新兴产业，共同将示范区建设成为珠江西岸最闪亮的一颗明珠。可以说，示范区不仅是综合解决澳门长期繁荣稳定所遇到的困难与瓶颈，促进澳门融入国家发展的全局性安排，也充分照顾到珠海特区、横琴新区的利益，尤其有利于重塑新时代珠海发展新优势，是促进珠澳两地经济、社会、文化、生活等多方面融合发展，共享"一国两制"制度优势，探索两地一体化发展的最佳选择和必由路径。

当然，"琴澳制度创新示范区"目前只是初步构想，在具体规划实施过程中必然遇到各种困难和挑战，包括来自珠澳社会的不理解甚至质疑，需要周详谋划，审慎决策，并做好相应的解释和咨询工作。我们坚信，只要珠澳两地政府及利益各方秉承"一国两制"新实践、澳门融入国家发展的"初心"与目标，在中央政府的统筹指导下，通过算大账、长远账、国家账来考虑横琴与澳门之间的制度安排和融合发展，横琴开发与琴澳合作就能克服一切困难，驶上快车道，开创新局面。

智库篇

02

大湾区建设：制度创新与要素流动

合作应对人口老龄化，提升湾区国际竞争力

庞 川*

　　人口因素是经济社会发展的重要一环，综观粤港澳大湾区人口结构，老龄化业已显现，据各地统计部门公布的统计数据，截至2019年末，65岁以上人口占总人口的比例，香港高达18.05%，澳门亦为两位数的11.89%，广东为9%，全都超过65岁以上人口占总人口7%即为老龄化社会的国际划分标准。而在2016年人口抽样调查数据中，这一比例，香港为16%，澳门为9.1%，广东的2015年人口抽样数据显示为7.95%。仅四年时间，香港和澳门的老龄人口占比就增加了两个百分点，发展速度极快，形势非常严峻。据预测，到2036年，人口老龄化程度进一步加深，香港将提高至31.1%，澳门亦将达到19.9%，广东亦不容乐观。

　　粤港澳大湾区人口老龄化加速的态势，将会产生极为不利的影响：一是劳动力供给下降，劳动力的短缺在一定程度上导致经济增长乏力；二是老龄人口医疗服务和生活照料需求的增加将产生庞大的支出压力，必然会削减投资，延缓经济发展；三是可能会引致养老金计划入不敷出，破坏代际间的分配格局和社会契约，引起系列社会问题。长期以来，粤港澳区域合作和产业分工建立在人口红利的基础之上，老龄化的发展将使得这种传统模式难以持续。如果对老龄化应对不当，由此所产生的经济和社会问题，将会直接削弱粤港澳大湾区的国际竞争力，对港澳地区的长期繁荣稳定带来新的挑战。

　　近年来，粤港澳三方在应对人口老龄化方面已经开展了一些初步的合作和探索。香港特区政府向在广东养老的香港老年人无条件发放长者津贴，实施

---

　　* 庞川，澳门立法会议员，澳门科技大学副校长、教授。

"广东养老院住宿照顾服务试验计划"，让轮候安老床位的长者选择入住由香港非政府机构在内地珠三角城市开办的安老院，且不必缴纳食宿、基本医疗、护理费用。澳门积极与珠海探讨澳门老人异地养老保障体制衔接问题。这些举措仅侧重于养老保障，而在保持经济活力、促进经济发展、提升大湾区国际竞争力方面，更需大湾区各城市的通力合作，积极应对。

长远来看，必须充分发挥粤港澳三方行之有效的互补优势，从人口流动、人才培养、科技创新等方面着手，最大限度地收获人口红利和人力资本红利。香港和澳门应利用珠三角城市的人口结构梯次差异，适时调整外地劳工政策，完善外地劳工的引入和退出机制，引导大湾区内不同年龄层次的人口跨市合理流动。通过创新促进经济发展和保持竞争优势，加强广深科技创新走廊与香港科技园、澳门中医药基地的对接，促进三地创新活动的交流和创新成果的应用，推进联合创新，实现技术对劳动力的替代。重视老龄产业的培育和发展，在市场准入、资源分配和收税等方面给予鼓励性优惠政策，推动老龄产业在满足老年人需求的同时，能够成为新的经济增长点。创新性地制定适应异地养老的医疗、护理费用和养老金等保障制度的跨区域、跨体制衔接，对大湾区内永久性迁移和短期流动养老的各项制度作出综合安排。加强大湾区的教育与培训合作，提高人口综合素质，实现劳动力质量对数量的替代。

从地理临近区、制度分割区到"契约"发展区

赵细康*

粤港澳三地濒临南海，区位独特，是命运与共的地理临近区。近代以降，在西方殖民运动蚕食中沦为制度分割区，导致三地经济联系、人文社会关系、空间关系、价值体系一度扭曲甚至割裂。新中国成立尤其是改革开放以来，三地人民冲破制度篱笆，不断加深经贸联系和人文交往。港澳相继回归祖国后，在"一国两制"制度安排下，三地比肩起飞，共创繁荣。《粤港澳大湾区发展规划纲要》实施以来，从推进基础设施互联互通到提升市场一体化水平，从

---

*　赵细康，广东省社会科学院副院长。

探索科技创新合作到谋划构建协同发展的产业体系，湾区美好蓝图正一步步绘就。

然而，要落实湾区规划的五大战略定位，并实现与港澳共同打造世界级创新平台和增长极的发展目标，仍存在一系列亟待破解的深层次难题。其中，破解制度性难题，实现商品和要素自由流动为关键。一个湾区、两种制度、三个关税区、三套法律、三种货币，是三地制度性差异的现实写照。我们知道，区域经济发展的关键在于资金、人才、技术等生产要素和原材料、商品、服务等贸易品的自由流动，以期实现要素优化组合和商品优化分配，进而达至经济意义上的帕累托最优水平。相对来说，修桥筑路、便捷通关、自由行等浅层意义上的互联互通较易实现，短期内也能迅速见效。然而，一些深层次的规则衔接、标准和资格互认、税收差异等难题的解决，则要困难得多。客观来讲，在破解制度难题方面，三地已取得不少成就，如司法协助合作、边境检验检疫、跨境商事仲裁、律师多地执业、建立最高巡回法庭、设立粤港澳版权登记大厅，等等。但也必须看到，制度方面的上述种种努力，更多的是停留在以政府协议为主的层面，而非带有严格法治意义的正式契约。换句话说，目前的合作更多带有"君子协定"意味，尚缺乏一定的法定约束力。由于地方性法律不能突破各自的法定地理边界，跨区域的"君子协定"也就难以成为具有法律意义的正式契约。

如何破解从"君子协定"到正式契约的难题呢？从欧盟区域治理实践以及国际性组织大量涌现中我们能得到一些启示。欧盟治理是对多主体治理理论的一次成功实践。多主体治理聚焦于在多主体集体行动中如何通过设计更合理的治理机制，以更高效率来提供公共物品的问题。欧盟成功治理的关键在于建立了一个跨国家的联合治理机构，以及制定了若干具有强制约束力的欧盟区域性法律体系，从而有效解决了过往松散国家间联盟的不完全契约问题。第二次世界大战后，许多国际组织，如联合国、WHO等活跃于世界的政治经济舞台，也是同理。基于此，粤港澳大湾区可参考欧盟的经验，建立一个内部版的"小欧盟"，进而提供一个覆盖不同制度区域的高效公共服务体系。具体来说，可由中央层面牵头成立跨三地的湾区合作发展委员会，并由这个委员会制定若干能对三地产生法律约束力的制度性规定，以化解过往合作中的一些深层次难题。

利用大数据技术促进湾区要素便捷高效流动

郭万达*

实现人员、货物、资金和信息的便捷高效流动，是粤港澳大湾区建设的一个重要目标。由于"一国两制"、粤港澳三地体制机制差异、三地经济社会发展水平不同等客观因素，要实现这个目标有很多障碍要克服，还有很长的路要走。特别是受新冠疫情的影响，"封关""封城"等措施阻隔了大湾区要素的流动，虽然是短期的因素，但其长期的负面影响也不可低估。

无论如何，只要大湾区融合发展的需求和动力还在，大湾区要素流动的大方向就不会改变。在这个前提下，如何提高大湾区生产要素跨境流动的效率，是促进和支持大湾区建设的关键。从国际区域协同发展成功的案例可以看到，大数据技术的运用，能够因应不同国家和地区间的各种制度，为生产要素跨境流动奠定技术基础，大湾区也不例外。一定意义上，以技术进步促进和改善生产要素跨境流动效率和水平，是大湾区"新基建"投资的基础性工作。

大数据的核心是数据，没有巨量数据，或者很难获得数据，再先进的大数据技术也无用武之地。因此，数据的海量性和易得性，构成大数据技术、大数据管理、大数据产业发展的基础。大湾区当前面临的挑战，就是信息孤岛仍然普遍存在。正如"新经济"与"旧体制"之间存在张力，"新技术"与"旧管理"之间的矛盾十分突出。就大湾区生产要素便捷流动而言，信息难共享是其较为明显和突出的瓶颈，成为亟待破解的现实障碍。具体来说，内地政府部门之间信息难共享、内地与港澳政府部门之间信息难共享、同一企业跨境信息难共享是制约生产要素便捷流动的三大瓶颈，需要通过制度创新来破解难题。

一是以立法协同为基础完善信息共享的顶层设计。因应大数据时代、数字经济和社会发展趋势下行政管理面临的挑战，加快推进信息公开和信息共享立法，在大湾区建立一套行之有效的制度体系和体制机制。二是推进内地政府口岸管理跨部门信息共享平台建设。以口岸出入境管理为突破，率先建立跨部门信息共享平台和综合管理服务平台，对人员、货物、资金出入境及企业对外商贸业务进行统一管理。三是推进大湾区跨区域信息共享。大湾区九个内地城市先实现共享，再依托电子口岸平台，逐步推动内地与港澳口岸管理部门对出入

---

* 郭万达，中国（深圳）综合开发研究院常务副院长。

境运输工具、货物、物品、人员等的申报、物流监控、查验、放行、企业资信等信息的互联互通及不同程度的共享。建立三地信息交换和数据使用的管理办法。四是推进同一企业跨境信息共享。跨境企业、特别是跨境科技企业之间信息互通与数据交换，大湾区国际科创中心的建立和推进尤为重要。建议适度放开具有渊源关系的跨境企业的登陆许可，推动企业信息跨境共享。允许符合条件的跨境企业总部之间、总公司与分公司之间、跨境直属业务部门之间，以专线方式实现信息互通与数据交换。允许符合资格的科技企业的科研人员上网获得国外最新科研资料，支撑科研建设。允许符合资格的跨境科创企业研发部门之间实现数据共享。

以五大自由流通为核心的湾区制度创新

郝雨凡[*]

2019年2月，《粤港澳大湾区发展规划纲要》正式出台，进一步明确了以国际一流湾区和世界级城市群为目标发展珠三角地区的广阔蓝图。这也标志着粤港澳合作逐步实现了从1978年"前店后厂"经济格局到2000年先进制造业与现代服务业双轮驱动发展规划的变革，已经进入到制度性深度融合的重要阶段。以珠江口为依托，大湾区聚集了珠三角九个城市和两个特别行政区，这就造成了所谓的"9+2"模式成为了事实意义上的11个模式的融合。必须注意的是，"五通"即"人员、物流、信息、资本、市场"等要素的自由流通已经成为此次融合的重要目标。

从实施意义上来看，粤港澳大湾区的构建是进一步提升区域整合，应对逆全球化浪潮的重要举措。其一是我国的深化改革已经进入瓶颈期，必须在区域协同合作发展中寻求经济发展的新增长点；其二是全球范围内的逆全球化思潮导致各国均面临国际治理和国内治理的双重危机，必须寻找跨国合作和推进全球化的重要途径。粤港澳大湾区以五大要素自由流动为目标的制度融合和构建正是我国作为改革探索者，以制度性的互利合作为引导，寻求进一步改革开

---

* 郝雨凡，澳门科技大学社会和文化研究所特聘教授。

放和推动全球化的重要抓手。然而，粤港澳大湾区进一步整合的主要障碍正是自由流动不畅。与旧金山、纽约和东京等其他几个世界级湾区相比，粤港澳大湾区存在着两种制度、三地政府、三种货币、三个关税区、三个法域，使得五大要素较难自由流通。大湾区各城市之间真正的融合不仅需要货物、服务、资金自由流动，更需要人员和信息自由流通，在城市之间不存在制度和边境的阻隔。但现在五大要素流通及自由程度并不高。如果不解决制度性的壁垒，大湾区建设就只会变成一个口号工程。

目前珠三角各个城市之间不仅存在相互竞争，更有利益保护的问题，使得协调困难重重。从制度融合的创新措施上来看，粤港澳大湾区的"五通"制度融合有几个值得注意的工作重点：其一是借鉴欧盟、北美自由贸易区的经验，基于其内部协调机制等的有效因素考察，深入讨论如何将国际多边主义的规则内化，变成"一国"之内大湾区自由贸易区的规则，进而搭建整合起来的经济、贸易和科技创新平台；其二是在九个城市和两个特别行政区间规划和设定多个共同市场的建设，包括共同制造业市场、共同金融市场、共同劳动力市场、共同房地产市场、共同教育市场、共同服务业市场等；其三是不断完善"五通"政策法规，框定合作主体、划定合作内容、匹配合作机制，并处理好中央与地方的积极性以及多方政府合作的关系；其四是充分发挥港澳的优势（香港的金融、法律、教育、科研优势以及澳门的服务业优势），逐步引导优势资源的互补与交流，以实现湾区内部资源的有效配置。

湾区要素流动的创新路径

周林生*

在《粤港澳大湾区发展规划纲要》中，中央提出要"破除影响创新要素自由流动的瓶颈和制约"，"促进各类要素在大湾区便捷流动和优化配置"，"促进人员、物资、资金、信息便捷有序流动"，基本实现"大湾区内市场高水平互联互通"和"各类资源要素高效便捷流动"。因此，以制度创新推动要

---

* 周林生，广东省体制改革研究会会长。

素自由流动成为加快落实大湾区发展规划的当务之急。现就如何通过制度创新，实现粤港澳大湾区要素自由流动提几点看法：

一是明确制度创新的内涵和目的。大湾区的制度创新不仅仅指行政管理体制，还应当涵盖行政、法治、经济、社会、文化和环保等多方面的体制机制创新、政策创新和业务创新，还应当包括优化市场配置、提升管理水平、促进全面开放、满足人民需求、促进"一国两制"发展所作的其他创新实践。制度创新的主体也是多方面，既包括中央政府，也包括特区政府在内的地方政府，还包括各界各类社会团体、各类企业组织等。制度创新的目的是打破"一个国家、两种制度、三个关税区"制度限制，推动粤港澳三地规则衔接，逐步实现经济、社会、法治、文化和环境全面融合发展，实现大湾区全面发展。

二是明确制度创新的重点。如何协调统筹内地九个城市和港澳即"9+2"成为粤港澳大湾区建设的关键。首先，应当加快健全和完善从中央政府到地方政府的诸层面的统筹协调机制，形成粤港澳三地有效的管理统筹、联动沟通和互动机制；其次，应当尽快建议各自独立又相互衔接的法治框架，做好大湾区内部城市群之间的规则衔接，把整体的营商环境提升到一个更高的水平，形成粤港澳合作的基础支撑；再次，应当统筹推进粤港澳大的合作项目，打造世界级港口群、机场群和轨道交通网，加快推进港澳现有的医疗、教育等优势产业落户大湾区；最后，推动科技创新的重大突破，重点通过国际科技创新中心建设，逐步破除科技创新资金合理流动的体制机制障碍，解决内地科研经费在港澳的使用问题，以及科研设备与耗材、数据流动问题。

三是明确制度创新的路径。《粤港澳大湾区发展规划纲要》规定的是原则性的东西，应当基于湾区协同发展的多方面需求，形成工作路线图。首先，抓住粤港澳合作发展平台，推进深圳前海、广州南沙、珠海横琴的开发建设，充分发挥试验示范作用，拓展港澳发展空间，推动公共服务合作共享，引领带动粤港澳全面合作；其次，抓住营商环境建设的"牛鼻子"，在贸易便利化、投资便利化、提升政府服务能力等方面摸索制度创新路径，探索粤港澳三地合作，为大湾区建设提供新动能；再次，促进大湾区内人才流动，突破教育交流合作的体制壁垒，推动湾区教育协同发展与跨越式发展，为促进粤港澳合作和大湾区经济社会发展提供人才智力支撑。以营商环境建设与人才流动为突破口，通过自贸区的先行先试，为大湾区要素流动开创新的局面。

澳门如何跟上湾区建设的步伐

申明浩*

回归20年，澳门的成绩可圈可点，已成长为"一国两制"的先进示范。粤港澳大湾区战略的实施，使澳门面临新的重大机遇。澳门被列为大湾区内发展建设的四个中心城市之一，使其具有"重要引擎"的地位。澳门在国家和粤港澳大湾区的定位是建设世界旅游休闲中心、中国与葡语国家商贸合作服务平台，促进经济适度多元发展，打造"以中华文化为主流、多元文化共存"的交流合作基地。"一个中心、一个平台、一个基地"的定位意味着澳门的核心优势所在，在集合粤港澳大湾区互补优势的基础上，充分发挥澳门归侨侨眷资源优势，特别是利用澳门精准联系内地与葡语系、欧盟及东盟国家的优势，助力大湾区"走出去，引进来"，澳门未来可以确立"特色离岸中心""商务+休闲旅游中心""国际会展产业生态圈""国际组织对话平台"四大重点发展领域。

一是充分发挥澳门作为离岸中心的独特优势，建设面向葡语国家的人民币离岸中心和证券交易所。澳门与香港都是自由港，澳门开埠最早，是中国近代工商业重要起源地，在抗日战争时期曾替代香港发挥商贸中心的功能。中国已经成为世界第二大经济体、国际贸易第一大国、对外投资第二大国，正在致力于推动开放型世界经济、推动人民币国际化。澳门应当发挥其离岸中心的独特优势，研究设立澳门交易所，推动形成人民币离岸结算中心，吸引国际和国内相关资源汇聚澳门。吸引目前在香港交易所上市的澳门本地公司，回归澳门二次上市交易；为内地企业跨境上市提供第二离岸市场；吸引葡语国家股票来澳交所跨境上市；吸引全球博彩股来澳交所跨境上市，形成集聚效应和规模经济，提升澳门在国际市场的地位。

二是联合打造大湾区商务+休闲旅游中心，拓展商务后市场，营造国际商务衍生产业圈。澳门本身具有很好的商务环境，被世界贸易组织（WTO）评为全球最开放的贸易和投资体系之一，并具有自由港、单独关税区地位，简单低税政策，企业所得税最高税率仅为12%，国际市场网络广泛，与葡语国家联系

---

* 申明浩，广东外语外贸大学粤港澳大湾区研究院院长、教授。

紧密，以及《内地与澳门关于建立更紧密经贸关系的安排》（CEPA）等独特优势。随着港珠澳大桥等湾区交通基础设施的完善、通关便利化程度提高，粤港澳大湾区连接中国与世界的功能定位需要澳门与香港形成"商务+休闲旅游"一体化产业链，推动大湾区商务后端市场高地建设，融合香港国际金融中心、广深港澳科技创新走廊、珠江西岸高端装备制造产业带等高端要素，共同构建粤港澳大湾区国际商务衍生产业圈。

三是依托澳门国际会展业优势打造大湾区世界级产业平台，推动会展经济与珠三角产业群落深度融合。澳门崛起前的世界第一赌城——拉斯维加斯就是以会展业作为产业多元化的主要方向，至今其会展业收入已超越了博彩业。近年来，澳门特区政府积极推动澳门发展成为区域性的会展中心，国际性会议及展览数目持续增加。内地是澳门的强大后盾。粤港澳大湾区是中国经济发展最迅速的地区，也是世界最年轻、最有活力的经济城市群落之一。这就为澳门会展业的发展提供了诸多机遇。另外，澳门处于亚太经济高速增长带的中心区。一方面，亚太经济高速发展构成澳门会展业发展的有力经济基础；另一方面，澳门大力发展会展业，使其既可作为内地通向亚太地区的通道，又可扮演连接亚太地区各国的桥梁角色。同属大湾区的香港会展业虽然成熟，但展览项目集中而运营成本较高；珠三角展会数量虽然庞大，但国际化程度较低。澳门应改变过去会展业和穗、深、港之间的合作停留在低水平的现状，推动较高层次的资源共享，深入开展合作办会等形式，汇聚珠三角重点优势产业，依托澳门会展业打造世界级产业整合平台。

四是凝聚澳门NGO组织国际化优势，加强澳门与国际组织的互动，将澳门打造成为中国参与全球治理的重要平台。澳门社团组织众多，社团文化兴盛，国际社会交往中NGO组织发挥着重要作用。澳门可利用国际自由港优势，吸引更多国际组织驻澳开设分支机构，进一步推动澳门社团组织国际化，加强与国际组织的合作与互动，使澳门成为中国参与国际组织就业、防疫、援助、协调、发展等事务的重要平台。

建立大湾区两级双层协调机制

许志桦*

以"一国两制""两岸三区"（指两种制度，三个关税区）为特点的粤港澳大湾区，存在多重行政边界、差序格局、尺度政治等现实问题，其区域协调的难点在于行政体制、司法体系、参与主体、发展理念与利益要求的差异，故粤港澳大湾区合作机制的建设主要在三地的协调与整合，重心是跨境管治机制的形成与完善。过去三十多年，粤港澳三地之间进行了诸多区域发展协调的探索，主要包括联席会议、经贸协议、联合规划研究、跨境/界区域共同开发、设施共建共享等。由粤港双方、粤澳双方参与的跨境协调机构和基本制度已经初具雏形。然而，随着粤港澳三地作为湾区共同体的时空联系日益密切，在继续有效利用现有机制的基础上，未来要提高湾区协作效率，有赖于高效协作平台和三方协作机制的建设。因此，提高多方参与的跨境协作效率，构建多方跨境协作平台和建立广域行政机制是其中的关键，推进渐进务实合作、合作方式的多元化，强化分工利益，做好制度设计，进一步优化决策机制，并以此为手段实现跨区域协商协作，整合地区资源，实现共赢发展。

为解决大湾区发展过程中的多主体治理矛盾，未来大湾区的建设需通过尺度重塑实现湾区主体网络中港澳的降维、珠三角九市的升维，将原本相互独立、不对等的管理主体置于同一平台之上，就湾区的共同利益展开对话，形成"发展愿景—协商机制—协作机制—规划实施—反馈修正"的良性运作机制，具体政策可从以下方面逐步开展。

三地可考虑设立两级双层协调机构，进一步加强地方政府之间的横向联系。可由广东省政府牵头，建立一个"地方行政联络会"，为各地方政府就区域问题进行协调协商提供一个平台。联络会可根据区域特征划分为珠三角、粤东、粤西、粤北，香港和澳门可加入其中的任何一个联络会。会议组成人员由广东省政府、香港特区政府、澳门特区政府、各地方政府有关人员（市长级或副市长级）组成。会议讨论的范围可包括道路、铁路、港口和机场的规划和建设，水资源开发与保护，环境对策，灾害对策等。三地可重点推进跨境园区和跨境基础设施的共建共管，本着互惠互补的原则，充分发挥各自优势，加强在

---

*　许志桦，香港浸会大学当代中国研究所副所长。

城市规划、轨道交通网络、信息网络、能源基础网络、城市供水等方面进行对接。粤港澳三地政府可通过设立共同的服务标准或通过管理模式的统一提高行政效率。例如，在医生、护士、会计师等专业人员资格认证方面，可通过设立共同的认证机构来处理认证事务。经共同机构认证的专业人员资格证在粤港澳三地均有效，可在三地自由工作。这种通过设立共同机构的形式还可在产品认证、服务业标准等方面实行，将大大促进粤港澳的人流、物流的流动，有利于粤港澳区域合作的深化发展。在协调机构设立并完善、共建共管机制成熟、管理标准有效对接的基础上，应积极推进粤港澳大湾区广域行政模式的形成，以现有规划为基础，以基础设施共建共享、行业标准对接管理为基本路径，推进交通系统的跨界无缝衔接，共建优质生活圈；推进行政事务的协同协作，在教育、医疗、社会保障、文化、应急管理、知识产权保护等方面开展务实合作，为粤港澳大湾区居民的工作和生活提供便利。

多元治理、多层协调与利益共享

鄞益奋*

粤港澳大湾区最大的特点是"一国两制"，即在一个国家下，存在两种制度、三个单独关税区。粤港澳三地在社会制度、法律体系、核心能力等多方面呈现出差异性，这种差异性决定了大湾区的各个城市需要形成优势互补、资源共享、合作共赢的格局。与此同时，这种差异性也正是粤港澳三地协同发展最大的阻力和障碍。如果没有得到有效的整合和协同，大湾区建设就会呈现出碎片化、个体化的趋势，难以形成合力推动大湾区成为世界级城市群。由此，在实践中不断探索和形成合理有效的城市协同发展机制，是粤港澳大湾区建设中的关键。在笔者看来，多元治理、多层协调、利益共享，是粤港澳大湾区城市协同发展机制的基本精神。

多元治理。粤港澳大湾区中，各个城市之间是一种多中心的关系，是网络状的治理结构，而不是一种自上而下的科层关系。它不是组织内部的管理，而

---

* 鄞益奋，澳门理工学院社会经济与公共政策研究所所长。

是组织间关系的管理，其治理的信条不是组织内部管理的科层控制，而是城市间利益协调和信任机制的构建。由于各大城市的权威是分散的而不是集中的，因此粤港澳大湾区治理以"互动"为基本依托，不以"支配""控制"为目的。这就意味着，粤港澳大湾区的11个城市中，各个城市尽管在经济实力和政治地位等方面有所差别，但在合作过程中始终是一种相互约束、相互依赖的关系，在粤港澳大湾区的治理中都有着独立的地位。粤港澳大湾区的治理和建设并非由少数中心城市来决定的，而是多个城市相互沟通、相互妥协、相互谈判的多元治理与多元共治格局。

多层协调。粤港澳大湾区的建设，不仅仅是多中心城市的互动，还牵涉中央政府、省级政府和市级政府的多层政府间的关系。因此，为促进粤港澳大湾区各个城市的协同发展，在形成城市间多元治理的格局的基础上，要特别重视理顺多层政府间的关系，形成多层协调的城市协同发展机制。多层协调强调的是，在港澳特区政府与湾区内地政府的多层政府关系中，特区政府与中央政府、省级政府与市级政府的协调都是不可缺的，港澳不能只重视与中央政府、广东省政府的协调而忽视与湾区内地各市政府的协调。

利益共享。粤港澳大湾区中，各个城市如何协同发展，根本上要回归到每个城市的利益是否得到尊重和促进的问题。无论是多元治理，还是多层协调，其出发点和归宿点都是确保城市利益在合作中得到维持、加强而不是损害。由此，如何处理好中心城市之间、中心城市与其他城市之间的利益分配关系，如何减少各个城市的利益冲突和矛盾，促进城市的合作双赢，推行利益补偿，实现利益共享，是粤港澳大湾区城市协同发展机制的题中要义。

热点篇

03

大湾区城市公共卫生应急管理体系与合作机制

李斯旸　吴少龙*

摘　要： 粤港澳大湾区公共卫生应急合作治理具有较为健全的制度框架和相对成熟的医疗卫生体系。在大湾区建设蓬勃发展的背景下，因应当前肆虐全球的新型冠状病毒肺炎，建立高效可靠的公共卫生应急管理体制与合作机制空前重要。尽管粤港澳三地在联合应对公共卫生突发事件方面已积累许多成功经验，但由于三地政治体制、医疗卫生管理体系、医疗服务标准、药品使用范围、社会保障体系等方面的差异，公共卫生应急合作仍存在较大的机制障碍。未来需要加强大湾区公共卫生应急管理机构建设，切实发挥区域性传染病防控联合体、医疗研究中心功能；健全国家公共卫生应急管理法律体系，完善大湾区公共卫生应急管理体系法制建设；参照国际先进应急管理经验，建立和完善确保全民有效参与的公共卫生应急动员机制，最终建立一个具备敏锐的危机管理意识、完备的危机应急应对计划、高效的核心协调机制、坚实的法律行为框架、先进的技术支撑体系、全面的危机应对网络和顽强的社会应对能力的高效的公共卫生应急管理体系。

关键词： 粤港澳大湾区　公共卫生　新冠疫情　应急管理　合作

　　新型冠状病毒肺炎在全球的肆虐让人类认识到，在公共卫生日益走向全球治理的当下，建立跨国家、跨区域、高效、敏捷、可靠的公共卫生应急管理

---

　　*　李斯旸，法学博士，广州医科大学卫生管理学院心理健康教育与形势政策教研室讲师；吴少龙，管理学博士，中山大学公共卫生学院卫生管理学系副教授。

体系与合作机制变得空前重要。城市公共卫生突发事件具有传播性强、危害力大、影响范围广等特征，历来是公共卫生防控的重要领域。随着经济社会发展和城市化进程不断加快，我国城市规模不断扩大、城市经济活动和人员流动日趋活跃，城市空间内发生流感、霍乱等传染病疫情，食品污染、食物中毒等食品安全事件等突发性公共卫生事件愈发呈现出概率增高、扩散加速、叠加共振等趋势。日益便捷的国际交通旅游和运输业使得传染病更容易发生远距离传播，始发于一国国内的传染病也更有可能蔓延成为影响全球的公共卫生紧急事件。粤港澳大湾区是我国开放程度最高、经济活力最强的区域之一，同时也是面临传染病风险等突发公共卫生事件挑战较大的区域之一。粤港澳三地城市公共卫生应急管理体系建设正日益成为影响"健康湾区"和成为充满活力的世界级城市群、具有全球影响力的国际科技创新中心、"一带一路"建设的重要支撑、内地与港澳深度合作示范区和宜居宜业宜游的优质生活圈的关键因素和重要内容。

一、粤港澳大湾区公共卫生应急合作的基础与优势

粤港澳大湾区公共卫生应急合作治理具有较为健全的制度框架与相对成熟的医疗卫生体系。整体而言，广东地域辽阔，医疗人才队伍庞大，医疗技术发展快，并且在港澳合作方面一贯秉持积极开放的态度；香港拥有高水平的医疗技术和为国际称道的医疗制度；澳门在医疗卫生的投入上较大，尤其在中医药产业和社区卫生管理方面优势明显。[1]整体而言，粤港澳大湾区公共卫生应急合作具有下列基础和优势：

（一）制度框架健全

粤港澳大湾区公共卫生应急合作拥有较为健全的制度框架。以《粤港澳大湾区发展规划纲要》（以下简称《纲要》）为核心，《粤港澳大湾区发展规划纲要》《关于建立更紧密经贸关系的安排》《粤港合作框架协议》《粤港澳大湾区卫生与健康合作框架协议》等一系列政策文件为粤港澳大湾区公共卫生应急合作奠定了良好基础。相关政策文件提出下列重要发展方向：

一是建立区域医疗联合体和区域性医疗中心，搭建大湾区公共卫生应急合作平台。《纲要》指出，支持港澳医疗卫生服务提供主体在珠三角九市按规

---

① 《粤港澳大湾区上升为国家战略后，三地开启医疗合作》，第一财经网。

定以独资、合资或合作等方式设置医疗机构，发展区域医疗联合体和区域性医疗中心。事实上，早在2015年签订的《CEPA服务贸易协议》便放开了港澳医疗专业技术人员到内地执业的具体限制，如允许港澳具有合法执业资格的注册医疗专业技术人员来内地短期执业，允许符合条件的香港永久性居民中的中国公民通过认定方式申请获得内地医师资格证书等。这些政策促进了大湾区内地城市与港澳在医疗领域的深度合作，为港澳医疗执业者提供了内地更广阔的医疗服务市场。《纲要》发布后，粤港澳三地的高校和医院宣布组建"粤港澳大湾区结核病防治联合体""粤港澳大湾区新发重大传染病应急防治医学研究中心"，联合打造大湾区重大新发传染病预警、应急和精准救治平台。

二是完善紧急医疗救援联动机制，探索大湾区公共卫生应急合作路径。《纲要》提出，将研究开展非急重病人跨境陆路转运服务，探索在指定公立医院开展跨境转诊合作试点。根据《纲要》，香港患者可由深圳定点医院的救护车送至口岸与香港机构交接。《纲要》进一步扩大探索跨境转诊的医疗机构名单，将深圳市人民医院、深圳市第二人民医院、北京大学深圳医院等7家医院纳入试点行列。2018年，粤港澳三地签署《粤港澳大湾区卫生与健康合作框架协议》，提出在医学人才、园区合作、机构办医、医疗养老、产业发展、合作机制等方面推动大湾区医疗协同发展。在公共卫生应急合作方面，强调建立突发公共卫生事件应对和重大突发事件紧急医疗救治、传染性疾病等防控合作和卫生应急联动机制，健全大湾区联合救援和病人转送等机制。[1]

三是加强医疗卫生人才联合培养和交流，加强大湾区公共卫生应急合作人才流动。《纲要》指出，加强医疗卫生人才联合培养和交流，开展传染病联合会诊，鼓励港澳医务人员到珠三角九市开展学术交流和私人执业医务人员短期执业。尽快建立粤港澳医学人才进修培训基地和港澳医疗卫生从业人员广东创业就业基地。2016年，为支持粤港澳大湾区建设成为国际科技创新中心与国际教育示范区，由中山大学率先倡议并与香港中文大学和澳门大学共同发起成立粤港澳高校联盟。目前，在联盟框架下已成立理工科类专业联盟、人文社科类专业联盟、医科类专业联盟和事务类专业联盟等多个联盟，其中医科类专业联盟包括粤港澳大湾区输入性热带病防控联盟、粤港澳高校公共卫生联盟和粤港

---

① 杨秋荣：《粤港澳大湾区医疗协同发展方略》，《开放导报》2020年第1期，第73—78页。

澳中医药联盟，共同致力于促进三地在预防输入性热带病和公共卫生领域开展资源共享共建、人才培养、科研合作和社会服务等。2019年2月，广东省卫生健康委、香港特别行政区政府食物及卫生局、澳门特别行政区政府卫生局三方签署《粤港澳大湾区卫生健康合作共识》，广东省多家医院将与港澳多所大学在临床医疗、医学教育培训等方面开展合作，如联合培养硕士、博士研究生，成立专项研究实验室等。

四是密切中医药合作，扩展大湾区公共卫生应急合作领域。《纲要》指出，深化中医药领域合作，支持横琴粤澳合作中医药科技产业园等重大创新载体建设，支持澳门中医药科技产业发展平台建设，支持澳门、香港分别发挥中药质量研究国家重点实验室伙伴实验室和香港特别行政区政府中药检测中心优势，与内地科研机构共同建立国际认可的中医药产品质量标准，推进中医药标准化、国际化，将中医药合作作为健康科技创新的重点领域。[①]近年来，在党中央、国务院的关怀领导下，中医药积极服务于粤港澳大湾区建设，在建设健康大湾区、推动大湾区经济高质量发展等方面发挥着重要作用。2011年3月6日，广东省人民政府与澳门特别行政区政府共同签署《粤澳合作框架协议》，确定首先在横琴岛共建粤澳合作中医药科技产业园。2018年10月，习近平总书记将横琴粤澳合作中医药科技产业园作为赴广东考察的第一站，指出要深入发掘中医药宝库中的精华，推进产学研一体化，推进中医药产业化、现代化。自2018年起，粤港澳三地召开粤港澳大湾区中医药传承创新发展大会，2019年签署《粤港澳大湾区中医药合作备忘录》及14个中医药传承创新发展项目，支持港澳中医医疗机构加入珠三角医疗体系，建设粤港澳大湾区中医药创新平台。其主要措施包括推动粤港澳三地中医药重点实验室、科研机构资源共享，推动落实涉港澳中医医疗机构和中医师准入政策。如澳门科技大学与珠海市中西医结合医院共建"澳门科技大学临床教研中心"，共同开展中医药治疗2型糖尿病临床研究、妇科肿瘤临床研究和中药新药开发研究等领域的合作。

（二）医疗实力雄厚

广东医疗人才队伍庞大、医疗资源丰富、医疗技术发展快，历来具有雄厚的医疗实力，并且在港澳合作方面一贯秉持积极开放的态度，有利于统筹和整

---

① 《健康湾区亮点解读：粤港澳大湾区医疗卫生合作中哪些领域将成发展重点？》，南方网。

合港澳优势医疗资源。

香港医疗体系健全、医疗水平领先。主要体现在以下方面：

一是医疗卫生体系完善。香港特别行政区的医疗卫生体系蜚声国际，世界卫生组织（WHO）发布的《世界健康报告》显示，香港特别行政区医疗体系排名全球第四。[①]香港医疗体系架构是由公营和私营组成的双层混合型体系。公营系统最高行政机构为香港特别行政区食物及卫生局，下设卫生署和医院管理局，其中卫生署主要负责公共卫生，是政府的卫生事务顾问和执行医护政策和法定职责的部门，管辖多间诊所及健康中心，专注于排查预防性健康和公共卫生的职能。医院管理局管理公营医院，负责提供公立医院及相关医疗服务。私营系统则提供医院服务和基层医疗，如私家医院、私家医生和私家中医等不同类型的医护服务。[②]

二是医疗资源投入—产出效率极高。香港医疗资源分布密集。以九龙区为例，在20分钟车程内有五家设有急诊科的医院，一旦发生意外救护车能在12分钟内赶到现场，并且在人流密集的公共场所配置了心肺复苏器等急救设备。因此香港拥有全球最高的人口预期寿命和最低的婴儿死亡率。在获得卓越的人口健康指标的同时，中国香港的卫生总费用仅花费GDP的5.7%，远低于同等收入国家和地区，表现出极高的投入—产出效能，高居"全球最有效率卫生体系"之冠。[③]

三是医学研究实力强劲。2019年QS世界大学排名榜中，香港大学、香港中文大学的医学系排名分别位于世界第29和45名，医学教育处于全球领先行列。[④]香港有八所医学领域的国家重点实验室，如香港大学新发传染性疾病国家重点实验室、脑与认知科学国家重点实验室、肝病研究国家重点实验室；香港科技大学分子神经科学国家重点实验室等。其中香港大学新发传染性疾病国家重点实验室始建于2004年，是首间在内地以外设立的国家重点实验室。实验室长期监察各种传染病、侦测不同动物品种的病源传播模式、研制诊断试剂、药物、研制疫苗及研究抗病毒药物，并与港大微生物学系、基因研究中心、艾滋病研

---

① 《粤港澳大湾区医疗协同发展需求、基础、挑战和建议》，澎湃网。

② 《香港医疗体制简介》，香港特别行政区政府网。

③ 和经纬、李紫琳：《全球最有效率的医疗卫生体系如何应对挑战？——香港特别行政区的医疗管理体制、医疗改革举措及对内地的启示》，《中国卫生政策研究》2018年第12期，第68—74页。

④ 《粤港澳大湾区医疗协同发展需求、基础、挑战和建议》，澎湃网。

究所及世界卫生组织动物流感中心分享研究结果。如内地出现可疑疫症，实验室还将与内地共同研究化验。[1]

回归以来，澳门经济社会民生获得了巨大发展，宏观经济指标表现亮眼、社会福利水平不断提高，其初级卫生保健体系被世界卫生组织评定为"太平洋地区典范"。[2]大体而言，澳门医疗卫生制度与医疗保障与香港类似，亦是以政府直接提供为主的混合型体系。其医疗卫生服务的供给既包括隶属政府卫生局的医疗机构，也包括非政府所属的私营医疗系统；在私营医疗系统中，同时包括营利和非营利机构。从运行的基本情况看，澳门医疗卫生体系总体水平较高，其产出指标居于世界前列，人口预期寿命较高、婴儿死亡率较低，总体衡量仅次于香港。[3]

中医药产业是澳门科技产业中的重要亮点。从1999年开始，澳门特区政府便做出把中医药服务融入公共卫生服务系统，提升中医药在医疗服务体系覆盖率的重要决定。2000年，澳门科技大学成立中医药学院，推动澳门中医药高等教育体系规范化发展。随后，澳门科技大学、澳门大学、澳门理工学院均开设中医药和药学等相关院系和专业，为澳门中医药发展奠定了扎实的人才基础。2008年，内地与港澳台中医药科技合作中心在澳门成立，进一步增进中医药机构与组织之间的了解，推动了中医药民间学术团体的发展和与周边地区的交流。国家"十二五规划"明确澳门发展中医药的战略方向，2011年国家批准在澳门科技大学和澳门大学成立中国首个中医药领域的国家重点实验室——中药质量研究国家重点实验室。经过多年建设，实验室已发展成为具有国际先进水准的中药品质创新研究基地，相关研究成果两次荣获国家科学技术进步奖二等奖，在新药研发方面展示了良好的发展前景。[4]其中澳门科技大学实验室取得美国、澳大利亚等发明专利授权近100项；在中医药标准制定方面，实验室协助美国药典会（USP）制订膳食补充剂标准四个、草药标准两个，协助欧盟药典（EDQM）起草麦冬、银花等九个草药标准，协助双氢青蒿素、地澳心血康等

① 《香港大学成立"新发传染性疾病国家重点实验室"》，中国新闻网。

② 《澳门三位行政长官一致判断：回归20年澳门迎来史上发展最快最好时期》，中国新闻网。

③ 王震、高秋明、林绮晴：《澳门的医疗卫生制度与改革趋势》，《中国医疗保险》2016年第2期，第67—70页。

④ 方怡晖：《中医药：澳门多元经济新亮点》，《小康》2019年第35期，第30—33页。

到欧美国家注册，并在中药品质研究方面开展了大量工作。[1]位于横琴的粤澳合作中医药科技产业园也在中药和食品补充剂的国际注册、中医药专业培训、中医药海外中心的设立等方面取得了可喜的进展。[2]

（三）数据城市基础优良

城市公共卫生应急管理与合作的重要技术基础在于建立完善的实时大数据信息系统，利用大数据所具有的预测分析能力可以有效对灾害进行预测从而实现有效的灾前社会动员、灾中合理引导与控制、灾后的恢复与重建。[3]智慧城市建设得以使卫生防疫突发事件数据信息收集工作重心下移，横向数据信息处理更加有效，应急处置更加精准高效，更有利于政府加大与社会在参与应急管理协作方面的共享共治力度。[4]例如在疫情信息的横向沟通中，由于大湾区各城市、各机构都有各自的疫情信息传递系统，因此疫情信息分散，普遍存在严重的信息分割。如果疫情信息无法实现部门间和地区间的共享，那么就无法实现多主体、多部门的真正协作。智慧城市和大数据建设有助于共享和处理各机构掌握的疫情信息，增强实时监控分析能力和预警能力，并通过智慧城市网络及时向民众更新疫情状态。[5]

大湾区主要城市在智慧城市和大数据建设方面具备较好基础。珠三角作为中国重要的信息制造业基地、是信息化发展的领军地区，其信息网络基础资源相对丰富。早在2002年，广东就率先开通了统一电子政务信息专网平台。借此平台，广东构建了数据生产基地和空间信息服务中心，为搭建"数字广东"奠定了基础。当前，广东省数字经济规模、大数据的产业应用规模和电子信息制造业规模三项都位居全国第一。[6]另一方面，香港在基础研发、人工智能等研

---

① 方怡晖：《中医药：澳门多元经济新亮点》，《小康》2019年第35期，第30—33页。
② 钟韵、梅敏：《回归20年以来澳门在粤港澳大湾区的城际联系》，《华南师范大学学报（社会科学版）》2019年第5期，第41—48页。
③ 卢文刚、周爽：《大数据背景下救灾社会响应协同研究》，《青海民族研究》2016年第3期，第16—22页。
④ 张树剑、谷志军：《智慧城市、信息共享与大湾区应急管理协作机制的完善》，《中国应急管理报》2019年8月27日第7版。
⑤ 张树剑、谷志军：《智慧城市、信息共享与大湾区应急管理协作机制的完善》，《中国应急管理报》2019年8月27日第7版。
⑥ 刘文强：《数字湾区（粤港澳）——全球新经济增长极》，《软件和集成电路》2019年第12期，第30—31页。

究领域，澳门在数字生物领域占有优势，以5G、云计算、大数据、人工智能、物联网为代表的数字技术正在促进资源、资金、人才、信息等创新要素高效转化成创新价值。[1]2019年4月，大湾区首个先进智能计算平台在珠海横琴建成，将大大提高湾区应急管理协作信息化的计算、分析和预测能力，[2]推动大湾区数字经济在国内率先实现1.0、2.0向3.0跃进。[3]

二、粤港澳大湾区公共卫生应急合作治理的发展与挑战

自2003年"非典"疫情以来，粤港澳三地政府、卫生行政部门以及公共卫生机构便启动了防治重大传染病和应对突发公共卫生事件应急合作机制。2016年后粤港澳进入公共卫生全面合作阶段。当年，三地签署医疗卫生全面合作备忘录，粤港、粤澳传染病交流合作专责小组升格为粤港、粤澳医疗卫生合作专责小组，进一步拓展合作领域、提升合作层次。

（一）大湾区公共卫生应急合作的发展进程

1．传染病防治与交流合作阶段（2003～2016年）

2003年以来，粤港澳三地公共卫生合作的基本措施为：指定传染病信息联络员，每月15日交换当月的《传染病监测月报》，相互掌握各地发生的法定报告传染病疫情；加强防治技术交流和卫生人才培训；三地卫生部门应根据联合防治传染病工作的需要定期或不定期举行相关会议，成立粤港传染病防治专家组；采取轮流主办的方式，每年举行一次应对突发公共卫生事件和传染病防治合作联席会议。2006年，三地代表签署《粤港澳三地突发公共卫生事件应急合作协议》，确定三地防治人禽流感专家组成员名单，建立起三地联防联控重大传染病合作机制，达成以下共识：加强突发公共卫生事件和重大传染病应急体系建设；在流感大流行预防应对方面加强交流和合作；完善通报机制运作及探讨建立传染病趋势信息平台；继续开展传染病专业人员交流和培训合作，范围包括监测和爆发调查、应急管理、现场流行病学、实验室检验、传染病感染控

---

① 任志宏：《粤港澳大湾区定位于"数字湾区"发展的意义价值》，《新经济》2019年第10期，第8—14页。

② 张树剑、谷志军：《智慧城市、信息共享与大湾区应急管理协作机制的完善》，《中国应急管理报》2019年8月27日，第7版。

③ 任志宏：《粤港澳大湾区定位于"数字湾区"发展的意义价值》，《新经济》2019年第10期，第8—14页。

制管理等；推进有关传染病的科研合作，重点在艾滋病、流感和人禽流感、登革热等方面继续开展研究等。

2. 公共卫生全面合作阶段（2016～）

2016年以来，粤港澳三地主要在开展公共卫生应急合作演练方面进行全面合作：

一是开展国家级药品安全示范性演练暨粤港澳大湾区重大药品安全突发事件应急演练。2017年12月，在深圳举行粤港澳疾病预防与控制联动机制建设研讨会，提出以深港为中心，联合联动粤港澳优势科研资源、医疗资源、产业资源，建立三地联动的预警机制，形成新的"大湾区疾病预防与控制联动体系"。同年，粤港澳三地举行国家级药品安全示范性演练暨粤港澳大湾区重大药品安全突发事件应急演练。这是2017年度中国唯一跨省区的药品安全应急演练，也是中央提出粤港澳大湾区战略规划之后首次举办的国家级药品安全示范性应急演练，被列为2017年全国五大食品药品安全突发事件示范性应急演练计划之一，为粤港澳大湾区制订相关预案和实际应对跨区域药品安全突发事件提供了重要参考。①

二是开展"旋风行动"防治传染病联合应急演练。2018年8月，第十八次粤港澳防治传染病联席会议在珠海召开，会议总结了当前三地卫生部门在传染病监测、防控以及信息通报机制合作方面的情况。8月3日，根据第十七次粤港澳防治传染病联席会议决议，三地开展了代号为"旋风行动"的防治传染病联合应急演练。演练围绕世界卫生组织最新公布的需要优先研究和规划的疾病名单，考验了粤港澳某地发生新发输入性传染病后三地根据《粤港澳突发公共卫生事件应急合作协议》开展卫生应急联动的情况，全面检验当前粤港澳三地在病例上报、密切接触者追踪、信息通报、病例转运、实验室检测等方面的协同合作以及沟通配合等能力。同年举行内地与港澳卫生高层会议，会议续签《关于突发公共卫生事件应急机制合作协议》，以进一步加强内地与港澳对传染病等公共卫生事件的应对能力，并决定进行定期和不定期的信息交换。②2020年2月，深圳坪山与香港铠耀和香雪制药签约多项公共卫生安全战略物资产业项目，如抗击流感和新型冠状病毒活疫苗、HPV消毒机器人、新发传染病即时体

---

① 《粤港澳三地演练应对大湾区药品安全突发事件》，中国新闻网。
② 《内地与港澳卫生高层会议讨论大湾区卫生合作》，新华网。

外诊断系统、医用抗菌纺织品、新一代纳米纤维空气过滤器等，标志着深圳公共卫生安全战略物资生产储备基地建设取得重大进展。

（二）大湾区公共卫生应急合作治理面临的挑战

尽管粤港澳在联合应对突发公共卫生事件方面已积累了较多成功经验，但当前新发传染病的全球化威胁依然突出，粤港澳仍然长期面临新发和再发急性传染病并存的挑战。且由于粤港澳三地政治体制、医疗卫生管理体系、医疗服务标准、药品使用范围、社会保障体系等的差异，大湾区公共卫生应急合作存在较大的机制障碍，主要表现为：

1．突发公共卫生事件信息共享阻滞，应急响应速度滞后

粤港澳三地分别设有一套传染病监测网络，由于其信息透明度、公开度和通报速度均不同，因此三套网络彼此独立运行，相互之间不能实现信息共享。目前（2014年）三地传染病疫情由三地最高卫生行政部门通过定期通报和紧急通报两种方式实现，三地专业技术人员获知彼此之间传染病疫情信息必须通过各自卫生行政部门逐级下传，在疫情处理当中，流行病学调查信息无法及时反馈，从而影响预警反应速度。[①]

2．异地就诊规范不一，跨境转诊衔接不畅

其一，粤港澳医疗服务标准不统一。由于港澳医疗服务标准、药品使用范围有别于内地，医疗保险体系与内地社会保障体系未能实现充分对接，在跨境行医方面三地的规定存有较大差异，粤港医疗机构跨境转诊合作试点推进效果并不理想。[②]例如在药品和器械使用方面，内地对境外药品及医疗设备配备一直实行严格的管制，虽然粤港澳大湾区领导小组公布的《16项普及惠民及便利香港专业界别到大湾区发展的政策措施》指出，"容许在大湾区内地城市的指定港资医疗机构使用已在香港注册的药物和常用的医疗仪器"，但是仅仅限于"香港注册的药物和常用的医疗仪器"。[③]

其二，医疗卫生管理体制和服务体系差异。香港目前形成了公营为主、私

---

① 蔡文锋、袁俊等：《从一起人禽流感疫情处置探讨粤港澳防控传染病合作机制》，《中国病毒病杂志》2014年第1期，第49—52页。

② 杨秋荣：《粤港澳大湾区医疗协同发展方略》，《开放导报》2020年第1期，第73—78页。

③ 杨秋荣：《粤港澳大湾区医疗协同发展方略》，《开放导报》2020年第1期，第73—78页。

营为辅的"双轨制"二元医疗体系，其中公营医疗体系又存在"诊所—急诊—专科—住院"的四级诊疗体系，难以与内地的医疗体系衔接。同时，由于香港医疗服务中往往出现检查检验结果不互通、住院病历不互认、诊疗方法差异大等问题，导致医疗服务难以协同发展。[①]

其三，医保异地结算存在较大困难。一方面，内地城市之间医疗服务尚未一体化，城市医院主要服务本市户籍居民及在本市买医保的人，异地医保结算仍存在诸多不便。另一方面，港澳居民在内地就诊医疗费用报销更加不便。目前，香港人在内地的医疗费用大多只能自理。值得注意的是，深圳已于2015年10月起允许年满70岁并持有有效香港身份证或由香港入境事务处发出的《豁免登记证明书》的香港居民，在港大深圳医院就医时使用香港长者医疗券，支付当日在港大深圳医院指定门诊的服务费用，包括预防护理、治疗和康复服务等，先行积极探索深港医保互联互通。澳门特区政府积极推动为常住于大湾区并持有内地居住证的澳门居民购买当地的医疗保险。珠海横琴率先试点，自2019年7月1日起，常住横琴的澳门居民可参加珠海市基本医疗保险，按照珠海市有关规定享受同等医疗保险待遇。医保异地结算困难还体现在互联网诊疗方面。互联网诊疗亦是粤港澳医疗协同发展、合作应对突发公共卫生事件的策略之一，然而目前互联网诊疗费用尚未纳入医保支付范围。同时，研究者指出，跨境医疗与互联网医疗结合存在法律风险，目前在港澳地区尚无针对互联网医疗活动的专门立法。[②]

3. 内地医生前往港澳执业存在较高门槛

《关于建立更紧密经贸关系的安排》（CEPA）允许符合条件的港澳永久居民参加内地临床、中医、口腔类别的国家医师资格考试，成绩合格者获得《医师资格证书》，可在内地短期执业。但是内地医师前往港澳执业的门槛要高得多。内地医师前往香港就业需通过LMCHK资质鉴定考试，获得香港医生执业执照，且具备良好的中英口语及书写能力。

此外，当前粤港澳大湾区在传染病防控一体化建设中还存在尚无区域性传染病研究中心、疫苗研发能力与供应不足、医疗教育和从业人员互动交流机制

---

① 杨秋荣：《粤港澳大湾区医疗协同发展方略》，《开放导报》2020年第1期，第73—78页。

② 刘凯：《互联网医疗与跨境医疗结合的法律风险：以粤港澳大湾区为例》，《中国全科医学》2019年第31期，第3809—3814页。

不完善等问题。

三、粤港澳大湾区公共卫生应急合作的若干建议

一个高效的公共卫生应急体系应具备敏锐的危机管理意识、完备的危机应急应对计划、高效的核心协调机制、坚实的法律行为框架、先进的技术支撑体系、全面的危机应对网络和顽强的社会应对能力。进一步推动粤港澳大湾区公共卫生应急合作治理，建立和健全粤港澳大湾区新发重大传染病防治的协同创新机制，还应重点做好以下方面：

（一）加强大湾区公共卫生应急管理机构建设，切实发挥区域性传染病防控联合体、医疗研究中心功能

一方面，加大力度整合和运用地理信息技术和数字城市建设的成果，制定全面地覆盖粤港澳三地范围的传染病监测网络，进一步完善应急管理组织、指挥调度、早期预警、信息管理与发布、处置实施、决策辅助和资源保障等系统。[1]例如可借鉴亚太经济合作组织传染病监控网络的管理和运行模式，粤港澳三地有关部门和专业人员可以直接通过该网络提交、传递、获取三地有关的传染病信息。[2]另一方面，切实发挥区域性传染病防控联合体、医疗研究中心功能，协同建设大湾区传染病防控一体化平台。2019年2月24日，粤港澳大湾区结核病防治联合体、粤港澳大湾区新发重大传染病应急防治医学研究中心正式成立，标志着粤港澳大湾区公共卫生应急合作的重要发展。区域性传染病防控和研究中心的成立有利于破除当前粤港澳三地疫情信息，交换不及时、防疫体系各自为政、人才流动阻滞等弊端。为推进粤港澳大湾区新发重大传染病防治的协同创新，粤港澳三地应切实发挥区域性传染病防控和医疗研究中心功能，完善大湾区重大新发传染病预警、应急和精准救治平台，进一步加强人才培

---

① 计雷、池宏、陈安等：《突发事件应急管理》，转引自王玲、陈中：《城市公共卫生事件应急管理初探》，《安全》2007年第6期；黄明辉、周孟月：《构建有新时代中国特色的城市社区公共卫生应急体系》，《教育教学论坛》2018年第46期；李琦、刘纯波、李斌：《城市突发公共卫生事件应急指挥系统空间数据模型设计——以"合肥地区非典防治决策支持系统"为例》，《计算机工程与应用》2004年第1期，第1—6页。

② 邢益强：《试论完善粤港澳防控传染病合作机制》，《暨南学报（哲学社会科学版）》2006年第3期，106—109页，转引自蔡文锋、袁俊等：《从一起人禽流感疫情处置探讨粤港澳防控传染病合作机制》，《中国病毒病杂志》2014年第1期，第49—52页。

养、资源共享、临床救治、科研技术攻关等方面的合作。①未来还可进一步推动大湾区内综合性医院、高校附属医院与区域医疗集团以及医联体融合发展。

（二）健全国家公共卫生应急管理法律体系，完善粤港澳大湾区公共卫生应急管理体系法制建设

研究者指出，现阶段我国尚无统一的公共卫生法，与突发公共卫生事件应急管理相关的法律规范分散在《中华人民共和国传染病防治法》《中华人民共和国突发事件应对法》《突发公共卫生事件应急条例》《中华人民共和国食品卫生法》《中华人民共和国职业病防治法》等多部政策文件中。随着国家应急管理部的成立和我国突发公共卫生事件应急管理理念发生重大调整，部分法律条款已明显滞后，且在信息披露的主体层级、应急预案启动等方面存在交叉或矛盾关系，因此应推动多部门联合对现有突发公共卫生事件的应急法律法规进行更新和修订。②可尝试在粤港澳大湾区先行加快地方突发公共卫生事件立法工作，以避免类似2020年新冠肺炎疫情防控中各地应急措施执行方式不明确，基层工作人员在应急预案的执行过程中标准不一、宽严无序的问题。③

完善粤港澳大湾区公共卫生应急管理体系法制建设，应重点做好推动粤港澳大湾区医疗规则衔接。例如拓宽港澳医师执业范围与年限、放宽港澳医疗机构准入限制；推动医疗保障体系衔接合作；便利进口医疗器械、药品通关；优化港澳跨境转诊合作流程，建立跨境转诊合作所需要的医疗机构、交通运输、口岸通关等综合配套服务体系。④同时，积极对标国际大湾区，密切关注并借鉴其他国家公共卫生应急法律法规的经验，加强国际公共卫生安全合作。⑤

（三）加强大湾区应急预备队伍和科研能力建设

首先，加强粤港澳三地公共卫生应急队伍建设，完善人感染高致病性禽流

---

① 《携手"狙击"传染病！粤港澳大湾结核病防控联合体揭牌》，网易号。

② 廖青虎：《完善法制建设 健全国家公共卫生应急管理体系》，《天津日报》2020年3月2日，第9版。

③ 廖青虎：《完善法制建设 健全国家公共卫生应急管理体系》，《天津日报》2020年3月2日，第9版。

④ 杨秋荣：《粤港澳大湾区医疗协同发展方略》，《开放导报》2020年第1期，第73—78页。

⑤ 廖青虎：《完善法制建设 健全国家公共卫生应急管理体系》，《天津日报》2020年3月2日，第9版。

感及传染性非典型性肺炎防治卫生应急队伍、不明原因疾病卫生应急队伍、重大中毒事件卫生应急队伍、辐射事故卫生应急队伍等,将突发公共卫生事件演练和培训工作纳入日常工作中。进一步完善粤港澳大湾区医疗教育互动机制,密切公共卫生工作者和临床医学人员的交流互动,定期向医疗单位和医务人员提供有关重大公共卫生事件和传染病防治工作信息,进行跨专业、跨行业的学术交流。①其次,发挥香港大学、香港中文大学、香港科技大学等高校在医疗领域领先世界的优势,依托港澳医疗领域的国家重点实验室,先行先试国际前沿医疗技术。重点发挥港澳中药检测中心、中药质量研究国家重点实验室等机构及粤澳合作中医药科技产业园,与广东中医药医疗、教育、科技产业优势,开展中药产品质量标准研究,致力于推进中医药标准化、国际化进程,进一步推动中医药产业文化"走出去"。可先行探索通过政策保护、产品定向采购、补贴等方式,鼓励相关企业改进企业管理、扩大企业规模、提高业务水平,推动大湾区生物制品和公共卫生应急管理产业发展。②

(四)建立和完善确保全民有效参与的公共卫生应急动员机制

国际先进应急管理经验表明,建立市民参与城市应急管理与救援应急动员制度是提升城市突发事件应对能力的重要保障。例如日本在城市中小学和社区建立强制性、定期地震应急教育制度,向日本青少年提供从幼稚园到小学、中学到大学的全面的地震自然灾害教育,取得了良好成效。粤港澳三地政府可探索将危机教育纳入全民教育课程,加快整合各类非政府组织、社会组织参与城市公共卫生应急管理的功能,③逐步重视在学校、社区等开展不同形式的危机应对宣传及演练,夯实城市公共卫生应急管理体系的强大基础。

---

① 殷晓梅:《考察美国突发公共卫生事件应急体系的启示》,《江苏预防医学》2005年第2期,第79—81页。

② 陈安、李铭禄、陈宁:《现代应急管理的若干理论与实践新思路》,《科技与社会》2008年第6期,第531—537页。

③ 陈云松:《应着手建设公共卫生应急体系和队伍》,《光明日报》2020年3月4日,第02版。

04

新冠肺炎疫情对大湾区餐饮业的影响及其对策

程 钢*

摘　要：受新冠肺炎疫情影响，粤港澳大湾区餐饮业普遍面临生死存亡的巨大挑战。餐饮品牌格局将发生彻底性、革命性的变革。为应对疫情对行业带来的冲击，粤港澳餐饮业积极开展生产自救，严格开业防护，保障员工和顾客健康与安全，承担企业社会责任。政府高度关注支持餐饮业，及时推出专项金融与资金扶持政策，一定程度上缓解了部分餐饮企业的现金流问题。各级餐饮协会等社会组织积极引领行业共克时艰，组织开展预约式外卖、联名向外卖平台发函交涉、发布减免租金联合倡议书等。经过疫情的洗礼，餐饮业需要反思与改变过去门槛过低、缺乏统一的行业规划、扩张模式相对固化、盈利模式相对单一等问题，深刻分析消费习惯与消费心理的趋势变化，认清餐桌文明进化和品牌认知迭代的发展走向。政府则需要及时出台针对性扶持政策，切实减轻企业税费负担，缓解资金流动性困难，加速恢复市场消费信心，保护实体民生消费经济，帮助餐饮业挺过生存难关。同时大力发挥大湾区城市餐饮互补优势，推动疫情后的餐饮业高质量发展。

关键词：粤港澳大湾区　新冠肺炎疫情　餐饮业　商业模式

　　突如其来的新冠肺炎疫情使粤港澳大湾区餐饮业遭受前所未有的巨大冲击，导致全行业出现严重衰退，香港餐饮业更是饱经了修例风波和新冠疫情双重打击。与此同时，疫情还激发出众多商铺租赁纠纷，引发外卖冲突升级，餐企面临岌岌可危的生存窘境。面对困难，大湾区广大餐企积极开展自救活动，

---

　　* 　程钢，MPA硕士，广东省餐饮服务行业协会秘书长。

寻求突围之路，尽己所能保障社会民生消费不停摆；行业协会组织餐企联合抗疫，引导行业自律，多方反映诉求，维护合法权益，全面共享资源，争取政策扶持；大湾区各级政府高度关注餐饮业，及时出台金融补贴、税费减免、消费促进等扶持政策。疫情对粤港澳餐饮业的冲击是一时的，但对消费者的影响必然是长远的，餐饮业正在经历着洗牌变局，也遇到了历史性的整合机遇期。餐饮企业需要审时度势，顺应消费需求变化，归零重构商业模式，树立产业思维，开创崭新市场。粤港澳三地政府应及时出台针对性扶持政策，进一步激发消费信心，释放消费潜力，提振消费促进经济繁荣。

一、新冠肺炎疫情对大湾区餐饮业的影响

餐饮业是一个对环境极其敏感的行业，在新冠肺炎疫情期间，粤港澳大湾区餐饮业在各行业中受到的冲击最严重、影响最广泛，导致行业出现严重衰退，一系列断崖式下跌数据背后，是众多餐饮企业的挣扎和无奈，造成了前所未有的危机局面。

（一）广东餐饮业受疫情影响损失巨大

2020年春节期间全国餐饮业损失异常惨重。2019年，全国餐饮收入创出46721亿元的骄人业绩，1、2月营收为7251亿元，全年占比达15.5%以上。[1]春节期间本是餐饮消费黄金旺季，本次疫情黑天鹅突如其来降临在春节长假。据中国烹饪协会判断，2020年春节年夜饭退订率达94%；[2]国家统计局数据表明，2020年1、2月餐饮消费同比下降达43.1%，按1月20天有效经营计算，全国餐饮在春节期间损失或高达90%。[3]据美团研究院2月份调查显示，接近七成的餐饮商户表示受疫情影响而损失巨大。[4]另据广东省餐饮服务行业协会2月份调查数据显示，很多餐饮企业从安全性和自身准备角度评估，疫情期间选择尽量不开门店，春节期间仅有30%的餐饮企业持续营业，同比收入下降50%以上，有三分之一的企业营收几乎为零，参与调查的正餐企业宴席退订损失超两亿元。[5]

禁止堂食更令行业雪上加霜。为防止疫情大范围扩散，疫情爆发伊始广

[1] 国家统计局网页，最后访问日期：2020年4月29日。
[2] 中国烹饪协会网页，最后访问日期：2020年5月15日。
[3] 国家统计局网页，最后访问日期：2020年4月29日。
[4] 美团点评微信公众号，最后访问日期：2020年5月30日。
[5] 广东省餐饮服务行业协会数据。

东全境明令禁止堂食，截至2月12日，全国关停线下堂食的县市已有1024个。① 此时的餐饮业面临两难选择：是完全停业，还是经营外卖。停业只损失房租，趁过年让员工放个长假；而开业运营外卖则可能面临更高额亏损。此时的外卖就是一座独木桥，订单非常少，且运力不足，配送能力和响应速度有限，各小区对外来人员包括外卖员的管控也更加严格，外卖营收相对于堂食损失仅仅是"杯水车薪"。据美团2月份调研数据显示，处于营业状态的餐饮商户有53.6%的企业外卖收入占总营收的一半以上，其中，高达43%的门店外卖业务占比超过70%。② 另外，外卖佣金扣点高、毛利低，仅有的利润可能都不够发放员工工资，真可谓是不开张"愁死"，开张"亏死"。

3、4月以后，随着各地开始复工复产，餐饮业作为民生领域的重点行业，为保障居家消费者和复工复产企业员工日常用餐需求，承担员工稳岗就业的责任，大多数餐企还是毅然坚持亏本经营外卖业务，尽己所能保障社会民生消费不停摆。餐饮业长期面临着租金、人工、能耗等多重成本压力的困扰，疫情期间客流、现金流几乎断流，成本问题则更为凸显，导致餐企面临着前所未有的生存压力。据广东餐饮协会2月份行业调查显示，有70%以上餐企现金流不足以支撑三个月，餐饮业暴露出严重的现金储备不足问题。

为何令社会称赞的餐饮业现金流优势却如此不堪一击？究其原因，年底是餐企密集型开店的高峰旺季，很多企业将现金流大量投入新店开发；疫情爆发前恰逢春节假期，企业集中发放了全年双薪和年度奖金；为满足春节旺盛消费惯例，企业提前预购储备了大量生鲜食材，反而成为负担；同时，在疫情冲击之下，预约订单退款，营收进项断崖式下跌，房租、工资、防疫物资等刚性成本造成的现金流压力就更为显著。此次疫情持续时间之长，出现前所未有的市场萧条，消费回暖遥遥无期。长期不重视现金储备，高度依赖现金流周转的餐饮业，被打了个措手不及，现金流断流成了餐企生死存亡的首要危机。

2月中下旬，广东餐饮业在全国率先迎来堂食复业，翘首以盼的餐企按照分区分级指引陆续开放堂食，却并未出现业内预计的"报复性"消费市场繁荣，消费信心持续低迷，"化雪期"客流严重不足，堂食消费回暖不容乐观。直到4月中旬，广东知名品牌堂食恢复量仍徘徊在30%左右。与此同时，绝大多数

---

① 美团点评微信公众号，最后访问日期：2020年5月30日。
② 美团点评微信公众号，最后访问日期：2020年5月30日。

复业餐企面临着各项成本都已回归正常，出现了普遍亏损的窘况，没有被"冻死"的餐企却在被逐渐"耗死"。

（二）疫情对港澳餐饮业影响极为严重

香港餐饮业遭受双重打击。受持续半年的修例风波的深度影响，香港餐饮业持续低迷，2019下半年，至少500家餐厅关停，业界估算全港餐饮整体跌幅超过35%，感慨评价香港餐饮业"半条命都无"。据香港特区政府数据显示，9月至11月经季节性调整的失业率升至3.2%，餐饮业失业率更升至6.2%，创八年来新高；2019年香港餐饮业全年总收益1125亿港元，自2003年以来首次出现年度下跌，同比跌幅达5.9%。[①]

2020年1月，香港餐饮业生意刚有好转迹象，却碰到新冠肺炎疫情在全球爆发。作为世界航运枢纽的香港再遭重创，香港餐饮业面临着更加严峻的考验，香港餐饮业界保守估算春节期间营收下跌30%以上。[②]在2月8日香港特区政府实行入境人流控制措施后，日均访港旅客数字从月初的一万至两万人次锐减至约3300人次，2月访港旅客总数仅为19.9万人次，同比下跌超过96%。[③]访港旅游业陷入停顿，对餐饮消费造成更为沉重的打击，首波疫情已致使香港餐饮业营收暴跌六到七成；餐饮就业情况进一步恶化，失业率和就业不足率分别急升至7.5%和3.5%。[④]

3月，香港餐饮关店潮业已来临，香港餐务管理协会统计有2000间酒楼结业，素有"香港美食地标"之称的珍宝海鲜舫水上餐厅已暂停营业。[⑤]香港有很多餐饮老店，生意额仅是平时的20%，连工资都不够支付，考虑到很多数十年的老员工，店关门也不是，不关门也不是，只能让员工倒班，减少上班时间。米其林餐厅"名人坊"也是有客人预订才会开，一般晚上休息。饮食业职工总会表示，全港有25万名饮食从业员，估计有一半人在2月放无薪假。[⑥]

3月28日，针对香港新冠肺炎确诊病例增长较快的情况，香港行政会议通过两条为期14天的新增规例，进一步加强防疫措施，严格管制餐饮业务，提出六

---

① 香港特区政府统计处网页，最后访问日期：2020年7月15日。
② 南方都市报（搜狐网页），最后访问日期：2020年4月29日。
③ 香港特区政府旅游发展局网页，最后访问日期：2020年7月15日。
④ 香港特区政府劳工及福利局，最后访问日期：2020年7月15日。
⑤ 人民日报海外版（中国新闻网网页），最后访问日期：2020年4月29日。
⑥ 新华网网页，最后访问日期：2020年4月29日。

项餐饮新规：饮食业界（餐厅、酒吧、咖啡厅等）仅可提供不多于50%的正常座位；餐桌间须相隔1.5米；同一餐桌不得多于四人；除饮食期间，食客须佩戴口罩；进入餐厅前须量度体温；餐厅须提供消毒洁手液。

香港特区政府统计处5月6日公布，2020年第一季度香港餐饮业总营收同比下跌高达31.2%，较上一季度跌幅扩增16.9%，是香港餐饮业有记录以来最大的单季跌幅。与2019年同期比较，中式餐馆下跌39.6%，非中式餐馆下跌29%，快餐店下跌17.1%，酒吧下跌37.5%，杂类饮食场所下跌25.9%。[①]

澳门餐饮业同样受到疫情的巨大冲击，艰难维持。餐饮业整体营业额大幅下跌，很多餐企主要靠外卖及送货到户勉强支撑。从2020年2月5日零时零分起，特区政府决定对博彩场所采取暂停营业半个月的措施，这在很大程度上影响到餐饮业的营收。3月底，澳门新冠疫情渐趋稳定，但市民外出活动依然稀少，大多消费集中在早上和中午，晚上用餐比重非常低。很多企业将减少的营业时间调整为外卖服务，尽量节省各类成本的开支。

澳门特区政府统计暨普查局3月28日公布的数据显示，2019年12月至2020年2月澳门总体失业率为1.9%，本地居民失业率为2.6%，较上一周期（2019年11月至2020年1月）环比分别上升0.2个百分点和0.3个百分点，澳门失业率虽然升幅不大，但很大一部分还是集中在饮食业。[②]4月1日，澳门餐饮业联合商会组织澳门中小餐饮企业，就政府应对疫情援助方案召开咨询会，广泛收集餐饮业界意见，建议特区政府提出针对性援助方案。

5月，粤澳两地健康码实现互认，澳门旅游业、餐饮业也得以逐渐复苏。6月8日，由美团点评联合澳门旅游业议会、澳门旅游商会、澳门旅行社协会、澳门休闲旅游服务创新协会、澳门酒店协会、澳门酒店旅业商会、澳门中小型餐饮业商会、澳门旅游协会以及Agoda等组织共同发布《澳门安心出游防疫自律倡议》，从设施消毒、人员健康、预约限流、无接触服务等20个方面，对澳门酒店、餐厅提供明确指引，旨在让游客更安心地消费。

（三）疫情引发餐饮业的矛盾与冲突

商铺物业纠纷频出。餐企微薄的收入难以支持巨大的成本开支，原本占餐饮营收比重10%~20%的商铺租金更成了餐企难以承受之重。国家虽然及时出台

---

① 香港特区政府统计处网页，最后访问日期：2020年7月15日。

② 澳门统计暨普查局网，最后访问日期：2020年7月15日。

了国有物业2月免租，3、4月租金减半的政策，但餐企能享受者寥寥无几。大多数餐企商铺的业主方是购物中心、企业房东和私人街铺业主，万达、万科等大多数购物中心在2月份就积极地给予所有商户一星期至两个月不等的减租免租政策，而街铺业主减免租金的情况相对较少。

因疫情影响，购物中心的人流量锐减，主动降租是一种合理的市场行为，如若大部分商家撤场，更加会影响客流回升。对于私人业主却存在多种情况，有的因物业还在按揭贷款，每月都要靠租金还贷，日子也不好过；有的抱着"好铺不愁租"的心态，趁机以商家违约为由，罚扣押金，再租给下一手商家并收取转让费。餐企与商铺业主的矛盾日益突出，很多业主方因餐饮未能及时交纳租金，则采取停电、停水、停气、停电梯、封铺等过激限制手段，导致业主和餐企之间的冲突不断升级，有商户集体拉横幅抗议减租，甚至已有诸多对簿公堂的案例。

外卖冲突升级。由于外卖需要增加额外的包装成本、营销成本和平台扣点成本，可想而知其利润率之低，餐饮门店很多是赔本赚吆喝。疫情之前，外卖平台逐年提高扣点费率，餐饮企业虽有微词，但毕竟有堂食利润弥补，还可"咬咬牙"撑过去。餐饮业堂食受疫情影响完全熔断，短期内难以恢复，外卖成为关乎餐企生死存亡的重要业务。遭受惨重损失的广大餐企本来希望借助外卖延续生存，却被占有市场支配地位的平台"毫不留情"地钳制和摆布，很多商家被迫签订独家经营协议。疫情期间，商家希望开展多平台经营，充分获取线上各平台流量，却受独家协议约束，大多只能忍气吞声；有部分商家为了生存，不顾独家经营协议而上线其他平台，却被原外卖平台强制下线。这些矛盾的激化程度日益加深。

二、餐饮业自救突围，全社会共克时艰

为应对疫情对行业带来的冲击，粤港澳餐饮业一直积极开展生产自救，严格开业防护，保障员工和顾客健康与安全，承担企业的社会责任，不给疫情防控添乱。同时，餐饮业也得到了社会各界与政府的高度关注与支持。

（一）餐饮企业积极探索生存策略

一是尝试开展各类新型业务。为顺利渡过疫情难关，粤港澳大湾区餐饮企业积极应对，调整经营策略，尝试以门店产能为基础构建多种经营形式和产品

组合，多样化开展各类开源业务。为最大限度减少春节储备食材的损耗，很多餐厅直接在门口摆起"菜场"，直接向周边社区居民销售生鲜食材；还有一些餐厅为了方便居民在家做饭，直接在外卖菜单增设了经过清洗、消毒、切配、调味的半成品净菜、预制菜。

二是实施各类安心消费举措。为解决消费者安心用餐的问题，餐饮企业积极调整改进服务流程，以最高等级的疫情防护方式，创新性地实施了众多令消费者称赞的举措。按照防疫指引要求，在餐厅门口等显著位置张贴承诺书及食品安全公告；对点餐单下单设备、餐桌、餐台等可能与顾客接触的相关设施和易耗品，都设置严格的消毒流程管理规定，做到每市消毒、每客测温；开展员工疫情防控培训，强化解决突发事件的处理能力；向消费者提供外卖"安心卡"，备注加工员、外卖员的体温，并创新采取无接触配送配餐方式；为减少堂食感染几率，餐企重新调整门店空间布局，增大桌间安全距离，设置独立隔断；很多餐厅尝试实施分餐制、公筷制，获得了广大顾客的好感和认同。

三是阶段性共享员工。人力成本是餐饮业一笔巨大的开支，由于多数餐厅无法正常营业，大部分员工暂时无工可开，有些餐企和盒马生鲜等跨行企业合作，在尊重员工的意愿下，以转岗转企、合作共享等多种方式，不仅解决了员工在家待岗收入低的问题，也减轻了企业人力成本压力。

（二）社会组织引领行业共克时艰

一是组织开展预约式外卖。疫情相对平稳之后，广东省迅速推进复工复产，为保障大量复工复产企业员工就餐需要，避免到餐厅聚集就餐、排队取餐，减少交叉感染风险。广东多家餐饮行业协会响应政府号召，积极组织开展预约式外卖工作，陆续向全社会发布了数百家提供预约式外卖服务的餐饮企业。预约式外卖为已营业的餐饮门店提供了更多的周期性预约订单，餐饮企业根据订单规模，不仅可以提前采购原料，避免浪费，还可以合理安排时间和员工，提前做好备餐、加工、烹饪、包装、送餐。

二是联名向美团外卖公开发函交涉。广东省、市、区餐饮行业协会陆续收到几百家餐饮企业针对美团外卖的各类投诉，表达出对美团外卖诸多行为的强烈不满。为维护会员企业合法权益，反映行业诉求，全力营造公平竞争的市场环境，保障企业复工复产，全面恢复生产生活秩序，保持经济平稳运行，4月10日，广东餐饮协会联合广东各地32家餐饮行业协会向美团外卖（广东）

分部公开发出交涉函。交涉函强调美团外卖在广东餐饮外卖的市场份额高达60%～90%，已达到《反垄断法》规定的市场支配地位，而美团涉嫌实施垄断定价，各类收费层出不穷，设定了诸多不公平的交易规则，持续大幅提升扣点比例，新开餐饮商户的佣金最高达26%，已大大超过了广大餐饮商家忍受的临界点。交涉函提出，外卖平台的政策不仅仅是单纯的商业行为，还应该在《反不正当竞争法》《反垄断法》《电子商务法》《价格法》《消费者权益保护法》等法律规范的指引下运作，同时要接受社会及相关管理部门的监督。

经过多次磋商，双方于4月17日发布联合声明，美团表示，广东省、市、区餐协在关键时刻的发声，让平台及时听到来自商户和餐协的真实声音，有利于平台更加了解行业困难和企业诉求，提出更加有针对性的帮扶措施。双方坦诚交流、增信释疑，达成阶段性共识。美团充分尊重餐饮商户和消费者的自主选择权，尊重餐饮商户自主选择线上各类平台；支持餐饮商家自主运营私域流量的多渠道发展，全面开放配送平台服务予以对接。为助力广东餐饮外卖商户疫情"突围"，在美团"春风行动"基础上，美团将对广东地区优质餐饮外卖商户加大返佣比例至3%～6%，扩大覆盖范围，返佣时间至少延长两个月。

三是发布减免租金联合倡议书。3月，广东省餐饮服务行业协会联合广东26家行业协会共同发起《同舟而济 共克时艰 广东省市餐饮协会减免租金联合倡议书》，提请餐企的房东和业主们给予减免优惠，帮助行业加快复工复业，共渡难关。

（三）各级政府高度关注支持餐饮业

专项金融与资金扶持。内地各级政府为企业提供信用贷款、贴息贷款等各种形式的专项金融与资金扶持，在一定程度上缓解了部分品牌餐饮企业的现金流问题。但大多数中小微餐企还是难以享受政策红利，据工信部数据显示，45%的中型餐企和90%的中小型餐企融资得不到满足，而疫情发生后，这些数据恐怕也未能得到有效改善。

香港特区政府推出共计300亿港元的"防疫抗疫基金"，向持牌大型食肆、工厂食堂发放一次性津贴20万港元；向持牌小型食肆发放一次性津贴八万港元；向持牌小贩发放一次性津贴5000港元等。[①]截至3月18日，香港食物环境卫生署已接获24013宗食物业界资助计划及4751宗持牌小贩资助计划的申请，两

---

① 香港特区政府网页，最后访问日期：2020年7月15日。

项资助计划分别已有7337宗及2536宗申请获批准并批核支付资助，涉及资助金额合共超过十亿港元。[①]为减轻企业现金流压力，香港银行界持续推出支援措施，例如延迟还款或贷款展期，进一步减免费用，提供无抵押贷款产品予以企业应急，设立特快审批通道处理贷款申请等。

为帮扶香港餐饮业顺利渡过难关，香港特区政府于5月5日起，开启第二轮"防疫抗疫基金"餐饮业资助计划申请通道，预期可惠及约16000家香港餐饮商家；香港特区政府自5月8日始，放宽保持社交距离的防疫控制措施，餐厅内每桌最多人数从四人放宽至八人。

中行澳门分行在澳门社会率先发声，对中小企业面临的资金压力推出不低于50亿澳门元抗疫专项贷款、快速审批及配套金融服务等七项措施；向受疫情影响的企业，特别是餐饮业提供应急资金支持。特区政府还推行中小微企业援助及利息补贴，扶持企业经营，推出临时性中小企业贷款利息补贴计划，服务因疫情导致资金短缺而获银行贷款的中小企业，由政府提供承担最高贷款额200万澳门元，最长三年的4%补贴利息；推出中小企业援助计划，提供上限60万澳门元的免息援助贷款，最长还款期八年，用于支持运营时间在两年之内的中小企业。[②]

在调整所得补充税方面，澳门特区政府对2019年度所得补充税进行上限为30万澳门元的扣减，受惠范围涵盖中小企业在内的商业企业，惠及2970家企业；调整职业税，退回70%已缴纳的2018年度职业税税款，退税金额上限为两万澳门元，惠及17万名本地雇员；提高2020年度职业税的可课税收益的固定扣减，由目前的25%提高至30%，惠及18万名本地雇员。特区政府还豁免2020年向澳门居民住宅所征收的全部房屋税，惠及18万户住宅；减免商业场所25%的房屋税，惠及2.5万个商业场所；豁免酒店、酒吧等旅游服务场所六个月旅游税，惠及854间场所；退回全部营业车辆的牌照税；豁免或退还于2020年度各行政部门及实体征收的行政准照费用及印花税。[③]

疫情对餐饮消费类服务业的信心打击较大，激发消费需求成为改善消费经济首要任务。广东省多地政府采取发放针对线下堂食消费券，引导更多媒体加

---

① 香港特区政府食物环境卫生署，最后访问日期：2020年7月15日。
② 澳门特区政府网页，最后访问日期：2020年7月15日。
③ 澳门特区政府网页，最后访问日期：2020年7月15日。

强线下消费宣传，帮助更多企业度过最艰难的生存期。

广东多地消费券发放一览表①

发放时间	城市	额度（亿元）
4月1日起	佛山	1
4月10日起	佛山南海区	1
4月10日起	佛山禅城区	0.5
4月15日起	佛山顺德区	1
4月17日起	佛山三水区	0.3
4月1日起	深圳罗湖区	0.3
4月2日起	深圳福田区	0.3
4月5日起	深圳龙华区	0.5
4月10日起	深圳光明区	0.3
4月15日起	深圳宝安区	2
4月20日起	珠海市	1
4月18日起	东莞市	1
4月20日起	中山市	0.2
4月2日起	江门鹤山市	0.06
4月15日起	惠州市龙门县	0.1
合计		9.56

　　澳门和香港是全国最早发放消费券的城市。早在2月13日，澳门就宣布将在疫情缓和后，向澳门居民每人发放面值为3000元的电子消费券，限定三个月内在本地餐饮、零售、生活百货等行业消费使用。2月26日，香港也向18岁或以上香港永久性居民发放10000港币现金。另外，原定于2020年7月至9月实施的澳门居民现金分享计划，提前至4月1日起分批向澳门特区永久性居民和非永久性居民，分别发放现金10000澳门元和6000澳门元，以纾缓居民因疫情影响受到的经济压力。

---

　　①　该表由作者根据各地政府网站发布的消息自行整理。

三、后疫情时代，餐饮业何去何从

当前，国内疫情虽然已有效控制，然而，疫情对餐饮业的影响将延续到何时还是未知数，很可能成为餐饮业有史以来的第一场持久战。广大餐企必须要准备采取各种有效措施，想尽一切办法让企业存活到"柳暗花明"之时。疫情结束后，广大餐企还必将面对重振消费信心的艰难考题。餐饮业为何在疫情冲击之下，如此不堪一击，问题究竟出在何方？在疫情之前，由于餐饮业门槛过低，缺乏统一的行业规划，扩张模式相对固化，盈利模式相对单一，以致形成了高密度的、超饱和的、恶性竞争的市场格局，大多数餐企缺乏必要的风险防范意识。粗暴增长虽然造就了像海底捞、九毛九的个别资本神话，但在疫情面前，连锁化、规模化等传统意义上的行业品牌评价指标，反而变成了多数餐饮品牌最大的生存负担。因此，餐企最应该关注和塑造反脆弱性和抗风险能力。

（一）疫情引发消费行为发生突变

粤港澳大湾区餐饮企业在疫情之下既面临着巨大的挑战，也迎来了前所未有的创新、整合机遇。疫情对餐饮业的冲击是一时的，但对消费者的影响必然是长远的，餐饮企业要想在疫情之后顺利找准市场突破点并把握、引领消费潮流、赢得消费者信心，就必须深刻分析消费习惯与消费心理的趋势变化，深入理解餐桌文明进化和品牌认知迭代的发展走向。疫情后的餐饮消费市场必将回归理性、返璞归真，餐饮业也必将朝着更加规范化、专业化、标准化的方向发展。

一是消费习惯改变。疫情隔离防控对人群集聚型、环境敏感型的餐饮业冲击巨大，催生和强化了"宅经济消费""无接触经济"等新发展模式。首先，餐饮企业可以根据消费习惯的潮流变化，进一步具象强化外卖消费场景，外卖不仅卖的是美食产品，还可以包括为消费者提供私人空间布置、一站式周边产品配套、上门烹饪与服务人员配置等，满足消费者个性化需求。其次，外卖并非只限于单人快餐消费，还可以涉猎商务接待、公司团体包餐、家庭主题宴席等多种主体消费需求。

二是消费心理变化。餐饮业恢复将经历一个漫长的周期，有赖于消费信心的完全恢复。由于疫情的洗礼，健康饮食将成为餐饮消费主导，绿色营养将成为消费新时尚，食品安全将成为消费者选择餐厅消费的首要标准，"安心消费"承诺与践行已然成为餐饮业最高效的营销利剑，食材溯源、食品安全管控、明厨亮灶、营养健康、防疫环境等安心措施，将成为未来餐饮业的核心竞争焦点。据相关平台近期数据显示，有打标"安心餐厅"标签的餐厅消费流量明显高于其他普通餐厅。

三是餐桌文明进化。疫情在一定程度上正面推动了社会文明进步。餐桌文明消费成为了社会普遍关注的话题，政府、媒体、行业组织、餐饮企业与消费者都不约而同地开始重视餐桌文明，餐桌文明也必将由疫情激活而快速进化。研判餐桌文明的进化方向可以从时间、地域、外在、内涵、主题与点缀等六个维度剖析，着重关注餐桌文明进化时间轴上的继承与创新规律，博采各国和羹之美、分餐之雅，倡导适度、创意、节约的饮食审美原则，传承发扬美人之美、美美与共的传统情境文明与礼节文明，注重选材用料、营养健康、科学烹饪的美食内涵价值，吸取疫情带来的惨痛教训，禁食野生动物，守住嘴上的疫情防线和文明防线。

四是品牌认知迭代。疫情过后，消费品质化会持续引领消费提质升级，所有消费者对餐饮品牌将会有一个重新的认知，产品主义、安心消费必然成为衡量餐饮品牌价值的首要维度，餐企更应该重点考虑消费者的真正需求，思考消费者究竟吃什么、图什么？近些年，餐饮业不断在追求网红爆品，但在疫情的考验和洗礼之下，刻意打造的网红爆款餐饮，在疫情的"照妖镜"之下显露了原形，很多网红餐饮已被洗刷得一文不值，销声匿迹。这种重营销、轻产品、形同空中楼阁的餐饮品牌，已证明是最先被消费者所抛弃的。

（二）餐饮业将进行重构进化

疫情倒逼中国餐饮业进化迭代，推动了消费升级，催生了适应新形势的新模式、新玩法、新技术与新业态。越是在困难的时期，越应该用全局、辩证、长远的眼光看待餐饮业未来的发展，或许将迎来最好的成长机遇期。

一是商业模式创新与产业转型。疫情危机让餐饮业暂时脱离门店竞争，安排时间冷静思考，如何培育一个反脆弱性的品牌战略体系，如何设计一套抗风险的商业模式，如何做好分配以吸引和留住更多优秀人才。疫情必然带来餐饮业新一轮的洗牌，意味着许多资源要素将会回归市场并重新分配，我国餐饮市场潜力巨大，餐饮企业应彻底剖析、研判自身核心资源与能力，创变发展策略，发现、创变新的蓝海市场与进化路径，放弃不必要的包袱，充分整合社会第三方专业供应链、服务链、信息链、资金链，展现出更加充沛的品牌活力。餐饮业不仅限于餐饮行业，餐饮产业将是一个更大的博弈棋盘，强烈建议具有独特资源能力的餐饮企业，彻底自我革命、自我颠覆，尝试产业化转型，脱胎换骨地重新定义企业价值取向，打造具有自身核心竞争力的"挖矿神器"。

二是私域流量的价值与运营。因为太过于依赖大平台，太多餐企放弃搭建属于自己的自主外卖，忽视了本属于餐企的客户、数据、订单等私域流量。结果，餐企不仅把最有价值的商业信息拱手让出，反而还要被"高额佣金"和"排他政策"再次伤害。所谓"人为刀俎、我为鱼肉"，餐企面对不平等条约的切肤之痛，唯有真正从意识上醒悟，从本源上抓起，从行动上改变，才能掌握自己的话语权和生存权。

餐饮企业必须要认识到数据和信息的重要性，学会私域流量的沉淀和转化。比如星巴克、瑞幸、喜茶、奈雪，无不是通过小程序，沉淀了大数据，转化为自己的私域流量。私域流量不仅是锦上添花，甚至是生存红线。首先，餐饮业打造自己的私域流量，可直接和用户建立连接，通过到店和到家（自营外卖）线上线下一体化的会员营销服务，直接触达自己的客户；其次，私域流量沉淀在餐企自有的公众号、小程序、会员系统等载体内，归餐企自己所有，不需要通过中间平台进行付费购买，餐企可以重复地进行激活、触达与转化，不限次数且触达更高效、成本更低；再次，私域流量体系下用户与品牌沟通渠道顺畅，降低信息不对称，有助于商家收集顾客的需求，及时获得反馈，优化产品、服务及客户体验；最后，餐企通过提供高质量的服务，来获得私域流量客户的口碑，客户可以免费帮助餐企进行裂变传播，以此获取更多的裂变粉丝。

无论是疫情，还是平台佣金之战，残酷的现实都在教育餐饮业，只有牢牢掌握私域流量的主动权和所有权，客户画像、数据留存、后续营销等才是真正属于企业的长期财富。餐饮寒冬，谁能真正帮助餐企活下来？答案是，唯有企业自己，唯有改变意识，蜕变成智慧餐饮时代的参与者和主导者。

（三）苦练内功，换个玩法

餐饮品牌格局将发生彻底性、革命性的变革，越来越多的老餐饮人正重点思考如何降低不确定性风险，开店节奏将更趋稳健，选址标准将更加审慎，转变直营投资为品牌合作、特许经营或将迎来新一轮爆发。疫情也将推动更多餐饮企业关注标准化流程与出品改造，大幅降低单店面积，减少员工配置，全面导入科技化、智慧化、数字化管理机制与决策体系，着力引进智能化、数控化、物联化烹饪设备。

基于社区市场的餐饮企业，或将不再是单纯的餐厅，进而进化为超级社区复合服务商。以归零的心态，重新审视和挖掘社区潜在的、多维度的、综合性的消费需求，依托餐饮业务设计"餐饮1+N"的新型商业模式，创新重构相关商业资源、服务资源等利益相关者，为社区提供一站式便捷服务。疫情让绝大多数餐企陷入至暗时刻，却也不乏一些餐饮品牌成为逆行者，我们需要看好中国餐饮市场的潜力，在低谷之时，积极谋求寻觅性价比更高的商业铺位，低成本收购、并购产业资源。例如，香港太兴饮食集团东莞永富食品公司复工次日，就宣布增资9000万元。

四、关于扶持大湾区餐饮业复苏的若干建议

国家和广东省政府高度重视疫情对经济的影响，及时出台了一系列普惠性政策，2020年所得税、增值税减免，2019年所得税延缓半年征收，减免社保，缓缴公积金，企业亏损最长结转年限由五年延长至八年，降低房产税、城镇土地使用税等。2020年3月13日，国家发改委等23个部门联合印发了《关于促进消费扩容提质加快形成强大国内市场的实施意见》，从市场供给、消费升级、消费网络、消费生态、消费能力、消费环境等六个方面提出了19项政策举措，广东各地政府积极响应号召，各种刺激消费的政策也层出不穷。香港、澳门特区政府也适时出台了相关扶持政策，帮助中小企业渡过难关，刺激本地消费。但上述政策大多都是宏观普惠性政策，缺乏餐饮业针对性扶持政策。由于海外疫情的失控蔓延，导致疫情对大湾区经济的影响周期大大超过预期，对实体餐饮业带来的后遗症还在持续发酵。餐饮企业在积极自救的同时，对政府相关扶持政策的需求也越来越迫切。

第一，切实减轻企业税费负担。各地政府应尽可能延长年度纳税申报期限；减征或者免征3个月以上增值税、营业税、城镇土地使用税、房产税；鼓励企业灵活用工，适当调整最低工资标准，降低社保费率和缴费基数，适度延迟社保缴纳周期，对不裁员、少裁员的餐企返还上年度失业保险或发放稳岗补贴；缓解企业用电、用气、用水成本，实行"欠费不停供"措施；降低企业物流成本，餐饮食材运输车辆执行"绿色通道政策"，免收车辆通行费。

第二，缓解餐饮资金流动性困难。设立餐饮业专项纾困资金，为确有生存困难的餐饮企业提供超过一年期的无息贷款，无门槛地帮助中小微餐企彻底解决现金流问题；放宽信用贷款、商标抵押贷款门槛，减免或减半收取担保费等融资成本，将餐饮融资纳入中小微企业贷款风险补偿项。

第三，加速恢复市场消费信心。避免地方政府采取堂食一刀切的做法，对有足够经营面积和隔离防控能力的餐企应分区分级放开堂食限制；向为社会复工提供用餐保障的餐企，免费统筹提供口罩等防护物资的供应；建议政府提供规划引导、场地设施支持，通过在公共空间设立集市、展览等方式促进购物中心的产品销售及品牌展示推广；并鼓励"夜经济""假日经济"等，促进内向型消费，延伸服务空间和时间。

第四，多头并举降低实体餐饮企业租金负担。明确疫情"不可抗力"的法律解释，政府可设立专项基金给予餐企直接性租金补贴；鼓励各物业业主方主动减免疫情期间餐饮商家租金和物管费用，政府应间接给予业主方贷款免息或抵税等奖励性扶持。

第五，大力发挥大湾区餐饮互补优势。大湾区三地政府联合策划美食节庆，激发民间消费信心；三地政府应联合鼓励、资助香港、澳门餐饮品牌企业加大在广东境内布局力度，弥补港澳餐饮企业单一市场的经营风险，紧抓内地市场机遇。粤港澳大湾区餐饮业的整体复苏，烟火气的蓬勃升腾，可以为湾区经济复苏提供有力保障，把被抑制、被冻结的消费释放出来，更快迎来粤港澳大湾区经济融合发展的繁荣局面。

餐饮业是事关民生的重要行业，涉及的就业人口众多，每一家餐饮企业的背后，都涉及成百上千甚至数以万计个家庭的工作和生活。餐饮业是承载着大量就业的民生领域重点行业，也是必须要脱掉口罩才能消费的行业，受新冠肺炎疫情冲击极大，恢复周期将极其漫长。帮助餐饮企业攻克难关，对经济发展、社会民生、稳岗就业、消费回暖，都有着非比寻常的意义。建议粤港澳大湾区各地政府深入调研餐饮业岌岌可危的现状，及时出台针对餐饮业的高效扶持政策，调动一切有效资源，保护实体民生消费经济，帮助餐饮挺过生存难关。

**粤港澳大湾区规划
与定位分析**
另附相关资讯文章
⊞⊞扫码获取

评价篇

05

粤港澳大湾区城市创新能力评估

国家统计局广东调查总队课题组*

摘　要： 创新能力和创新合作是当今全球经济发展的重要引擎，是实现经济转型升级、促进经济持续增长的关键要素。在分析全球创新演化过程和未来发展态势的基础上，对标国际一流湾区城市群的创新水平，审视粤港澳大湾区发展的基础条件和科技创新的特点、优势以及存在的短板和不足，根据粤港澳大湾区城市群的特点，选择恰当的评价指标，构建城市科技创新评价体系和评估模型，并对粤港澳大湾区各城市创新能力进行测算评估，分析大湾区城市间的差异和科技创新合作模式，构建跨区域、跨制度的开放协同创新方式，提出大湾区城市群共同推动创新、共享创新成果，建设国际科技创新中心的合作路径等相关政策建议。

关键词： 粤港澳大湾区　创新能力　创新合作　国际科技创新中心

党的十九大报告指出，"要支持香港、澳门融入国家发展大局，以粤港澳大湾区建设、粤港澳合作、泛珠三角区域合作等为重点，全面推进内地同香港、澳门互利合作"。中央就粤港澳大湾区建设作出了战略部署和明确要求，冀望珠三角这个城市群在国家经济与社会发展中肩负起深化改革、扩大开发、践行"一国两制"的战略使命。

综观世界三大湾区的经济发展，都经历了港口经济、工业经济、服务经济、创新经济四个发展阶段。相比之下，粤港澳大湾区正处于工业经济发展的

---

　　* 国家统计局广东调查总队课题组。课题组组长：赵云城，课题组成员：郑树霞、丘韩飞、彭黄磊、许鹏、陈唯静、丁萧、刘毅、杨海深，课题撰稿人：许鹏、丁萧、杨海深。

后期并正在向服务经济和创新经济迈进。粤港澳大湾区城市经过40年的经济建设和相互合作，已经建立起完善的基础设施体系、配套完整的产业体系、高效运作的市场体系，并聚集起一定程度的创新资源，具备了建设世界一流湾区的基础条件，其内部整合功能和国际交往功能不断增强，规模经济效应和集聚外溢效应不断提升。尤其是一个国家、两种制度、三个关税区、四个中心城市，这样的格局造就了其他区域无可比拟的显著特点和优势。

要实现打造国际一流湾区和世界级城市群的宏伟目标，国家交给粤港澳大湾区城市群建设的重点任务是，打造国际科技创新中心、推进基础设施互联互通、促进要素流动便捷高效、培育国际合作新优势、加快推进重大平台建设和共建优质生活圈等6个方面①。其中创新能力和创新合作是当今全球经济发展的重要引擎，是实现经济转型升级、促进经济持续增长的关键要素。全面审视和评估粤港澳大湾区城市的科技基础和创新能力，分析大湾区城市间的差异、差距及科技创新合作模式，将有利于大湾区城市的创新与合作。

一、粤港澳大湾区城市群创新能力的现状分析

随着经济发展和经济全球化，创新已经渗透到所有的行业领域，创新无处不在。但因区域间的产业组织形式不同，产业规模不同，以及创新支撑条件不同，导致区域创新发展的不平衡，有的地区创新能力非常强，并发展成为国际创新中心。

（一）从世界三大湾区创新中心看粤港澳大湾区创新能力

创新中心的形成与科技革命的发生紧密相关，并随着经济长周期波动产生空间的更替，其中领先的制度创新是创新中心形成的重要基础，总而言之，创新中心的发展是一个长期演进和转型升级的过程。尽管目前国际创新中心出现多极化，但著名的世界三大湾区始终都是最重要的国际创新中心。纵观湾区的发展历史，湾区的形成依赖于自身的资源和港口群，入海口的区位优势是湾区萌芽的先天便利条件。三大湾区更是抓住了三次科技革命的历史机遇，引导各种要素资源加快向湾区集聚，实现了产业的升级和跨海交通的通达，形成了以中心城市为核心、周边腹地为支撑的开放型经济体系，并成为影响国际科技和

---

① 《国家发改委：粤港澳大湾区建设将重点推动六方面工作》，新华网，最后访问日期：2020年4月1日。

产业发展的创新中心。但同时，三大湾区又各有侧重，各有特点，纽约湾区发展成以"金融湾区"为核心的"金融中心+科技创新中心+创意文化中心"，东京湾区发展成以"产业湾区"为核心的"先进制造中心+科技创新中心+金融中心"，旧金山湾区更是被誉为"科研湾区"。

特别值得关注的是，硅谷的迅猛崛起，无疑是旧金山湾区发展的最大推动力。可以说，硅谷把旧金山湾区送上了世界三大湾区之一的宝座，也为旧金山湾区贴上了"科研湾区"的显著标签。硅谷的一个重要功能是孕育出众多高科技企业。除了许多重大的科学发明和技术进步在此产生外，硅谷更是能将这些新发明和新技术进行产品化和市场开发，即在当地创建企业开展经营。因此，旧金山湾区成了一片"高技术产业聚集地"，产生了由技术外溢引致高技术产业高度聚集的现象。当硅谷呈现这一汇聚过程后，技术（创意）外溢、技能积累、生产所需的资源的可获得性，以及一系列反馈都有助于其保持竞争优势。硅谷正经历着这样一个过程，它由电子企业起家，此后领导着信息技术的每一次潮流。旧金山立足于核心区与外围区的比较优势，成功地建立了产业分工和雁阵布局体系。在国际大湾区的雁阵布局体系中，核心区扮演着经济增长点和发动机的角色，是高端要素和高端产业高度集聚的区域，在产业价值体系中占据了附加值较高的环节；外围区发挥着承接核心区产业转移和配套设施的功能，布局的主要是与核心区产业关联度较高、处于价值体系中间位置的产业部门。旧金山湾区的"头雁"在硅谷，汇聚了以谷歌、苹果、思科等世界500强企业为代表的众多电子类高科技企业，而外围的圣何塞市则依托风险投资产业和高等教育产业为硅谷的创新创业输送资金和人才，另一个处于外围的奥克兰则以制造业和交通运输业为主，为硅谷的高科技产业提供各种原材料、中间品以及产品输出服务。

著名的三大湾区业已成为世界500强、创新企业、研发资源和专利产生的密集区，成为国际竞争力和创新能力的代表，成为引领科技革命的领头羊。粤港澳在经历了40多年的改革开放和融合发展，在规模和增长速度上已经接近甚至超过世界三大湾区，并且有着自身显著的特点和独特的优势，完全有条件跃升到世界级大湾区的行列，与三大湾区并驾齐驱（见表1）。

表1 2018年粤港澳大湾区与世界三大湾区比较

指标	粤港澳大湾区	纽约湾区	旧金山湾区	东京湾区
GDP（万亿美元）	1.6	1.7*	0.8*	1.8*
GDP占全国比重（%）	12	8.9	4.3	37.6
常住人口（万人）	6672	2253	775.3	3663.5
土地面积（平方公里）	55900	38200	17900	13556
人口密度（人/平方公里）	1193.6	589.8	433.1	2702.5
城市数量（个）	11	25	12	10
人均GDP（万美元）	2.3	8.4*	10.6*	4.2*
地均GDP（美元/平方公里）	2862*	4450*	4469*	13278*
港口集装箱吞吐量（万TEU[①]）	8122	671	242	797
全球100强创新企业数量	2	3	10	27
《财富》世界500强企业数量	20	24	15	39
QS世界100强大学数量	4	6	3	2
第三产业比重（%）	62.2	89.4	82.8	82.3
机场旅客吞吐量（亿人次）	2.1	1.4	0.8	1.3
国际枢纽机场数量	2	2	1	2
PCT[②]国际专利申请量（万件）	5.33（中国）	5.61（美国）	5.61（美国）	4.97（日本）

注：带*号者为2017年数据，该表格数据均为作者根据各网站数据综合得来。

粤港澳大湾区的土地面积位列四大湾区之首；GDP总量位列四大湾区第三位；以仅占全国0.6%的国土面积，贡献了全国GDP的12%；港口集装箱吞吐量、机场旅客吞吐量等均位列四大湾区中的第一位。可见，粤港澳大湾区既是中国最具经济活力的地区，与世界三大湾区相比也是能量非凡，多项指标均表明粤港澳大湾区已跻身国际一流湾区行列。但在人均GDP和地均GDP方面，粤

---

① TEU，Twenty-feet Equivalent Unit的缩写，指以长度为20英尺的集装箱为国际计量单位，也称国际标准箱单位。

② PCT，Patent Cooperation Treaty的缩写，即《专利合作合约》。

港澳大湾区都远不及其他三个湾区，反映出经济效益和发展质量仍存在较大的差距。

在科技创新领域，以可量化比较的发明专利考察，粤港澳大湾区近年发明专利授权量快速增长，从2013年的71037件增加到2018年的258009件，增长了2.63倍。2017年旧金山湾区、纽约湾区和东京湾区的发明专利授权量分别为5.44万件、3.96万件和13.91万件，在授权数量上远不及粤港澳大湾区。然而，在PCT专利申请量上，2017年，粤港澳大湾区申请量为2.14万件，落后于东京湾区（2.86万件），位列第二位，大幅领先于旧金山湾区（0.72万件）和纽约湾区（0.8万件）。

进一步考察施引专利状况[1]，虽然粤港澳大湾区近年发明专利数量超过了旧金山湾区，但在施引专利数量上却远不及旧金山湾区，施引量最高的2012年为旧金山湾区的53.6%，大多数年份仅为旧金山湾区的20%多（见图1）。

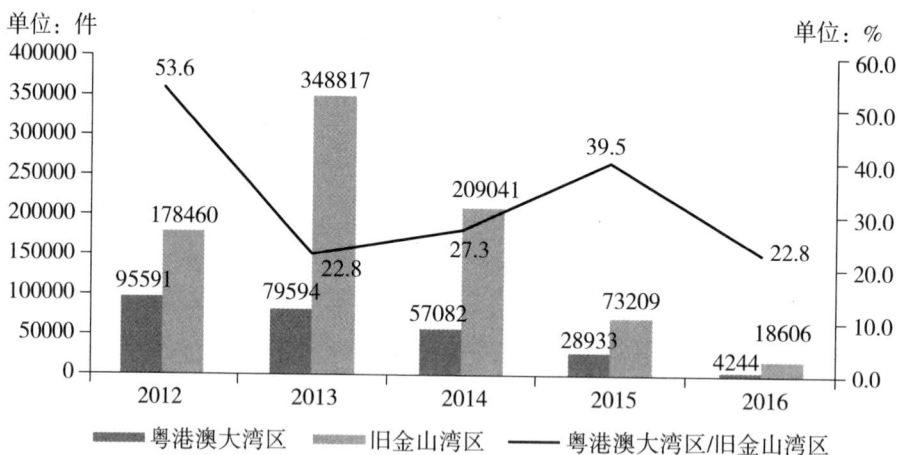

数据来源：广州日报数据和数字化研究院：《粤港澳大湾区协同创新发展报告（2017）》，2017年7月。

图1　粤港澳大湾区与旧金山湾区发明专利施引量比较

尽管粤港澳大湾区已能在部分创新指标上与三大湾区相提并论，但总体而言，创新能力仍存在较大差距，如承载着创新人才培育和充满创新能力的国际著名高等院校，在创新领域独领风骚的独角兽企业，以及高新技术产品数量和产量，粤港澳大湾区都远远落后于世界三大湾区。

---

[1]　施引专利是指注册专利被后续引用的次数，被引次数高的专利代表专利质量高。

（二）粤港澳大湾区创新优势

粤港澳大湾区发展起步较迟，整体的湾区发展战略和规划刚刚提上日程，但湾区内的香港、澳门在20世纪六七十年代起步，业已发展成为现代市场体系高度完善、营商环境一流、国际知名度高的自由贸易港；内地珠三角九个城市经历了40多年的改革开放，亦已成为中国最具活力和最具创新精神的地区。现时的粤港澳大湾区在资源禀赋、经济体量、创新要素聚集及区位优势等方面，具备了与世界级湾区相当的基础以及进一步发展成为世界创新中心的有利条件。

1．创新资源集聚的优势

2018年广东省共有高新技术企业11431家，高新技术企业规模居全国第一。据科技部综合评价，广东区域创新能力连续七年稳居全国第二[①]，有效发明专利量和PCT国际专利申请量占全国比重超过50%，保持全国第一，技术自给率近70%，接近创新型国家和地区水平。香港、澳门拥有多所世界一流大学，创新能力强，光纤技术世界领先，研发和中介服务机构资源高度集中，可为创新提供强有力的支撑。大湾区已建成五个大科学装置、在建九个，内地城市还拥有180家新型研发机构、4539家省级以上创新平台。华为、腾讯、比亚迪等一大批具有先进技术及生产方式的全球知名龙头企业，以及海量创新创业企业在此聚集，形成了发展经济学中技术进步理论所提出的有助于技术溢出和干中学的产业和技术发展氛围。

2．现代服务业领先的优势

拥有世界最大的海港和空港群，香港、深圳、广州三个全球性大港口，2018年集装箱年吞吐量超过8122万标箱，是世界三大湾区总和的4.7倍；第三产业占比已达到62%，基本接近世界三大湾区的经济结构。港交所及深交所在亚太乃至全球有着举足轻重的地位。香港金融、航运物流、信息以及专业服务等处于国际领先地位。大湾区内有数万家私募股权和风险投资机构，金融机构数量和管理资本总额约占全国1/3强。不断发展完善的现代服务业，特别是信息、金融、创投等为创新发展提供了强有力的支撑。

3．产业配套成熟的优势

大湾区内的产业链业已形成，且配套齐全，生产制造能力强，具备丰富完善、较高素质的产业工人资源。主要城市的产业特色基本确定，广州以汽车制

---

① 2017年和2018年连续两年跃居全国首位。

造业、重大装备、造船等高端产业为核心；深圳集聚电子信息产业、新能源和新材料、生物医药和正在培育的军工、人工智能等未来产业；佛山拥有电气、陶瓷和机械制造等传统优势产业；东莞是全球最大的传统制造加工业基地之一；珠海形成了精密机械和石油化工的主导产业；中山形成电子电器、五金家电等特色产业集群。在粤港澳大湾区内，科研成果能迅速转化为创新产品，在一小时经济圈内就能采购到各种产业配套要件，新产品的中试和生产在珠三角区域内可高效完成。

4. "一国两制"融合的优势

一个国家、两种制度、三个关税区，是大湾区最大的特色和最具前景的制度安排。香港和澳门拥有更规范化的市场准则和更成熟的市场实践，必然会给内地的市场经济建设带来经验和规则，从而促进大湾区市场体系的完善和市场活力的增强。再从外部效应看，两个根本制度下的多种体制的共存，香港、澳门扮演起超级代理人的角色，联通大湾区与世界的密切联系，有助于大湾区作为一个整体走向国际市场。众所周知，早期"前店后厂"的合作模式，便是内地改革开放制度红利与港澳接轨国际市场体制相互配合的成功范例。

（三）粤港澳大湾区创新面临的挑战

1. 创新要素的跨境流动存在障碍

一是三个不同的关税区和法律体系，在一定程度上制约了物资、资金和人才的顺畅流动。二是城市交通体系缺乏一体化规划和建设，跨境基础设施的衔接仍存在较严重的问题。三是通关便利化尚无大的突破，研发设备出入境关税较重。四是三地互相申请研究项目和研发基金受到限制，内地的科研经费难以跨境在港澳使用。五是跨境创新人才的流动受到两种体制的区隔，严重制约了专业人员的交流和合作。

2. 产业整体水平不高对创新产生抑制

除香港、澳门、深圳、广州外，大湾区其他城市以传统制造业为主（2018年工业增加值占地区生产总值均在30%以上，佛山、惠州、中山更是占40%以上），企业处在全球价值链的较低端，附加价值不高，产业层次较低，同质化严重。一方面，制造企业面临土地和人力资源等生产要素成本持续上升的压力，同时还要面对以东南亚为代表的代工企业的挑战，以及发达国家制造业回流带来的冲击，传统产业有被替代的风险。另一方面，企业在转型的压力下难以筹集大量的资金投入创新研发，较低端的产业形态亦缺乏创新所需要具备的生产和工艺支撑。

3．城市间发展不平衡和各自为政的发展策略限制了创新技术的溢出

发展不平衡表现在，一是珠江东岸的发展明显强于西岸，二是经济发展的级差相当明显。香港、澳门人均GDP和香港的货物进出口总额遥遥领先于大湾区内地城市；内地九市当中，广州、深圳作为龙头城市，各项经济发展指标均远高于其他城市，其中人口数量两市均各占湾区内地城市总人口的20%左右，GDP总额亦各约占30%；珠海、佛山、东莞居于次级城市地位，其中珠海的人均GDP居较前的位列，佛山的人口和GDP均占12%左右，东莞的人口和GDP分别约占14%和10%（见表2）；其他城市的各项指标则有较大的落差。

表2　2018年粤港澳大湾区经济数据统计①

城市	面积（平方公里）	人口（万人）	GDP（亿元）	人均GDP（万元）	进出口总额（亿元）
广州	7249	1490.4	22859.4	15.6	9811.6
深圳	1997	1302.7	24222	19	29997.3
珠海	1736	189.1	2914.7	15.9	3247.7
佛山	3798	790.6	9935.9	12.8	4599
惠州	11347	483	4103.1	8.5	3334.7
东莞	2460	839	8278.9	9.9	13420
中山	1784	331	3632.7	11.1	2341.6
江门	9507	459.8	2900	6.3	1472.2
肇庆	14891	415.2	2201	5.3	389.8
香港	1107	748.3	24022.9	32.2	74969.9
澳门	32.9	66.7	3603.1	54.6	837.1

注：香港进出口总额指标为"对外商品贸易总额"，澳门进出口总额指标为"商品进出口货值"，均按年平均汇率折算。

与此同时，城市间各自为政的发展策略，导致竞争多于合作，产业合作的

---

① 数据来源：《广东统计年鉴（2019）》《世界投资报告2019》。

新兴点不多。近五年，香港经济发展放缓，四大优势产业的增长率均低于5%，与珠三角产业互补性下降。澳门高度集中在旅游博彩业，产业发展较为单一，对珠三角西岸产业带动力不强。珠三角各城市产业尽管有级差，但产业同质性竞争较为明显，几个制造业大市在转型升级过程中，都不约而同地要发展现代服务业，在刚萌芽的时候就逐渐出现了金融城、会展中心、贸易广场等服务业竞争。产业同构和行业竞争在相当程度上形成技术壁垒，不利于新技术的溢出和扩散。

二、粤港澳大湾区城市创新能力评价

城市创新能力是城市综合竞争力的体现和源泉。通过对城市创新能力的科学评价，可以展现区域在创新能力方面的优势与不足，从中发现不同梯次城市间创新合作存在的问题和合作路径。

（一）粤港澳大湾区城市群创新能力指标体系构建

指标体系设计需遵循如下原则：一是导向性原则。指标体系设计要服从国家创新发展战略的需要，与政府创造良好的宏观环境、制度环境和市场环境，使市场主体行为与国家创新发展战略方向相一致，这样有助于创新活动的开展和创新体系的建设，从而对城市创新能力起到指导作用。二是综合性原则。指标体系要反映城市创新发展的全过程和整体面貌，遵循城市创新能力产生的先后逻辑顺序，消除偶然的、次要的、非本质的指标，选择既真实、准确、全面，又具有化繁为简功能的指标。三是规范性原则。指标体系结构的拟定、指标的取舍、权重的设置以及评价方法的选取都要有科学依据，应体现出体系的层次性、各层次之间的逻辑关联性。四是可操作性原则。指标数据资料具有可获得性，指标概念含义清晰、明确，评价结果具有政策启发性。

基于以上原则，同时参考相关文献和国家统计局发布的"新发展理念统计指标体系"，构建表征粤港澳大湾区城市群创新能力的指标体系，并分成三个层次：第一个层次用以反映大湾区城市群创新发展总体情况，通过计算创新总指数实现；第二个层次用以反映大湾区在创新基础能力、创新投入能力、创新产出能力和创新持续能力等四个领域的发展情况，通过计算分项指数实现；第三个层次用以反映构成创新能力各方面的具体发展情况，通过上述四个领域所选取的20个评价指标实现（指标体系框架和各项指标说明见表3）。

本文对一级指标内涵作了新的解释：创新基础能力指标是创新主体所处空间范围内各种要素结合形成的关系总和，主要反映了驱动创新能力发展所必备的人力、财力等基础条件的支撑情况，以及政策环境对创新的引导和扶持力度，这决定了关键创新要素的集聚能力。创新投入能力指标是创新能力产生的重要保障，人才和资金是创新投入的核心要素，企业是创新投入的主体，它反映了创新的人力财力投入、企业创新活动情况以及创新主体的合作情况。创新产出能力指标是创新投入的产出结果，是城市创新能力最直观的表现。创新持续能力指标是反映创新对产品结构调整、产业竞争力提升、经济效率提高等方面，以及对经济、社会发展的长效支撑情况。

表3 粤港澳大湾区城市创新能力评价指标体系

一级指标	序号	二级指标	选取说明
A.创新基础能力	A1	就业人口中大专及以上学历人数比重（%）	反映就业人口素质情况
	A2	科技人员人均年收入（元）	反映科技人员创造的平均价值
	A3	互联网普及率(%)	反映网络基础设施状况
	A4	科技拨款占财政拨款的比重(%)	反映政府对创新的财力支撑情况
	A5	城市房价年收入比	反映城市房价与居民收入的匹配程度
	A6	FDI[①]总额占GDP的比重 (%)	反映经济的开放水平
	A7	人均GDP（元）	反映城市的综合经济实力
B.创新投入能力	B1	R&D[②]人员全时当量（规上工业）（人·年）	反映企业创新人力的投入规模和强度
	B2	研究与试验发展经费支出占GDP比重(规上工业) (%)	衡量科技活动规模、科技投入水平和科技创新能力状况
	B3	基础研究人员人均经费（规上工业）（万元/人）	一定程度上代表原始创新能力
	B4	企业R&D经费占主营业务收入比重(%)	反映企业R&D经费投入强度
	B5	民间固定资产投资增长率（%）	反映民间固定资产投入水平

---

① FDI, Foreign Direct Investment的缩写，即外国直接投资，指一国的投资者将资本用于他国的生产或经营，并掌握一定经营控制权的投资行为。

② R&D, Research and Development的缩写，即"研究与开发（试验）"。

（续上表）

一级指标	序号	二级指标	选取说明
C.创新产出能力	C1	每万名R&D人员专利授权数（件）	反映科技创新活动的产出水平和效率
	C2	PCT国际专利申请量(件)	衡量创新型企业国际竞争力水平
	C3	发明专利授权数占专利授权数的比重（%）	反映授权专利的质量水平
	C4	每百家企业商标拥有量（件）	一定程度上反映企业自主品牌拥有情况和自主品牌的经营能力
D.创新持续能力	D1	新产品销售收入占主营业务收入比重（%）	反映创新对产品结构调整的影响效果
	D2	高技术产品出口额占出口额比重(%)	反映创新对产品国际竞争力的影响效果
	D3	高技术制造业增加值占规模以上工业比重（%）	反映创新对制造业转型升级的影响效果
	D4	全员劳动生产率(万元/人)	反映创新对经济发展的促进作用

（二）粤港澳大湾区城市创新能力评价分析

考虑到数据的可得性和可比性，本文选用综合指数评价法来开展实证研究（详见本文附件1、2），并将大湾区城市群创新能力评价分成三个方面：一是探索性地提出基于截面数据的创新能力评价体系，采用离差标准化方法和熵权法赋权重计算创新能力综合指数，用以横向比较大湾区内珠三角九个城市间创新能力的优势与差距；二是构建基于时序数据的创新能力评价体系，采用均值化方法和变异系数法计算综合进步指数，用以纵向跟踪近年来这九个城市创新能力的表现和趋势；[①]三是基于可获取且具体反映创新能力的指标来比较香港、澳门与珠三角城市在创新能力方面的差异。

---

① 基于截面数据的评价体系，仅当年度各城市间数值具有可比性，不同年份的数值不可比；基于时序数据的评价体系，仅同一城市不同年份数值具有可比性，各城市间的数值不可比性。

1．基于截面数据的珠三角城市创新能力评价分析

纵观2011～2018年的创新能力综合指数及其排名，珠三角九个城市创新能力总体格局为：深圳处于"超前"地位，广州、珠海处于"领先"地位，东莞、惠州、佛山和中山处于"追赶"地位，江门、肇庆处于"落后"地位（见表4）。近些年，位于第一位的深圳创新能力综合指数是第二位广州的两倍多，处于遥遥领先的地位；广州和珠海创新能力综合指数相差不多，始终分别处在第二和第三位；佛山、东莞、惠州和中山的位次排名表现出相互竞争的态势，其中东莞创新能力正脱颖而出；江门和肇庆始终处于最后两位。

表4　珠三角城市创新能力综合指数排名

城市	2011年	2012年	2013年	2014年	2015年	2016年	2017年	2018年	梯队
深圳	1	1	1	1	1	1	1	1	超前
广州	2	2	2	2	2	2	2	2	领先
珠海	3	3	3	3	3	3	3	3	
东莞	6	5	4	6	5	4	5	4	追赶
惠州	7	6	5	4	6	6	4	5	
佛山	4	4	6	5	4	5	6	6	
中山	5	7	7	7	7	7	7	7	
江门	8	8	8	8	8	8	8	8	落后
肇庆	9	9	9	9	9	9	9	9	

注：梯队划分主要依据珠三角九个城市的综合指数（见本文附件3）差距和近年来各市排名情况。

二级指标显示，在创新基础能力方面，深圳、珠海和广州这三座城市具有相对优势，中山、佛山和惠州处在中间地位，而东莞、肇庆和江门则处在相对劣势地位。这说明深圳、珠海和广州在劳动力人口素质、教育资源、基础设施、收入和政府财政支持等驱动创新能力发展所必备的基础条件方面具有相对优势，但与深圳、珠海相比，广州财政支持力度严重偏弱，科技拨款占财政拨款的比重不足其他两市的一半，导致其位列第三（见表5）。

表5　珠三角城市创新基础指数排名

城市	2011年	2012年	2013年	2014年	2015年	2016年	2017年	2018年
深圳	1	1	1	2	2	2	2	2
广州	3	3	3	4	3	3	3	3
珠海	2	2	2	1	1	1	1	1
东莞	4	6	5	7	4	7	7	7
惠州	8	8	8	3	8	6	5	6
佛山	6	5	7	8	6	5	6	5
中山	5	4	4	6	5	4	4	4
江门	9	9	9	9	9	8	8	8
肇庆	7	7	6	5	7	9	9	9

在城市创新投入能力方面，近些年深圳、东莞和惠州大致位于前三名，说明创新投入水平较强、创新活动频繁，并分别形成以高新技术企业、民营中小企业为主体的创新投入格局；其次是珠海、广州、江门、佛山。珠海与佛山在创新投入能力方面的显著差异体现在指标"R&D人员全时当量"上，珠海不足佛山的四分之一，反映出珠海在自主创新人力的投入规模和强度相对较低，这与珠海人口规模和产业结构有密切关系。中山和肇庆则位列后两名，其中中山创新投入能力较低主要受企业R&D经费投入偏少的影响（见表6）。

表6　珠三角城市创新投入指数排名

城市	2011年	2012年	2013年	2014年	2015年	2016年	2017年	2018年
深圳	1	1	1	1	1	1	1	1
广州	3	4	2	4	3	2	6	6
珠海	4	8	7	3	4	4	5	2
东莞	8	6	3	5	5	3	3	4
惠州	5	3	4	6	6	5	2	3
佛山	2	2	5	2	2	6	8	7
中山	7	7	8	8	8	8	7	9
江门	6	5	6	7	7	7	4	5
肇庆	9	9	9	9	9	9	9	8

在城市创新产出能力方面，近些年深圳和广州均居前两位，但深圳为广州的两倍多，反映出深圳在创新成果转化、创新活动效率等方面具有较强优势。珠海、东莞、佛山、惠州和中山创新产出能力位于中间地位，其中佛山近些年位于中间位置，在指标"每百家企业商标拥有量"上超过深圳，反映出佛山大量的传统产业虽然不具有产业化优势，但仍然重视企业自主品牌的建设和经验管理。江门和肇庆创新产出能力相对落后，主要原因在于两地都是传统产业转入地，产业创新成果转化率仍然较低（见表7）。

表7 珠三角城市创新产出指数排名

城市	2011年	2012年	2013年	2014年	2015年	2016年	2017年	2018年
深圳	1	1	1	1	1	1	1	1
广州	2	2	2	2	2	2	2	2
珠海	7	5	5	5	3	3	3	3
东莞	5	4	3	4	5	5	4	4
惠州	8	8	7	7	7	6	6	7
佛山	3	3	4	3	4	4	5	5
中山	4	6	6	6	6	8	7	6
江门	6	7	8	8	8	7	8	9
肇庆	9	9	9	9	9	9	9	8

在城市创新持续能力方面，近些年深圳和惠州得分列第一和第二位，反映了两市创新活动对高新技术产品结构、竞争力、高技术产业发展以及工业经济效益的提升有显著的促进作用。惠州则集聚了TCL、承接了比亚迪等一批创新成果优异的企业，高技术企业数量占规上工业企业数量的比重位居全省第四。珠海、东莞、广州、中山和佛山得分位列中游，其中广州得分较低的主要原因在于高技术制造业规模严重偏小，未能成为引领工业创新动能转换的先导产业。佛山得分也相对较低，反映出佛山的创新活动还未能深层次影响到产品结构和产业结构高级化。江门和肇庆排名处在底部，原因在于它们承接佛山、中山产业转移和创新辐射，在经济体系、产业结构等方面具有相似的特征，也难以形成规模化的创新需求（见表8）。

表8 珠三角城市创新持续指数排名

城市	2011年	2012年	2013年	2014年	2015年	2016年	2017年	2018年
深圳	1	1	1	1	1	1	1	1
广州	3	4	4	4	4	5	5	5
珠海	4	3	3	3	3	3	3	3
东莞	5	5	5	5	5	4	4	4
惠州	2	2	2	2	2	2	2	2
佛山	7	7	7	7	7	7	7	7
中山	6	6	6	6	6	6	6	6
江门	8	8	8	8	8	8	8	8
肇庆	9	9	9	9	9	9	9	9

2. 基于时序数据的珠三角城市创新能力评价分析

珠三角九市创新能力综合指数虽有起伏，但总体上呈现出不断提高的趋势（见图2）。其中，东莞和肇庆综合指数增幅最大，与2011年相比，2018年两市分别提高154%和97%；其次是中山、珠海、广州增幅超过70%；再次是江门、佛山、惠州和深圳增幅也超过20%。说明珠三角地区随着产业经济发展，创新资源不断积聚、创新基础环境日益改善、创新投入水平持续增强、创新产出和

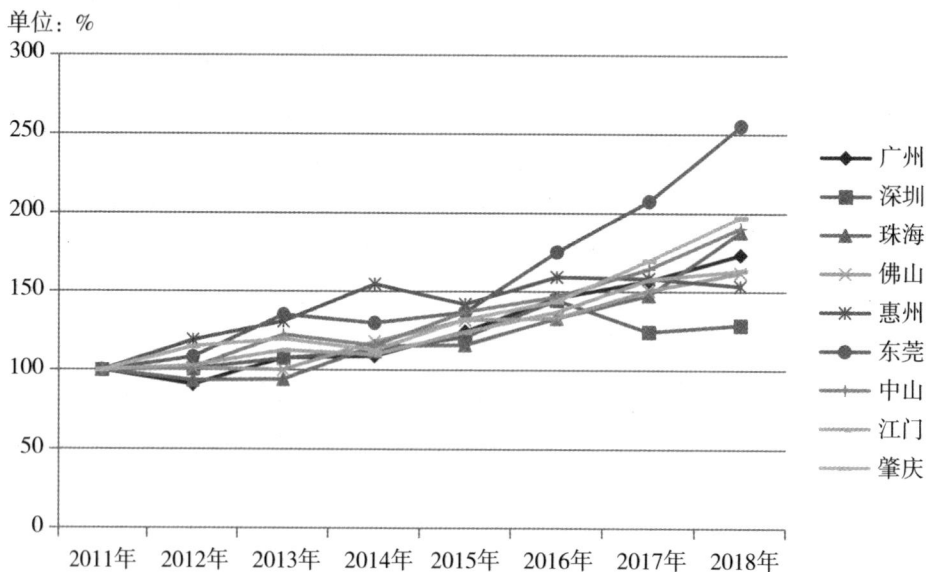

单位：%

图2 珠三角9市的创新能力综合指数变化情况

成果转化效率大幅提高，在某些领域正从跟随模仿式创新向源头创新、引领式创新跃升。

根据前述分析，按珠三角九市创新水平所形成的"超前""领先""追赶"和"落后"四个层级，考察不同创新层级类型的城市在近年的历时性变化及特点。

表9　2018年创新能力指数进步情况

层级	城市	创新综合能力	创新基础能力	创新投入能力	创新产出能力	创新持续能力
超前	深圳	128.9	199.4	90.6	158.9	127.4
领先	广州	173.2	218.4	71.4	346.8	110.6
	珠海	187.7	244.0	111.3	296.5	139.8
追赶	东莞	254.9	149.4	127.7	418.9	212.8
	惠州	153.5	212.0	104.7	214.5	143.6
	佛山	161.8	171.2	72.8	299.0	112.9
	中山	190.2	199.4	89.8	379.9	152.4
落后	江门	163.3	209.8	111.9	202.2	191.2
	肇庆	197.0	100.9	126.4	301.3	227.0

注：基期为2011年，数值为100。

位于创新能力"超前"地位的深圳，在创新基础能力、创新产出能力和创新持续能力等三个分项指数上都取得显著进步，分别增长了99.4%、58.9%、27.4%，但创新投入能力有所下降（见表9）。其中个别创新指标起着关键性支撑作用，如指标"科技拨款占财政拨款的比重"达到9.8%，2018年比2011年增长2.1倍，财政支持力度位列珠三角地区之首；"研究与试验发展经费支出占GDP比重"接近4%，超过欧美发达国家水平；"PCT国际专利申请量"接近两万件，也增长2.3倍，连续十年居全国各大城市之首；"高技术制造业增加值占规模以上工业比重"超过67%，在珠三角居首位，表现出投入大、产出高、可持续能力强的显著特点。这说明近年来深圳坚持创新驱动发展战略，抢抓新一轮科技和产业变革战略机遇，通过出台支持科技创新、企业提升竞争力、人才优先发展的三大重磅政策，持续加大研发投入，加强创新载体建设，打造综合创新生态体系，涌现出一大批创新型企业（如大疆、奥比中光等），城市创新能力、创新创业活力和创新产业国际竞争力大幅度提升，创新已成为推动深圳经济发展的主引擎。

位于创新能力"领先"地位的广州和珠海，均在创新产出能力和创新基础能力两个分项指数上取得了显著的进步，与2011年比，2018年广州两项指数分别增长了246.8%和118.4%，珠海分别增长了196.5%和144%（见表9）。广州作为国家中心城市具有科技资源密集、人才资源丰富、科技成果产出质量高等优势，创新的生态环境和基础条件不断优化，科技创新正推动经济高质量发展；珠海对创新活动的财政支持力度逐渐增大，创新成果转化和产出能力得到较大提升。但同时也应看到，广州在创新投入能力上存在起伏，R&D研发经费投入偏低，甚至低于珠三角平均水平；珠海在创新投入能力提升上也还有一些空间，企业科技人员总量不足。因此，两市均需在创新投入能力上下工夫，广州不仅要在财政上向科技创新上倾斜，还需激发企业研发投入热情；珠海需积极培育创新人才吸引的政策环境和措施。该类城市的主要特点是创新基础较强，从而支撑起一定的创新产出，但由于近年的创新投入减弱，在一定程度上阻碍了整体创新水平的跃升，若进一步加大创新投入，必然会取得更大的成效。

处于"追赶"地位的东莞、惠州、佛山和中山，均在创新产出能力上取得显著进步。与2011年相比，2018年四市的增长幅度均超过200%。其中，东莞增长最为显著，超过318.9%（见表9），说明东莞发挥扎实的制造业基础优势，培育高新技术企业，引进创新科研团队，科技创新能力已显著增强、科技创新成果快速涌现、区域创新体系日臻完善，初步实现创新驱动发展走在全省前列。惠州主要得益于抓创新平台建设、高新技术企业培育、科技人才培育和科研单位建设，提升创新要素集聚能力，提升创新成果转化能力和自主创新能力，形成了创新驱动发展的合力，但惠州在创新规模上还有不少差距，高新技术企业数量、科研机构、人才等方面存在严重不足。佛山凭借突出的制造业创新优势，特别是拥有内生性的企业和产业集聚优势，在提升民营企业创新能力上具有更强的技术自主性，能够不断推进科技成果转化和制造业转型升级。中山结合区域资源禀赋及产业特色，创新融合转移产业，在强化创新载体建设、激发知识产权创造活力、提高专利产出水平、促进科技成果与产业融合等方面取得显著成效。此类城市的共同特点在于，充分利用自身的制造业优势，在产业转型升级中强化与创新的结合，将创新渗透到产业转型升级的每一个环节，并不断培育新产业。但由于传统产业体量较大，创新基础和创新投入较弱，至今仍然只处于"追赶"的行列。

江门和肇庆虽处于珠三角"落后"地位，但四个分项指数也有一定程度提升（见表9）。江门作为广东省老工业基地，面临着产业结构转型升级、产业园区扩能增效、高新技术产业培育的迫切需求。创新要成为江门产业和城市发展的主动力，就需要加快提升企业的自主创新能力，进一步理顺创新机制，广纳人才，构建创新生态新格局。肇庆创新能力的提升有赖于创新环境的改善、高技术企业的引进、财政资金的投入和人才资源的汇聚，根本还在于抓住国家创新发展战略的机遇，主动承接佛山的产业转移和创新辐射，加强技术自主创新能力的建设。此类城市的特点是地处珠三角的边缘，原有的产业和创新基础都相对薄弱，投入能力不足，创新水平居于珠三角的末位。

3.港澳与珠三角城市创新能力的比较分析

（1）香港创新能力评价分析

香港科技创新环境优越，创新体系配套完整，对外科技合作频繁。香港拥有完善的市场制度、成熟的法律制度及知识产权保护制度、遍及全球的商业网络和世界上先进的交通和通信基础设施，在世界各经济体中名列前茅（见附件5）。香港科教资源丰富，在QS世界大学排名前100的大学中，香港高校占据五席，同时拥有一批国际一流的科研设施和平台，设立16个国家重点实验室香港伙伴实验室、六个国家工程技术研究中心香港分中心和三个香港国家高新技术产业化伙伴基地，特别是2016年兴建完成的科学园三期工程为香港科创人才提供更多协作空间。香港与内地、国际科技合作交流频繁，产生的创新成果丰硕。2004年成立的内地与香港科技合作委员会、广东和香港签署的《粤港科技创新交流合作安排》、深港两地签署的多项科技合作协议在促进科技合作方面发挥重要作用。香港以中国香港的身份积极参加国际组织开展的有关科技活动，在国际科技合作交流中占据优势。

香港创新效能和经济效益较高。从"发明专利授权数占专利授权数的比重"指标看，香港2015年和2016年超过20%，在大湾区城市中位列前茅（见图3），反映出香港企业靠市场自发形成的创新需求和能力在不断提升。从"全员劳动生产率"指标上看，香港近些年在稳步提高，总体增长了20.7%，在大湾区城市中位居前列（见图4），尽管这一指标反映的是经济整体绩效和资源配置效率情况，但也从侧面反映出创新对香港经济效益的提高起到促进和支撑作用。

单位：%

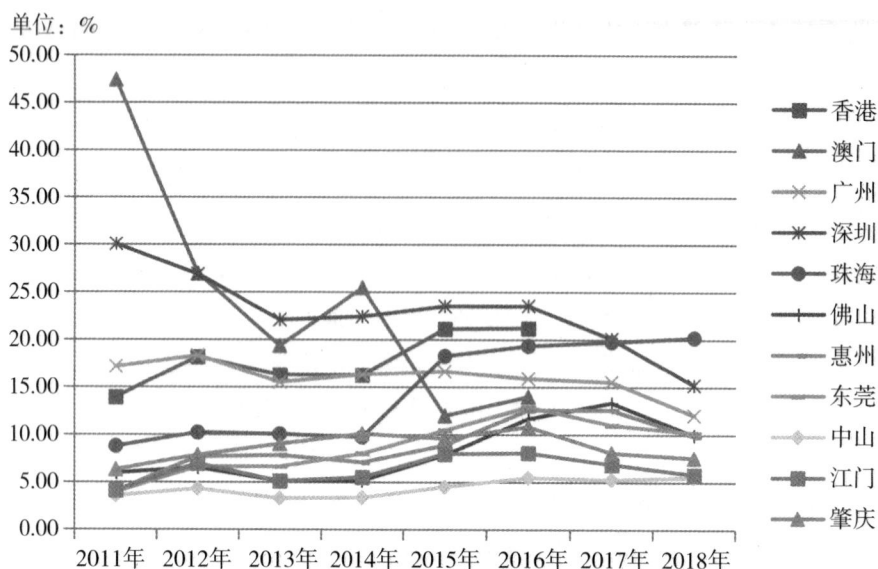

图3　大湾区城市发明专利授权数占专利授权数的比重变化情况

单位：%

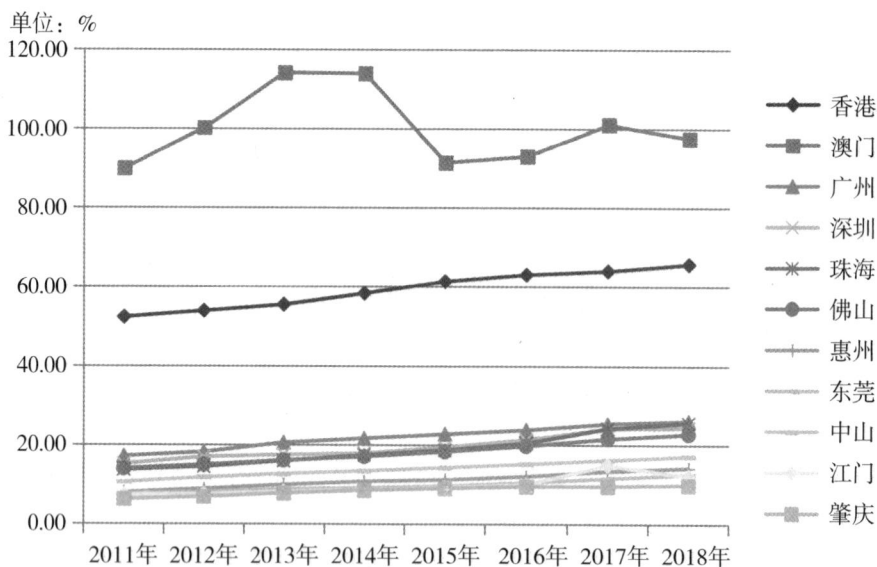

图4　大湾区城市全员劳动生产率比较

　　香港科技投入相对偏弱。如本文附件5所示，科技人才储备不足和科技人才结构不合理是多个国际研究机构对香港创新综合实力评价中发现的共性问题。其次，科技投入不足也成为香港创新发展的绊脚石。香港研究与试验发展经费支出占GDP比重始终不足1%，在大湾区城市中处在倒数第二位，仅高于澳门

（见图5）；与OECD^①经济体相比，也仅为经合组织平均值的1/3、韩国的1/5和以色列的1/6，这些表明香港在创新投资方面与很多科技强国相比还有一定差距，这也反映了香港产业结构方面存在的空心化问题。

整体上看，香港创新环境优异，创新基础完备，但由于产业、特别是制造业的空心化，缺乏作为创新投入主体的产业企业，限制了创新的产品化和产业化，但这又必然为香港与珠三角城市的创新合作提供了足够的空间。

单位：%

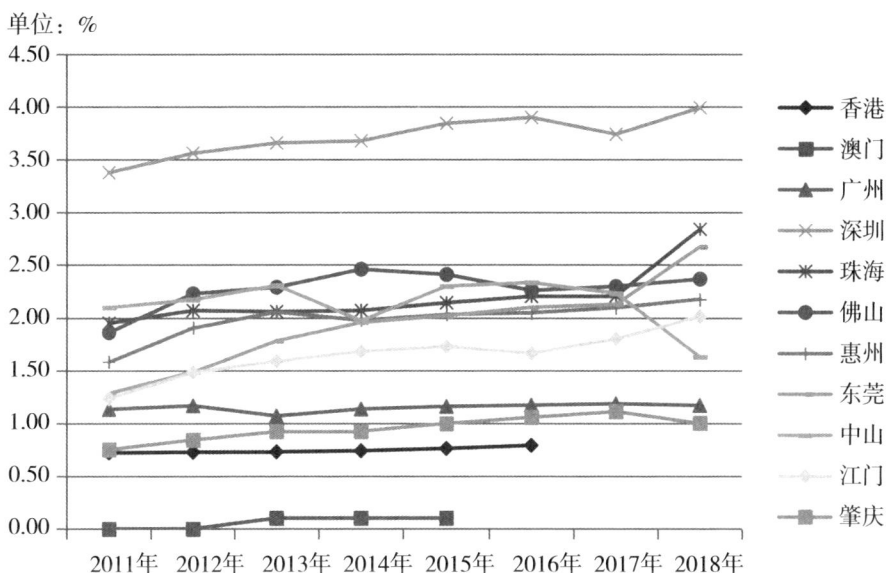

图5 大湾区城市研究与试验发展经费支出占GDP比重比较^②

（2）澳门创新能力评价分析

澳门科技创新起步较晚，但发展稳步推进，近些年在中医药产业、集成电路设计等领域创新成效显著。澳门科技创新发展历程起始于2000年制定科技政策纲要、2002年成立科技委员会、2004年成立科技发展基金和2005年成立内地与澳门科技合作委员会。2011年制定澳门科技奖励规章，更好地鼓励和认可科技人员的贡献。澳门先后于2010年11月及2018年7月获得国家科技部批准共设立四家国家重点实验室：中药质量研究国家重点实验室（澳门大学与澳门科技大

---

① OECD, Organization for Economic Co-operation and Development的缩写，即经济合作与发展组织。

② 香港和澳门为全社会研究与试验发展经费支出，珠三角九市为规模以上工业企业研发经费支出。

学联合设立）、仿真与混合信号超大规模集成电路国家重点实验室（澳门大学设立）、智慧城市物联网国家重点实验室（澳门大学设立）、月球与行星科学国家重点实验室（澳门科技大学设立）。国家重点实验室的设立将澳门创新能力提升到一个新的层次。近年来，澳门增加企业创新研发资金，鼓励产学研合作，加快产业转化，有力推动了澳门科技创新发展。在中医药领域，澳门大学和澳门科技大学创新成果丰硕，发表多篇高质量论文，并推进中医药成果产业化；在集成电路设计方面，澳门高校不但发表大量高质量论文，还与大湾区企业展开芯片设计方面的产学研合作，目前大湾区众多企业的电子产品都是使用澳门设计的芯片。可以看出，澳门在资源有限的情况下，科技创新从无到有，集中力量在某些点上进行突破，也能够形成有特色的创新成果。

澳门创新总体力量较为薄弱，创新投入和产出严重不足。受工业基础薄弱，民间资本有限，本地企业规模较小，特别是旅游博彩业独大的影响，澳门科技创新能力可谓弱之又弱。从"研究与试验发展经费支出占GDP比重"指标看（见图5），澳门仍位于低位，甚至其研发投入强度接近于零，这说明澳门不但和发达经济体相比严重落后，即使在大湾区城市群中也不属于先进的科技创新区域。但是，就"全员劳动生产率"指标而言（见图4），澳门在大湾区城市群中遥遥领先，这主要得益于澳门博彩和旅游业发展的强力支撑，并不源于科技创新的成效。因此，澳门在创新能力方面，除了在人均GDP和劳动生产率方面具有优势以外，在其他方面都处于较低水平，应该说澳门创新发展任重而道远。

三、粤港澳大湾区城市群创新合作路径构建

粤港澳大湾区要建成国际科技创新中心，当前最为核心的任务就是要充分发挥大湾区城市创新能力的比较优势和"一国两制"制度红利，构建开放型区域协同创新共同体，完善创新合作体制机制，优化跨区域合作创新发展模式和路径，构建有活力的跨区域、跨制度的创新体系，最终实现大湾区城市群共同推进创新、共享创新成果的理想目标。

（一）协同创新合作原则

由多个城市组成的大湾区，既有不同的制度和关税区，亦有不同发展水平的城市，必须设定适应该区域的合作原则。

（1）比较优势原则

从创新的角度，需要考虑基础研究、技术应用开发、新产品和新产业的试验和孵化、创新技术的产业化等各个环节的特性，从而各自依据自身的能力和优势进行定位，开展合作。

（2）创新收益共享原则

通过利益链条把各合作方牢牢拴在一起，调动各方积极性，实现效益可持续。

（3）基础研究与技术应用开发并举原则

不能短视地仅专注于技术应用和开发，必须使基础研究、应用研究和开发研究并重并举、相互支持、相互促进。

（4）政府引导与市场推动相结合原则

坚持企业作为创新的主体，积极与其他市场主体展开合作，政府应在各市场主体间和各城市间搭建好平台，以恰当的创新制度和产业政策引导企业开展创新合作。

（二）协同创新的合作路径

根据区域协同创新理论和创新的类型，借鉴国际重要湾区创新发展的经验，对照上述大湾区各城市创新能力的评价和比较，设定大湾区城市群创新合作路径（如图6）。在新的创新合作形势下，推进跨区域协同创新发展水平。

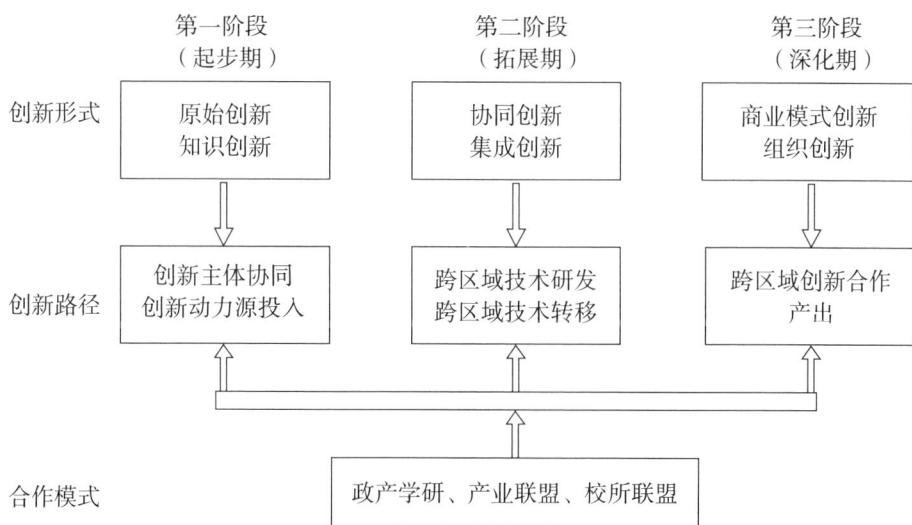

图6 粤港澳大湾区创新合作路径

粤港澳大湾区创新合作主要分为起步、拓展和深化三个阶段：

第一阶段是起步期，主要在各城市内进行，重点是创新主体协同和创新动力源投入两个方面，其目的是推动知识和信息在城市内部的流动。其中，创新主体主要包括政府、企业、中介组织、高校和科研机构，创新动力源则包括物质流、资金流、人才流和知识流四个部分。创新主体协同的水平和结构会对创新产出产生一定的影响。作为跨区域创新合作的前提和基础，各创新主体在协同创新的过程中扮演着不同的角色：地方政府负责引导跨区域创新合作的发展方向，促进发挥创新动力源的驱动作用，以及实施金融与税收等优惠政策，规范和优化创新合作环境；高校及科研机构作为科技创新和知识传播的主体，将人才、知识等创新动力源输入到相应企业，为跨区域创新活动提供有效的技术平台；企业是技术创新和知识运用的核心力量，对提高跨区域创新能力具有很大的促进作用，通过深度接触市场资源，并与高校及科研机构进行合作，进而促进科技成果商品化和产业化；中介组织则负责协调其他创新主体交流与沟通的过程，为跨区域创新合作提供良好的创新环境。总之，在这一阶段，通过促进创新主体协同和加快创新动力源投入的方式，进行本区域内的原始创新和知识创新。目前，在粤港澳大湾区内，深圳、广州、珠海基本完成了这个阶段，并进入了下一阶段；香港、澳门需要加大企业的创新力度；其他城市各创新主体都应同时着力，尽快走过此阶段，为大湾区城市间的创新合作打下坚实的基础。

第二阶段是拓展期，本阶段的重点是创新的产品化和产业化。在跨区域创新合作的背景下，两个城市间创新的合作方式主要包括跨区域技术研发和跨区域技术转移，其根本目的在于提高城市的创新合作产出能力。在这一阶段，城市内的知识积淀有所提升，组织吸收能力逐渐增强，但面对复杂的科技创新攻关，技术转移和知识创造的功能需要从单一城市内部转向城市之间的创新合作，实现创新与制造的结合。本阶段需要政府搭建平台，社会团体和中介组织加强媒介功能，各类孵化器、园区要加速集聚创新企业，投资基金等金融机构加以支撑，共同促进协同创新和集成创新，其目的是实现不同城市间的知识流动和创新扩散，并形成城市创新的网络关系。目前，大湾区整体上处于第一阶段与第二阶段过渡时期，深圳、广州、珠海、香港等已经完成或接近完成起步期的城市正加速与仍处于第一阶段的城市寻求相互间的合作，并努力向这些城市扩散技术、创新产品和产业；其他城市一方面正努力增强自身的创新能力，同时也争取通过合作方式接受来自创新一线城市的辐射与扩散。

第三阶段是深化期，这一阶段强调从知识创造转化为现实生产力，其目的是获得跨区域创新合作产出，是通过商业模式创新和组织创新的形式来实现产品市场化的过程。其中，商业模式创新旨在对产品的市场价值、销售渠道等方面进行拓展，组织创新则强调新的制度转型和管理实践。

总体而言，起步阶段对单一城市内部的科研实力有着较高的要求，拓展阶段需要各类创新要素在不同城市间达到有效衔接，深化阶段则强调市场发育程度的完备性。随着知识流动和信息传播的不断加快，尽管各城市创新资源分布并不均匀，但在政府和社会中介组织良好的搭台、沟通作用下，跨区域创新合作三个阶段的同步性会越来越强，相互作用程度会持续加深。当然，在跨区域创新合作的整个过程中，创新的硬环境和软环境也起到强有力的保障作用，这些环境因素对激励创新动力源进行跨区域创新活动有着重要的影响。粤港澳三地涉及"一个国家、两种制度、三个关税区"的特定政治经济环境，创新文化和氛围也不尽相同，因而在城市创新合作网络的扩展过程中，尤其需要有良好创新环境作为保障。无论在哪个阶段，亦无论是城市内部或是城市间的创新合作，都要通过政产学研联合、建立产业联盟和校（高等院校）所（科研院所）联盟来实现，这是区域城市间合作的重要模式和必要手段。加强这些方面的联系与合作，形成创新同盟，是打造大湾区国际创新中心的必然趋势。

（三）创新合作的重点工程

以城市间的分工与协同创新为体系，以区域创新梯度扩散为通道，以广州—深圳—香港—澳门创新走廊为支撑，以高新技术企业为创新主体，通过企业与研究机构、高校、中介机构和政府的交互作用和协同效应构成产业链、技术链、知识链和价值链，形成具有聚集优势和大量知识溢出、技术转移和学习特征的开放式创新合作模式，从而形成城市间稳定的创新协作关系和创新网络，最终形成开放型区域协同创新共同体，建成国际科技创新中心。

1．构建分工与协同的创新体系

大湾区各城市在创新方面各具特色，在分工的基础上协同，才能形成创新合力。香港的科教资源和国际交流优势突显，应发挥其基础性、原创性的作用，同时充分扮演"超级联系人"角色，成为大湾区与世界主要创新区域的纽带。澳门应继续以中医药研发和集成电路设计为突破口，并扩大在大湾区各城市的应用。深圳在电子信息、新能源和新材料、生物医药等领域的创新已走在全国前列，且正在培育军工、人工智能等新的创新点，并集聚了大批创新型企业，应专注创新领域和强化企业为主体的创新方式，成为大湾区的创新先锋。广州应发挥科技资源密集、人才资源丰富的优势，为大湾区创新提供智力和平台支撑。珠海应发挥在精密机械和先进装备制造领域的优势，利用特区吸引人才、外资在创新方面的作用。佛山、东莞、惠州、江门、肇庆在开展自主创新的同时，还应强调已具备加工制造的产业优势，积极与研发实力较强的城市合作，成为创新成果转化和孵化的基地。此外，还要发挥广州、深圳和香港的金融优势，吸引跨国优质产业资本的投入。通过城市的角色定位，在大湾区城市群中形成"基础研究＋核心技术＋成果转化＋金融支持"的全链条创新体系。

2. 建立协同创新梯度扩散通道

众所周知，产业发展存在一个生产活动逐渐从高梯度地区向低梯度地区转移的现象。在创新活动中同样表现出这一转移的趋势，并且还表现出由创新中心向周边扩散的趋势，这种转移和扩散既包括创新产品的生产制造，还包括创新活动本身。如上所述，大湾区城市群的创新已形成了超前、领先、追赶和落后四个发展梯度，以及港澳两个支点。因此，必须借鉴产业转移的成功经验，以广深科技创新走廊为核心强化辐射和带动功能，其他城市积极对接，建立创新成果和创新活动的转移和扩散通道，促进创新在大湾区城市群中由高梯度城市向低梯度城市的转移和扩散，进而提高整个大湾区城市群的创新能力。

3. 打造广州—深圳—香港—澳门科技创新走廊

建设科技创新走廊要对内打破行政壁垒，促进人才、资本、信息、技术等创新要素的跨境流动。充分利用广州在科技文化方面的优势资源，深圳在科技产业创新上的良好基础和成功经验，香港、澳门在全球市场联系、科技文化信息方面的优势条件，串联起创新走廊的各个科技创新中心与产业园，形成产业联动、空间联结、功能贯穿的创新经济带，辐射带动大湾区其他城市创新枢纽和节点。

4. 构建大湾区创新设计中心

将香港、澳门创新设计资源的国际化、专业化和高端化优势与珠三角地区的产业链、创新链和供应链相结合，促进大湾区形成协同创新合力，构建开放兼容、共创共享、文化融合、优势互补的创新生态和设计文化，使之成为全球最具活力的创新设计中心，共同推动大湾区制造业和服务业转型升级，并辐射周边国家和地区，服务"一带一路"建设。

5. 建设大湾区重大协同创新基地

支持深圳和香港在落马洲河套地区共建"港深创新及科技园"，在香港法制环境下吸引海内外顶尖企业、研发机构和高等院校进驻，发挥香港在知识产权保护、海外渠道众多等方面的优势，以及深圳的供应链、产业化优势，把海外源头创新技术和大湾区需求有效对接，形成国际协同创新的局面。打造粤澳中医药科技产业园，整合粤港澳三地中医药医疗、教育、科技、营销等优势，将园区谋划成集中医治疗、养生保健、药物专利等于一体的国际中医药产业中心。依托广东自贸区南沙、前海、横琴三大支点，在自贸区政策中明确创新重点和突破口，打造粤港澳大湾区门户枢纽黄金三角。

四、促进粤港澳大湾区创新合作的若干建议

粤港澳大湾区城市群创新合作主要是在市场机制下，由企业、研发机构、高等院校以及相关的社会团体等通过互利互助、协同发展来完成。要促成合作路径的通达，在市场之外，需要政府在市场失灵的公共产品供给领域营造良好的创新生态。

（一）完善高效的合作机制

回顾粤港澳合作的历史，在以地方主义的利益离散型合作时期，在宏观上，创新合作缺乏明确的方向，只是在局部和少数企业、高校、研发机构之间展开，各种资源未能充分调动并发挥应有的作用；在微观上，缺乏保障作为创新主体的科学家和企业家合理的创新回报的法治环境，制约了科学家和企业家的创新意愿和创新热情，创新活动不够活跃。因此，在大湾区建设时期，亟须在一个国家、两种制度、三个关税区、三种货币区和三个法律区的特殊环境下，建立起更为切合实际的、高效的大湾区创新合作机制，解决牵涉三地不同体制所产生的障碍。

1. 强化大湾区创新发展的顶层设计

在粤港澳大湾区建设领导小组下组建大湾区创新促进委员会，将各地自身的创新发展规划职能向上让渡给该委员会，由其全面统筹制订大湾区创新发展规划，并协调各地的创新合作活动。各地的创新发展规划和政策只能在大湾区整体规划下展开，建立起合作创新的整体规划和协调机制，以打破分散的、各

自为政的创新规划和政策，避免重复建设和重叠同构，形成分工合作的创新合力。

2. 完善大湾区城市群产业分工机制

必须加快产业转型升级，并在转型升级过程中调整大湾区城市群的产业分工，打破产业同构式竞争，形成良好的产业链条和合理的分工机制，同时通过势在必行的产业升级提升制造业的层次和水平，为创新提供强有力的制造产业支撑，实现在产业发展中创新，在创新中做强产业。

3. 加强大湾区创新收益保障机制建设

尽快完善私人财产保护、创新收益保护、特别是知识产权保护等法律和制度，建立强而有效的创新收益保障机制，激励和发扬科学家、企业家的创新精神。参照PCT专利方式，在大湾区范围内建立统一的专利认可和保护制度，或采取粤港澳三地互认的方式，同时认可在各自区域内所申请的专利，全方位打造依法保护科学家和企业家各类合法权益的法治环境。

（二）促进创新要素自由流动

创新的本质是实现对生产要素更高利用效率的"新组合"，是一个不断将生产要素从旧有的低收益组合向新的高收益组合的再配置过程。要实现要素的新组合，必须以要素自由通畅流动为前提。当前需要重点突破粤港澳三地创新资源难交换、创新要素难流动的障碍，在创新资金、创新物资、创新人才的交流和合作使用方面作出必要的改进。

1. 强化科技计划项目的引导性

鼓励协同创新，国家（包括各部委）的各项科技计划向港澳高校和科研机构开放，大湾区内各城市的科技计划向区域内协同创新团队开放，支持粤港澳三地共同组建多种形式的联合科研创新团队，就大湾区共同感兴趣的课题进行联合创新。

2. 推进创新资金和物资跨境高效使用

制定行之有效、方便快捷的创新资源跨境使用政策，对于各级各地科技计划项目和各类合作创新研发工作，允许相关资金在大湾区跨境拨付和跨境使用。对于研发项目所需的仪器设备、试剂耗材、图书资料等进入大湾区内地城市减免税项。

3. 完善科技人员公共服务体系

鼓励科技人员跨地区参与合作科研创新，尽快落实三地专业人员专业资格的互认，实施更加便利的科技创新人员出入境、工作、居住等政策；探索完善"港人港税，澳人澳税"以及内地科技人员在港澳获取相应的研发报酬的税收政策，避免重复征税。

（三）建立合作创新平台

创新平台是创新的核心载体，创新平台从小到大包括实验室、研究机构、研究基地、孵化器、科技园、创新走廊等形式。大湾区已经建立或正在规划若干创新平台，但各地自建的多，两地合作的少，三地合作的无，而且比较分散，缺乏相互间有机的紧密联系。必须协调融合这些创新平台，共建高水平的技术研发平台，强化区域间和产学研深度融合创新的功能。

1. 加强重点实验室在大湾区的布局和建设

除在港澳有条件的高等院校或研究机构设立国家重点实验室外，进一步扩展共同建设国家重点实验室香港、澳门伙伴实验室。推动国家和省级重点实验室、大型科学仪器平台向三地的高校、科研院所开放使用，实现创新资源开放共享。鼓励与发达国家和地区联合建设国际合作实验室和研发中心，加强与国际尖端研发机构开展科研交流合作。

2. 大力支持重点科技园区和孵化器健康发展

在支持港澳研发机构和企业进驻内地的各类科技园和孵化器的同时，鼓励内地的研发机构和企业进驻港澳的科技园区，加强创新深度融合。争取国家将更多的重大科技创新基地向"深方科创园区"一侧布局，力争国家重大科技基础设施对该区域予以重点关注。共同推动落马洲河套地区"港深创新及科技园"和毗邻的"深方科创园区"建设"深港科技创新合作区"。

3. 全力打造广深科技创新走廊

既要吸纳港澳的创新力量进入该走廊，同时更要将该走廊的建设向佛山和珠三角西岸城市延伸，丰富科技创新走廊的内涵和功能，将其建设成大湾区合作创新的最重要载体。

4. 组建高层次产业技术创新战略平台

引导和支持大型工业企业普遍建立研发机构。支持创新型大型骨干企业引入社会资本，充分利用和整合行业创新资源，打造"政产学研资"紧密合作创新生态，努力新建省级和创建国家技术创新中心、产业创新中心、制造业创新中心等高层次产业技术创新战略平台。

（四）深化合作办学

高等院校是创新的重要基地，同时更是创新人才的培养基地，在创新领域扮演着极其重要的、不可或缺的角色。综观国际各大创新中心地区，高等院校都发挥出相当关键的作用。要充分发挥港澳高校的国际化优势，共同参与谋划国际大科学计划和工程，提升国际科技创新影响力和话语权。

1．创办大湾区创新型大学

在国家教育主管部门的主持和协调下，由粤港澳三地政府合作，融合大湾区的高等教育资源，创办粤港澳联合大学、粤港澳大湾区大学，以全新的教育理念和创新精神办出独具特色的创新型大学，为大湾区服务。

2．允许港澳高等院校在大湾区开展独立办学

修订《中外合作办学条例》，允许港澳高校在遵守国家宪法的前提下，依据国家教育制度独立办学，自主管理，学科体系、课程设置、教学语言和招生计划报教育主管部门审批并纳入国家统一计划内。通过独立办学，引进先进的教学理念和科研成果。

3．推动粤港澳高校合作创办院校

鼓励港澳高校与广东高校合作开办专业甚至学系，支持广东高校到港澳地区与港澳高校合作开办专业甚至学系；鼓励和支持内地高校与港澳高校在珠三角地区、港澳地区合作创办独立院校；探索内地高校与港澳高校在港澳地区合作创办独立院校的可能路径。

4．组建粤港澳大湾区高校创新联盟

鼓励并优先资助跨地区的两校及多校联合开展科研项目，实现研究实验设备、科研信息等创新资源的开放共享。支持港澳高等院校在大湾区内地城市设立产学研基地和实习、实践基地及博士后流动站，帮助港澳高校研发成果在内地转化。

（五）营造人才聚集和发展环境

在当今全球范围内，无论是宏观区域层面还是微观组织层面，都将争取人才作为最重要的战略，尤其是在创新领域，对于掌握先进知识技术、具有发展能力的人才具有强劲的需求。吸引、集聚和留住人才，是实现大湾区创新发展的根本。

1．创新大湾区人才引进机制和引才模式

发挥重大人才工程和重大平台引才作用，探索高校和研究机构的省级和国家级重点实验室、国家工程研究中心等重大科研平台自主引才机制，鼓励企业柔性引才。增加高校、科研院所境外博士生招生及博士后入站指标。大力引进海内外高端人才，集聚"一带一路"沿线国家高层次人才。

2．加强国际人才服务保障

推行更加便捷的海外人才签证和居留政策，改善国外人才工作签证难、获取居留权难的状态。外国专家在大湾区内工作、访问，应简化申请程序和放宽停留时限。放宽外籍人才（包括外籍华人）获取永久居留的资格条件，对世界一流科学家、工程师和企业家等特殊人才，可实行双重国籍。

3．放宽国内人才的户籍和事业编制的限制

尤其是在广州、深圳等一线城市，对高端技术人才实行直接入户；在创新创业人才的入户制度中引入市场评价标准，对满足一定条件的创业投资人才，以及市场薪酬连续多年达到一定标准的企业人才等，实行直接入户。对于进入事业单位性质的研究机构和高等院校的高端人才，不受单位编制的限制，采用雇佣制、年薪制的方式安排。

4．完善人才的激励政策和发展环境

实行知识、技术、管理、技能等生产要素按贡献参与分配。在科研经费使用、科研成果转化收益分配、股权激励、税收优惠、金融信贷等方面，享受更加优惠的政策。激励创新人才的积极性，让有真才实学、作出重要贡献的人才有成就感、获得感，实现"名利双收"。保证人才安居乐业，解决后顾之忧。对于高端人才，无论是否拥有本地户籍，均提供住房、配偶就业、子女就读、社保医保等各项必要的保障。

附件1 大湾区城市群创新能力评价方法

根据研究需要和数据特点，本文选用综合指数评价法来开展实证研究。评价方法主要分为三个步骤：一是标准化（无量纲化）处理，主要采用离差标准化法和均值法；二是指标体系权重的设置，采用熵权法和离散系数法；三是综合指数和分项指数的计算。考虑到指标标准化方法和指标赋权方法的特性，以及指标体系横向数据和时序特点，本文采用离差标准化方法和熵权法赋权重（平均权重）来做横向比较；采用均值化方法和变异系数法来处理纵向分析。

（1）指标的标准化处理

由于受到指标量纲的影响，在综合评价时不同指标间不能直接加减，所以要做指标的标准化处理，或者称为无量纲化处理。经过归一化处理的数据，处于同一数量级，可以消除指标之间的量纲的影响，提高不同数据指标之间的可比性。

离差标准化法：使用如下公式对原始数据进行线性变换，使结果落到[0,1]间。

正向指标：$y_{ij} = \dfrac{x_{ij} - min\{x_{1j}, x_{2j}, jx_{nj}\}}{max\{x_{1j}, x_{2j}, jx_{nj}\} - min\{x_{1j}, x_{2j}, jx_{nj}\}}$

逆向指标：$y_{ij} = \dfrac{x_{ij} - min\{x_{1j}, x_{2j}, jx_{nj}\}}{max\{x_{1j}, x_{2j}, jx_{nj}\} - min\{x_{1j}, x_{2j}, jx_{nj}\}}$

均值法：采用均值化方法处理数据，以消除时间趋势对指标的影响。对于正向指标，直接令 $y_{ij} = x_{ij} / \bar{x}_j$，而对于负向指标，令 $y_{ij} = -x_{ij} / \bar{x}_j$。从附件2中的表格可以发现，指标体系中仅有"城市房价年收入比"为逆指标，且不是以占比的形式给出，因而正向化时用后者测算。均值化后的各项指标的方差等于其变异系数的平方，较大限度地保留各指标变异程度的信息。

（2）指标权重的设置

本文根据需要选用熵权法和变异系数法对指标体系赋权。

熵权法：是一种客观赋权方法，在具体使用过程中，根据各指标的变异程度，利用信息熵计算出各指标的熵权，再通过熵权对各指标的权重进行修正，从而得出较为客观的指标权重。测算过程如下：

a. 计算第指标下第个城市的指标值比重：$p_{ij} = x_{ij} / \bar{x}_j$；

b. 计算第指标的熵值: $e_j=-\dfrac{1}{\ln 的(m)}\sum_i p_{ij}{}^*\ln(p_{ij})$;

c. 计算第指标的权重: $w_j=\dfrac{1-e_j}{\sum_j(1-e_j)}$。

变异系数法: 直接利用各项指标所包含的信息, 通过计算指标的变异系数获得指标的权重。其基本做法是: 在评价体系中, 取值差异越大的指标越能反映被评价单位的差距。测算过程如下:

a. 计算变异系数: $V_j=\dfrac{\sigma_j}{\bar{x}_j}$, 其中$\sigma_j$为第$j$指标的标准差, $\bar{x}_j$为第j指标的平均数;

b. 计算第j指标的权重: $W_j=\dfrac{V_j}{\sum V_j}$。

（3）综合指数和分项指数的计算

利用加权求和公式计算每个城市的分项指数评价值: $s_i^k=100*\sum_j x_{ij}^k w_j^k$, 其中$k$为指标体系的分项数。

每个城市的综合指数评价值: $S_i=\sum_k \beta^k S_i^k$, 其中β^k为各分项（一级）指标的权重。

附件2 指标体系权重

一级指标	序号	二级指标	横向比较权重	纵向比较权重	分项权重
A.创新基础能力	A1	就业人口中大专及以上学历人数比重(%)	0.039	0.028	0.15
	A2	科技人员人均年收入（元）	0.043	0.043	
	A3	互联网普及率(%)	0.045	0.028	
	A4	科技拨款占财政拨款的比重(%)	0.035	0.055	
	A5	城市房价年收入比	0.016	0.030	
	A6	FDI总额占GDP的比重 (%)	0.066	0.069	
	A7	人均GDP（元）	0.049	0.058	

（续上表）

一级指标	序号	二级指标	横向比较权重	纵向比较权重	分项权重
B.创新投入能力	B1	每万人R&D人员全时当量（规上工业）（人·年）	0.087	0.027	0.35
	B2	研究与试验发展经费支出占GDP比重(规上工业)(%)	0.034	0.019	
	B3	基础研究人员人均经费（规上工业）（万元/人）	0.032	0.043	
	B4	企业R&D经费占主营业务收入比重(%)	0.038	0.029	
	B5	民间固定资产投资增长率（%）	0.030	0.175	
C.创新产出能力	C1	每万名R&D人员专利授权数（件/万人）	0.019	0.044	0.35
	C2	PCT国际专利申请量(件)	0.190	0.119	
	C3	发明专利授权数占专利授权数的比重（%）	0.052	0.055	
	C4	每百家企业商标拥有量（件/百家）	0.046	0.023	
D.创新持续能力	D1	新产品销售收入占主营业务收入比重（%）	0.028	0.070	0.15
	D2	高技术产品出口额占出口额比重(%)	0.040	0.038	
	D3	高技术制造业增加值占规模以上工业比重（%）	0.063	0.018	
	D4	全员劳动生产率(万元/人)	0.048	0.029	

注："就业人口中大专及以上学历人数比重"指标是根据2010年和2015年人口普查、1%人口抽样数据，年增速相等推断。"互联网普及率"指标的计算方法为互联网户数/常住人口户数，常住人口户数按"常住人数/户籍人口户均人数"推断。"城市房价年收入比"指标的计算方法为房价/可支配收入，未考虑各市人均住房建筑面积。房价根据统计部门销售额和销售面积计算，收入统一采用新口径数据。

附件3 珠三角城市创新能力横向比较

得分 年份 城市与指标	2011	2012	2013	2014	2015	2016	2017	2018
广州创新能力综合指数	10.2	10.0	10.4	8.9	10.3	9.9	9.88	9.88
A. 创新基础能力	16.8	16.1	14.5	10.9	14.5	15.3	17.24	16.64
B. 创新投入能力	8.3	7.4	9.3	6.1	9.2	7.4	6.21	6.64
C. 创新产出能力	8.9	10.0	10.5	10.7	10.7	11.0	13.53	12.65
D. 创新持续能力	10.7	9.7	9.0	8.9	8.0	7.6	7.94	7.40
深圳创新能力综合指数	22.3	22.5	22.5	20.9	22.3	23.3	24.32	25.32
A. 创新基础能力	20.7	20.0	20.7	16.1	24.1	24.2	17.42	18.56
B. 创新投入能力	19.5	20.8	21.0	18.4	18.9	22.1	19.87	20.49
C. 创新产出能力	28.1	27.8	27.5	27.7	27.6	27.1	27.07	24.79
D. 创新持续能力	16.9	16.7	15.8	15.4	16.1	16.5	17.22	16.34
珠海创新能力综合指数	8.1	7.5	7.2	7.8	9.0	9.3	10.34	11.34
A. 创新基础能力	18.9	19.1	17.9	17.5	24.5	24.3	23.72	23.79
B. 创新投入能力	7.4	4.7	4.6	6.2	5.7	6.3	8.22	12.31
C. 创新产出能力	3.4	4.0	4.0	4.3	5.6	5.8	7.81	7.29
D. 创新持续能力	9.8	10.8	9.9	9.9	8.9	9.7	10.05	10.50
佛山创新能力综合指数	7.2	7.5	5.8	6.5	7.3	5.6	6.62	7.62
A. 创新基础能力	9.6	11.2	8.3	6.4	8.9	8.2	9.96	9.11
B. 创新投入能力	9.2	9.5	6.5	9.2	10.0	5.6	4.61	5.46
C. 创新产出能力	5.1	4.9	4.6	4.6	5.1	5.3	6.60	5.24
D. 创新持续能力	5.3	5.0	4.4	4.7	4.2	4.0	4.56	4.24
惠州创新能力综合指数	4.9	6.2	6.2	6.5	5.6	5.6	6.63	7.63
A. 创新基础能力	6.8	6.2	5.4	13.9	7.4	7.3	10.08	8.91
B. 创新投入能力	5.1	8.1	7.3	4.4	5.3	5.8	11.30	10.41

（续上表）

得分　　　　年份　城市与指标	2011	2012	2013	2014	2015	2016	2017	2018
C．创新产出能力	1.5	2.2	3.1	3.5	3.0	2.9	3.28	1.81
D．创新持续能力	10.7	11.4	11.7	11.1	10.4	10.1	11.56	11.26
东莞创新能力综合指数	5.6	6.2	6.9	5.7	6.0	6.5	7.53	8.53
A．创新基础能力	11.8	11.0	8.6	7.4	9.7	7.2	7.48	7.79
B．创新投入能力	3.8	5.9	8.5	5.4	5.5	7.1	9.46	9.68
C．创新产出能力	4.1	4.5	4.7	4.6	4.7	5.0	6.88	6.21
D．创新持续能力	6.8	6.4	6.7	7.2	6.4	8.2	9.47	10.27
中山创新能力综合指数	5.7	5.9	4.8	4.1	4.7	4.8	5.79	6.79
A．创新基础能力	11.8	12.6	9.3	8.1	9.4	12.5	13.81	12.66
B．创新投入能力	4.1	5.4	4.0	2.3	4.3	4.4	5.68	3.82
C．创新产出能力	4.6	3.7	3.5	3.6	2.9	2.0	3.15	3.03
D．创新持续能力	5.7	5.5	5.2	5.4	5.1	4.4	5.19	5.69
江门创新能力综合指数	3.9	4.2	3.7	3.0	3.1	3.2	4.24	5.24
A．创新基础能力	5.2	4.0	3.2	2.9	3.1	3.7	6.96	7.63
B．创新投入能力	5.0	6.1	5.9	3.9	4.5	5.0	8.46	7.33
C．创新产出能力	3.1	3.3	2.9	2.8	2.6	2.1	1.96	0.82
D．创新持续能力	1.5	1.7	1.3	1.5	1.1	1.4	2.86	2.54
肇庆创新能力综合指数	2.4	2.9	2.9	2.4	2.5	1.7	2.71	3.71
A．创新基础能力	8.8	9.2	8.2	8.7	8.5	3.2	0.43	0.98
B．创新投入能力	2.2	3.4	3.0	1.2	1.9	1.6	3.18	4.59
C．创新产出能力	0.6	0.8	1.6	1.8	1.5	1.7	1.38	1.30
D．创新持续能力	0.6	0.5	0.4	0.3	0.2	0.5	0.23	0.25

注：本表采用离差标准化方法和熵权法赋权重所得到的结果，并且上表中数值，珠三角9市的综合指数和分项指数在当年度内具有可比性，不同年份的数值不具有可比性，即在表中列数值具有可比性，行数值不具可比性。

附件1   珠三角城市创新能力纵向比较

得分 年份 城市与指标	2011	2012	2013	2014	2015	2016	2017	2018
广州创新能力综合指数	100	90.7	107.7	109.0	124.6	145.8	156.8	173.2
A．创新基础能力	100	107.3	108.0	112.8	126.4	141.2	164.0	218.4
B．创新投入能力	100	72.8	100.6	99.2	113.8	98.6	74.4	71.4
C．创新产出能力	100	109.8	121.4	126.7	151.9	239.1	302.6	346.8
D．创新持续能力	100	100.5	101.5	100.5	100.0	101.6	109.6	110.6
深圳创新能力综合指数	100	100.8	107.5	112.1	121.3	144.5	124.5	128.9
A．创新基础能力	100	108.3	125.1	126.7	148.8	188.9	137.7	199.4
B．创新投入能力	100	101.9	110.9	112.9	109.6	139.4	91.4	90.6
C．创新产出能力	100	96.9	100.3	110.2	130.9	149.8	156.2	158.9
D．创新持续能力	100	105.2	109.6	107.7	117.0	123.0	129.3	127.4
珠海创新能力综合指数	100	93.4	94.0	115.3	116.1	133.0	147.6	187.7
A．创新基础能力	100	113.3	122.2	134.5	169.3	206.6	177.9	244.0
B．创新投入能力	100	73.0	86.2	107.3	97.9	101.6	89.9	111.3
C．创新产出能力	100	108.9	91.3	121.6	132.1	164.3	225.6	296.5
D．创新持续能力	100	119.3	120.1	119.5	115.5	129.1	130.3	139.8
佛山创新能力综合指数	100	101.1	100.1	118.2	131.8	133.1	150.6	161.8
A．创新基础能力	100	119.3	117.1	122.7	137.2	135.0	146.5	171.2
B．创新投入能力	100	98.1	94.4	126.3	117.6	84.7	78.4	72.8
C．创新产出能力	100	100.5	103.9	113.0	162.1	207.6	263.4	299.0
D．创新持续能力	100	103.2	100.7	102.5	101.9	108.4	113.2	112.9
惠州创新能力综合指数	100	119.2	130.9	154.5	141.9	159.2	158.2	153.5
A．创新基础能力	100	105.8	111.0	314.2	143.0	148.2	162.6	212.0
B．创新投入能力	100	115.9	121.4	119.9	122.1	135.2	100.3	104.7

（续上表）

得分　年份 城市与指标	2011	2012	2013	2014	2015	2016	2017	2018
C. 创新产出能力	100	128.1	149.2	185.6	177.5	209.2	247.1	214.5
D. 创新持续能力	100	115.1	128.5	121.7	123.3	125.9	138.3	143.6
东莞创新能力综合指数	100	108.4	135.2	130.0	136.9	175.0	207.2	254.9
A. 创新基础能力	100	105.5	107.0	108.5	126.5	123.3	117.6	149.4
B. 创新投入能力	100	112.4	166.0	150.0	139.2	156.8	118.3	127.7
C. 创新产出能力	100	106.0	116.0	113.5	137.4	206.3	322.7	418.9
D. 创新持续能力	100	106.0	119.4	134.0	135.1	170.0	186.3	212.8
中山创新能力综合指数	100	101.6	122.6	115.8	137.0	146.8	164.3	190.2
A. 创新基础能力	100	116.5	114.9	114.8	128.2	152.4	158.5	199.4
B. 创新投入能力	100	98.5	97.9	90.8	105.3	98.3	106.3	89.8
C. 创新产出能力	100	101.4	171.3	159.9	201.1	241.3	279.6	379.9
D. 创新持续能力	100	105.8	114.6	115.0	122.8	121.6	137.0	152.4
江门创新能力综合指数	100	102.9	112.7	109.9	124.3	137.0	157.5	163.3
A. 创新基础能力	100	98.0	106.7	106.5	119.9	135.4	149.1	209.8
B. 创新投入能力	100	103.2	111.9	118.6	117.7	114.6	111.3	111.9
C. 创新产出能力	100	98.2	112.8	96.6	129.8	156.5	201.1	202.2
D. 创新持续能力	100	120.5	119.7	125.0	133.2	155.8	187.6	191.2
肇庆创新能力综合指数	100	115.1	119.9	112.8	132.2	143.9	169.6	197.0
A. 创新基础能力	100	116.6	121.0	130.8	141.2	135.5	92.6	100.9
B. 创新投入能力	100	103.7	106.5	110.2	112.8	106.6	112.2	126.4
C. 创新产出能力	100	131.7	138.4	115.3	150.6	171.7	255.3	301.3
D. 创新持续能力	100	109.3	116.8	104.4	149.4	215.7	190.2	227.0

注：本表采用均值标准化方法和变异系数法赋权重所得到的结果，并且上表中数值，珠三角九市的综合指数和分项指数在不同年份间具有可比性，同一年份内的数值不具有可比性，即在表中行数值具有可比性，列数值不具有可比性。

附件5　国际研究机构发布的研究报告中关于香港创新的排名

机构	报告名称	年份	香港排名	解释说明
英士国际商学院（INSEAD）	全球创新指数：创新指数排行榜	2017	16	前10分项指标：市场成熟度第2名；制度环境第3名；基础设施第4名。
世界经济论坛（WEF）	全球竞争力报告	2017—2018	5	包括机构、基础设施、宏观经济环境、健康和基础教育、高等教育和培训、商品市场效率、劳动力市场效率、金融市场发展、科技便捷程度、市场规模、商业环境、创新。
		2016—2017	9	香港基建排名居全球首位，商品效率、劳工市场效率等也均位列前5位，金融市场发展亦排在第4，金融业发展完善、稳定、值得信赖。但市场创新科技排名27，显示缺乏创新，报告认为，香港做生意最大的困难正是创新能力不足。财经事务及库务局局长陈家强表示，会继续研究如何提升本港竞争力。
联合国开发计划署（UNDP）	人类发展报告	2017	12（0.898）	"预期寿命指数"、"教育成绩指数"和"实际人均境内生产总值指数"三大指标复合而成的人类发展指数（HDI）衡量各个国家人类发展水平。
国际电信联盟（ITU）	衡量信息社会报告（IDI指数）	2017	6（8.61）	报告显示，总体上来说，ICT应用持续增长，人工智能、物联网、云计算等新技术会在未来极大地改变人们的生活，但也可能进一步加剧数字鸿沟。2017年我国IDI综合排名全球第80位，分值达到5.60（全球平均水平5.11），成为全球进步最快的十个国家之一。新兴ICT趋势：物联网、大数据和人工智能。
瑞士洛桑国际管理学院（IMD）	数码竞争力排名	2017	7/63	根据知识、科技环境，及未来准备程度三大因素评分，结果新加坡排第1，香港排第7。

06

粤港澳大湾区城市宜居环境分析与评价

李　超　谭浩然*

摘　要： 打造宜居宜业宜游的优质生活圈，是粤港澳大湾区建设的重要内容。通过对标纽约湾区、旧金山湾区和东京湾区，以宜居基础、医疗服务、基础设施、宜居成本和宜居口碑为基础，利用主成分分析法对粤港澳大湾区城市宜居环境进行综合分析与评价。可以看出，粤港澳大湾区城市宜居环境发展水平差异显著，根据指标体系评价结果可以划分为三个梯队。其中，宜居基础和医疗服务是影响城市宜居环境差异的主要因素，中心城市宜居成本相对较高与外围城市宜居基础相对较低的矛盾进一步凸显。未来需要加快推进粤港澳大湾区城市发展的绿色转型，在基础设施互联互通的基础上，加快打造"一小时"优质生活圈，着力解决一系列重点民生领域问题，加快推进粤港澳大湾区公共服务共建共享，进而以高标准的区域一体化推动粤港澳大湾区宜居环境的整体提升。

关键词： 粤港澳大湾区　城市　宜居环境　主成分分析

　　作为全球经济的开放门户和最为重要的空间载体，湾区在引领时代发展潮流、推动全球生产和生活方式变革等方面正发挥着越来越重要的作用。继美国纽约湾区、旧金山湾区以及日本东京湾区之后，粤港澳大湾区的战略定位和强势崛起，必将进一步丰富湾区发展的理论与实践，对于中国建设世界级湾区和城市群、打造全球优质生活圈、推动经济社会高质量发展具有十分重要的战

　　* 李超，经济学博士，中国社会科学院财经战略研究院副研究员，中国社会科学院城市与竞争力研究中心副主任；谭浩然，英国利兹大学博士研究生。

略意义。2019年2月18日，中共中央、国务院印发《粤港澳大湾区发展规划纲要》，标志着打造一流湾区、建设世界级城市群的号角已经正式吹响。按照规划纲要，粤港澳大湾区不仅要建成充满活力的世界级城市群、国际科技创新中心、"一带一路"建设的重要支撑、内地与港澳深度合作示范区，还要打造成宜居宜业宜游的优质生活圈，成为高质量发展的城市群典范。

早在1996年，联合国第二次人居大会正式提出了"宜居城市"（Livable city）的概念。2014年中共中央和国务院印发的《国家新型城镇化规划（2014—2020年）》，明确提出要"建设和谐宜居、富有特色、充满活力的现代城市"。2015年12月20日至21日，时隔37年再度召开的中央城市工作会议强调指出要"提高城市发展宜居性"，并把"建设和谐宜居城市"作为城市发展的主要目标，将"宜居城市"和"城市的宜居性"提到了前所未有的战略高度。[①]在当前城市化快速推进和"城市病"扩散蔓延的时代背景下，如何从城市宜居环境视角重塑粤港澳大湾区的发展空间和竞争优势，将会成为未来粤港澳大湾区建设中需要肩负的重要使命与艰巨任务。为此，本报告将在横向分析比较粤港澳大湾区与纽约湾区、旧金山湾区、东京湾区的宜居环境的基础上，通过对粤港澳大湾区11个城市宜居环境进行主成分分析，深入了解湾区城市宜居环境发展趋势，以期为粤港澳大湾区城市宜居环境提升提供参考与借鉴。

一、粤港澳大湾区与世界先进湾区宜居环境比较

粤港澳大湾区由香港、澳门、广州、深圳、珠海、佛山、东莞、中山、江门、惠州、肇庆等11个城市组成。作为我国综合实力最强、开放程度最高、经济最具活力的区域板块之一，粤港澳大湾区在经济总量、人口规模、土地面积、港口集装箱吞吐量、进出口贸易总额、利用外资总额、高校数量、发明专利总量、PCT国际专利申请量和银行总资产等方面，已经具备与纽约湾区、旧金山湾区和东京湾区等世界级湾区比肩的基本条件。长期以来，粤港澳大湾区通过相对前瞻性的战略定位和规划布局，既在一定程度上保留了独特的自然生态和城市风貌，又具备现代商业城市的生产服务功能，基本实现了人与自然和谐统一、城市与自然相互交融。

---

① 张文忠：《中国宜居城市建设的理论研究及实践思考》，《国际城市规划》2016年第5期，第1—6页。

然而相对于其他世界先进湾区而言，粤港澳大湾区的单位GDP能耗、PM2.5浓度、地表水黑臭水体占比仍相对较高，虽然绿化率要略高于纽约湾区和旧金山湾区，但离东京湾区还有较大差距。就湾区宜居的基础经济指标而言，粤港澳大湾区的人均GDP、人均可支配收入虽然有较大增幅，但与发达经济体的湾区相比仍明显落后。此外，与其他三大世界先进湾区相比，粤港澳大湾区在服务业产值占比、举办的大型音乐会数量、国际游客数量、酒店客房出租率等宜居宜业宜游指标上，也还存在较大的提升空间。

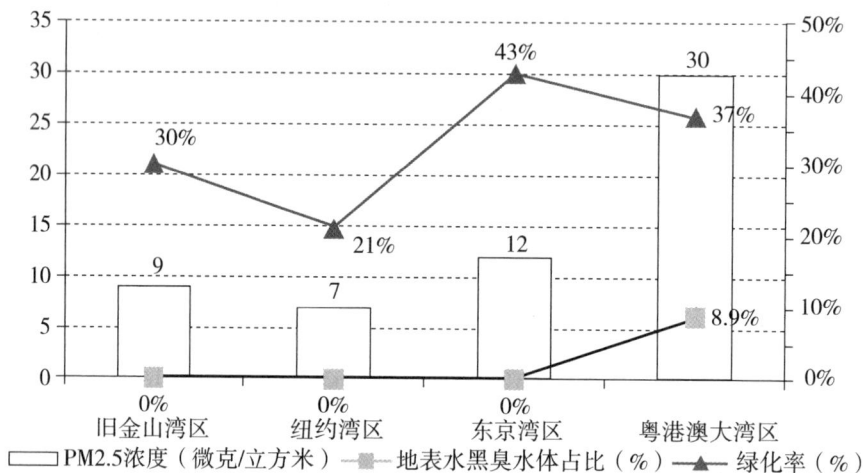

数据来源：根据《粤港澳大湾区建设报告（2018）》①数据资料整理绘制。

图1 四大湾区主要生态环境指标比较

在医疗服务资源方面，粤港澳大湾区虽然远超我国平均水平，但在湾区内部也存在医疗服务资源分布不均、人均医疗服务资源不足等问题。从横向对比来看，粤港澳大湾区2018年每万人医生数量仅为18人，远低于东京湾区（34人）、纽约湾区（28人）和旧金山湾区（26人）；每万人护士数量（43人），与东京湾区（57人）和纽约湾区（46人）也存在不小差距。在人口平均寿命方面，粤港澳大湾区为80.3岁，略低于东京湾区（83.1岁）、旧金山湾区（81.4岁）和纽约湾区（80.7岁）。

综合来看，虽然粤港澳大湾区与国内其他城市群相比具有一定的宜居环境

---

① 王珺、袁俊主编：《粤港澳大湾区建设报告（2018）》，社会科学文献出版社，2018年。

优势，但是与纽约湾区、旧金山湾区和东京湾区等世界先进湾区相比，在宜居基础、绿色环境、基础设施、医疗服务等指标领域的发展差距还是非常明显。未来如何对标世界先进湾区、进一步缩小与世界先进湾区的宜居环境差距，是摆在粤港澳大湾区11个城市面前的一个重要现实问题。

二、粤港澳大湾区城市宜居环境指标测算

城市宜居环境除了需要考量绿色环境以外，同时还应当包括宜居基础、医疗服务、基础设施、宜居成本和宜居口碑等因素。在结合粤港澳大湾区与世界先进湾区宜居环境比较的基础上，按照导向性、代表性、认知性和可扩展性四个基本原则，综合考虑粤港澳大湾区各个城市之间的宜居发展水平。

（一）粤港澳大湾区城市宜居环境评价指标构建

最终的湾区城市宜居环境指标体系由六个一级指标构成，分别为宜居基础指标（包括人均GDP、人均可支配收入、人均社会保障和医疗卫生支出三个二级指标）、医疗服务指标（包括每万人医疗机构数、每万人床位数、每万人注册医生数三个二级指标）、基础设施指标（包括每万人公路通车里程、道路密度、排水管道密度三个二级指标）、宜居成本指标（包括房价收入比、交通拥堵指数、每万人刑事案件逮捕人数三个二级指标）、绿色环境指标（包括单位GDP二氧化硫排放量、PM2.5年均值两个二级指标）和宜居口碑指标（包括城市名+生态城市、城市名+绿色城市、城市名+安全城市、城市名+幸福城市、城市名+和谐城市、城市名+生活品质六个二级指标），组成一个渐次递进又相互作用的系统结构（见表1）。

表1 湾区城市宜居环境指标体系

宜居环境	宜居基础	人均GDP
		人均可支配收入
		人均社会保障和医疗卫生支出
	医疗服务	每万人医疗机构数
		每万人床位数
		每万人注册医生数

（续上表）

宜居环境	基础设施	每万人公路通车里程
		道路密度
		排水管道密度
	宜居成本	房价收入比（逆向指标）
		交通拥堵指数（逆向指标）
		每万人刑事案件逮捕人数（逆向指标）
	绿色环境	单位GDP二氧化硫排放量（逆向指标）
		PM2.5年均值（ug/m3）（逆向指标）
	宜居口碑	城市名+生态城市（eco-city）
		城市名+绿色城市（green city）
		城市名+安全城市（safe city）
		城市名+幸福城市（happy city）
		城市名+和谐城市（harmonious city）
		城市名+生活品质（quality of life）

指标测算的基础数据主要来源于相关城市的统计年鉴及官方统计网站的2018年可得数据，以及中国社会科学院城市与竞争力研究中心数据库数据。其中港元和澳门元的汇率均采用2018年12月31日银行间外汇市场汇率中间价，宜居口碑的主观评价数据主要基于对百度、谷歌"城市名+关键词"所做的文本分析。

指标处理的方法包括逆向指标处理、指标无量纲化等内容。

1. 样本选择

对于湾区城市宜居环境评估，本报告选取了香港、澳门两个特别行政区和广州、深圳、珠海、佛山、惠州、东莞、中山、江门、肇庆共11个城市作为评测样本。

2. 逆向指标处理

在本报告中，不同性质的指标对城市宜居环境的作用力不同，无法通过直接合成来反映综合结果。报告主要采用取倒数来进行正向化处理，使主成分分析结果有意义。

3．无量纲化

为了解决数据可比性问题，本报告对收集的数据进行无量纲化，把不同单位的指标转化为可以对比的同一单位的指标数值。本报告选取极值法来消除量纲的影响，其公式如下：

$$x=\frac{x-x_{\min}}{x_{\max}-x_{\min}}$$

其中x为无量纲化后的指标，$x_{\min}$和$x_{\max}$分别对应指标x的最小值和最大值。

（二）粤港澳大湾区城市宜居环境主成分分析

本报告在对数据处理的过程中采用SPSS21作为分析工具，采用降维的方法得出相关系数矩阵，并计算出旋转后的公因子方差、方差贡献率和累计贡献率，再利用最大方差法进行因子旋转。通过测算公因子方差，进行共同度分析。从下表结果可知，这20个变量的共性方差均大于0.5，且绝大部分都接近或者超过0.9，所以表示提取的主成分能够很好地解释评价指标，达到主成分分析要求（测算结果如表2所示）。

表2　公因子方差

变量	初始	提取	变量	初始	提取
人均GDP	1.000	.989	交通拥堵指数	1.000	.901
人均可支配收入	1.000	.992	每万人刑事案件逮捕人数	1.000	.979
人均社会保障和医疗卫生支出	1.000	.986	单位GDP二氧化硫排放量	1.000	.823
每万人医疗机构数	1.000	.837	PM2.5年均值	1.000	.934
每万人床位数	1.000	.916	城市名+生态城市	1.000	.928
每万人注册医生数	1.000	.920	城市名+绿色城市	1.000	.991
每万人公路通车里程	1.000	.951	城市名+安全城市	1.000	.841
道路密度	1.000	.991	城市名+幸福城市	1.000	.969
排水管道密度	1.000	.957	城市名+和谐城市	1.000	.992
房价收入比	1.000	.968	城市名+生活品质	1.000	.834

进一步通过共同度分析之后，测算主成分的特征值、方差贡献率以及累计方差贡献率，来选定主成分个数，具体数值结果如表3所示。

表3 解释的总方差

成分	初始特征值			提取平方和载入			旋转平方和载入		
	合计	方差贡献率 %	累积 %	合计	方差的 %	累积 %	合计	方差的 %	累积 %
1	7.343	36.714	36.714	7.343	36.714	36.714	7.120	35.599	35.599
2	5.262	26.309	63.023	5.262	26.309	63.023	3.183	15.914	51.513
3	2.104	10.519	73.542	2.104	10.519	73.542	2.803	14.014	65.527
4	1.778	8.891	82.433	1.778	8.891	82.433	2.129	10.643	76.169
5	1.313	6.566	88.999	1.313	6.566	88.999	2.125	10.626	86.795
6	1.000	5.000	93.999	1.000	5.000	93.999	1.441	7.204	93.999
7	.618	3.090	97.089						
8	.326	1.629	98.718						
9	.170	.851	99.569						
10	.086	.431	100.000						
11	0	0	100.000						
12	0	0	100.000						
13	0	0	100.000						
14	0	0	100.000						
15	0	0	100.000						
16	0	0	100.000						
17	0	0	100.000						
18	0	0	100.000						
19	0	0	100.000						
20	0	0	100.000						

从上表中，可以看出最大的六个主成分特征值分别为7.343、5.262、2.104、

1.778、1.313和1.000，对应的方差贡献率为36.714%、26.309%、10.519%、8.891%、6.566%和5.000%，方差累计贡献率高达93.999%，主成分累计贡献率为85%以上，满足主成分分析的设定要求，继而提取的六个主成分可以代表原来20个指标的信息量。由表3可知，第三因子、第四因子、第五因子和第六因子的方差贡献率较低，合计为30.976%，表明这四个因子对城市宜居环境影响有限；第一和第二因子方差贡献率合计为63.023%，其中宜居基础、医疗服务和宜居口碑载荷较大，可以认为这些变量是发展湾区城市宜居环境的重要支撑和必不可少的要素。

表4   成分矩阵

变量	成分					
	1	2	3	4	5	6
人均GDP	.976	−.021	−.162	−.073	.054	.041
人均可支配收入	.978	−.145	.038	−.086	.006	.083
人均社会保障和医疗卫生支出	.984	−.054	−.064	.087	−.035	.047
每万人医疗机构数	.670	−.546	−.047	.381	.076	−.194
每万人床位数	−.387	.403	.404	.192	−.337	.539
每万人注册医生数	−.085	.592	−.567	.413	−.034	.265
每万人公路通车里程	−.347	−.617	.335	.543	−.067	−.196
道路密度	.899	−.326	−.185	−.038	.156	.127
排水管道密度	.920	.004	.144	−.153	−.251	.060
房价收入比	−.220	−.670	−.081	.243	.497	.397
交通拥堵指数	−.280	−.642	.465	.390	.117	−.167
每万人刑事案件逮捕人数	.359	.067	.865	−.097	−.296	−.027
单位GDP二氧化硫排放量	.158	.824	−.036	.087	−.329	−.031
PM2.5年均值	.828	.344	−.034	.246	−.048	−.257

（续上表）

变量	成分					
	1	2	3	4	5	6
城市名+生态城市	-.143	.229	-.327	.775	-.371	-.099
城市名+绿色城市	.014	.763	.354	.220	.483	-.042
城市名+安全城市	-.281	.689	-.058	-.158	.180	-.476
城市名+幸福城市	.450	.644	.447	.183	.278	.202
城市名+和谐城市	.727	.535	.087	.291	.289	-.025
城市名+生活品质	-.539	.683	.041	-.067	.268	-.006

　　提取主成分之后，根据初始因子载荷矩阵也就是成分矩阵以及上面得到的主成分相应特征根，计算出主成分特征值相应的标准化正交特征向量即成分得分系数矩阵。具体结果如表5所示。

表5　成分得分系数矩阵

变量	成分					
	1	2	3	4	5	6
人均GDP	.130	.003	-.091	-.044	-.007	-.039
人均可支配收入	.134	.001	-.049	-.038	-.060	.051
人均社会保障和医疗卫生支出	.143	.002	-.014	-.014	.050	.029
每万人医疗机构数	.114	.039	.223	.014	.112	-.172
每万人床位数	-.011	-.018	-.063	-.127	.094	.620
每万人注册医生数	.025	.009	-.156	-.187	.374	.103
每万人公路通车里程	-.011	.038	.393	.079	.114	-.017
道路密度	.135	.011	-.086	-.175	-.016	-.027
排水管道密度	.126	-.090	-.047	.119	-.060	.155
房价收入比	.015	.157	-.020	-.554	.020	.073
交通拥堵指数	-.021	.120	.363	.003	-.019	-.044

（续上表）

变量	成分					
	1	2	3	4	5	6
每万人刑事案件逮捕人数	.029	.027	.179	.253	−.212	.289
单位GDP二氧化硫排放量	.010	−.040	−.049	.229	.147	.117
PM2.5年均值	.094	.074	.116	.199	.116	−.152
城市名+生态城市	.037	−.082	.190	.148	.488	.040
城市名+绿色城市	−.054	.410	.087	−.109	−.055	−.092
城市名+安全城市	−.115	.128	.038	.271	−.075	−.403
城市名+幸福城市	.031	.321	.018	−.157	−.053	.169
城市名+和谐城市	.071	.273	.054	−.072	.063	−.077
城市名+生活品质	−.117	.187	−.073	−.058	−.050	−.077

将第一、第二、第三、第四、第五、第六因子命名为F1、F2、F3、F4、F5、F6，再根据各公因子得分和方差贡献率计算出综合评价得分：

F=（7.343/18.8）*F1+（5.262/18.8）*F2+（2.104/18.8）*F3+（1.778/18.8）*F4+（1.313/18.8）*F5+（1/18.8）*F6

进一步根据上式计算出粤港澳大湾区11个城市的最终得分情况，并将F值进行均值为50、标准差为10的标准化处理，最后得出粤港澳大湾区城市宜居环境评价综合得分及排名（见表6）。

表6 粤港澳大湾区城市宜居环境评价结果及综合排名情况

城市	F1	F2	F3	F4	F5	F6	F	Z_F	排名
香港	4.092	1.303	2.941	−0.696	−1.570	0.101	2.122	66.861	1
澳门	6.339	−2.472	−1.696	0.210	1.101	0.190	1.701	63.516	2
深圳	0.044	3.460	−0.500	−1.046	0.837	−2.266	0.769	56.111	3

113

（续上表）

城市	F1	F2	F3	F4	F5	F6	F	Z_F	排名
珠海	0.002	1.634	−1.200	1.861	−1.315	0.342	0.426	53.386	4
中山	−1.058	1.500	1.133	0.304	2.321	0.935	0.374	52.972	5
广州	−1.120	2.648	−0.440	0.209	0.085	1.261	0.347	52.758	6
惠州	−1.234	−0.353	−0.627	2.223	−0.683	−0.770	−0.529	45.798	7
佛山	−1.535	−0.097	−0.733	−1.506	−0.409	1.068	−0.823	43.462	8
江门	−1.993	−2.291	0.811	−0.295	0.201	0.008	−1.342	39.338	9
肇庆	−1.862	−3.473	1.690	0.862	0.346	−0.687	−1.441	38.551	10
东莞	−1.677	−1.860	−1.379	−2.126	−0.913	−0.184	−1.605	37.248	11

三、粤港澳大湾区城市宜居环境分析与评价

从主成分分析法结果来看，香港、澳门宜居环境综合得分较高，在湾区城市中排在第一梯队。深圳、珠海、中山和广州排在第二梯队，惠州、佛山、江门、肇庆和东莞排在第三梯队。粤港澳大湾区城市宜居环境排名也具有以下特征：一是粤港澳大湾区城市宜居环境受诸多指标的影响，但主要体现在宜居基础和医疗服务两个方面。宜居基础是城市宜居环境发展的重要支撑，医疗服务是城市宜居可持续发展的前提和保障。宜居环境排名靠前的城市一般宜居基础指标表现比较突出，制约这类城市宜居环境进一步发展的主要因素是医疗服务和基础设施，而排名靠后城市一般宜居基础指标表现不佳。二是湾区城市间宜居发展水平不平衡，湾区中心城市宜居水平较高，而湾区外围城市宜居水平发展较为滞后，内地珠三角城市与港澳之间的宜居水平差异也较为明显。

香港与澳门的城市宜居环境在粤港澳大湾区中位列第一梯队。香港的绿

色环境和基础设施表现较好，分别位居湾区城市之首，宜居基础指标仅次于澳门。在医疗服务和宜居成本方面，香港的部分指标得分较低。以每万人注册医生数为例，2018年香港仅为19.7人，远低于广州、深圳等内地城市水平。此外，仅次于深圳的房价收入比，也进一步制约了香港的宜居环境得分。澳门的宜居基础在粤港澳大湾区城市中排名首位，而医疗服务、宜居成本指标整体表现较为滞后。具体来看，2018年澳门的人均GDP、人均可支配收入、人均社会保障和医疗卫生支出指标均领先于粤港澳大湾区其他城市，而每万人床位数、每万人注册医生数、交通拥堵指数（逆向指标）、每万人刑事案件逮捕人数（逆向指标）等指标得分在湾区城市中排位较为靠后。以每万人床位数为例，2018年每万人仅24张，而同期香港为每万人54.3张，广州为每万人63.8张，珠海为每万人52.3张。综合来看，澳门宜居环境的优势和短板都十分明显。大力提升医疗服务资源的保障水平、切实降低宜居成本，将是澳门进一步优化城市宜居环境的主要任务。

深圳、珠海、中山和广州的宜居环境在粤港澳大湾区中位列第二梯队。深圳宜居口碑位列首位，绿色环境排名第二，宜居基础排名第三，但宜居成本和基础设施排名相对靠后。在具体指标方面，深圳在宜居口碑中"城市名+安全城市（safe city）"排第一，"城市名+绿色城市（green city）"和"城市名+生活品质（quality of life）"排第二，充分显示了深圳在城市宜居形象塑造方面颇为成功。与此同时，深圳在绿色环境和宜居基础中的二级指标均位于湾区城市前列。但深圳宜居环境的主要短板集中在宜居成本和基础设施等部分指标方面，其房价收入比高居粤港澳大湾区城市首位，每万人公路通车里程也排名较为靠后。由此可见，虽然深圳的城市竞争力在近年来上升趋势较为明显，但在城市宜居环境建设方面仍有进一步的提升空间。在一级指标中，珠海医疗服务排名第二，绿色环境排名第三，但是宜居成本排名较为靠后。具体来看，珠海单位GDP二氧化硫排放量、PM2.5年均值和每万人注册医生数等指标表现良好，而房价收入比、每万人刑事案件逮捕人数等宜居成本指标得分相对较低，成为珠海城市宜居环境建设的主要短板。中山的主要宜居环境指标的得分差异较为明显。中山的宜居成本指标位列第三，而宜居基础指标排名较为靠后。以人均社会保障和医疗卫生支出为例，中山市2018年人均社会保障和医疗卫生支出仅为1795元，位列湾区11个城市倒数第二位。如何进一步提升经济实力、加大公共服务投入，将是中山市建设宜居城市的重要方向。广州的医疗服务和宜居口碑在湾区城市中位居前列，总体宜居形象良好。但与同为超级大城市的深圳类似，广州的宜居成本和基础设施指标总体表现较为靠后。具体来看，广州的每万人床位数、"城市名+生态城市（eco-city）"等指标领先于其他湾区城市。但作为国家中心城市，广州的交通拥堵程度是导致广州城市宜居环境下降的主因。此外，以建成区排水管道密度为例，广州在该指标上仅为香港的20.8%。如何进一步提升基础设施保障水平、降低宜居成本，将是未来广州建设宜居城市的主要目标方向。

惠州、佛山、江门、肇庆和东莞的宜居环境在粤港澳大湾区中位列第三梯队。惠州的基础设施排名相对靠前，而宜居基础相对较为滞后。从具体指标来看，惠州每万人公路通车里程位居湾区城市之首，而在人均GDP等宜居基础指标上还有很大提升空间。与惠州相比，佛山在城市基础设施指标上有一定优势，然而绿色环境指标得分却相对较低。未来如何加强生态环境方面的治理力度，将是佛山宜居环境建设需要面对的重要现实问题。江门和肇庆两个城市的共同点是一级指标的优势和劣势都较为突出，从而影响了城市宜居环境的综合发展水平。江门的宜居成本指标得分位列大湾区11个城市第二位，而宜居基础和绿色环境发展水平相对较低，分别在11个湾区城市中排名倒数第二位和倒数第三位，从而进一步影响了江门城市宜居环境综合得分。肇庆的宜居成本指标得分位列大湾区第四位，而宜居基础、医疗服务、绿色环境和宜居口碑等在湾区城市中排名较为靠后。特别是肇庆薄弱的经济基础限制了肇庆的基础设施和公共服务投入，从而进一步影响了肇庆城市宜居环境的整体提升。东莞的医疗服务、基础设施等一级指标得分排名大湾区前列，而宜居基础和宜居口碑一级指标得分排名靠后。未来在具备一定发展基础的前提下，如何进一步加快资源整合、提高整体宜居环境水平，将是东莞市建设宜居城市的关键所在。

四、提升粤港澳大湾区城市宜居环境的若干建议

共建粤港澳大湾区优质生活圈，是未来大湾区建设的重大任务之一，是事关新时代"一国两制"伟大构想成功实践的重点民心工程，也是彰显中国特色社会主义生命力和美好未来的重要窗口平台。未来改善粤港澳大湾区城市宜居环境、共同打造粤港澳优质生活圈，可以从如下方面进行重点推进：

一是加快推进粤港澳大湾区城市发展的绿色转型。未来要以世界先进湾区为标杆，加快推进粤港澳大湾区绿色发展方式和生产生活方式变革，为我国

城市群树立一个可持续发展的优质生活圈样板。在规划设计上要把以人为本、注重自然、传承历史、绿色低碳的理念贯彻实施到城乡建设之中。未来可采用可持续设计对经济、社会和环境进行综合考虑，引导社会建立绿色环保的消费观念来推动服务业模式创新，从而避免大规模生产、大规模消费和大规模废弃带来的环境污染。通过发展绿色建筑设计，推动大湾区建筑向节约资源、保护环境、优化体验、创造收益的方向发展。坚持"既要金山银山，也要绿水青山"的城市发展理念，加快推进河流综合整治，加强污染监控以及污水、垃圾处理的治污建设，实现重点污染源实时在线监控和垃圾的高水平资源化无害化处理。

二是在基础设施互联互通的基础上，加快打造"一小时"优质生活圈。探索在粤港澳大湾区内部实现货物和人员通关"一地两检"，争取通过一次查验完成粤港澳大湾区多方的检查检验要求，建立简洁高效的湾区通关便利化制度。在粤港和港澳两地车牌、澳门配额的港籍单牌车辆基础上，探索在大湾区内部实现车辆配额上逐步放宽，有序实现粤港澳大湾区私家车便利出行，实现更大空间范围内的"职住平衡"。充分利用港珠澳大桥、广深港高铁建成通车的示范效应，以及深中通道、虎门二桥等多座连接珠江口东西岸跨江跨海大桥的建设规划，构建高效便捷的现代化综合交通运输体系，全力打造粤港澳大湾区城市群"一小时"优质生活圈。

三是着力解决一系列重点民生领域问题，加快推进粤港澳大湾区公共服务共建共享。进一步推动教育医疗合作发展，健全就业创业服务体系，利用兼容并蓄的多元文化，保持对现代服务业和高端人才的持续吸引力。针对香港、澳门地域空间狭小和房价高企的现实问题，探索大湾区合作共建集养老、居住、医疗、就业、教育于一体的社区项目，参照港澳先进社区治理模式进行日常管理，在公共场所和办事机构增加英语、葡语和繁体字等工作语言和指示标记，更好地实现大湾区居民优质公共服务的共建共享。在粤港澳大湾区范围内参考国际标准，开展内地与港澳高校学历和职业资格证互认工作，落实粤港澳三地居民个税差额补贴办法。支持港澳居民在珠三角地区开办社会福利机构，配合粤港澳大湾区完善对接社会福利政策，鼓励港澳医院和学校与内地医疗教育机构合作，跨地域为湾区居民提供医疗教育服务，实现包括医疗保险和教育公共服务的异地接续。逐步实现在通信资费、上网流量费、跨境交通卡等领域的同城化，逐步建立以资本项目可兑换、扩大跨境人民币使用为重点，探索大湾区企业居民资金往来同城结算。

四是以高标准的区域一体化，推动粤港澳大湾区宜居环境的整体提升。高度重视粤港澳大湾区在宜居基础、医疗服务、基础设施、宜居成本等方面存在的巨大差异，进一步建立健全粤港澳大湾区合作交流机制，共同谋划大湾区的宜居定位和长远发展。具体而言，进一步加快推进区域生态补偿机制、大气污染联防联控机制、突发事件应急处置机制和紧急医疗救援联动机制建设，积极拓展粤港澳大湾区在基础设施和公共服务领域的全方位合作，共同改善提升粤港澳大湾区城市宜居环境。充分发挥地区比较优势，以降低湾区中心城市的宜居成本、提升湾区外围城市的宜居基础为重点，有序促进湾区内部人口、资源的有效流动和高效利用，共同打造公共服务优质、宜居宜业宜游的优质生活圈。

粤港澳大湾区规划
与定位分析

另附相关资讯文章

扫码获取

专题篇

07

大湾区高新技术产业发展的现状、问题与建议

隋艳颖*

摘　要：《粤港澳大湾区发展规划纲要》颁布实施以来，粤港澳三地坚持优
势互补、互利共赢，通过产业分工合作，积极推动粤港澳大湾区加
快发展。在三地共同努力下，大湾区产业发展势头良好，特别是高
新技术产业，已经形成了一定规模，新一代信息技术、高端装备制
造、生物医药、数字经济等产业蓬勃发展。但同时，大湾区高新技
术产业发展仍然存在一些亟待解决的问题，高新技术产业发展不平
衡，地区分布过于集中，高新技术企业质量有待提高，部分高新区
发展定位不清晰。随着世界政治经济形势的变化和粤港澳大湾区建
设的深入推进，要求粤港澳三地积极寻求各自发展的新亮点，通过
合作来谋取进一步的融合发展，打造粤港澳大湾区现代产业体系，
提升高新技术企业发展质量，创新高新区管理体制和运行机制。

关键词：粤港澳大湾区　高新技术产业　高新技术企业　高新区

　　20世纪80年代，我国开始大力发展高新技术产业，经过40多年的努力，高
新技术产业已经打下了良好的发展基础，取得了不俗的成绩，现阶段正在向快
速发展迈进。当前，我国正在积极推进经济向高质量发展，经济开始步入转型
升级的关键时期，产业开始步入爬坡越坎的关键时期，大力发展高新技术产
业，对加快经济转型升级、产业越坎腾飞具有重要的意义。自2019年2月《粤港
澳大湾区发展规划纲要》颁布实施以来，作为推动中国经济发展的重要国家战
略，粤港澳大湾区的高新技术产业已经形成一定的规模，新一代信息技术、高
端装备制造、生物医药、数字经济等产业蓬勃发展。本文将对粤港澳大湾区高

---

　　*　隋艳颖，中国农业大学博士，广东省发展和改革研究院副研究员。

新技术产业发展现状进行梳理，分析发展中存在的问题，提出促进粤港澳大湾区高新技术产业发展的建议，为粤港澳大湾区建成全球科技创新高地和新兴产业重要策源地提供支撑。

一、粤港澳大湾区高新技术产业发展现状

大湾区珠三角区域是全球重要的制造业基地，拥有电子信息、汽车、家电等一批世界级的产业集群。2019年，珠三角地区生产总值86800多亿元，同比增长6.4%，人均地区生产总值近14万元，同比增长3.9%。珠三角区域规模以上工业增加值28800多亿元，同比增长5.0%，规模以上工业企业利润额7600多亿元，同比增长8.0%。大湾区三次产业结构为1.15∶32.52∶66.33，珠三角区域先进制造业、高技术制造业占规模以上工业增加值的比重分别达到59.4%、35.8%。香港、澳门特别行政区服务业高度发达，服务业占地区生产总值的比重约95%。2019年，香港地区生产总值25000多亿元，同比增长1.2%，人均地区生产总值34万元，同比增长0.4%。第三产业增加值21200多亿元。香港在人工智能、健康医药、金融科技等相关产业技术创新领域具有全球领先优势，具备了成为全球高端高新产业策源地的优势。大湾区内已形成了门类齐全、规模庞大的制造业和服务业体系，正在加快构建具有国际竞争力的现代产业体系。

（一）高技术制造业形成规模，产业转型升级加快推进

粤港澳大湾区的高技术制造业已经形成一定的规模，高新技术产业产值不断增加，新一代移动通信设备、新型平板显示、新能源等战略性新兴产业蓬勃发展。2018年，珠三角九市高技术制造业增加值为9908.60亿元，比上年增加855.84亿元；高新技术产品产值为36989.22亿元，比上年增加3439.98亿元。其中，深圳高技术制造业增加值占全市规模以上工业增加值的比重为67.3%；[1]其次为东莞和惠州，占比分别为38.9%和40.4%。大湾区的高新技术制造业正在加速发展，为实现大湾区经济高质量发展注入了新动能和新活力。

---

① 邱国祥、王慧艳：《粤港澳大湾区工业经济创新驱动发展研究》，广东省统计局网站，最后访问日期：2020年2月18日。

表1　2018年粤港澳大湾区部分地区高新技术发展情况

单位：亿元

地区	高技术制造业增加值	高新技术产品产值
珠三角合计	9908.60	36989.22
广州	598.56	4840.70
深圳	6131.20	12842.02
珠海	321.95	1520.50
佛山	276.49	4098.19
惠州	698.78	3001.45
东莞	1520.62	7958.03
中山	208.65	1132.68
江门	100.53	1125.85
肇庆	51.81	469.80

数据来源：广东省统计局网站。

（二）高新技术企业数量不断增加，区域创新能力不断提升

2019年，粤港澳大湾区珠三角区域获得国家备案批复高新技术企业16000多家，占广东省批复总数的90%以上，其中深圳、广州、佛山、东莞企业数量分别为6374、3633、1729、1709家，占总数的80%以上，数量优势继续领跑。2019年认定企业中，近六成企业销售增长率超过35%，达到A等评价档次，高成长性企业群体优势明显。拥有Ⅰ类知识产权企业超过5000家，近三年研发投入总额达1500多亿元，户均同比增长16%以上，研发投入同比增长7%以上，研发力度显著加大，高质量高新技术企业数量规模持续攀升。大湾区内还拥有众多大型龙头高新技术企业，在《中国企业创新能力千强排行榜》企业名单中，上榜高新技术企业数量位居全国第一。高新技术企业的迅速发展，为大湾区构建以创新为战略支撑，先进制造业为主体，现代金融、人力资源相配套的现代产业体系打下坚实基础。

表2 2019年高新技术企业认定情况表

单位：家

序号	地市	2019年认定数	2019年存量	2018年存量
1	深圳	6374	17001	14416
2	广州	3633	12107	11746
3	东莞	1709	6214	5791
4	佛山	1729	4834	3949
5	中山	689	2565	2380
6	珠海	647	2204	2041
7	惠州	466	1306	1105
8	江门	560	1584	1241
9	肇庆	212	538	410
总计	全省	16019	50879	45280

数据来源：广东省科技厅网站。

（三）高新区建设稳步推进，经济发展效益持续提升

1985年7月，深圳特区就诞生了我国第一个科技园——深圳科技工业园，在国内兴起了高新技术产业园区建设热潮。截至2019年底，大湾区内共有国家级高新区九家，省级高新区两家。2019年大湾区11家省级以上高新区实现工业总产值四万亿元，实现净利润3600多亿元，经济效益持续提升。2019年全国高新区评价结果中，深圳高新区连续三年保持第二位，广州高新区跃居全国第七位。高新区内集聚了全省一批大院大所，全省251家新型研发机构超过一半落在高新区。促进高新区发展的体制机制不断完善，"科创12条"、《关于促进高新技术产业开发区高质量发展的意见》《广东省省级高新技术产业开发区管理办法》等重要文件先后发布，为高新区高质量发展提供了制度保障。

表3 广东省高新区发展概况（2019年）

序号	名称	级别	规上工业企业（家）	高新技术企业（家）	工业增加值（亿元）	工业总产值（亿元）	高新区全区地区生产总值（全口径GDP）（亿元）
1	广州高新区	国家级	974	3547	1752	7273	3582
2	深圳高新区	国家级	851	2304	3956	13559	7129
3	中山高新区	国家级	358	444	275	1409	391
4	珠海高新区	国家级	460	979	602	2239	950
5	佛山高新区	国家级	1258	1801	1237	4145	1649
6	惠州仲恺高新区	国家级	363	408	446	2413	643
7	东莞松山湖高新区	国家级	148	323	593	5477	680
8	江门高新区	国家级	372	455	232	1108	320
9	肇庆高新区	国家级	193	143	150	681	198
10	佛山南海高新区	省级	531	782	304	1510	354
11	佛山顺德高新区	省级	82	68	66	242	81

数据来源：广东省统计局网站。

二、粤港澳大湾区高新技术产业发展存在的问题

中美经贸摩擦以来，大湾区高新技术产业暴露出核心技术供给不足，关键零部件、重大装备及原材料等受制于人的短板。美国等国家限制对我国供应核

心技术、关键材料、关键零部件和重大装备，对于依赖进口的高技术企业影响巨大。基础软件生态不健全，关键系统未实现自主可控。操作系统等核心软件基本被美国企业垄断。国产操作系统缺乏应用生态支撑。移动端安卓和苹果系统占比超过97%，华为拟推出的鸿蒙操作系统仍面临生态建立的挑战。EDA等基础软件主要来自美国Mathworks、ANSYS等公司。企业面临经营压力，资金来源受限。加征关税使外向型高技术企业出口受阻。关键零部件和原材料断供影响企业正常运营。企业技术人才短缺。引进海外人才受限。国内急需科技人才培养能力不足，在新材料、微电子等领域培养的硕士、博士远不能满足产业需要；职业教育培训的规模不够、水平不高造成出现"技工荒"。从高新技术产业发展情况来看，大湾区中电子及通信、电子计算机、医药制造等行业发展得比较好，在全国甚至世界范围内占有较大比重，但是在我国确定的高新技术产业领域的其他行业，发展相对缓慢。高新技术产业过于集中在电子及通信、电子计算机、医药制造等行业，不利于其他产业向高新技术产业发展，尤其是不利于传统产业转型升级。

（一）高新技术产业发展不平衡，自主创新能力仍需继续加强

从大湾区珠三角区域的九个城市来看，高新技术企业主要集中在广州、深圳和东莞，其他六个市高新技术企业数量偏少。高新技术产业主要集聚在广州、深圳和东莞这几个城市，虽然有利于发挥资源的集聚效用，但对于其他城市，受到虹吸效用影响，高新技术产业发展会越来越迟缓。高新技术产业另一个典型的特点就是创新能力突出，但是从实际情况来看，大湾区内高新技术企业更偏重于应用型技术创新，侧重于引进技术后再创新，对基础创新重视不足，原始创新能力低，这就导致部分高新技术企业的关键核心技术受制于人，关键技术零部件依赖进口。在发生贸易摩擦时，经常会受到严苛的经济制裁，导致企业受到重创。另外，还存在高新技术企业创新投入不足的问题，企业研发活动原始创新较少，主要集中在集成、消化吸收和再创新方面，一般都是实验发展，推动产业向价值链高端跃迁原始创新能力明显缺失。

（二）高新技术企业质量有待提高，发展环境亟待优化

粤港澳大湾区集中了众多的高新技术企业，但质量良莠不齐。主要存在以下几个问题，一是在高新技术企业认定初期，在资格认定、资质审查等方面存在漏洞，比如，在申报高新技术企业的基本条件中，要求企业必须拥有自主

知识产权，但是实际申报中，经常会出现不按时申请或签署合同未及时备案等情况，部分企业为了获得高新技术企业税收优惠和政策扶持，会采取借助非本企业知识产权申报。[①]由于在开展高新技术企业认定工作初期，存在把关不严的情况，导致大湾区现有认定的高新技术企业中，部分高新技术企业不具备高新技术产业发展的基本要求，虚高了大湾区高新技术企业发展的情况。二是高新技术企业的税收优惠政策针对性不强，过于细化，缺乏系统性。在税收优惠政策实施过程中，对高新技术企业的认定缺乏严格复查机制，存在税收优惠政策对象错配现象。三是高新技术企业内部技术人员和管理人员未合理区分，导致技术人员和管理人员不能有效发挥各自作用。部分企业内部科研机构设置缺失，缺少自主创新能力。财务核算对研发费用和其他费用内部核算不清晰，导致高新技术企业技术创新资金支持不到位。四是部分高新技术企业组织机构设置不合理。组织机构管理责任不明确，幅度过于宽松，机制不灵活，不能及时根据企业发展阶段调整设置。五是高新技术企业人力资源管理模式与企业特点不匹配，传统的人力资源管理模式不适应高新技术企业对高精尖端人才的管理。六是高新技术企业自主知识产权布局意识和能力仍不足。

（三）部分高新区发展定位不清晰，管理体制机制仍存在短板

部分高新区发展定位不清晰，优势资源不能有效集中到高新区建设中。对高新区功能定位认识不够充分，高新区作为经济功能区、作为产业组织者的角色定位不够突出，尤其是部分高新区行政化严重，弱化了高新区对新经济、新产业的培育功能。高新区管理体制机制仍存在短板，基本无授权型高新区缺乏经济、社会管理权限，导致行政效能低、区域经济市场化程度不高。部分授权型、完全授权型的高新区"放管服"有待进一步深化，经济和财政管理权限不足，事权与人权、财权不匹配。多元化的管理模式尚未建立，政府、社会等共同参与的多元共治的管理体系有待完善。高新区尚未建立行之有效的激励机制，"多劳多得、优绩优酬"的激励制度有待建立，人员配备不足，缺少改革创新的容错免责机制。

---

① 刘凯：《高新技术企业发展中存在的问题及应对策略》，《中国高新技术企业》2014年第20期，第155页。

（四）香港经济发展的不确定性，对大湾区高新产业发展造成一定影响

从经济基本面来看，2019年香港经济大幅下滑，实际地区生产总值同比下降了1.2%，为近十年来首次出现负增长。从主要产业来看，作为香港支柱产业的服务业正在遭受严重冲击。自2019年6月起，访港游客数量呈现断崖式下跌，到12月月度同比继续下跌51.5%，仅次于2003年"非典"时的情况，由于游客人数骤减，香港旅游、零售等行业遭受严重打击。从外贸经济拉动看，2019年香港进出口增速双双滑落，同比分别下降6.8%和5.6%。国际贸易活跃程度的下降对本地经济发展造成一定打击。香港作为粤港澳大湾区经济最活跃的区域，汇集了众多技术、人才、金融资源，但受经济不确定影响，技术开发、人才引进、金融运作的步伐将会放缓，这些因素是支持高新技术企业发展的重要资源，未来粤港澳大湾区高新技术产业的发展可能会受到一定影响。

（五）澳门产业发展单一化，高新技术产业发展基础薄弱

2019年，澳门实现地区生产总值4346.7亿澳门元（约合3785.98亿元人民币），同比下跌4.7%，较去年同期减少10.1个百分点，2019年第四季度参团赴澳门旅游数同比下降41.4%，相比第三季度跌幅继续扩大，受此影响，全年参团游旅客数较2018年下降了8.9%。全年澳门博彩收入为3028.46亿澳门元，同比下跌3.4%，经济呈持续下跌态势。澳门产业结构单一，博彩业一家独大，近年来经济发展速度明显放缓，产业多元发展成效尚未显现，缺乏发展高新技术产业基础。

（六）粤港澳三地高新技术产业协同发展有待加强

由于利益分化和制度差异，珠三角与港澳间的产业合作不足。目前，粤港澳大湾区内香港以金融服务、贸易及物流、专业及工商业支援服务、旅游为支柱产业，澳门以出口加工、博彩旅游、金融服务、建筑地产为支柱产业，珠江东、西两岸则分别形成了电子信息产业基地和装备制造业基地，但距深度融合发展尚有较大差距。一方面由于港澳地区制造业占比较低，地产、零售、博彩等服务业与珠三角的高新技术产业发展需求不一致。珠三角地区高新技术产业发展对香港资金、贸易通道等的依赖越来越小，在技术引进方面也在逐渐弱化。另一方面是粤港澳三地在政府治理、法律体系、社会保障、文化背景、生活习惯等方面存在较大差异。这导致粤港澳大湾区内要素流通仍然存在很大障碍，降低了粤港澳间的产业合作水平。

三、推动粤港澳大湾区高新技术产业发展的若干建议

针对上述现状与问题，需要充分发挥大湾区制造业和信息化发展的良好基础优势，以智能制造为核心和主攻方向，以深化先进制造业与信息技术融合发展为切入点，加快高新技术产业发展，打造粤港澳大湾区现代产业体系。

（一）积极打造大湾区现代产业体系，加快高新技术产业发展

紧紧围绕粤港澳大湾区高新技术产业发展优势，培育具有核心竞争力和特色优势的电子信息、汽车、智能家电、机器人、石化、生物医药、精密制造等若干制造业集群，不断探索制造业高质量发展新路径、新模式。培育壮大新一代信息技术、高端装备制造、绿色低碳、生物医药、数字经济、新材料、海洋经济等发展成为新兴支柱产业，推动新兴产业在更广领域形成大批跨界融合的经济新增长点。在新一代信息技术领域，加快发展5G、超高清显示（4K及以上）产业，大力支持半导体产业尤其是集成电路产业发展。在新能源汽车领域，大力发展下一代动力电池、燃料电池等关键产品，加快新能源汽车推广应用。在生物医药领域，大力发展精准医疗、创新药物及现代中药、高端诊断治疗装置与医学设备等。积极建设综合性国家科学中心，瞄准建设全球科技创新高地的目标，进一步加强基础研究和关键核心技术攻关，为大湾区高新技术产业发展提供技术支撑。

（二）推进大湾区内产业融合与创新协同，提升高新技术产业创新能力

一是构建港、澳与珠三角之间的协同产业链条。香港作为全球重要的金融中心之一，资本市场发达，金融资源丰富，受海外资本市场青睐，应借助香港金融中心的优势，吸引海外的长期投资。而在大湾区中珠三角区域，广州自古以来就是重要的商贸中心，深圳作为改革开放前沿，培植出众多实力雄厚的创新型企业，东莞、佛山等地都建立了各具特色的产业，粤港澳三地联合，就构成了一条完备的产业链条。具体而言，香港吸引海外投资，与珠三角地区开展产业合作，同时，借助香港的创新能力，助力广州、深圳的高新技术企业开展产业升级、研发新产品、开辟新领域，佛山、东莞等地发挥制造业优势，进行批量化生产，链条企业可以到港交所进行融资上市，进一步壮大公司规模。二是实现广深两大核心城市与其他城市的产业有机融合。三是加快科技创新服

务体系建设。切实推进"广州—深圳—香港—澳门"科技创新走廊建设，打造高水平科技创新载体和平台。通过打造深港科技创新合作区、南沙粤港深度合作区、珠海横琴粤澳合作中医药科技产业园等三大科技创新合作区，重点开展要素流动、财税政策、创业扶持、合作办学、职业资格互认、产业监管、科技法制等创新支持举措试点①。同时，要着力培育一批竞争力强的创新型工业企业，依托区域股权市场为企业构建起科技创新金融支持平台，帮助符合条件的创新创业企业在银行间市场发行超短期融资券、中期票据、项目收益债等进行直接融资。此外，积极争取国家科技成果转移转化示范区建设试点，探索形成符合粤港澳实际、具有大湾区特色的科技成果转化机制和模式。

（三）加强对高新技术企业的培育，推动高新技术企业量质双提升

政府部门要加强对高新技术企业认定管理工作的制度化建设，持续加强对中介机构、专家的监管，优化规范高企认定流程，完善认定评审系统功能，提升评审效率和质量。压实认定服务职责，完善申报核查机制，加强认定后企业服务。以未来型企业培育为牵引推动高新技术企业高质量发展。实施未来型企业培育计划，加快出台高新技术企业高质量发展政策，全面推动大湾区创新型企业数量质量再上新台阶，遴选培育发展一批未来型企业、高成长企业、细分领域领军企业、综合实力百强企业，推动企业加大研发投入，加速形成产业核心技术领域高质量知识产权，提升市场竞争力。加强高新技术企业创新发展监测，科学评估高新技术企业认定及创新发展卡脖子环节、服务需求，分类施策，精准引导创新资源向高新技术企业聚集，推动企业产业链整合、创新链补强、价值链内化，培育壮大大湾区世界级企业群体，支撑引领区域经济高质量发展。

（四）加强高新区发展建设，优化管理体制机制

加强省级统筹协调，坚持分类指导。根据各地区的资源禀赋与发展阶段，对高新区实施分类管理，构建各具特色的区域创新发展格局。建立高新区动态监测机制。建立健全高新区综合评价指标体系，强化奖惩措施，引导高新区对标找差、争先进位。优化管理体制机制。强化高新区领导队伍建设，建议高新区的工作机构和管理机构主要领导由所在地政府领导兼任。理顺高新区管理机

---

① 粤开研究：《粤港澳大湾区产业转型升级之路》，百度百家号，最后访问时间：2020年3月5日。

制，强化高新区经济功能区的定位，加强对高新区与行政区的统筹协调。深化"放管服"改革，进一步简政放权，将能够下放的省级和市级经济管理权限，分级下放到国家和省级高新区。建立高新区新型财政管理体制，普遍赋予高新区一级财政管理权限。创新园区运营管理。完善干部队伍管理，探索由高新区自身决定其行政、事业单位工作人员的调配、管理、福利待遇、任免和奖惩，允许探索实施"多劳多得、优绩优酬"的绩效工资制度。加大专业管理团队的引进力度，对管理团队中专业性较强的职位和辅助性职位，探索实行聘用制。推动多方主体参与建设，推动高等院校参与高新区建设大学科技园，培育和发展经济类、服务类等社会组织。加大创新要素投入。加大财政资金投入，省财政设立专项，强化省市政企联动，建立多元投入体系。集聚高端创新平台，推动省实验室、重大科学装置、高水平大学等优先布局高新区，吸引汇聚一批全球顶尖的科研机构和重大创新功能型平台。保障高新区创新用地需求，加强高新区公共配套、基础设施等用地保障。

08

大湾区高新技术产业园区发展的现状、问题及趋势

杨海深*

摘 要: 粤港澳大湾区高新技术产业园区是推动大湾区建成具有全球影响力的国际科技创新中心和具有国际竞争力的现代产业体系的重要支撑。通过对大湾区高新区发展政策、产业发展和创新能力进行系统梳理分析,可以看出,大湾区高新区已经形成以创新为内核的战略定位,产业规模与竞争力全面增长,综合创新能力显著增强的特征与成效,但高新区治理体系和治理能力水平、产业转型升级与协同发展程度、自主创新能力方面存在进一步提升的空间。大湾区高新区未来发展将面临更大的外部挑战,需要更加注重创新的软环境培育与对接,为进入数字化智慧园区发展阶段打好基础;要以体制机制创新推动大湾区高新区治理体系和治理能力现代化,以产业协同推进大湾区高新区产业高质量发展,以创新合作提升大湾区高新区综合创新能力。

关键词: 粤港澳大湾区 高新技术产业园 园区治理

　　高新技术产业园区①是我国高新技术产业发展的重要空间载体,是主要通过依靠土地、资金等优惠政策和先行先试的改革措施,集聚创新要素资源和创新型企业,优化创新软硬环境,最大程度地进行科技成果转化和高度集约化的

---

*　杨海深,管理学博士,广东省社会科学院助理研究员。

①　"高新技术产业园区"的内涵在本文中等同于"高新技术产业开发区",一般简称高新区。

发展区域。因此，它在土地使用效率、劳动生产率和创新产出效率等发展指标上表现相对优异，在我国创新驱动发展中所承载的"发展高科技，实现产业化"①的独特地位日益显现。

粤港澳大湾区高新技术产业园区（以下简称大湾区高新区）既被赋予了国家战略下的发展重任，又承担了高新技术产业高质量发展的历史使命。《粤港澳大湾区发展规划纲要》指出，依托香港、澳门、广州、深圳等中心城市的科研资源优势和高新技术产业基础，充分发挥国家级新区、国家自主创新示范区、国家高新区等高端要素集聚平台作用，联合打造一批产业链条完善、辐射带动力强、具有国际竞争力的战略性新兴产业集群，增强经济发展新动能；将高新区建设成为区域创新的重要节点和产业高端化发展的重要基地。可以说，大湾区高新区将成为推动粤港澳大湾区建成具有全球影响力的国际科技创新中心和具有国际竞争力的现代产业体系的重要支撑，是大湾区高质量发展的先行示范区，也是观察大湾区产业转型升级路径的窗口，以及在大湾区复制推广园区高新科技产业发展经验和发展模式的对照标杆。

一、大湾区高新区发展现状

大湾区高新区包括以珠三角九个城市的高新区组成的国家级高新技术产业园区和以香港科技园和粤澳产业合作园为代表的港、澳产业园（见图1）。在大湾区建设往纵深发展之际，需要对大湾区高新区近两年的战略定位、发展目标、园区布局、主导产业等政策进行系统梳理和概括，进而分析他们的管理模式、体制机制、企业发展、创新体系等具有的基本特征和内在逻辑，再通过收集大湾区高新区发展概况和研发活动数据，从定量描述的角度探讨发展现状与问题，总结大湾区高新区发展的关键因素和前景趋势，并为大湾区高新区未来的发展提出政策建议。

---

① 1991年4月23日，邓小平为国家科委召开的"863"计划工作会议和高新技术产业开发区工作会议题词："发展高科技，实现产业化。"

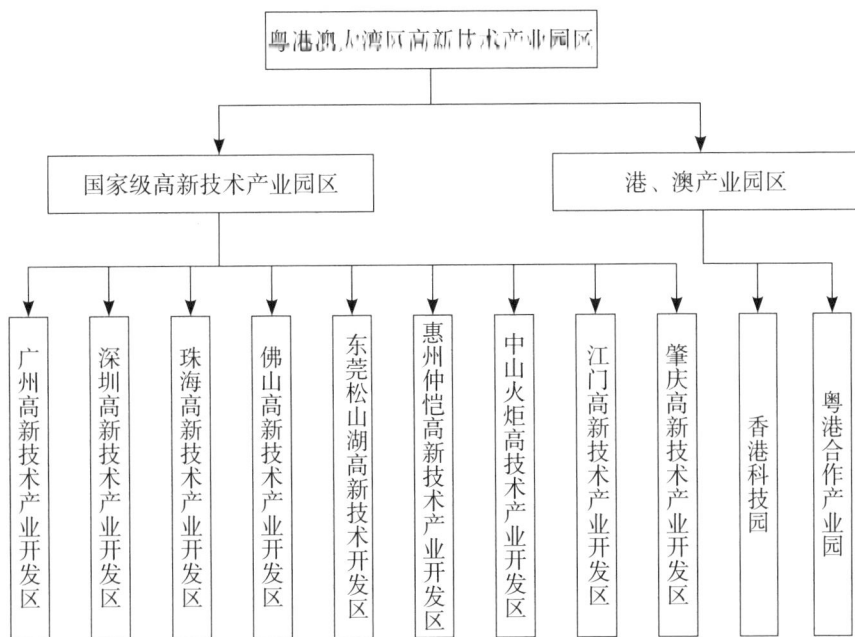

图1　粤港澳大湾区高新技术产业园区构成

近年来，随着国家顶层设计和战略筹划的加强，大湾区高新区承担了国家自主创新示范区、国家创新创业中心、国际技术创新中心等功能，产生出政策的叠加效应、联动效应和乘数效应，正在成为所在城市甚至是全国的创新驱动发展示范区、新兴产业集聚区、转型升级引领区和高质量发展先行区[①]，推动高新技术产业发展迈向新的阶段、园区建设取得新的成效。

（一）大湾区高新区形成以创新为内核的战略定位、以高水平为发展目标、以"一区多园"为园区布局、以生物医药、智能制造和电子信息技术等为主导产业的发展战略部署

自2017年粤港澳大湾区作为国家战略正式提出以来，高新区的发展规划部署也均作了相应调整，更加明确承担打造国际科技创新中心核心承载区和广深港澳科技创新走廊的重要节点的使命。

从战略定位上看，大湾区高新区均提出以创新为内核的定位口号，广州

---

① 《广东省人民政府关于促进高新技术产业开发区高质量发展的意见》（粤府〔2019〕28号），广东省人民政府网站，2019年3月28日，最后访问日期：2020年4月1日。

高新区定位为湾区创新源，深圳高新区定位为广深港澳创新走廊的主要创新节点，香港科技园定位为新世代创科枢纽，其他城市提出创新高地、创新中心等定位，这显然是与高新区主体功能相适应的精神内核，即大湾区高新区以创新为第一动力，创新创造的"基因"也根植于高新技术企业之中。

从发展目标上看，大湾区高新区均面向未来、面向全国甚至是全球，提出打造或建设高新技术产业园区的目标。广州高新区提出打造核心技术和创新型产业新高地目标，深圳高新区提出高水准建设各具特色的高新园区目标，香港科技园提出为香港以至整个区域缔造社会及经济效益目标，粤澳合作产业园提出促进澳门经济多元目标。

从园区布局上看，大湾区高新区均采用"一区多园"布局，对高新技术产业和企业集聚基础好的区域进行规划调整，结合园区发展定位和产业方向，统一划归高新区管辖，施行相应的高新技术产业配套优惠政策。近两年，大湾区高新区有通过扩容策略突破发展空间瓶颈的趋势。2017年，香港科技园成立附属公司港深创新及科技园有限公司，负责运营落马洲河套地区"港深创新及科技园"；2019年，广州高新区将下属的广州科学城园区从37.47平方公里扩容至144.65平方公里；深圳也出台高新区扩区方案，从原来规划面积11.52平方公里，大幅提高到159.48平方公里，扩容近14倍，形成"一区两核多园"布局。通过扩区能够更好地复制高新区管理模式，实现创新资源整合和统筹布局的目的。

从主导产业上看，大湾区高新区均瞄准科技含量高、附加值高、环境效益好的产业进行布局，重点发展生物医药、智能制造、新一代信息技术等战略性产业。从表1各高新区的主导产业中看，生物医药产业几乎成为大湾区高新区共同的选择，广州高新区重点发展现代中药、化学药和医疗器械，深圳侧重发展高端生物医学工程、基因测序和生物信息分析、细胞治疗技术，香港注重生物医药研发及企业孵化，澳门发展中医药产业，共同组成了大湾区生物医药产业链高端环节。

近些年大湾区高新区战略部署体现了适应时代发展和国家战略的要求，有其内在的发展逻辑思路，代表着大湾区未来的产业发展方向，但其中最为关键的是如何落实好这些决策部署，使高新区沿着良性的轨道运行。

表1 粤港澳大湾区高新技术产业园区发展概况

产业园区	战略定位	发展目标	园区布局	主导产业
广州高新区	世界知识城、湾区创新源、国际人才港	打造核心技术和创新型产业新高地	一区多园（广州科学城、天河科技园、黄花岗科技园、民营科技园和南沙资讯科技园）	建设新一代信息技术、人工智能、生物医药三大世界级产业集群
深圳高新区	广深港澳创新走廊的主要创新节点和产业高端化发展的重要基地	高水准建设各具特色的高新园区	一区两核多园。"一区"是深圳湾片区，"两核"是南山园区和坪山园区，"多园"是深圳高新区由多个园区（龙岗园区、宝安园区、龙华园区）组成	电子与信息行业、先进制造行业、新材料行业、生物医药行业、新能源行业等
珠海高新区	粤港澳大湾区创新高地	打造粤港澳大湾区区域创新中心	一区多园（唐家湾主园区，南屏科技工业园、三灶科技工业园、新青科技工业园、富山科技工业园、航空产业园以及横琴高新技术和科研研发园区等多园）	重点发展软件和集成电路、生物医药与医疗器械、智能制造与机器人等"三个百亿"级产业集群
佛山高新区	广东智能制造中心和珠江西岸区域创新中心	争创全国高新区20强	一区五园（禅城园、南海园、顺德园、高明园、三水园）	形成汽车整车及零部件、高端装备制造、光电"三个千亿"与新材料、智能家居、生物医药"三个百亿"等产业集群
东莞高新区	具有全球影响力的先进制造科技创新中心、广深港澳科技创新走廊的核心平台	产城融合、集约紧凑、生态持续的国际创新城区	一园九镇（松山湖与石龙、寮步、大岭山、大朗、石排、茶山、横沥、东坑、企石九个镇）	形成高端电子信息、机器人、生物技术、新能源、现代服务业为主的"4+1"产业体系
惠州高新区	"现代创新型、生态城市型"高新区	建设国家一流高新区	五镇四园。陈江、惠环、沥林、潼侨、潼湖等五个镇（街道）和仲恺高新科技产业园、东江高新科技产业园、惠南高新科技产业园、中国留学人才发展基地等四个园区	以智能终端、新型显示两大产业为主导，以现代服务业为支撑，以北斗、新能源、半导体、人工智能等产业为方向的"2＋1＋X"现代产业体系

（续上表）

产业园区	战略定位	发展目标	园区布局	主导产业
中山高新区	粤港澳大湾区核心区域重要节点	争创全国领先高新区	一区多园（九大国家级产业基地、中德工业园、中阳、中潮产业转移园）	重点扶持先进装备制造、健康科技、光电信息产业
江门高新区	粤港澳大湾区有代表性和影响力的科创高地	创新型经济主导的高水平高新区	一区多园（摩尔电子科技产业园、高新产业新城等）	重点发展高端机电装备制造、新材料、新一代电子信息、大健康产业
肇庆高新区	大湾区一体化发展的"桥头堡"、工业经济的主战场、创新驱动发展的主引擎	创新引领、集聚集约、国内一流的国家级高新区	一核六区十字拓展（中心服务区，产学研配套匡、电予信息产业区、生物医药产业直、金属新材料产业区、先进装备制造产业区及物流综保区）	形成了新能源汽车、先进装备制造、生物医药食品等产业集聚
香港科技园	将香港打造成为新世代创科枢纽	营造富有活力的创新及科技生态圈，为香港以至整个区域缔造社会及经济效益	科学园（沙田）、创新中心（九龙塘）、工业村（大埔、将军澳、元朗）、落马洲河套港深创新及科技园	重点发展生物医药、电子、绿色科技、资讯及通讯科技以及物料与精密工程五大领域
粤澳合作产业园	粤澳深度合作示范	促进澳门经济适度多元发展	粤澳合作中医药科技产业园、澳门产学研一体化国际研究院等	高新技术、医疗健康

注：根据各地规划文件、政府网站、媒体报道，以及相关研究报告整理。

（二）大湾区高新区综合实力显著增强，产业规模与竞争力全面增长，总体在国家高新区排名中稳中有升

在战略决策部署的指引下，大湾区高新区发展取得明显成效。从表2看，2018年，大湾区内地城市高新区工业总产值接近3.1万亿元，同比增长35%[①]；出口总额7721.9亿元，同比增长18.2%；营业收入达4.1万亿，同比增长36.9%；大湾区高新区内的高新技术企业数超过万家，同比增长34.9%；从业人员超过265

---

① 未考虑价格因素。

万人。根据2019年科技部火炬中心公布国家高新区综合评价结果①，在全国169个国家高新区中，深圳高新区稳居第二位，广州高新区位列前十位，珠海高新区创历史新高，上升至第22位，东莞、佛山高新区也均进入全国30强。广州高新区所属的科学城园区引进超过130家世界500强企业落户，深圳高新区以不足深圳市0.6%的占地面积创造了地区生产总值的11%。可以说，大湾区高新区已经形成以广州高新区、深圳高新区、香港科技园为龙头，以珠海高新区、东莞松山湖、佛山高新区为第二梯队的发展格局。

表2　2018年粤港澳大湾区高新技术产业园区发展概况

产业园区	高新技术企业数（家）	年末从业人员（万人）	工业总产值（亿元）	出口总额（亿元）	营业收入（亿元）
广州高新区	3544	67.0	6880.8	1163.9	10540.8
深圳高新区	2291	76.2	8226.0	1530.1	13155.6
珠海高新区	878	24.3	2132.2	767.0	2772.9
佛山高新区	1508	35.2	3965.3	546.6	4287.2
东莞高新区	298	10.8	4269.1	1446.8	4574.8
惠州高新区	355	19.3	2417.5	1239.7	2439.1
中山高新区	430	15.2	1471.3	653.6	1626.2
江门高新区	375	10.5	1032.4	314.9	1046.5
肇庆高新区	125	5.5	514.6	59.4	522.9
香港科技园	810*	1.3	–	–	1210#

数据来源：内地城市数据来源于《中国火炬统计年鉴2019》，香港科技园数据来自其官方网站。

注：*为科技公司，#为2017年数据，单位为亿港元。

---

① 科技部火炬中心从知识创造和技术创新能力（30%）、产业升级与结构优化能力（30%）、国际化和参与全球竞争能力（20%）、高新区可持续发展能力（20%）四个层面进行综合评价。

（三）大湾区高新区创新要素资源不断集聚、创新投入不断加大、创新产出能力不断提升、创新的国际化水平不断加速，已经成为大湾区开展创新创业的主平台、创新驱动发展的主引擎、参与全球创新竞争的主阵地

2018年大湾区高新区企业R&D活动与科技活动情况和创新相关指标排名如表3和表4所示，从中可以发现：

一是在创新资源集聚方面，大湾区高新区聚合了高素质创新人才和具有活力的创新企业。2018年，R&D人员总量达到47.3万人，R&D人员全时当量超过31.5万人年，从业人员中大专以上人员所占比重超过50%，广州高新区当年新注册企业数接近两万家，位居全国高新区第四位。

二是在创新投入方面，大湾区高新区投入规模和强度明显加大。2018年，内地高新区科技活动经费内部支出合计达1982.3亿元，企业R&D经费内部支出1532.4亿元（见表3），超过全国（7455.7亿元）的五分之一。深圳和广州高新区吸引创新机构对企业的风险投资总额分别为71.5亿元和52.9亿元，位居全国第三和第五位；东莞高新区企业开展产学研合作研发费用支出为123.4亿元，高居全国第二位。

三是在创新产出方面，大湾区高新区明显高出全国平均水平。2018年，深圳高新区的创新能力表现优异，在"PCT国际专利申请量""企业100亿元增加值拥有知识产权数量和各类标准数量""内资控股企业万人拥有欧美日专利授权数量及境外注册商标数量"三个指标上均居全国首位，且远远超过其他高新区。广州高新区在指标"企业当年完成的技术合同交易额"和专利指标上也表现较好。

四是在创新的国际化方面，大湾区高新区创新竞争力在明显增强。具有国际背景的人才规模正在大幅增加，2018年，大湾区内地城市高新区留学归国人员为16138人，同比增长33.7%，其中深圳高新区达10677人，所占比重达66.2%，位居全国高新区第3位；外籍常驻人员为7463人，同比增长13.1%。高新区企业与境外联合开展创新活动正不断增加，如在指标"企业委托境外开展研发活动费用支出"上，东莞松山湖数据为15.04亿元，位居全国第二位，广州和深圳也均居前十（见表4）。2018年以来，内地与港澳创新交流和科技合作不断增强，其中广州高新区和香港科技园就合作研发、新药临床试验等事项达成一致意见，深圳和香港共建落马洲河套港深创新及科技园，珠海横琴和澳门共建

中医药科技产业园。大湾区高新区通过整合全球创新资源和内外合作，不断提升参与全球创新竞争的能力。

表3　2018年大湾区各高新区企业R&D活动与科技活动情况

产业园区	大专以上人员所占比重（%）	R&D人员（人）	R&D人员全时当量（人年）	科技活动经费内部支出（亿元）	R&D经费内部支出（亿元）
广州高新区	59.8	122889	77872	453.6	314.1
深圳高新区	70.1	189270	139979	1021.7	834.5
珠海高新区	33.7	47788	30527	128.2	114.2
佛山高新区	34.3	42427	24960	114.0	77.2
东莞高新区	42.8	15728	12808	109.6	94.7
惠州高新区	31.8	19987	13998	69.9	46.0
中山高新区	26.9	11162	6516	33.5	20.9
江门高新区	27.8	11280	6353	34.1	21.6
肇庆高新区	25.2	4528	2267	17.6	9.2
香港科技园	–	8700	–	–	–

数据来源：内地城市数据来源于《中国火炬统计年鉴2019》，香港科技园数据来自其官方网站。

表4　2018年大湾区高新区在全国高新区中的指标排名

一级指标	分项指标	高新区（排名，实数）
创新要素资源集聚水平	当年新注册企业数超过万家的高新区（家）	广州（第4，19192）
	科技企业孵化器及加速器内企业数（家）	广州（第4，3803），东莞（第15，1523）
	上市企业数（家）	深圳（第2，100），广州（第4，42）
	企业从业人员平均薪酬（万元/年）	东莞（第4，20.8），深圳（第6，20.3）

（续上表）

一级指标	分项指标	高新区（排名，实数）
	企业单位增加值中劳动者报酬比重（%）	深圳（第2，48.6），广州（第5，43.4）
	高新技术产业营业收入占营业收入的比重（%）	深圳（第1，82.7），广州（第7，38.5）
创新投入水平	创新机构当年对企业的风险投资总额（亿元）	深圳（第3，71.5）广州（第5，52.9）
	企业开展产学研合作研发费用支出（亿元）	东莞（第2，123.4），广州（第6，29.3），深圳（第7，27），珠海（第13，12）
创新产出水平	PCT国际专利申请量（件）	深圳（第1，9220），广州（第4，849），珠海（第5，765），佛山（第21，126）
	企业净利润（亿元）	深圳（第3，1309.4），广州（第6，807.5）
	企业当年完成的技术合同交易额（亿元）	广州（第7，124.6），深圳（第14，74）
	企业100亿元增加值拥有知识产权数量和各类标准数量（件）	深圳（第1，9679），广州（第2，7707）
	内资控股企业万人拥有欧美日专利授权数量及境外注册商标数量（件）	深圳（第1，869.5），广州（第7，63.9）
	10家世界一流高科技园区劳动生产率（万元/人）	深圳（第5，41.8），广州（第10，31.9）
创新的国际化水平	留学归国人员数（人）	深圳（第3，10677），广州（第11，3114），佛山（第19，1038）
	从业人员中海外留学人员和外籍常驻员工所占比重（%）	深圳（第7，1.72），广州（第10，0.37）
	企业委托境外开展研发活动费用支出（亿元）	东莞（第2，15.04），广州（第9，3.12），深圳（第10，3.08），惠州（第19，1.14）

数据来源：科技部火炬中心：《国家高新区创新能力评价报告（2019）》，科学技术文献出版社，2019。

注：国家高新区未包括香港科技园和粤澳产业合作园。

二．大湾区高新区发展存在的主要问题

近年来，大湾区高新区制定和实施了与国家战略相适应的发展策略，推动园区经济高质量发展和创新能力提升取得了显著成效，但高新区治理体系和治理能力水平、产业转型升级与协同发展程度、自主创新能力方面存在进一步提升的空间。

（一）大湾区高新区治理体系和治理能力亟须进一步改善

高新区治理体系和治理能力问题是推进国家治理体系和治理能力现代化的重要组成部分，是当下制约高新区高质量发展的关键瓶颈之一[1]。高新区治理体系和治理能力主要包括高新区经济社会等领域的法制体制机制，以及利用这些制度体系管理高新区事务的能力，如园区规划、园区运营、园区控制的管理能力[2]。广州高新区采用"区政合一"的管理体制，虽获得行政权力大和效率高的优势，但园区事务也易受公共社会事务管理影响，同时对辖区外的园区无法施行同等的机制与政策。深圳高新区采用"领导小组—高新办—服务中心"的三级管理体制，但这种开放式管理模式面临协调难度大、易于陷入孤军奋战的困局[3]。香港科技园是香港特区政府设立的法定机构，采用政府投资、公助民营、市场化运作的园区营运模式，但这种模式对创新创业必备的政策激励机制可能会较弱。粤澳合作产业园是根据《粤澳合作框架协议》由澳珠两地政府共建的产业园区，具有两地共管、双重政策支持的独特管理模式。此外，珠海高新区采用部分授权（具有规划建设、土地、财政和人事等权限），佛山高新区采用"管委会+分区管委会"管理模式（存在管理层级多，整体协调难度大的问题），肇庆高新区拥有一级地方政府的管理权限（拥有市级经济管理权限和社会管理职能）。可见，大湾区高新区存在治理体系多元复杂、治理能力高低不一的特点，如何进一步建立现代化的治理体系和提升治理能力是迫切需要解决的问题。

---

[1] 王频、刘会武、孙红军、仇海荣：《国家高新区高质量发展的思考与建议——兼评广西域内国家高新区高质量发展态势》，《科技中国》2019年第4期，第31—36页。

[2] 任浩：《产业园区治理现代化：目标、现状和路径》，同济大学发展研究院网站，最后访问日期，2020年3月1日。

[3] 曾国屏、沙德春等：《关于高新区管理体制的调研和思考——基于深圳高新区的调研考察》，《中国高新区》2012年第10期，第113—117页。

（二）大湾区高新区产业转型升级与协同发展程度需进一步提升

高新技术企业是促进大湾区高新区经济转型升级的领头雁，高新技术产业协同发展已成为推动大湾区高新区高质量发展的重要路径[①]，但当前高新技术企业产业集聚程度和高新区之间产业协同发展程度不高是大湾区高新区发展面临的主要问题。从企业集聚上看，2018年，在"高新技术企业数占区内注册企业数的比重"指标上，广州高新区为13.2%，深圳高新区为23.7%，其他高新区均不足6.5%；在"高新技术企业数占所在城市高新技术企业的比重"的指标上，广州高新区为32.2%，深圳高新区为15.9%，珠海高新区为46.2%，佛山高新区为38.7%，东莞松山湖为5.1%。可见，大湾区高新区高新技术企业集聚程度还有待改善。从产业集聚上看，入驻高新区的企业之间的关联性不高，有些园区缺乏与高新技术企业配套的生产服务性产业，难以形成专业化分工网络，也难以产生对所在区域的产业辐射效应。从产业协同发展上看，大湾区高新区均瞄准新一代信息技术、人工智能、生物医药、智能制造等产业，导致产生产业同构现象（生物医药几乎为各高新区必备选项），同时在市场、资源等方面难免会存在竞争，在招商引资、优惠政策等方面趋同，陷入同质化发展困境。此外，也难以形成合力来有效应对国际科技创新园区的竞争。因此，大湾区高新区要在促进高新技术企业和产业集聚上下工夫，要形成高新区联动协同发展机制和模式。

（三）大湾区高新区自主创新能力有待进一步增强

自主创新能力是大湾区高新区发展的灵魂所在，是决定高新区竞争力强弱的关键内核，但当前自主创新能力不足，尤其是原始创新水平不高仍然是大湾区高新区创新驱动发展的短板之一。首先，从大湾区高新区在全国高新区中创新能力的排名看（见表4），深圳和广州高新区是大湾区高新区创新能力的"头部园区"，其他高新区整体上排名相对靠后；从研发投入上看，深圳高新区科技活动经费内部支出、R&D经费内部支出超过其他高新区总和（见表3），反映出大湾区高新区创新能力和创新投入方面的差距和不平衡。其次，与美国硅谷、韩国大德、日本筑波等发达国家科技园区相比，大湾区高新区在前沿引领技术、关键核心技术、颠覆性技术创新方面表现薄弱，在创新成果转化效率、

---

① 张邦举、单鑫、陈明、王太俊：《推动国家高新区高质量发展路径研究》，《中国高新技术产业导报》2019年7月8日。

人均劳动生产率、高新科技产业竞争力等方面仍存在较大差距。再次，大湾区高新区尚未形成强有力的创新协同能力，突出表现在创新要素资源集聚上存在较为严重的虹吸效应，珠江两岸高新区之间创新联系偏弱，内地高新区与香港科技园的创新合作交流尚处在起步阶段，且没有建立起大湾区高新区创新品牌参与国际竞争。

三、大湾区高新区发展趋势预测及建议

随着创新资源禀赋和国内外创新环境的变化，特别是中美第一阶段经贸协议的签署和新型冠状病毒疫情的全球大流行，大湾区高新区发展将面临机遇与挑战并存的局面，传统的发展思路和路径已难以为继，需要更好地把握未来发展趋势，适时转变园区发展策略，以大湾区国家战略赋予的国际科技创新中心核心区的战略定位，探索新的适合自身要素禀赋特征的发展路径，推动高新区协同创新发展，成为更具国际竞争力的创新高地。

大湾区高新区发展将面临更大的外部挑战。除了面临国内传统市场需求饱和、创新发展动力不足、土地资源环境约束加大的挑战外，大湾区高新区还将面临中美经贸摩擦引致的知识产权争端和全球疫情大爆发下的供应链中断风险的挑战，科技创新活动和国际创新联系将更多地受到来自竞争对手的遏制，高新科技产品的核心基础零部件、关键基础材料都有可能中断，创新人才的国际交往频度会大幅下降。这也将会倒逼大湾区高新区加快自主创新能力提升的步伐，充分发挥港澳基础研发实力、国际化人才等优势，开发和集聚创新发展的内部力量，平缓外部环境的冲击。

大湾区高新区将更加注重创新的软环境培育与对接。在土地和政策效用递减的趋势下，在科研投入力度持续加大的基础上，高新区创新软环境建设将更受重视，精简高效的政府服务管理体制、知识产权保护机制、中小企业创新激励及约束机制、企业家和科技人员创新创业机制将更加完善，产学研结合的创新创业生态体系将进一步确立，持续创新的新机制将有可能打破对传统发展路径的依赖。其次，应大湾区战略下推动国际科技创新中心建设的落实，高新区软环境对接应该会成为促进创新联系的支撑，高新区之间的科研数据流动、创新技术溢出、科研资金池建设、科技成果联合孵化和创新规则标准等将成为软环境对接的主要内容。

大湾区高新区将进入数字化智慧园区发展阶段。以基础研发、数字技术

和应用场景为一体的数字湾区将成为大湾区建设的鲜明特征[①]，大湾区高新区发展也将进入数字化发展阶段，以新基建投资促使数字经济和实体经济不断融合发展，促进高新区经济组织方式、生产方式的深刻变革。在这一阶段，高新区发展将从土地、资金投入更多地转向数据、信息、知识和智慧的利用，并在此高效转化成创新价值；高新技术产业发展也会朝着数字化、网络化和智能化升级，创新活动的各个链条也都会打上数字化烙印，园区服务也将向虚拟空间延伸。

针对大湾区高新区发展存在的问题以及未来发展趋势，提出如下政策建议：

第一，推动大湾区高新区治理体系和治理能力现代化。组建大湾区高新区发展委员会，由其重点协调内地高新区与港澳科技园区的发展规划，建立高新技术产业合作创新的协调机制，以打破分散的、各自为政的产业规划和政策，避免重复建设和产业同构，形成创新分工协作的合力。在高新区治理层面，加强法制、体制和机制的有机结合，加强政策先行先试和制度创新。法制上要保证有关制度政策的权威性和可执行性；体制上要合理调整地方政府与高新区的经济事权和社会事权的权限，优化园区营商环境，创新园区运营管理模式；机制上要最大限度地发挥市场作用，在企业招商引资、人才引进、科研合作、成果转化等方面建立市场化运作机制。

第二，推进大湾区高新区产业高质量发展。首先，优化大湾区高新区的功能定位，在满足大湾区战略、创新驱动发展战略等国家重大需求的基础上，按照打造大湾区国际科技创新中心核心区的主定位优化提升大湾区高新区的产业功能定位，进一步推动高新区产业差异化定位和特色发展。其次，优化高新区高新技术产业分工布局。随着大湾区产业融合的新要求，必须从高新区单独发展转向强调高新区间的产业对接，依据各高新区的比较优势，合理选择高新技术产业间的分工和对接、产业内的分工和对接或产业链的分工和对接的协同发展模式，实现产业功能互补，避免产业雷同。

第三，提升大湾区高新区综合创新能力。首先，以珠三角国家自主创新示范区建设和港澳科技园区建设为基础，把港澳基础研究优势同珠三角产业转化

[①] 杨海深、王茜：《全面构建大湾区数字经济协同发展新路径》，《新经济》2019年第10期，第15—19页。

优势相结合，探索创新创业跨区域合作路径，加快构建以高新技术产业为主导的协同创新体系。其次，集聚创新要素资源。大力支持大湾区高新区企业联合设立技术研发中心和科研实验室，借助港澳国际化优势，大力引进国际人才和企业。再次，加强科研成果的转移转化。聚焦生物制药、新材料、人工智能、微电子等领域，鼓励大湾区高校与高新区联合开展产学研合作，在知识产权保护严格限定下探索创新成果共享和风险共担机制。

09

大湾区科技金融协同发展的现状、问题与策略

刘佳宁*

摘　要： 加强金融科技载体建设，促进粤港澳三地科技金融创新协同发展意义重大。粤港澳三地需要以科技金融为突破点，打通要素流动通道，优化人才、技术、资本等资源的配置，更好地发挥协同效应，实现竞合发展。对标粤港澳大湾区定位及使命，三地科技金融协同发展尚有不少需要加强的领域。如金融事权集中在中央，科技、金融、产业融合发展要素和载体对接不畅，区域科技协同创新没有形成合力，金融+创新+广东制造的合作模式未能深度形成，科技金融人才缺乏等。未来，需要大力推动资源流通，在新形势下强化金融辐射的战略支点；加强创新合作，培育引领产业发展的战略引擎；推动制度创新，形成科技金融合作的新格局。

关键词： 粤港澳大湾区　科技金融　协同发展

　　建设粤港澳大湾区，实现协同发展尤为关键。十九大报告指出，实施创新驱动发展战略是"大势所趋"。中国正处于经济结构调整加速期、产业转型攻坚期、科技创新活跃期，金融业理应在创新驱动发展战略中发挥更加重要的作用。在建设粤港澳大湾区的历史进程中，科技金融被赋予全新的使命。《粤港澳大湾区发展规划纲要》指出"支持深圳开展科技金融试点，加强金融科技载体建设，促进粤港澳三地科技金融创新协同发展，打造粤港澳大湾区国际科技创新中心"。港澳三地如何以科技金融为突破点，打通要素流动通道，优化人才、技术、资本等资源的配置，更好地发挥协同效应，实现竞合发展。

---

　　*　刘佳宁，经济学博士，广东省社会科学院财政金融所副所长、研究员。

一、大湾区科技金融协同发展的现实基础

金融是推动实体经济发展和提高资源配置效率的主要动力之一。实现大湾区科技金融协同发展，需要有扎实的金融业基础和持续的科技创新作为基本保障。

（一）具备实力雄厚的金融发展基础

大湾区内的香港、深圳和广州金融业发展优势明显，拥有港交所和深交所两大证券交易所，众多的银行、保险、证券、风投基金机构集聚湾区[1]。澳门坚持以特色金融作为发展目标，大力发展葡语国家人民币清算、融资租赁、绿色金融等金融专业市场。此外，粤澳在跨境资金流动与跨境人民币业务方面，探索及推出了跨境人民币贷款、跨境双向发债、跨境双向资金池、跨境双向股权投资和跨境资产转让等多项机制或业务。

大湾区金融市场的资金环流明显提速。2019年，广东金融业增加值占全省GDP比重达8.2%，对GDP增长贡献率达11.9%。同比增长9.3%。截至2019年12月30日，广东全省本外币存款余额、贷款余额分别为23.2万亿元和16.8万亿元，分别同比增长11.7%、15.7%，增量占全国的1/9。2019年，广东境内上市公司数618家，当年新增30家，其中科创板企业十家。广州、深圳拥有超强的存款、信贷规模以及产业金融综合实力（见表1）。来自港澳的直接投资占流入珠三角九市投资资金的比重超过九成（见表2）。最新发布的第26期全球金融中心指数（GFCI）显示，香港、深圳、广州分别位列全球金融中心第三、九和23位（上海第五、北京第七）。

深港金融合作纵深发展。金融机构互设合作方面，有十余家深圳证券基金期货公司在香港设立子公司；九家香港证券期货经营机构设立驻深代表处，汇丰前海证券、东亚前海证券、恒生前海基金等一批创新型机构相继落户[2]。目前，港资银行已成为深圳辖区外资银行的重要组成部分，无论是资产规模、存贷款余额，还是净利润等指标，深圳辖内港资银行占外资银行的比重已超过70%[3]。在跨境金融业务方面，内地与香港基金互认（MRF）、合格

---

① 徐维军、付志能：《粤港澳大湾区金融财税政策研究》，《华南理工大学学报（社会科学版）》2019年第4期，第21卷，第2页。
② 数据来源：《数字货币试点有望落地深圳》，《深圳商报》2020年1月3日，第A03版。
③ 数据来源：《深港联手上演金融创新"双城记"》，《中华工商时报》2017年6月28日，第2版。

境外机构投资者（QFII）、外商投资股权投资企业（QFLP）、合格境内机构投资者（QDII）、合格境内投资者境外投资（QDIE）、合格境内有限合伙人（QDLP）陆续试点或推出，丰富了境内外投资者的投资产品类别和投资渠道。其中"深港通""基金互认"等机制顺利实施，前海跨境人民币贷款、跨境人民币债券双向发行、跨境双向人民币资金池、跨境资产转让、跨境双向股权投资等规模逐步扩大，先行先试初见成效，发挥了良好的示范作用。粤澳也成立了粤澳合作发展基金，作为推动粤港澳大湾区科技金融与产业融合合作、粤澳两地跨境人民币业务发展的重要平台。

表1　2019年香港、澳门、深圳和广州主要金融数据对比

金融数据 ＼ 城市	香港	澳门	深圳	广州
金融业增加值（亿元）	4773	247	3668	2042
银行存款总额（万亿元）	12.34	0.90	8.39	5.91
银行贷款总额（万亿元）	9.30	0.85	5.95	4.71
保费收入（亿元）	3914	169	1384	1425
保险法人机构数量（家）	162	25	27	—
上市公司总市值（万亿元）	29.30	—	7.05	2.70

数据来源：香港特区金融管理局官网、香港特区政府统计处官网、澳门特区金融管理局官网、《2019年深圳市金融业运行情况》、《2019年12月广州金融发展情况》。表中已将香港和澳门的数据按2019年12月31日汇率换算成人民币。

表2　三地外商直接投资流入资金情况

单位：十亿美元

地区 ＼ 年份	2016	2017	2018	2019
香港	117.00	110.76	105.00	105.00
澳门	1.68	0.39	3.00	3.00
广东	23.35	22.91	20.80	21.82
合计	142.03	134.06	128.80	129.82

数据来源：香港特别行政区政府统计处官网、澳门统计暨普查局、广东省统计信息网。表中已将香港和澳门的数据按2019年12月31日汇率换算成美元。

（二）创新引领经济体系正加快形成

大湾区经济发展水平全国领先，产业体系完备，创新驱动加速，集群优势明显，经济互补性强。广深近年来在科研及产业创新方面领域发展速度迅猛，培育出众多国家级的高新技术企业，也有大量产业范畴多样的中小型高科技公司。通过湾区城市金融合作，港澳可以吸收珠三角科技企业的活力及技术，而珠三角企业则可借助香港成熟的金融平台做大做强，参与国际竞争。

一是创新要素吸引力强。粤港澳三地科技研发、转化能力突出，拥有一批在全国乃至全球具有重要影响力的高校、科研院所、高新技术企业和国家大科学工程，创新要素吸引力强，具备建设国际科技创新中心的良好基础。深圳—中国香港（中国）是全球五大创新集群之一，其他四个分别是东京—横滨（日本）、首尔（韩国）、北京（中国）、圣何塞—旧金山（美国）。从科技产出上来看，目前大湾区在发明专利的产出数量上相比占有明显优势。2019年广东投资工业技改和工业投资分别增长了12.9%和6.3%；广东研发投入总量已超2800亿元人民币，占GDP比重预计达2.8%；广东有效发明专利量、PCT国际专利申请量稳居全国首位[1]。

二是科技创新产业体系具有较强互补性。香港、澳门拥有发达的服务业。珠三角内广州、佛山、珠海、中山等西岸城市的家用电器、电子信息、装备制造业以及相关技术服务、科研支撑等具有坚实的基础，高等学校和科研机构为主的科学研究和技术服务业优势明显。深圳、惠州、东莞为代表的东岸城市的战略性新兴产业、通信、互联网以及电子设备制造业相对发达[2]。其中，深圳的先进制造业增加值占规模以上工业增加值比重超过70%，3D打印设备等工业新产品产量以超过100%的速度增长，新经济增加值同比增长8.0%，占地区生产总值比重达25.3%。广州的先进制造业占工业总产值比重达到58.4%，国家高新技术企业数量连续三年实现年均增速约为89%的快速增长[3]。

三是科技服务支撑能力强。大湾区在知识产权及相关法律服务、科技成果转化服务、创新创业服务、信息服务和治理服务等方面推动科技企业快速发展。在高等院校与人才培养方面，大湾区无论是高等院校还是人才培养资源都

---

① 数据来源：《广东省统计年鉴2020》。

② 陈非、蒲惠荧、陈阁芝：《粤港澳大湾区科技金融创新协同发展路径分析》，《城市观察》2019年第4期，第53页。

③ 数据来源：《广东省统计年鉴2020》。

具备较好的基础和支撑能力，高校数占内地与港澳总和的比重达29.0%，其中香港有4所高校排名亚洲前十，广东省的985高校和211高校占全国比重分别为5.1%和3.6%。[①]在金融科技领域，深圳市地方金融监管局与香港金管局较早签署了合作备忘录，联合开展金融创新奖和金融科技专项奖评选活动，联合组织举办"中国·深圳FinTech（金融科技）全球峰会""香港金融科技周深圳日""金融科技香港青年暑期实习团"等系列活动，2019年3月又率先启动"深港澳金融科技师专才计划"，为大湾区金融科技的创新发展奠定了坚实基础。

（三）科技金融协同态势初步形成

广东省不断探索科技金融的发展模式，不断丰富科技金融产品与优化科技金融服务结构，基本建立了适应不同生命周期的科技型企业融资需求体系，为加快建设大湾区国际科技创新中心与科技金融协同发展打下了扎实的基础。

一是科技金融协同服务体系基本建成。金融机构主要针对科技型中小企业经营特征、风险状况、融资需求的不同特点，开发科技金融产品，做新做特科技贷款产品，满足企业差异化金融服务需求。商业银行积极为科技型企业量身定做科技金融产品和复合信贷产品，如建设银行推出"科技智慧贷""科技助保贷""科技信用贷"，工商银行创新推出科技企业专属"e科贷"系列产品以满足科技企业的周期融资需求，同时提供更加便捷、灵活的债权融资产品。政府通过直接投资、参股成立新基金投资、跟进投资等多种模式参与创投及科技创新。如深圳在2019年建立了首期50亿元的天使投资引导基金、千亿规模的市政府投资引导基金，通过市场化、专业化运作，引导社会资本投向天使类项目、战略性新兴产业等重点领域；广州在2015年设立了全国规模最大的科技型中小企业信贷风险补偿资金池，广州市科技计划立项的企业可以全部纳入风险补偿资金池备案企业库，目前该企业库企业数量已超过13000家。

二是科技+金融双轮驱动态势良好。大湾区着力促进创新资源集聚，打造以湾区为基础、辐射东南亚的创新资本体系。香港是亚洲第二大私募基金投资中心，其资金约占亚洲私募基金投资15%的份额，在国际VC/PE投资领域优势明显。澳门与珠海在债券市场、融资租赁、财富管理等业务领域特色较为明显。珠海近年来加快股权、创业投资产业的集聚发展，成为全省的三大私募基金集聚地之一。深交所及广东金融高新区股权交易中心、广州股权交易中心、

---

① 资料来源：前瞻网，最后访问日期：2020年2月20日。

前海股权交易中心等平台为科技型企业提供各种投融资服务。广东自贸区及落马洲河套地区已成为科技金融创新平台。深圳拥有创新驱动的先发优势，形成了科技+金融双轮驱动的新起点，目前已涌现出一批估值在10亿美元以上的"独角兽"初创公司①。目前深交所拥有创新平台跨境服务项目476个，项目来源覆盖39个国家，有力支持科技成果转化和技术跨境合作，促进了中国与"一带一路"沿线国家的产融对接。

三是协同发展制度、政策体系不断改善。近年来，广东出台了关于科技贷款、科技保险、创业投资等方面的一揽子科技金融支持政策，有效地改善了科技金融协同发展环境。一方面，湾区的科技金融协同服务体制及合作平台进一步完善。广东省在珠海横琴建设"粤澳跨境金融合作示范区"，以此提高珠澳金融合作层级。《珠澳金融合作备忘录》以及在珠澳合作会议会商机制下成立的金融合作工作小组也代表了珠澳特色金融合作正式启动。二是湾区各城市纷纷制定相应支持政策和配套措施。如《广州市鼓励创业投资促进创新创业发展的若干政策规定》，提出支持创新创业投资的8条政策，其中4条为全国首创。深圳市的《关于强化中小微企业金融服务的若干措施》，提出设立30亿元规模的政策性融资担保基金，首期20亿元的风险补偿资金池，建立战兴产业中小企业政银担合作贴息、贴担保费，信贷风险分担机制等八条措施"输血"中小微企业。2018年12月，《深圳市促进创业投资行业发展的若干措施》印发实施，着力构建促进创业投资发展的良好环境。横琴近年来加大力度建设自主创新和科技转化能力强的生态型高新技术产业基地，并为符合条件的高新技术产业提供政策支持，推出了《横琴新区促进科技创新若干措施（暂行）》《横琴新区推动高新技术企业树标提质扶持办法（暂行）》等专项扶持办法。

二、大湾区科技金融协同发展的障碍与主要问题

粤港澳三地无论是体制、制度、法律体系还是发展理念都有很大不同，对标湾区定位以及担当，三地科技金融协同发展尚有不少需要加强的领域。如金融事权集中在中央，科技、金融、产业融合发展要素和载体如何对接，区域科技协同创新如何形成合力，金融+创新+广东制造的合作模式未能深度形成，科

---

① 如华星光电、证大速贷、房多多、柔宇科技、随手记、菜鸟网络、分期乐、五洲会等15家总估值超过400亿美元的初创企业。

技金融人才缺乏等。为此，需要进一步加大科技金融协同合作力度，发挥大湾区的战略窗口作用。

（一）体制制度的差异

科技、金融、经济与国际交流合作的体制政策上存在较大的差异，给大湾区科技金融的协同发展与金融市场的互联互通带来很大的挑战。一方面，大湾区内部制度体系与法律法规不同。香港的金融法律源自"海洋法系"，中国内地则属"大陆法系"，跨境金融活动的法律适用范围和依据都有所不同。特别是三地的税收政策、资金流通制度、对外经济政策、金融体制等方面有实质性差别，对于三地常态化沟通协作机制，以及推动跨区域科技金融合作有一定影响。另一方面，粤港澳三地科技金融协同发展、深度合作，有必要解决金融产品跨境运行和跨境监管等问题。目前，三地跨境的金融基础设施和沟通机制还有很大空间，跨境业务监管协作和信息共享需要进一步完善，否则不利于三地金融合作，也不利于跨境金融风险集中防控。

（二）市场环境规则的差异化

湾区市场互联互通水平亟待提升，生产要素高效便捷流动机制尚未形成。一是珠三角的市场环境与法治化市场环境仍有差距，导致信息交流、金融人才和资金供需存在流动障碍。香港奉行自由市场经济，法制健全透明公开，信息自由流通，对外资持有股权并无限制，资本、人才、货物、信息均自由流通。二是珠三角现代市场体系建设相对滞后。世界级大湾区充分发挥市场机制配置资源的决定作用，政府主要充当市场环境的创造者和培训者角色，鼓励要素自由流动，减少市场干预，市场化程度高，形成开放的经济结构、高效的资源配置能力，催生出强大的产业集聚效应。与世界级湾区相比，粤港澳大湾区还未形成统一、开放、竞争、有序的现代市场体系，市场一体化水平还有待提升。三是大湾区城市间的产业互补优势未能完全释放，科技金融合作在融资安排、业务创新、资源共享等方面的合作还不够深入。

（三）要素资源分布不均匀

粤港澳三地尚未实现差异化、互补性发展，内部发展差距依然较大，各城市之间金融资源存在同质化竞争，可能导致金融合作过程中整体效率损失，协同性、包容性亟待加强。一方面，湾区城市经济发展差异显著。香港和澳门人均GDP已处于发达国家的水平，广深的经济总量、产业、金融资源在大湾区中占有绝对优势，佛山和东莞也紧跟其后，制造业优势明显。另一方面，科技创新差异巨大。广州和深圳是湾区的技术创新中心，创新资源丰富、产业基础雄厚，科技创新能力、吸引资本能力、辐射能力最强，可为大湾区的科技、金融、产业深度融合提供强有力的支撑。佛山、东莞、珠海、中山等城市虽然制造业优势明显，但是科技创新能力处于第二梯队；惠州、江门、肇庆目前无论是产业发展实力还是科技创新、金融发展方面的基础都较薄弱。

（四）科技金融协同发展要素流通共享渠道有待拓宽

建立长效的创新资源流通共享机制是实现大湾区内部互通互补的关键。当前，湾区城市之间在跨境金融及科技创新协同合作方面已经有所突破，但是科技创新成果、资金、人才要素等流通、共享的途径还亟须完善，程度还有待提高。

一是科技服务与产业对接实际需求不足。当前，大湾区协同发展取得了长足进步，成立了广东省科技金融综合服务中心、广东省科技金融综合信息服务平台，各城市及重点高新区也成立了科技金融分中心，并且构建了知识产权体系、搭建了孵化器和众创空间等平台，但与全球其他湾区对比，大湾区的服务链仍需加强建设水平和提高服务质量，不能仅仅停留在搭建好平台的层面上，要落实到企业需求上。

二是港澳创新金融资源与珠三角对接不足。科技金融创新方面，香港教育资源和人才资源与湾区城市之间互动有所不足，对湾区的科技创新企业支撑作用有待提升。在科技产业上，湾区虽然已初步形成规模较为庞大的产业体系，但与全球湾区经济体量存在差距，产业结构有待进一步优化，头部企业规模有待突破，发明专利质量不足。在科技金融资金链上，对比旧金山湾区发现，大湾区的科技信贷受分业经营限制，在风险投资体制机制上的提升空间巨大。

三、科技金融协同发展的若干建议

推动大湾区科技金融协作发展是我国金融开放创新先行先试的重要载体，更能充分发挥金融创新的引领作用，增强产业转型升级的新动力。大湾区科技金融协同发展，离不开科技创新与金融市场的深度对接。当实现科技创新要素互通、科技金融市场对接、金融产品互认后，能促进粤港澳三地优势互补，增强大湾区的金融集聚力。但上述要素的流动，需要打通粤港澳三地的金融市场，提升金融要素的运转效率和效能。大湾区科技金融协同发展既包括了重要的国内金融重镇，也涵盖了开放性的国际金融市场，是目前内外融合最密切的区域，以科技金融探索实验推广开放政策，放则可以快速取得成效，收则可以有效降低政策影响，具备较强的战略缓冲。在推动科技金融协同发展的过程中：

一是推动资源流通，在新形势下强化金融辐射的战略支点。按照先易后难的原则，加快湾区金融市场深度互联，规则对接，基础设施互通，创新、金融人才互动，提高区域金融市场和科技创新的兼容性。在深化科技金融协同发展过程中，打造人民币国际化的桥头堡，不断强化金融辐射的战略支点。

二是加强创新合作，培育引领产业发展的战略引擎。重点考虑各地经济发展水平差异，优化金融、产业、科技研发布局，实现湾区现代金融的良性互动和协调发展。大力发展创业资本、风险投资以及中小板和创业板等在内的创新金融。

三是推动制度创新，形成科技金融合作的新格局。粤港澳大湾区是国家层级的发展战略，是全球经济一体化的节点，要在"一个国家、两种制度、三个独立关税区"的特定经济环境下，以市场化运作为路径，加快制度创新和先行先试，进一步提升湾区营商环境的国际化水平。将香港、广州、深圳作为大湾区科技金融资源集聚的核心区和金融创新发展的重要平台，打造粤港澳区域深度合作体制机制创新示范区，进而触发两种制度互补的"化学反应"。以制度创新实现湾区内外资源的整合和利用，形成推动湾区金融发展的合力，进一步加强湾区金融监管与金融信息数据的共享机制与金融风险管控机制建设。

具体而言，大湾区科技金融协同发展的路径如下：

第一，打造协同发展平台。广州将着力打造建设以银行、保险及财富管理为重点的区域性金融中心城市，进一步提升金融市场的资源配置和辐射能力，在科技金融协同发展过程中以信贷市场的迅速发展为主，加快产业资本和金融资本的融合，并承担湾区科技金融创新的顶层设计、政策建议与区域协调监管职能；深圳侧重于建设以多层次资本市场、创业投资为特色的区域性金融中心城市，在科技金融协同发展过程中进一步强化资本市场和金融创新的优势[1]；

---

① 谢家泉、许均平：《广深两地金融业错位发展及竞争力评价研究》，《武汉金融》2013年第8期，第32页。

香港发挥资金链、服务链和创新链的优势，建设国际合作创新极。澳门可在发展特色金融业的基础上，结合其产业结构，发展特色科技金融，打造湾区的特色科技金融平台。自贸区、广深科创走廊、东莞、佛山、珠海、中山、惠州等为科技金融协同发展提供专业性、创新性、国际性金融服务，以及金融后台、股权投资、金融服务外包等配套支撑，释放科技创新的产业效果。

积极打造科技金融合作载体，充分发挥国家级新区、国家自主创新示范区的创新要素集聚作用，推动港澳金融创新资源与珠三角的省级高新区、民营科技园、专业镇对接，打造科技金融合作试点，形成珠三角科技金融网络体系，最终覆盖整个区域的科技型企业的发展。

第二，打造科技、金融与产业融合发展的协同模式。科技金融协同发展应立足于服务产业转型升级，增强区域科技创新水平与产业发展的核心竞争力。

围绕产业链打造金融链。珠三角打造广深现代服务业产业带、珠江口东岸高新技术产业带和珠江口西岸先进装备制造业产业带，这三大产业带是珠三角经济的基本支撑和产业的核心布局。结合广深现代服务业产业带物流、会展、信息服务、专业服务、文化创意等现代服务业的发展，加快金融创新力度，为湾区科技金融协同发展探索具有创新性的模式。以珠海、佛山、江门、肇庆为重点，围绕珠江口西岸先进装备制造业产业带的构建和形成，重点推进产业资本与金融资本的融合，大力发展融资租赁等金融业与制造业融合的新业态。以东莞、惠州为重点，围绕珠江口东岸高新技术产业带的迅速发展，逐步健全金融体系，构建风险投资、担保基金、地方性金融机构、股票以及债券市场在内的多层次融资平台。

以发展战略性新兴产业为突破口，进一步深化科技金融的产业支撑力。围绕产业调整振兴与转型升级，进一步加快与实体产业的融合对接，发挥市场化金融工具的价值发现和资源调配功能，促进资金、资本向优势产业、新兴产业、总部经济集聚，加大对企业自主创业和品牌建设能力的投入，努力探索适合现代产业特点的金融产品和服务方式，切实提高企业在全球化产业分工中的地位，增强核心竞争力，为大湾区构建以高新技术产业为主导、服务经济为引领、先进制造业为支撑为基础的现代产业体系提供全方位、强有力的金融支持。大力推进新材料、新装备、新一代信息技术、新能源等重点产业发展，持续加大对产业龙头骨干企业和创新性企业的金融支持力度。对战略新兴产业实施政策倾斜，制定差别化的产业信贷政策；提升现代服务业支撑保障能力。培育金融业新业态，以完善创新担保方式为突破口，充分利用各类信用增级、融资担保等市场中介服务组织的发展，探索适合现代服务业自身发展特点的信贷产品和服务方式。

第三，建立推动要素自由流动的科技金融服务体系。拓展多层次投融资合作渠道。积极打通三地直接融资与间接资金流动渠道，探索构建科技创新型金融产品体系，完善科技金融服务体系，建立匹配满足科创企业全生命周围的资金、要素需求的融资体系。以服务湾区实体经济发展为出发点和落脚点，探索建立政府引导资金和与社会资本共同支持种子期、初创期企业成长的联动机制和风险分担机制，确保政府资金有效引导创业投资机构向初创期企业投资。鼓励港澳企业在大湾区设立创投机构，鼓励社会资本设立科技孵化基金，推动设立大湾区科研成果转化母基金，引导风险投资和天使投资投向种子期、初创期的科技企业，建立天使投资风险补偿制度。

支持港澳私募基金参与大湾区创新型科技企业融资，鼓励符合条件的创新型科技企业进入香港资本市场IPO上市融资。探索大湾区创新基金与港澳创新基金双向募集、双向投资、双向流动的新模式。[①]推动国家中小企业发展基金、中国互联网投资基金等在港设立子基金，探索成立国家级香港创新基金，撬动更多社会资本加入，优化湾区科技和人才环境，为初创型企业提供更好的资金支持。以区域商务合作为中心、以科技金融为驱动，鼓励互联网银行、移动支付平台等金融新业态在移动支付、金融安全、跨境人民币业务应用等方面加快探索、试点互认，促进湾区金融市场互联互通，打造具有更强国际影响力的科技驱动型金融产业链。

第四，构建一体化的保障机制。一是推动粤港澳金融要素互联互通。《粤港澳大湾区发展规划纲要》强调要"充分发挥香港、澳门、深圳、广州等资本市场和金融服务功能，合作构建多元化、国际化、跨区域的科技创新投融资体系"。借鉴其他湾区及欧盟经验，探索赋予三地金融、科技相关管理部门一定权限，允许科技金融管理资金在一定额度内跨境自由流动，核准金融机构在大湾区开展跨境科技金融业务创新。引导支持成立粤港澳绿色金融联盟、深港澳金融科技联盟、深港澳天使投资人联盟等组织，并逐步扩大其国际影响力；推

---

① 广东省委、省政府印发《关于贯彻落实粤港澳大湾区发展规划纲要的实施意见》。

动建立大湾区金融业常态化协调工作机制，全方位深化在金融市场、机构、人才、法律等领域的合作，推动率先构建具有中国特色、符合国际惯例的科技金融运行规则和制度体系。

二是打造高水平科技创新资源合作共享。推进国家自主创新示范区与国家双创示范基地、众创空间建设。加快建设大湾区重大科技基础设施、前沿学科以及交叉研究平台，推进香港、澳门国家重点实验室伙伴实验室建设，将粤港澳大湾区打造成为国家自主创新示范区和国家双创示范基地。[1]与香港共建"港深创新科技园"，通过新建国家级实验室、试验区、工程研究中心，加强深港高等院校产学研联动，既推动科研成果在深港两地产业化，又从基础上夯实增强深圳科技力量。协力推出更多科技金融的专项政策、拓宽金融科技行业的网络，让三地青年分享到革新所带来的互惠。

三是构建统一高效的科技协同创新体制。进一步探索科技创新体制、制度与政策的合作与对接。争取建立"粤港澳大湾区科技金融协同创新联盟"，强化粤港澳相关组织机构的协同合作能力，共建国际科技创新中心和国际化创新平台。

粤港澳大湾区规划
与定位分析
另附相关资讯文章
扫码获取

---

① 陈非、蒲惠荧、陈阁芝：《粤港澳大湾区科技金融创新协同发展路径分析》，《城市观察》2019年第4期，第53页。

10

构建人力资源支持体系，推动大湾区高新技术产业发展

朱翠华*

摘　要： 粤港澳大湾区打造以高新技术产业为支撑的世界级科创中心以及世界级城市群可谓任重道远。其中，加快聚集高新技术发展所需的高技术人才至关重要。从目前的基础来看，大湾区经济实力雄厚，吸引高素质人才基础扎实；科技创新资源优势丰富，创新创业潜力大；人才活动丰富，高层次人才集聚明显；广义基础设施完善，为人才安居乐居提供了良好保障。但也存在人才供不应求，特别是高端人才严重不足，以及湾区内部的人才、医疗、教育不均衡，税收、人才流动及公共服务等不协调等问题。未来需要从引才、育才、留才三个角度构建和完善粤港澳大湾区高新技术发展人力资源支持体系，增强大湾区对人才的吸引力，不断优化人才的成长性和保留性，进而推动粤港澳大湾区高新技术产业发展。

关键词： 粤港澳大湾区　人力资源　高新技术产业

　　粤港澳大湾区由香港、澳门两个特别行政区以及广东省的广州市、深圳市、东莞市、佛山市、珠海市、惠州市、中山市、江门市、肇庆市组成，占地总面积约5.6万平方公里，总人口7000余万人。粤港澳大湾区城市群中以香港、澳门、广州以及深圳四个城市为大湾区经济的发展辐射核心，在国家宏观经济战略中具有重要地位。未来必然以经济发展为根本要求，其中人才的引入是发

---

* 朱翠华，经济学博士，广东财经大学财税学院副教授。

展的基础，技术创新是发展的重要推动。在湾区经济高速发展的重要时期，构建人力资源支持体系，优化人力资源配置，充分利用人力资源推动经济发展引擎——高新技术及其产业加速运转，是湾区经济实现跨越式发展的关键。在未来，如何构建人力资源支持体系，以支撑湾区高新技术发展，仍是湾区经济发展中始终要考虑的重要课题。

一、粤港澳大湾区高新技术产业发展人力资源支持体系现状与优势

粤港澳大湾区是我国经济活力最强以及开放程度最高的区域之一，其拥有雄厚的经济实力，对人才的吸引力较强。

（一）经济实力雄厚，吸引高素质人才基础扎实

1．香港地区经济状况

香港是全球最具竞争力的城市之一，其竞争力主要表现在科技、金融、航运以及贸易在国际中的突出地位和声誉。2019年香港GDP总量约25003.76亿元，自2009年以来年度经济增长率首次下降，同比下降约1.2%。就2019年全年经济来看，香港GDP增长降幅主要出现在第三季度和第四季度，由于持续数月的激进分子暴力事件的影响，其GDP下滑也是必然。随着这一社会问题的消除，香港经济的复苏也将可以预期。

2．澳门地区经济状况

澳门同样在全球经济中拥有不俗的地位，其竞争力主要表现在世界旅游休闲中心的定位、港口及航运发达，且作为世界四大赌城之一，其旅游业、餐饮业、酒店业、娱乐业因此而繁荣，带动经济蓬勃不衰。2019年澳门GDP总量约4126.86亿元，尽管不高但呈现上升趋势，且由于人口数量较少，其人均GDP高居全球第二。

3．广东九市经济状况

2019年我国GDP总量约99万亿元，增幅约6.1%。广东省、江苏省、山东省、浙江省以及河南省GDP总量位居全国前五名，其中广东省GDP总量位居全国之首，2019年GDP总量首次破十万亿元，能与世界经济前20强相匹敌，是全国经济的领头羊。在粤港澳大湾区版图中，广东九市中以深圳和广州GDP最高，2019年分别达到26927.09亿元以及23628.6亿元。2019年佛山市GDP约

10751.02亿元，首次突破万亿元大关。广东九市中其余六市GDP水平分别为：东莞市2019年GDP约为9482.5亿元，惠州市2019年GDP约为4177.41亿元，珠海市2019年GDP约为3435.89亿元，江门市2019年GDP约为3146.64亿元，中山市2019年GDP约为3101.1亿元，肇庆市2019年GDP约为2248.8亿元。

通过以上相关数据可知，粤港澳大湾区GDP总量约为116035.66亿元，其中广东九市GDP总量约占广东省GDP总量的80.7%。由此可见，粤港澳大湾区经济实力雄厚，汇聚了强劲而可持续的经济发展能力，为留存和吸引人才提供了基本的条件和保障。据《2019粤港澳大湾区数字经济与人才发展研究报告》显示，粤港澳大湾区有超过四分之一的人才拥有国际教育经历，近三分之一的人才有研究生以上学历，[1]这与粤港澳大湾区经济发展实力交相辉映，经济的发展对育才和留才起到了重要作用，而人才又对经济的发展起到了积极的推动作用。

（二）科技创新资源优势丰富，创新创业潜力大

1. 科技创新资源丰富，创新创业动力源充足

根据2019年粤港澳大湾区发展研究报告显示，从区域集群的创新能力来看粤港澳大湾区排名全球第二，并且粤港澳大湾区拥有四所全球顶尖大学，拥有超过三千家创投机构，拥有总市值排名全球第三的深圳交易所，拥有澳门中医药科技平台、香港五大研发中心、珠三角九市居民融合创新平台等。[2]另外，在粤港澳大湾区发展规划纲要中明确提出要支持粤港澳创业孵化、科技服务业等，政策利好助力粤港澳大湾区科技发展。大湾区优秀的科创资源以及发展潜力创造了大量的科技、研发类就业岗位，对高层次人才的吸引力较高。

2. 以人工智能为代表的现代信息技术发展迅速，有利于吸引高新技术人才

人工智能正在以前所未有的速度影响着现代科技的发展、产业的升级以及社会的变革，特别是自2017年国务院颁布《新一代人工智能发展规划》白皮书以来，人工智能已成为国家发展战略。2019年9月国家科技部印发《国家新一代人工智能创新发展试验区建设工作指引》的通知，更加奠定了人工智能在

---

① 清华大学经济管理学院互联网发展与治理研究中心：《粤港澳大湾区数字经济与人才发展研究报告2019》，北京：领英中国，2019年2月，第20—22页。

② 德勤咨询：《粤港澳大湾区发展研究报告2019》，深圳：德勤中国，2019年5月，第15—16页。

未来科技发展中的重要地位。香港、澳门以及广东省在人工智能发展中均具有先发优势，也是我国人工智能发展的前驱力量，科技实力雄厚。其中香港拥有许多具有国际影响力的人工智能科研机构，香港中文大学联合商汤科技研发的自动人脸识别技术全球领先，识别率高达99%以上。2019年5月澳门大学与中科院共建人工智能机器人实验室，开展人工智能合作。另外，《广东省新一代人工智能发展规划》的数据显示，2020年广东省人工智能核心产业规模将高达500亿元，拥有人工智能产业群十个以上，人工智能核心领域的高新技术企业50余家。①粤港澳大湾区中广东九市作为广东经济发展的排头兵，必将在广东省新一代人工智能发展规划目标的实现中成为中流砥柱。人工智能的发展将不断引领技术的进步，为创新创业提供新动力和契机，更为人才的发展提供广阔空间。

3．产业体系现代化，就业空间广阔

粤港澳大湾区产业体系现代化程度高，产业结构丰富，其中香港、澳门、广州以及深圳的创新能力突出；深圳以及东莞的电子信息技术突出，并形成了产业集群；佛山以及珠海具有先进制造业产业链；信息技术、新材料、新能源、生物技术等战略新兴产业与传统制造业、服务业等不断深入融合，产业链条不断畅通，例如深圳优博迅收购珠海佳博科技，前者以移动智能数据为优势，后者的票据以及标签等打印设备技术领先，二者的融合为制造业以及高新技术打通链条，活跃和丰富了产业结构。丰富的业态形式提供了丰富的就业岗位，对人才的吸引具有较好的积极作用。

（三）人才活动丰富，助力高层次人才集聚

1．以产业需求为基础育才留才引才

产业发展是人才发展的前提和基础，只有产业与人才相融合，人才才能有用武之地。根据前文分析可知，粤港澳大湾区的产业基础丰厚，产业体系现代化，为育才、留才都提供了广阔的空间。同样，人才的培养也为产业的发展提供了重要的人力支撑。更为重要的是，大湾区各地政府在人才与产业相结合方面已经形成了产才结合的共识。中大咨询发布的《2019粤港澳大湾区人才发展环境研究报告》显示，粤港澳大湾区各地在人才引入以及培育过程中重视人

---

① 《广东省人民政府关于印发广东省新一代人工智能发展规划的通知》，粤府〔2018〕64号。

才与产业的结合，例如佛山市引才育才更重视其精准性，并且实施与周围错位的引才战略；深圳市育才引才均以现有产业为立足点，以生物医药、新能源以及信息技术产业发展规划为基础精准引才；广州市将人才的育留与产业发展重点相结合。[①] 据《2019粤港澳大湾区数字经济与人才发展研究报告》研究结果显示，广州人才与其行业发展同样具有较为均衡的特征，深圳ITC等行业具有较为明显的人才优势，香港的人才优势主要体现在教育业以及金融业等，而澳门的旅游业人才较为集中，珠海、佛山、东莞等地区人才主要集中在制造业等。[②] 由此可见，不仅在政策上粤港澳地区各地政府重视人才与产业发展相结合，从结果上看各地人才与产业的结合程度也较高，这为湾区产业的均衡以及发展提供了良好的人才基础。

2．各地人才政策亮点纷呈

从大湾区各地人才政策上看，为了引进人才，大湾区各城市在2019年发布人才相关政策约四十多份，各地人才的引进日益灵活、不断优化。例如，2019年初广州市公布《广州市引进人才入户管理办法》，对人才的落户在学历、年龄、职称等方面均放宽了条件。2019年初深圳市发布《在职人才引进和落户"秒批"工作方案》，对海外留学回国人员、博士后等人才及其配偶、子女的落户等政策实施"秒批"。2019年初佛山市科技局、财政局等联合印发《佛山市人才举荐工作实施细则》，对社会力量在人才引进方面的参与积极性起到了很好的推动作用。东莞市分别在2018年底以及2019年发布了《东莞市"十百千万百万"人才工程行动方案》以及《2019年东莞市新时代新引进创新人才综合补贴申报公告》等人才引进相关政策公告。珠海市、惠州市、中山市、江门市以及肇庆市在2019年分别发布了《珠海市企业新型学徒制实施办法》《惠州市人力资源和社会保障局关于"东江菜师傅"培训基地的认定标准和管理办法》《关于支持企业建立首席技师制度的实施方案（征求意见稿）》《关于进一步集聚新时代人才建设人才强市的意见》《肇庆市引进基层医疗卫生特殊紧缺人才"千人强基计划"实施方案》等人才引进相关政策。除此之外，港澳地区与广东九市人才合作不断密切，如2019年初在澳门举行了深澳合

① 中大咨询：《粤港澳大湾区人才发展环境研究报告2019》，广州：中大智库，最后访问日期：2020年9月18日。
② 清华大学经济管理学院互联网发展与治理研究中心：《粤港澳大湾区数字经济与人才发展研究报告2019》，北京：领英中国，2019年2月，第17—18页。

作会议，对澳门引进人才起到了有效的推进作用。

3."政府+"多主体合力开展人才活动

粤港澳大湾区各地各区人才活动丰富，人才交流平台众多，2019年举办的人才交流活动诸如"智汇中山"人才洽谈交流会、东莞市校企合作洽谈会麻涌分会、深圳市首届"龙岗工匠"颁奖典礼、广州市"百企千人"青年人才专场招聘会、"创客广东"珠海市创新创业大赛、东莞杯国际工业设计大赛等，活动类型多样，包括展览论坛、交流会、高峰论坛、招聘会、职业技能竞赛、校企合作、联谊会、风采展示等。深圳"人才日"以及广州"琶洲论坛"等系列人才活动已形成品牌效应。多样化的人才活动不断提升人才的技术能力，同时也对提升人才归属感、让人才真正留住起到了重要的作用。

（四）广义基础设施完善，为人才安居乐居提供保障

1.基础设施发达、互通互联，为生产和生活提供便利

首先，大湾区电力供应能力充足性好。国家能源局发布的2019年上半年全国电力可靠性指标报告显示，全国供电系统平均停电时间所研究的52个主要城市中有大湾区的深圳、广州、东莞、佛山四个城市，其供电可靠性均在全国前十内。从广义的供电可靠率来看（包括城市与农村），广东电网供电可靠率为99.9323%，广州供电局供电可靠率99.9758%，深圳供电局供电可靠率为99.9905%，居全国领先水平（上海供电局供电可靠率全国最高为99.9922%，北京供电局供电可靠率99.9716%）。其次，大湾区城际交通发达，广深港高铁、港珠澳大桥、粤澳新通道等项目逐渐实现了以广州为中心辐射其他主要城市的"一小时生活圈"，新横琴口岸旅检大楼于2019年底落成，大湾区基础建设互联互通专项规划已于2019年11月在中央领导小组的第三次会议上获得通过。基础设施的发达和不断完善为加快大湾区人才流动，推进生产要素的集约、高效配置起到了重要作用，同时也为互通互联的人才发展格局奠定了基础。

2.医疗资源丰厚

《2019中国家庭医疗健康消费趋势报告》表明，人们对健康的重视程度越来越高，健康重视程度相比2018年提高了16.1%。[1]由此可见，医疗资源对人才的稳定和流入将起到重要作用。从湾区情况来看，粤港澳大湾区重视医疗合

---

[1] CBNData等：《2019中国家庭医疗健康消费趋势报告》，北京：云威大数据，2019年2月。

作，医疗卫生合作项目丰富。首届粤港澳大湾区卫生与健康合作大会2018年初在广东省惠州市召开，粤港澳三地卫生部门共同签署了《粤港澳大湾区卫生与健康合作框架协议》，实际上早在2010年粤港两地在北京签署了《粤港合作框架协议》、2011年粤澳双方在北京签署了《粤澳合作框架协议》，这些合作协议助力了粤港澳大湾区的医疗服务合作。2019年2月在深圳召开了以"推动粤港澳大湾区卫生健康高质量发展"为主题的第二届粤港澳大湾区卫生与健康合作大会，对大湾区高水平医院建设、医疗人才培养都起到了积极的助推作用。

二、粤港澳大湾区高新技术产业发展人力资源支持体系面临的挑战

根据智联招聘发布的《2019年粤港澳大湾区产业发展及人才流动报告》显示，粤港澳大湾区中除广州市、深圳市外的其他地区均出现人才缺口，深圳市的CIER（就业市场景气指数）为0.64，广州市的CIER为0.99，其他地区的CIER均高于1。[1]

（一）短缺：人才供不应求，特别是高端人才严重不足

《粤港澳大湾区人才发展报告》根据2015年全国人口抽样调查数据整理资料发现，粤港澳大湾区中接受高等教育的人口约为17%，而同时期旧金山湾区的中的这一比例约为46%，纽约湾区中的这一比例约为42%。说明相比国际知名湾区，粤港澳大湾区人才受教育程度还有一定差距。另根据2019年清华经管学院发布的粤港澳大湾区数字经济与人才发展报告显示，粤港澳大湾区内高水平人才中，具有博士学历的仅占2.9%。[2]由此可见，粤港澳大湾区人才短缺形势依然严峻，高端人才数量与国际化湾区的定位水平仍有较大的差距。特别是在未来以高新技术引领的经济增长，对人才数量和质量的要求仍会不断的提升，人才的引进、培育和留住方面仍需继续努力。

---

[1] 智联招聘：《2019年粤港澳大湾区产业发展及人才流动报告》，黔讯网，最后访问日期：2020年9月18日。

[2] 第五届"中国人才50人论坛"圆桌会议报告：《粤港澳大湾区人才发展报告》，全球化智库（CCG），2018年11月。

（二）不均衡，湾区内部的人才、医疗、教育不均衡

1．人才分布的不均衡

智联招聘发布的《2019年粤港澳大湾区产业发展及人才流动报告》显示，2019年前三季度粤港澳大湾区内地地区中广深对人才的吸引力比较强。报告显示，大湾区外流入湾区中广东九市的人才中流入深圳的人才占42%，流入广州的人才约占29%，也就是说流入粤港澳大湾区广东九市的人才中，近四分之三流入了广深地区。而粤港澳大湾区的其他地区对人才的吸引力相比广深以及香港、澳门地区仍有较大差距。

2．医疗资源分布的不均衡

大湾区优质医疗资源较多，但分布不够均衡。港澳医疗福利覆盖广，医疗条件相对较好。世界卫生组织发布的《世界健康报告》资料显示，医疗体系多维度综合评价结果中香港排名全球第4，处于世界领先水平。香港中文大学以及香港大学的医学专业在2019年QS世界大学排名中分别处于第45以及第29位，排名较为靠前。[①]粤港澳大湾区广东九市中，广州市的医疗资源遥遥领先，三级医院数量远高于其他地区。随着公众健康观念的不断提升，医疗环境将会影响人才对其工作地域的选择，医疗资源的不均衡会导致人才资源分配的不均衡，不利于粤港澳大湾区整体的协同发展。

3．教育资源分布的不均衡

从大湾区的教育资源分布情况来看，大湾区教育资源分布的均衡性有待提升，其中广州以及香港地区的教育资源相对占优，优势主要体现在幼儿园、中小学以及高等学校的数量和质量。而粤港澳大湾区其他地区的教育资源有待进一步的提升。以深圳为例，2019粤港澳大湾区人才发展环境报告显示，在2018年义务教育学校扩建30余所、学位新增五万余个的情况下，深圳市2019年秋季学期的学位数量预警信息仍显示深圳市义务教育阶段的学位缺口较高，仅福田区、光明区、龙华区、龙岗区以及宝安区的义务教育学位缺口数量就高达7.8万个。众所周知，我国家庭对教育的重视程度日益提高，特别是高学历家庭子女教育问题更加备受重视，故而子女及其自身的教育以及继续教育环境是否优越，将成为是否能够留住人才的重要因素。

---

① 指南者教育：《香港中文大学医学世界排名2019年最新排名第45（QS世界排名）》，指南者留学，最后访问日期：2020年7月25日。

（三）不协调：税收、人才流动及公共服务等

1．税制协调机制尚未完善

大湾区涉及三个关税区、三种社会法律环境，定位为未来世界的创新之都、中国版"硅谷"。粤港澳大湾区内各个城市各有优势，广州的基础技术研发具有一定优势，深圳的创新和应用技术研发具有优势，香港的金融中心地位不容忽视，澳门则是国际化的休闲之都，佛山、东莞等制造业基础雄厚，单靠任何一个地区都无法撑起粤港澳大湾区科技走廊的地位。此时粤港澳大湾区内的协作将变得至关重要，协作必然涉及人才等要素的流动，但税制的差异会对人才的流动起到一定的抑制作用。相比港澳的税制，广东九市的税率偏高，港澳地区人才流向内地受到限制，使得人才、产业、资源的配合因税制的差异限制而无法得到更佳的匹配。2019年清华大学经济管理学院与领英共同发布的粤港澳大湾区数字经济与人才发展研究报告显示，尽管香港人才数量较高，但其与大湾区其他城市的往来率较低，澳门则更低。港澳与大湾区内其他城市的人才往来空间亟待激发，而其中税制的协调是关键一环。

2．人才政策的协调性欠佳

粤港澳大湾区内各个城市均出台了人才引进相关政策，各地在引进人才方面的购房优惠、落户快捷通道、人才补贴等政策层出不穷。然而2019年智联招聘发布的粤港澳大湾区产业发展和人才流动报告显示，流入大湾区的海外人才占比0.58%，而流出湾区的海外人才占比4.54%，由此可以看出大湾区内各项人才政策的制定与实施至少对于海外人才的吸引还未起到应有的作用，这主要是由于各地人才政策的协调性欠佳而导致的，各地政策略局限于内部地区之间的"抢人大战"，人才引进变相成为地区财政实力的比拼，对地方财政收支平衡造成较大压力。另外，从全国范围来看，人才战会由于发达地区对人才具有虹吸效应而增加地区间发展的差距，形成强者愈强弱者愈弱的马太效应。另外，全国其他地区的人才抢夺大战同样激烈，对湾区引才产生一定的冲击。

3．公共服务衔接不协调

粤港澳大湾区内公共服务体系还缺乏有效衔接。首先，粤港澳大湾区内港澳以及广东九市社会保险尚未有效衔接，粤港澳三地居民在社会保险、养老服务等诸多方面存在差异，港澳地区流入内地养老基金受限，人才流动的随迁人员诸如父母、子女的配套措施缺失。其次，医药准入标准以及医疗保障体系存

任差异，粤港澳二地居民的医疗保险以及商业保险均未能有效衔接，港澳地区人才流入广东九市需要在内地参加医疗保险才可以享受相应的医保服务。除此之外医药准入标准也存在差异，使得三地在药品等使用方面存在诸多差异。再次，事业编制人员在出入境通关上存在诸多限制。以上服务体系的差异均会限制人才的流动，不利于人才、产业更优的配合。

三、 完善高新技术产业发展人力资源支持体系的思考与对策

科技的竞争归根结底就是人才的竞争，推动粤港澳大湾区高新技术产业发展离不开人力资源支持体系的构建。人力资源支持体系的构建实际上就是人才环境的不断优化过程。习近平总书记指出："环境好，则人才聚、事业兴；环境不好，则人才散、事业衰。"粤港澳大湾区的高新技术产业发展离不开人才，优化人才发展环境就是要实现人才"引得来，发展好，留得下"，即人们常说的"引才、育才、留才"，三者相互影响，相互作用，共同促进人才的进育留。

（一）引才

1. 放宽海外人才入湾区限制、创新引才途径

首先，积极尝试放宽海外人才入粤港澳大湾区限制，创新全球高新技术人才入湾区工作模式，例如以旅游、项目合作、学术交流等为目的，在湾区内相关机构的邀请下，可从湾区某个或任意一个对外开放口岸免签入境，加大粤港澳大湾区高新技术国际人才流入的便利性。其次，针对高新技术发展的特殊人才可通过在国外建立实验室、研发机构等途径吸引当地人才进实验室以及研发机构工作，直接利用海外相关智力资源及相关科技研发成果。再次，高新技术发展所需且紧缺的核心技术人才可通过建立高层次研究中心等方式，通过设立奖学金等制度吸引海外留学生来求学和工作。

2. 打造国际化、品牌化的人才交流大会

以国际化、品牌化的全球人才大会为契机，聚集海内外产学研等各界精英，推动人才集聚效应的形成，打通人才、产业以及科技的对接通道，提升大湾区的国际知名度和对人才的吸引力度。人才大会一方面可利用最新的科研成果，提高国际人才参与的兴致，同时要在大会开展地点、开展时间、开展频率以及预期内容等方面都应有明确规划。

3．人才政策精准化、常态化、法制化建设助力人才引进

首先，以高新技术发展所需为基础，立足产业发展需要制定着眼于高新技术人才引进的相关政策。其次，人才政策应更加注重服务人才，不断提升服务质量，拓展服务内容，诸如在人才政策中增加人才落户、人才住房、人才子女教育、随迁老人的社保服务、税务服务内容，增加对人才的吸引力度。最后，建立常态化的人才引进工作小组，明确其职责范围，同时提高人才政策的法制化建设水平，增强人才工作的规范性和稳定性，保证流入人才对未来有稳定的预期。

（二）育才

1．不断完善粤港澳大湾区内产学研协同创新发展计划

三地政府应不断整合和协调产学研资源，充当企业、高校以及各类科研机构的桥梁，不断促进人才与产业资源、科技资源等的融合、流动以及转化。首先，可加强校企联结，通过搭建校企各类平台等方式促进校企合作，推动智力资源的应用及转化。其次，通过双创赛事等各类赛事的举办，展示科技研究的最新成果，推进其市场化。最后，加强人才座谈会、政策培训等人才服务的建设，为产学研结合提供更好的支持。

2．加强三地高校等科研机构的合作交流，尝试合作办学，为粤港澳大湾区高新技术人才培养架桥

纵观三大世界级湾区的发展历程，可以发现三大湾区均是全球性的人才港，粤港澳大湾区在成为国际具有重要影响力的科创中心的路上，离不开人才的培育和培养。首先，2020年应在粤港澳三地高校合作，共享共建优势学科、研究中心和实验室等方面积极开展工作，如在一些学科上试点三地高校学分互认，增加交换生的比例和数量，设立联合培养机构和制度，不断深化和拓展三地高效、科研机构的合作规模和成效，不断消除教师和学生在湾区内的交流和合作的体制壁垒。其次，可继续放宽广东九市学生在港澳地区就业、实习、兼职以及创业的条件，逐步实现粤港澳大湾区内三地高学历人才的学习、创业以及就业的自由化。最后，粤港澳大湾区可试点共建高校、科研机构等培养湾区内所需的专业技术人才，同时可促进湾区内高等教育发展不平衡等问题的解决。

3．以科创能力为抓手，积极探索粤港澳大湾区内人才融合发展协同政策

以"广深港澳"科技创新走廊为基础，加强技术创新资源的开放和共享，促进人才的协同发展。积极推进预期在2020年建成的"大湾区青年创新创业基地联盟"等创新创业平台的建设，争取在科创平台、科创类项目、科技研究成果、数据以及人才方面共享共建，以发挥三地在科创方面的积极优势，为粤港澳大湾区创新创业环境的融合以及一体化建设提供政策软硬件环境。

（三）留才

1．推进粤港澳大湾区内社保、医保、教育等方面互联互通

由于粤港澳大湾区内三地存在社保等方面的制度差异，使得人才在流动时存在社保、教育以及医疗等方面的不便。因此，粤港澳大湾区内各地流动人口同等享受当地社保、医疗、教育等服务的推进工作显得尤为必要。湾区内流动人口在社保、医疗以及教育服务等方面享受与户籍人口同等待遇，可解决人才流动的后顾之忧，促进人才的流入和在湾区内部的流动，推动产业结构和人才结构的最佳匹配。首先，推动医药准入标准的统一和协调，建立有效的三地医保衔接制度，持有医保卡可在粤港澳湾区获得其所需要的医药服务。不断推进大湾区食品、药品安全监管信息化水平的提升。其次，社保方面试点互认。最后，教育资源的深度整合中，除加强三地高等教育资源的建设、互通共享外，基础教育资源共享、共建等同样重要，以提高流动人口子女享受基础教育的便利性。

2．加强粤港澳大湾区内公共服务有效衔接

首先，从方便人口流动的角度简化通关手续，建立粤港澳大湾区通关大数据管理系统，实现快速通关。特殊人才可实行"刷脸"通关，加快粤港澳三地人才流动，积极促进人才集聚效应的产生和发挥，提高人才在湾区内的融入感。在货物通关方面，提升其便利程度和智能化水平，力争实现通关无证化。其次，在税收政策方面，加强税收政策的协调与协同，深化税收征管合作，打破因税制障碍造成的要素流动障碍，提升粤港澳大湾区要素流动的便利性，促进各地优势产业的不断发展。最后，在银行服务、通讯服务方面尽快促进三地的统一、便捷式服务。

3．打造更加宜居的生活环境

根据2019年美世全球城市生活质量排名显示，香港生活质量全球排名71，广州和深圳生活质量全球排名均为122，广州和深圳的这一排名低于上海和北京。随着人们生活水平的提升，人们对生活质量的需求会逐渐提高。为了留住更多的人才为大湾区高新技术的发展提供智力支持，粤港澳大湾区在积极发展经济的同时应更加重视人文环境、交通便利性、政府政务服务等方面的建设和提升。

琴澳篇

⑪

横琴新区在大湾区建设中的定位、功能与前景

吴赐霖　张云霞[*]

摘　要：《粤港澳大湾区发展规划纲要》（以下简称《规划纲要》）设专门
章节论述横琴开发，将横琴定位为"粤港澳深度合作示范区"，横琴
迎来了千载难逢的发展机遇。当前，粤港澳大湾区建设进入加速推
进、纵深发展的阶段，横琴需要把握机遇，紧扣《规划纲要》五大战
略定位找准自身的定位和角色，按照"中央要求"，围绕"澳门所
需"，聚焦"湾区所向"，发挥"横琴所能"，充分发挥促进澳门经
济多元发展主平台的作用，助力澳门融入国家发展大局，进一步丰富
澳门特色"一国两制"伟大实践。具体措施包括推动珠澳规则衔接和
体制机制对接尽早取得新突破；找准推动澳门产业多元发展有效路径
的"最大公约数"，促进澳门经济发展更具活力；深化合作向社会民
生领域拓展，携手共建宜居宜业宜游的优质生活圈等方面。

关键词：粤港澳大湾区　澳门　横琴

　　粤港澳大湾区建设是习近平主席亲自谋划、亲自部署、亲自推动的重大战
略，是新时代推动形成全面开放新格局的新尝试，是推动"一国两制"事业发
展的新实践。《规划纲要》提及"横琴"22次，将横琴定位为"粤港澳深度合
作示范区"，并设有专门章节。这意味着横琴继国家新区和自贸试验区之后，
再次担当国家战略重任，迎来千载难逢的战略机遇。当前，粤港澳大湾区建设
进入加速推进、纵深发展的阶段，横琴如何把握机遇，找准自身的定位和角
色，充分发挥促进澳门经济多元发展主平台的作用，助力澳门融入国家发展大
局，成为亟待研究的重要命题。

---

　　*　吴赐霖，横琴新区发展改革局研究员；张云霞，横琴新区发展改革局研究员。

一、横琴新区在粤港澳大湾区建设中的定位

横琴新区（以下简称横琴）地处珠江口西岸，位于珠海市南部，与澳门仅一河之隔，最近处相距不足200米，距香港34海里，总面积为106.46平方公里，超过澳门的三倍。港珠澳大桥正式通车后，横琴成为国内唯一直接与港澳陆桥相通的国家新区和自贸试验区。

（一）横琴新区发展基本情况

一是经济综合实力稳步提升。横琴开发十年来，从一个蕉林绿野、农庄寥落的边陲小岛起步，高水平进行基础设施建设，初步形成了一座现代化新城的框架。2010至2019年，横琴主要经济指标均取得突飞猛进的增长，地区生产总值从4.63亿元[①]增长至401.24亿元，增长85倍；固定资产投资从58.66亿元增至471.99亿元，增长7倍；一般公共预算收入从7066万元增至63.95亿元，增长89倍（见图1）；实际吸收外资从500万美元增长到15.33亿美元；外贸进出口总额从1亿美元增长至35亿美元（见图2）。

单位：万元

图1　横琴新区历年主要经济指标[②]

[①]　珠海市统计局公布的2010年经济功能区数据中未包含横琴新区地区生产总值指标，替用横琴新区2010年政府工作报告中的地区生产总值数据，其余年份和经济指标数据均为珠海市统计局公布的官方数据（所有数据均为横琴本岛数据，不包含一体化区域）。

[②]　横琴新区成立十年来主要经济指标基本保持持续稳定增长，固定资产投资在2019年出现小幅下降，可能是受横琴全面暂缓非涉澳项目用地审批影响，长期增长的态势并没有改变。

单位：万美元

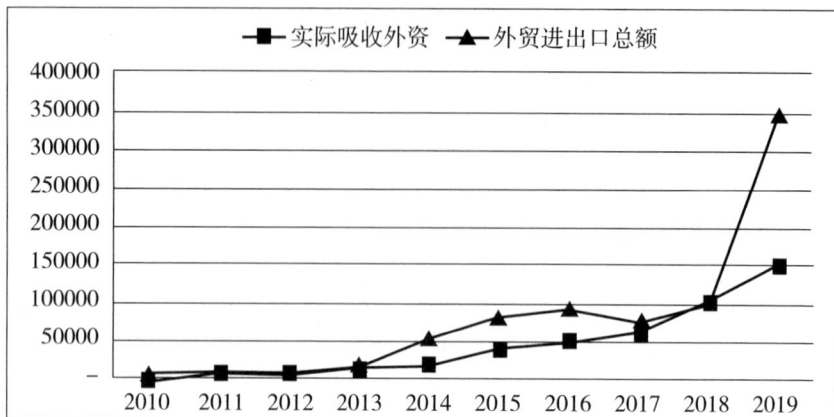

数据来源：珠海市统计局。

图2　横琴新区历年实际吸收外资和外贸进出口额[①]

二是城市功能配套逐步完善。横琴岛内"四横两纵"路网全面建成，供排水网、集中供冷（热）网、绿色电网和智能发达信息网等"六网"重点基础设施工程全面投入使用。教育资源供给不断扩大，横琴中心幼儿园、横琴小学、横琴一中新校园投入使用，子期学校、子期幼儿园启动建设，引进德威中学、哈罗礼德等品牌学校在横琴办学。医疗配套设施改善明显，珠海市人民医院横琴分院投入使用，横琴医院等一批医院启动建设。近年来成功举办中国国际马戏节、WTA超级精英赛、横琴马拉松赛、电音节等一系列大型活动和赛事，初步形成宜居宜业宜游的优质生活环境。

（二）横琴战略定位的深化

2009年8月，国务院批复《横琴总体发展规划》，提出推进与港澳紧密合作，把横琴建设成为"一国两制"下探索粤港澳合作新模式的示范区、深化改革开放和科技创新的先行区、促进珠江口西岸地区产业升级发展的新平台。2009年12月16日，珠海市横琴新区管理委员会挂牌成立，横琴开发正式拉开序幕。2015年4月8日，国务院印发《中国（广东）自由贸易试验区总体方案》，明确横琴将建设成为粤港澳深度合作示范区、21世纪海上丝绸之路重要枢纽和

---

①　珠海市统计局2017年后以人民币为单位公布外贸进出口总额数据，为便于同往年数据直观对比，根据数据所在年份12月31日汇率换算为美元单位。

全国新一轮改革开放先行地。2015年4月23日，广东自贸区横琴片区正式挂牌，横琴升级为自由贸易试验区，横琴开发进入加速期。2018年5月，国务院印发《进一步深化中国（广东）自由贸易试验区改革开放方案》，明确将横琴打造成为开放型经济新体制先行区、高水平对外开放门户枢纽和粤港澳大湾区合作示范区。2019年2月，中共中央、国务院印发《粤港澳大湾区发展规划纲要》，提出推进珠海横琴粤港澳深度合作示范，建设粤港澳深度合作示范区。国家层面对横琴的历次发展定位一脉相承，均紧扣粤港澳合作主题，坚持促进澳门经济适度多元发展的初心和使命，对澳合作从"紧密合作"到"深度合作"，在具体要求上也不断细化深化。横琴对港澳尤其是对澳门的合作将向更大范围、更广领域、更深层次拓展，规则制度衔接将向纵深推进，粤澳两地间人流、物流、资金流、信息流的流动将更加高效便捷。

（三）横琴在粤港澳大湾区建设中的定位

粤港澳大湾区作为中国在全球竞争当中创新的载体和平台，将在全面开放中发挥引领作用，将打造成为对全球具有辐射力、吸引力和影响力的世界级城市群。横琴作为粤港澳重大合作平台之一，将充分发挥促进澳门经济多元发展主平台的作用，助力澳门融入国家发展大局。笔者认为，横琴可紧扣《规划纲要》五大战略定位，找准横琴自身的发展定位和目标，应主要承担以下五个角色：

围绕《规划纲要》"充满活力的世界级城市群"的战略定位，横琴可加快推动与珠海保税区、洪湾片区等一体化改革发展区域（以下简称一体化区域）①建设，推动与周边区域打造成为珠海城市新中心，为澳门长远发展留足空间，加快提升城市能级量级，打造成为粤港澳大湾区澳门—珠海极点建设的重要引擎。

围绕《规划纲要》"具有全球影响力的国际科技创新中心"的战略定位，横琴可主动作为，联合澳门加速集聚重大创新平台、重大科技项目、国际科研机构、国际顶尖人才、创投资本等国内外创新资源和高端要素，重点发展科技创新、中医药和医疗健康等新兴产业，共同打造粤港澳大湾区国际科技创新中

---

① 根据珠海市2017年10月印发的《横琴、保税区、洪湾片区一体化改革发展实施方案》，一体化改革发展的区域范围包括：除横琴之外，新拓展区域包含保税区、十字门北片区、洪湾商贸物流中心、洪湾片区等，拓展区域面积合计25.97平方公里。

心的重要支点。

围绕《规划纲要》"'一带一路'建设的重要支撑"的战略定位，横琴可联合澳门打造成为高水平对外开放的门户枢纽，探索更加灵活的政策体系、监管模式、管理体制，加快建设开放型经济新体制先行区。充分发挥澳门"精准联系人"的优势，以与葡语系国家合作为重点参与"一带一路"建设，加快建设中拉经贸合作平台，搭建内地与"一带一路"沿线国家的国际贸易通道。加快建设跨境电商综合试验区，推动葡语国家产品经澳门进入内地市场。

围绕《规划纲要》"内地与港澳深度合作示范区"的战略定位，横琴可坚持以制度创新为核心，围绕破解对澳合作深层次体制机制问题，加强与港澳在经济制度、民生合作、社会管理等领域的规则制度衔接，加快建立与国际高标准投资和贸易规则相适应的制度规则，在协同机制、产业协同、互联互通、民生保障、通关便利、创新创业等方面推出更多创新举措，加快建设粤港澳深度合作示范区。

围绕《规划纲要》"宜居宜业宜游的优质生活圈"的战略定位，横琴可高标准、高水平、高质量规划建设一体化区域，加强生态环境保护，打造环境优美、宜居宜业宜游城区。加快跨境基础设施互联互通，促进要素便捷流动。强化高品质公共服务配套，加快文化、教育、医疗、住房、交通等公共服务配套建设，为港澳居民提供优质工作生活环境，联合澳门打造优质生活圈。

二、横琴与澳门合作发展的基本情况[①]

横琴作为粤港澳重大合作平台之一，坚守促进澳门经济适度多元发展的初心和使命，强化对港澳尤其是对澳合作，着力推进粤港澳深度合作示范区建设，全力支持澳门"一个中心、一个平台、一个基地"建设，取得初步重要成果。截至2019年底，横琴累计注册澳资企业2219家，主要分布在租赁、商务服务、批发零售、科研和技术服务等行业。

（一）协同澳门构建现代产业体系成效初显

一是拓展澳门产业发展空间。粤澳合作产业园共有28个项目签订合作协

---

① 《横琴新区累计实现固定资产投资2908亿元，注册澳门企业超过2200家 以建设粤澳深度合作区为抓手 全力做好珠澳合作开发横琴这篇文章》，中国珠海政府网，最后访问日期：2020年9月16日。

议，24个项目开工建设，大昌行物流中心正式开业运营，其他2.57平方公里用地项目实行由澳门政府主导、联合评审新机制。国内首创鼓励澳门企业跨境办公，累计42家澳门企业入驻横琴跨境办公。开通琴澳跨境通勤专线，累计接送澳资企业员工超11万人次。

二是出台专项措施支持粤澳合作中医药科技产业园发展。对产业园开发公司搭建服务平台给予最高1000万元设备购置补贴，对符合条件的国医大师团队给予最高500万元专项扶持[①]。园区项目建设进展顺利，检测、研发等公共平台投入运营，招商引资形势良好，新引进广药集团、天士力、丽珠圣美等43家企业入驻。产业园获得国家级科技企业孵化器认定。

三是打造跨境科技创新平台。积极参与广珠澳科技创新走廊建设，支持澳门大学、澳门科技大学在横琴设立产学研示范基地，引进澳门4个国家重点实验室在横琴设立分部。联合澳门科技发展基金会启动第二届横琴科技创业大赛。开通横琴新区国际互联网数据专用通道。与中科院合作共建先进智能计算平台。出台进一步支持澳门青年在横琴创新创业办法，设立澳门青年创业服务中心。横琴澳门青年创业谷累计孵化澳门创业项目229个。

四是支持澳门特色金融业发展。粤澳跨境金融合作（珠海）示范区挂牌成立，14家符合条件的澳门金融企业入驻。促进澳门金融机构开展跨境金融合作，首个符合QFLP[②]政策试点的澳门企业礼达联马股权投资基金落户横琴。粤澳合作发展基金完成15个项目投资，累计投放141.89亿元。横琴人寿发布首款跨境医疗保险产品。中国银行首发粤澳共享贷。横琴金投天使投资澳门初创企业。

五是配合澳门旅游休闲业发展。《横琴国际休闲旅游岛建设方案》获得国务院批复，旅游业纳入15%企业所得税优惠目录。澳门旅游学院粤港澳大湾区旅游教育培训基地落户横琴。横琴创新方、新长隆剧院、横琴紫檀博物馆、星奇塔无动力乐园等一批文旅项目建成运营。大型商业综合体励骏庞都广场开业。开通横琴环岛旅游专线，旅游项目"串珠成链"。

---

① 《〈横琴新区支持粤澳合作中医药科技产业园发展的专项措施〉的政策解读》，横琴新区政府门户网站：最后访问日期：2020年9月16日。

② QFLP，Qualified Foreign Limited Partner的缩写，指合境外有限合伙人，即股权基金的出资人。

（二）基础设施互联互通不断加强

横琴口岸旅检通道具备通关条件，广珠城际机场延长线拱北至横琴段即将通车。大横琴山隧道、洪鹤大桥、金海大桥、金琴高速等重点工程加快建设。对澳输电第三通道建成，第四条对澳供水管道工程全线贯通。一体化区域加快建设，完成一体化区域规划体系构建工作，"一带三轴、双核十组团"的城市空间格局基本确定，"三横五纵"路网启动建设。

（三）生态文明建设持续推进

横琴芒洲湿地公园、二井湾湿地公园（一期）建成开放，集生态展示、科普宣教、观光旅游等多功能于一体，大大提升横琴人居综合环境质量。天沐河、天沁园市政特色公园、城乡社区公园、景观绿廊、花海长廊、健康步道、繁花节点和多彩立面等生态文明建设成效显现。天沐河以及芒洲湿地段纳入大湾区省级碧道试点。横琴镇获评"广东省森林小镇"，持续开展旧村居环境提升整治，率先启动生活垃圾分类试点工作。

（四）优质生活圈建设成效初显

一是推动口岸通关便利化。横琴口岸建设提速，在口岸划定澳门管辖区获得全国人大常委会法律授权，旅检通道具备通关条件，将实施"合作查验、一次放行"通关新模式。澳门机动车入出横琴配额增加至2500辆，有效期延长至一年。

二是推动澳门专业人士跨境便利执业。21名港澳建筑领域专业人士和八家港澳企业递交执业申请。2300名港澳导游及领队递交执业申请，其中290名获得横琴执业资格。首家澳门执业医师开设的诊所——欧伟乐内科诊所正式开业。首批四名澳门社工在横琴备案注册，累计为辖区居民提供服务超过800人次。

三是便利澳门居民在横琴居住生活。开展常住横琴的澳门居民参加珠海基本医疗保险试点，392名澳门居民参保，在横琴就医澳门居民超过一万人次，并享受与横琴居民同等居家养老服务。澳门街坊会联合总会广东办事处横琴综合服务中心成立，提供澳门标准的社区服务。横琴中小学与澳门学校建立友好学校、缔结姐妹学校。

四是加强文化交流，促进民心相通。成功举办迎接澳门回归祖国20周年珠澳联合烟花汇演、"爱在琴澳"原创音乐征集大赛。组织2019名澳门青少年在横琴参加研学活动，举办珠澳青少年交响乐"快闪"、珠港澳草地滚球、琴澳网球嘉年华、2019横琴天沐河名校赛艇邀请赛，引导澳门居民特别是青少年深入了解横琴，更好地融入粤港澳大湾区发展。

（五）与澳门紧密合作，共同参与"一带一路"建设

对外经贸合作取得新进展，2019年横琴外贸进出口总额超过242亿元。全面实行准入前国民待遇加负面清单管理制度。粤港澳物流园引进海仓科技、易享科技、港珠澳供应链管理公司等跨境电商企业，打造区域性国际贸易分拨中心。扎实开展中拉经贸交流合作，中拉经贸合作园新引进企业17家。成功举办"2019智利企业家中国横琴行"活动，探索建立与拉美国家经贸合作平台。

三、横琴新区在粤港澳大湾区建设中的前景预测及相关建议

珠澳合作开发横琴在中央层面得到明确。2019年12月20日，习近平主席在出席庆祝澳门回归祖国20周年大会暨澳门特别行政区第五届政府就职典礼上发表重要讲话，特别指出："要结合澳门实际，在科学论证基础上，选准经济适度多元发展的主攻方向和相关重大项目，从政策、人力、财力等方面多管齐下，聚力攻坚"，重点强调："当前，特别要做好珠澳合作开发横琴这篇文章，为澳门长远发展开辟广阔空间、注入新动力"[1]。这是在中央层面首次明确提出珠澳合作开发横琴，将为横琴开发带来前所未有的重大历史性机遇，具有里程碑式的重大意义，为横琴新一轮开发开放提供了根本遵循和行动指南。习近平主席发表重要讲话当天，国家发改委正式公布有关惠澳政策，明确表示"积极支持在横琴设立粤澳深度合作区，构建粤澳双方共商共建共管的体制机制，优化分线管理政策，探索在民商事法律适用、贸易等领域深化改革扩大开放，打造与国际规则高度衔接的营商环境，助力澳门经济适度多元发展"[2]，为横琴未来发展提供了重大契机。

（一）横琴在粤港澳大湾区建设中的重大机遇

横琴开发进入澳门主动谋求合作、主动推动开发的崭新发展阶段。贺一诚行政长官在就职讲话中指出："加强区域合作，特别是与珠海市在横琴发展

---

①　《习近平在庆祝澳门回归祖国20周年大会暨澳门特别行政区第五届政府就职典礼上的讲话（全文）》，新华网，最后访问日期：2020年9月16日。

②　《国家发展改革委贯彻落实中央决策部署 支持横琴设立粤澳深度合作区》，国家发展改革委官网，最后访问日期：2020年9月16日。

上创新机制，实现澳门经济适度多元，为澳门提供了基本的发展定位"①，把加强与珠海的合作提升到发展定位的战略高度，并在不同场合多次强调横琴的关键作用。比如在《紫荆》杂志发表文章指出："中央在利用横琴土地支持澳门产业多元发展上给出很大支持，未来我们还要解决制度上的问题。希望能为不同制度在湾区的融合作出新的尝试，建立好长远发展的基础，让澳门的产业多元有所突破。"②在2020年3月14日的粤澳深度合作区总体方案工作会议上提出："要充分利用澳门一国两制的制度优势和横琴的地理、资源和空间优势，探索体制机制对接，推动横琴粤澳深度合作区建设"，充分显示了澳门特区政府和贺一诚行政长官对合作开发横琴的积极态度和高度认可。贺一诚行政长官的讲话，标志着双方合作迈入了澳门主动谋求合作、主动推动开发建设、深度参与横琴经济工作的崭新发展阶段，珠澳合作将向更宽领域、更大空间、更深层次、更高水平拓展。

横琴推进粤港澳大湾区建设在构建现代产业体系、基础设施互联互通建设、生态文明建设、优质生活圈建设等方面取得了初步成效，但在促进澳门产业多元发展方面依然面临不少困难和瓶颈。一是澳门新兴产业基础薄弱、内生动力不强。澳门绝大多数是中小企业，创新实力相对较弱。同时，横琴总体上正从"起步发展打基础"迈向"内容充实聚人气"，产业气候和产业生态尚未形成。二是缺乏新兴产业发展深度协同机制。澳琴两地共同谋划的新兴产业协同发展的合作机制至今没有科学建立起来。三是澳琴两地人流、物流、资金流、信息流高效便捷流动存在诸多障碍。

（二）横琴推进粤港澳大湾区建设的相关建议

面对中央新要求，如何把握新形势和新契机，成为横琴亟待解决的重要命题。2020年是"特别要做好珠澳合作开发横琴这篇文章"的开局之年。笔者建议，横琴可按照"中央要求"，围绕"澳门所需"，聚焦"湾区所向"，发挥"横琴所能"，全面深化对澳合作，充分发挥横琴支持澳门经济适度多元发展的主平台作用，推动重点领域和关键环节改革不断取得突破，助力澳门融入国

---

① 《贺一诚在庆祝澳门回归祖国20周年大会上的讲话（全文）》，新浪新闻，最后访问日期：2020年9月16日。

② 《协同奋进 变革创新——站在澳门历史高度从自我改革开始重新出发》，紫荆网，最后访问日期：2020年9月16日。

家发展大局，进一步丰富澳门特色"一国两制"伟大实践。建议横琴可从以下几方面开展相关工作：

1. 推动珠澳规则衔接和体制机制对接尽早取得新突破

习近平主席明确指出："建设大湾区，关键在创新。要在一国两制方针和基本法框架内，发挥粤港澳综合优势，创新体制机制，促进要素流通。"[①] 国家发改委明确表示，积极支持在横琴设立粤澳深度合作区。3月13日，贺一诚行政长官在粤澳深度合作区总体方案工作会议上指出："新一届特区政府十分重视新时代下的粤澳深度合作，希望用新思维、新方式加以推进。其中，'横琴粤澳深度合作区'的构思和规划需要体现出粤澳合作的深度和广度进一步拓展，需要进一步解放思想、勇于变革创新和务实推进工作。要充分利用澳门'一国两制'的制度优势和横琴的地理、资源和空间优势，探索体制机制对接，推动'横琴粤澳深度合作区'建设。"横琴可对标世界最高水平开放形态和国际通行规则，借鉴深圳建设中国特色社会主义先行示范区等先进经验，争取中央支持，用足用好经济特区立法权，根据授权对法律、行政法规、地方性法规作变通规定，或者由全国人大和国务院授权暂停实施部分法律、行政法规，面向澳门实行一揽子先行先试开放政策，推动横琴粤澳深度合作区建设，进一步拓展粤澳合作的深度和广度。根据《中华人民共和国海关对横琴新区监管办法（试行）》（海关总署令第209号）规定，横琴"分线管理"政策只允许对与生产有关的货物实行保税或者免税管理。2019年3月6日，澳区全国人大代表施家伦在全国人大澳门代表团全体会议上就加强横琴试验区的发展做发言，得到参加审议的韩正副总理的积极回应，并表示横琴未来将会为澳门提供新发展空间，未来横琴将实施"一线放开，二线管好""境内关外"的政策措施。[②] 横琴可积极向中央争取，优化拓展"分线管理"政策，将保免税管理范围由与生产有关的货物拓展至现代服务业类货物及生活消费类物品，促进各类要素跨境高效便捷流动。

2. 找准推动澳门产业多元发展有效路径的"最大公约数"，促进澳门经济发展更具活力

贺一诚在其参选政纲中提出澳门将"拓展综合旅游和延伸上下游产业链，

———

　①　《习近平会见香港澳门各界庆祝国家改革开放40周年访问团时的讲话》，中国共产党新闻网，最后访问日期：2020年9月16日。

　②　《韩正出席澳区全国人大代表团会议》，澳亚网，最后访问日期：2020年3月30日。

促进传统产业和新兴产业发展"，并重点在金融服务、科技创新、中医药、会展等产业发力，这为横琴找准推动澳门产业多元发展有效路径指明了方向。横琴可在深化对澳产业合作上找到"最大公约数"，遵循澳门博彩业之外产业的内在发展逻辑，配套延伸上下游的产业链，在产业方向选择、产业招商等方面尽快与澳门特区政府形成共识，共同争取和推动科技创新、特色金融、中医药及医疗健康等领域中具有国际竞争力的重大项目落地横琴。横琴可加快建设粤澳跨境金融合作（珠海）示范区，充分发挥澳门资本优势和金融的杠杆作用，携手澳门共同开展风险投资、私募股权投资等跨境金融业务，借助资本手段加快发展高新技术、战略性新兴产业。可聚焦中医药的创新研发、转化、中试等关键领域和环节，加快推进粤澳合作中医药科技产业园发展。加快横琴国际休闲旅游岛建设，着力构建不同主题、特色、档次的多元旅游产品体系，与澳门联合开发"一程多站"旅游线路，支持和配合澳门世界旅游休闲中心建设。

3. 深化合作向社会民生领域拓展，携手共建宜居宜业宜游的优质生活圈

习近平主席指出："要积极回应市民关切，着力解决住房、医疗、养老等方面的突出问题"。[①]横琴可把改善民生福祉、为澳门居民办实事作为出发点和落脚点，推动经济合作向社会民生合作拓展深化。推动横琴口岸尽早实施"合作查验、一次放行"的查验模式，提升口岸通关便利化水平。可争取逐步放宽澳门单牌车入出横琴的申请门槛，探索推动出台放开澳门旅游大巴、电召车、公务车等入出横琴的便利政策。加快推进"澳门新街坊"综合民生项目建设，推动澳门教育、医疗、就业等社会福利措施延伸到横琴，便利澳门居民在横琴居住并享受与澳门标准趋同的公共服务，拓展更加优质的生活空间。更加关注澳门青年的发展，更好发挥横琴澳门青年创业谷载体作用，为澳门青年提供干事创业的舞台。可加快推进学校、医院、文化综合服务中心等配套设施建设，加强与澳门公共服务设施共享，为港澳居民和国际高层次人才提供优质环境。

---

① 《习近平在庆祝澳门回归祖国20周年大会暨澳门特别行政区第五届政府就职典礼上的讲话（全文）》，新华网，最后访问日期：2020年9月16日。

12

大湾区外资银行经营发展分析
——以港澳资银行为例

许　炜　贾润崧　陈　曦*

摘　要： 粤港澳大湾区的金融市场开放水平一直走在全国前列，在大湾区概念提出之前，就已经有多家港澳外资银行在广东境内布局机构网点，作为其在内地拓展业务的重点市场。这些金融机构以港资银行为主，澳资银行占比较低。随着大湾区的快速建设以及境内金融开放不断深化，未来港澳银行机构在广东的经营广度和深度也会不断加强，港澳外资银行进入内地发展将迎来全新的发展机遇与巨大的市场空间。未来应当结合大湾区的发展方向和定位，紧紧围绕湾区发展重点，以专业化为目标，发掘区域内特有的市场需求和机遇，推动业务进一步发展。具体而言，发力基建项目，助力大湾区互联互通；加强金融产品互联互通，进一步加强跨境金融；抢抓大湾区金融科技发展机遇，加快金融科技项目的培育和落地；增强创新意识，探索绿色金融商业可持续之路。

关键词： 粤港澳大湾区　港资银行　澳资银行　金融业

近年来，粤港澳金融合作不断深化，共同推进两地业务协同发展，促进大湾区内金融机构的合作。为促进中国内地与香港、澳门经济共同繁荣与发展，2003年，中央政府与香港、澳门特区政府分别签署了内地与香港、澳门《关于建立更紧密经贸关系的安排》（以下简称CEPA），为粤港澳区域金融合作创造了新的契机。金融是全球最具竞争力的产业，粤港澳大湾区既有全球主要国

---
*　许炜，管理学博士，澳门国际银行办公室总经理；贾润崧，管理学博士，现供职于澳门国际银行总行办公室；陈曦，翻译学博士，澳门科技大学国际学院助理教授。

际金融中心之一的香港，也有在全球金融中心最新排名中居第11位的深圳和居第19名的广州。粤港澳的金融市场开放水平一直走在全国前列，在大湾区概念提出之前，就已经有多家港澳外资银行在广东境内布局机构网点，作为其在内地拓展业务的重点市场，同时多家中资银行机构也已经将业务拓展到了香港、澳门地区。大湾区的建设更是为外资银行带来全新的发展机遇与巨大的市场空间，加之境内不断开放的银行业市场，对于外资银行来说极具吸引力。

一、在粤的港澳资银行业金融机构概况

2009年广东省政府出台《珠江三角洲地区改革发展规划纲要》，要求珠三角在金融创新方面先行先试，深化粤港澳金融合作，在错位发展的思路下，粤港澳金融全方位合作前景广阔。2010年4月，在中央人民政府（国务院）牵头下，广东省人民政府和香港特别行政区政府签署《粤港合作框架协议》，这被视为粤港区域经济一体化的里程碑，首次明确提出粤港两地金融合作以香港为龙头，在框架协议之下，粤港可就一些措施先行先试，赋予了粤港合作新的内涵。①

（一）广东省与港澳金融合作政策回溯

截至2018年，广东省银行类金融机构共有17285个（包括法人机构、营业网点），从业人员351325人，资产总额235422亿元；其中外资银行法人机构有6家，全部机构总数为258家，从业人员10413万人，资产总额6326亿元（见表1）。

表1 广东省银行业金融机构情况（2018年底）

机构类别	营业网点			法人机构数量（个）
	机构个数（个）	从业人数（个）	资产总额（亿元）	
大型商业银行	6180	139663	93034	0
国开行和政策性银行	82	2423	10960	0
股份制商业银行	1815	70520	53504	3

① 亚洲金融智库：《粤港澳大湾区金融发展报告（2018）》，中国金融出版社，2018年，第153页。

（续上表）

机构类别	营业网点			法人机构数量（个）
	机构个数（个）	从业人数（个）	资产总额（亿元）	
城市商业银行	625	18871	19333	5
小型农村金融机构	5938	73901	33905	96
新型农村金融机构	284	4455	866	61
邮政储蓄	2066	27099	6702	0
外资银行	258	10413	6326	6
财务公司	23	1078	4109	22
信托公司	5	1498	644	5
其他	9	1404	6039	8
合计	17285	351325	235422	206

数据来源：中国人民银行广州分行《广东省金融运行报告（2019）》。

注：小型农村金融机构包括农村商业银行、农村合作银行和农村信用社；新型农村金融机构包括村镇银行、贷款公司、农村资金互助社；"其他"包含金融租赁公司、汽车金融公司、货币经纪公司、消费金融公司等。

一系列合作框架协议为粤港澳三地金融机构协同发展奠定了良好的基础。在银行业方面包括：降低港澳银行入股内地银行的门槛，为港澳银行开设分支行提供便利。根据2007年签署的CEPA补充协议四，内地同意将港澳银行入股内地银行的资产要求则由100亿美元降至60亿美元，为港澳银行在内地指定地方开设分行设立绿色通道和积极支持内地银行赴港澳开设分支机构经营业务。2009年签署的CEPA补充协议六允许港澳银行机构在广东其他城市建立异地支行，即港澳银行在广东省跨市设立支行时，无需先在当地设立分行。

囿于金融行业对外资的限制，在粤的港澳金融机构以香港银行类机构为主。在2019年澳门回归20周年之际，中央政府及广东省政府密集出台一系列政策措施，支持澳门经济适度多元发展，重点惠及澳门金融行业：银保监会鼓励和支持澳门的银行在内地设立机构，开展业务。2020年6月起实施的新版《关于修订〈CEPA服务贸易协议〉的协议》，进一步制定了多项银行业方面的对外开放措施，放宽市场准入、业务范围、运营要求以及监管程序，提升金融业对外开放程度，为港澳银行企业开拓内地市场创造更理想的投资环境，促进港、澳银行和内地金融机构的业务合作发展与融合。

（二）在粤的港资银行机构的发展

自1982年香港南洋商业银行深圳分行成为首家香港在粤银行机构以来，港澳金融机构在广东的经营广度和深度不断加强，这些金融机构以港资银行为主。截至2020年3月，有十家香港银行的25家分行在广东省21个地级市总共设立了128家异地支行；这十家港资银行在广东省境内的分行数占其全国分行数的20.8%，支行数占其全国网点数的45.9%，有些港资银行仅在广东省设有分支机构，例如大众银行。从地区分布看，在粤港资银行的分支机构主要分布在广州和深圳，部分银行的网点布局更深，例如，汇丰银行已经实现了对广东省21个地级市"全覆盖"，在广东省的网点数量从2010年的20家增长至2020年3月的62家（见表2）。

表2　港资银行在广东的机构布局情况

银行名称	广东省分行数/ 全国分行数	广东省分支行数		广东省支行数/ 全国支行数
		城市	数量	
汇丰银行	4/34	广州	13	58/137
		深圳	13	
		广东其他地区	36	
东亚银行	4/31	广州	4	26/65
		深圳	8	
		广东其他地区	18	
恒生银行	3/14	广州	5	14/31
		深圳	6	
		广东其他地区	6	
南洋商业银行	3/15	广州	3	10/22
		深圳	7	
		广东其他地区	3	

（续上表）

银行名称	广东省分行数/全国分行数	广东省分支行数		广东省支行数/全国支行数
		城市	数量	
华侨永亨银行	3/12	广州	3	8/11
		深圳	5	
		广东其他地区	3	
创兴银行	3/4	广州	2	5/5
		深圳	1	
		广东其他地区	5	
大众银行	1/1	深圳	5	4/4
大新银行	1/4	广州	1	2/2
		深圳	1	
		广东其他地区	1	
招商永隆银行	2/3	广州	1	1/1
		深圳	2	
上海商业银行	1/2	深圳	1	0/1
合计	25/120	–	–	128/279

数据来源：银保监会网站。

注：所有数据截至2020年3月底，分支行数目不包括总行。

（三）在粤的澳资银行机构的发展

澳资银行进入内地时间较晚，2016年底大西洋银行在横琴设立分行，是第一家进驻内地的澳资分行，也是第一家通过CEPA11补充协议进驻广东的澳资分行。除了大西洋银行，进入内地的还有大丰银行和澳门国际银行。截至2020年3月，前述三家澳资银行中，大丰银行只在上海有一家分行，大西洋银行只在横琴试验区有一家分行，澳门国际银行在广东省有三家分支机构，包括一家分行，两家支行（见表3）。

表3 澳资银行在广东的机构布局情况

银行名称	广东省分行数/全国分行数	广东省分支行数		广东省支行数/全国支行数
		城市	数量	
澳门国际银行	1/2	广州	1	3/3
		佛山	1	
		东莞	1	
		惠州	1	
大西洋银行	1/1	横琴	1	0/0
合计	2/3	–	–	2/2

数据来源：银保监会网站。

注：所有数据截至2020年3月底，分支行数目不包括总行，惠州支行2020年9月底营业。

二、内地港资银行经营状况分析

课题组选择公布完整年报的三家港资在内地的法人银行进行分析，包括在内地布局较广的汇丰银行（中国）、东亚银行（中国）以及第一家进入内地的港资银行南洋商业银行（中国）。

汇丰银行（中国）有限公司于2007年4月正式开业，是一家在上海注册的外资法人银行，由香港上海汇丰银行有限公司全资拥有。汇丰是在内地投资最多的外资银行之一，在投资自身发展的同时，也入股内地中资金融机构，包括交通银行。汇丰中国目前拥有员工8000多人，其中约99%是本地人才。汇丰中国已在内地50多个城市设立了约170个服务网点，是内地网点最多、地域覆盖最广的外资银行。

东亚银行（中国）有限公司同样于2007年4月正式开业，也是一家在上海注册的外资法人银行，是香港东亚银行有限公司的全资子公司。截至2018年底，东亚中国员工总数达约4000人，在内地40多个城市已设立96个网点。

南洋商业银行（中国）有限公司于1982年在深圳经济特区设立第一间内地分行，是新中国成立后第一家在内地经营的外资银行。2007年12月，南洋商业银行将其在内地的分支行改制为外资法人银行，目前由中国信达资产管理股份有限公司通过其全资附属机构——南洋商业银行全资拥有。目前网点数量已达到15家分行和22家支行。

三家银行中,汇丰银行资产规模最大,2018年底达到4763亿元[①],存、贷款也都达到2000亿元水平,东亚银行规模居中,南洋商业银行规模较小,存、贷款都不到1000亿元。虽然南洋商业银行规模小,但盈利能力远超东亚银行,其中,东亚银行2000亿元的资产规模对应只有4.7亿元利润,而南洋商业银行1500亿元的资产规模却取得了11.3亿元的利润(见图1)。

单位:亿元

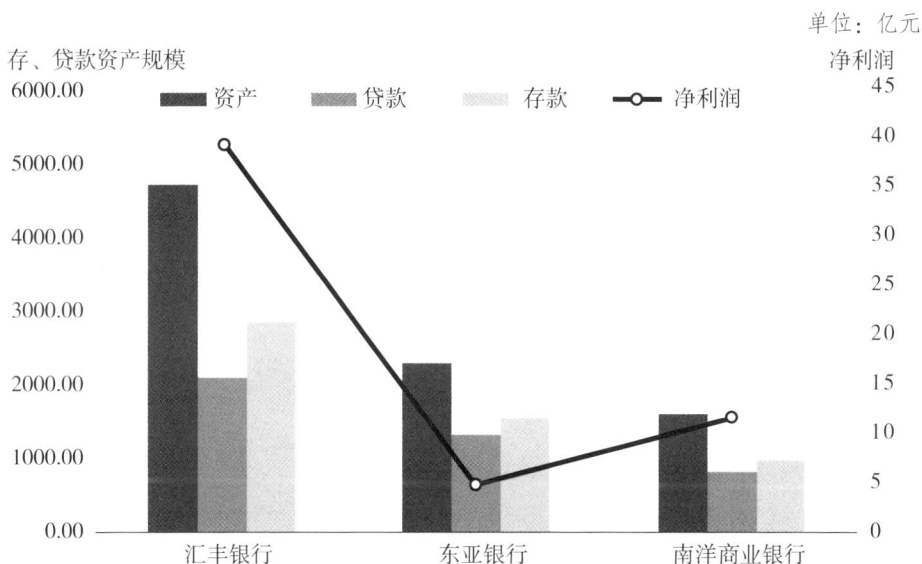

数据来源:各银行年报,下同。

图1　三家内地港资银行核心指标对比(2018年)

从资产结构配置来看,三家港资银行的业务重点略有不同,汇丰银行的业务重点以贷款和金融投资为主,东亚银行更侧重于传统的贷款领域,相比前两家,南洋商业银行在资产的比重较高(见图2)。

贷款领域,三家内地港资银行的主要业务集中在对公业务,汇丰、东亚、南洋商业三家银行对公贷款占全部贷款的比重基本都保持在70%~80%之间,零售贷款占比均较低(见图3)。

---

①　本部分三家港资银行数据皆为其内地法人机构数据。

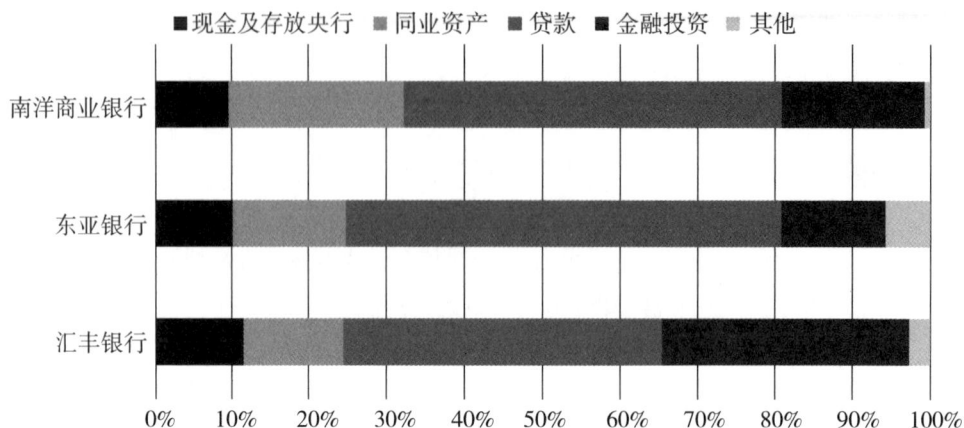

图2　三家内地港资银行资产结构对比（2018年）

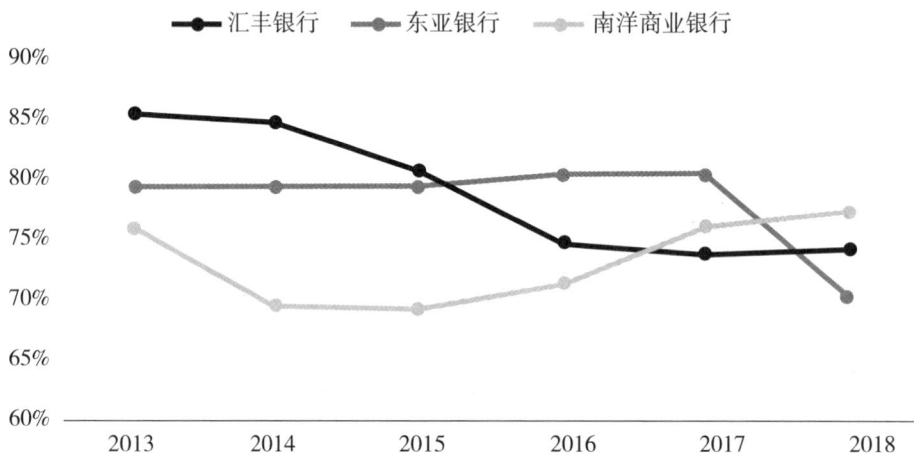

图3　三家内地港资银行对公贷款占全部贷款比重

从对公业务领域的行业分布看，三家港资银行主要聚焦于制造业、批发零售业、房地产业、租赁和商业服务业这几大行业。在此基础上，各银行也有自身的客户偏好。例如，汇丰银行2013～2018年对公贷款比重排前三位的行业分别是制造业、批发和零售业以及房地产业，这几年的占比基本稳定在33%、30%和12%。东亚银行2013～2018年对公贷款比重排前三位的行业分别是房地产业、批发和零售业以及租赁和商业服务业，但是这几个行业的占比近几年变化较大，其中房地产业占比不断提高，从2013年34%提高到2018

年的50%，批发零售业占比则从25%下降到9%，租赁和商业服务业的占比在
2014年较大收缩为5%左右，2015年逐步回升后基本稳定在10%左右。南洋商
业银行2013年至2018年的企业贷款比重排前三位的行业是制造业、批发和零
售业以及房地产业，其中房地产业的贷款比重持续上升，由2013年的13%上
升到2018年的31%；而制造业贷款萎缩较快，由2013年的43%下降至2018年
的13%，批发零售业贷款占比基本稳定在20%左右（见图4、图5、图6）。

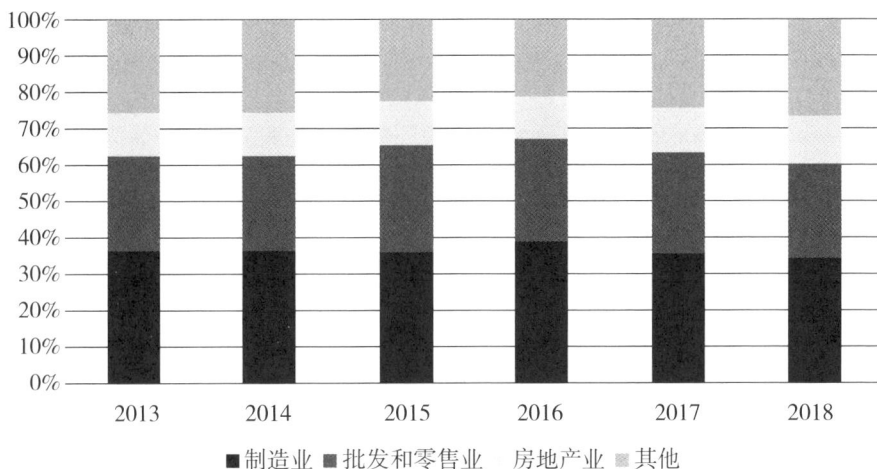

图4　汇丰银行对公贷款行业分布

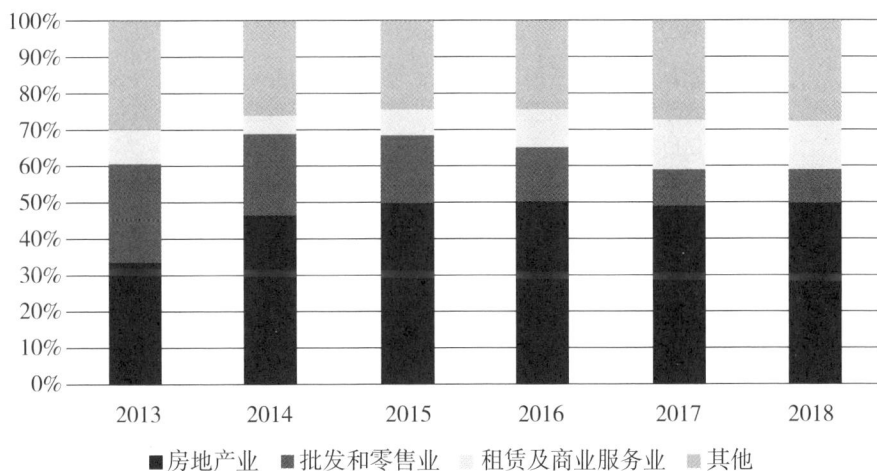

图5　东亚银行对公贷款行业分布

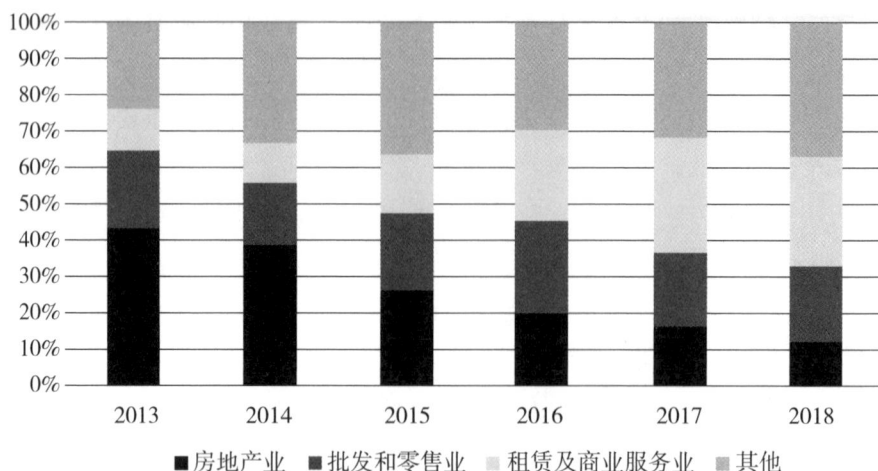

图6 南洋商业银行对公贷款行业分布

从业务类型的角度看，内地港资银行的对公业务重点集中于跨境金融和中小企业金融。在国家"一带一路"的战略部署下，无论是民营企业还是国企，都产生了大量的"走出去"需求；在"扩大对外开放积极利用外资"的政策下，境外企业也在积极开拓广东市场。无论企业走出去还是引进来，都为港资银行带来很多机会。例如，汇丰银行（中国）将其对公业务板块分为了环球银行及资本市场、工商金融服务和企业中心三大部分，其中包含跨境金融服务在内的工商金融服务业务一直是汇丰银行（中国）排名第二的盈利来源（见图7）。

单位：亿元

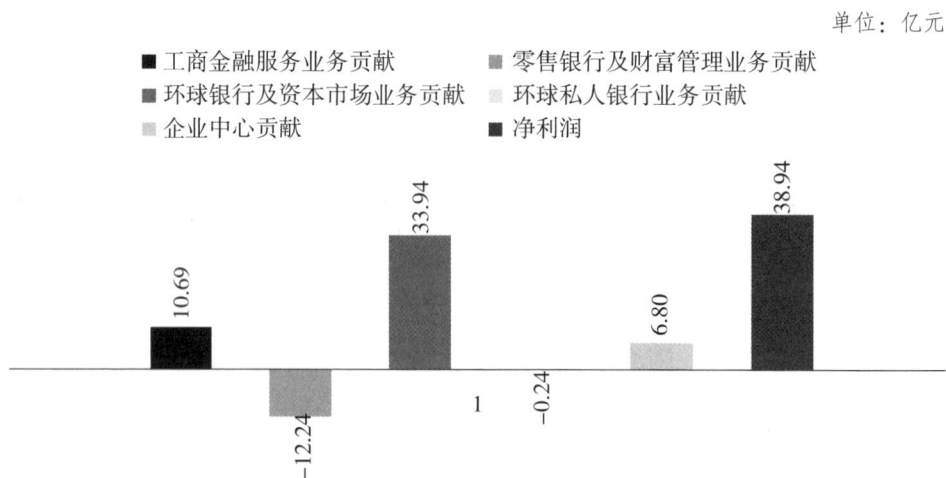

图7 汇丰银行2018年利润分解

零售业务领域，虽然港资银行一直强调要在财富资管管理领域积极发力，但实际上多数内地港资银行的个贷业务还是以个人住房贷款为主。例如，汇丰银行的个人贷款中几乎全部都是个人住房贷款，占比高达95%以上，且占全部贷款的比例也呈逐年上升之势，从2013年的14.6%上升至2018年的24.3%。东亚银行的个人贷款中近六成是个人住房贷款，不过2018年该占比骤降了20个百分点，后续是否会延续下降趋势还有待观察。此外，东亚银行的信用卡业务增长较快，在个人贷款业务中的占比从2013年的6.4%快速提升至2018年的22.1%。南洋商业银行的个人贷款中也几乎全部都是个人住房贷款，占比高达90%，而且其信用卡和消费贷业务发展较为滞后，近几年呈不断收缩趋势，这可能与其品牌知名度不高有一定关系（见图8、图9）。

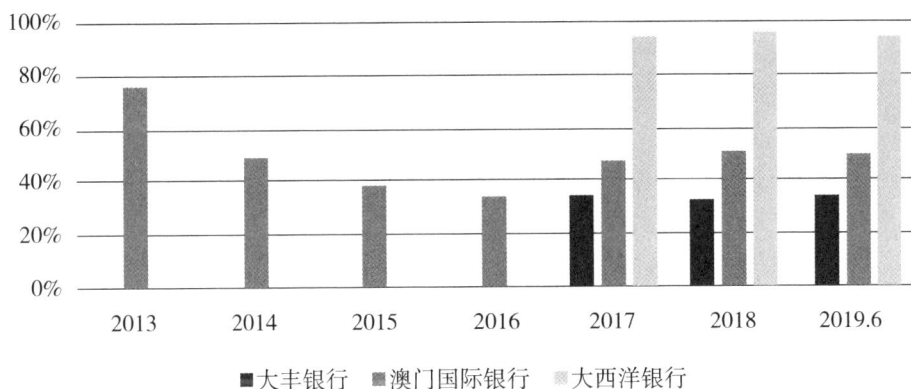

图8　个人住房按揭贷款占个贷比重变化

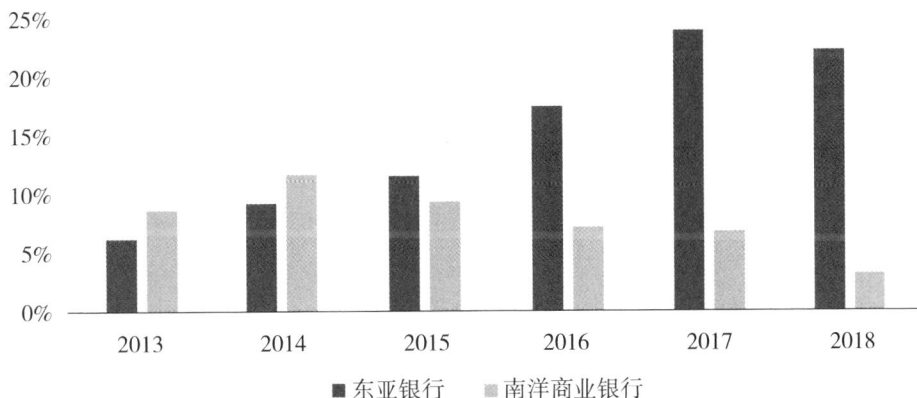

注：东亚银行数据为信用卡数据，南洋商业银行数据包括信用卡和消费贷。

图9　东亚和南洋银行消费贷款占个人贷款比重

负债方面，三家港资银行的负债结构均以吸收存款为主，吸收存款占总负债比重在60%～70%之间，除了存款，同业负债也是负债的重要来源，南洋商业银行和汇丰银行比东亚银行更加依赖同业负债，占比均超过20%（见图10）。

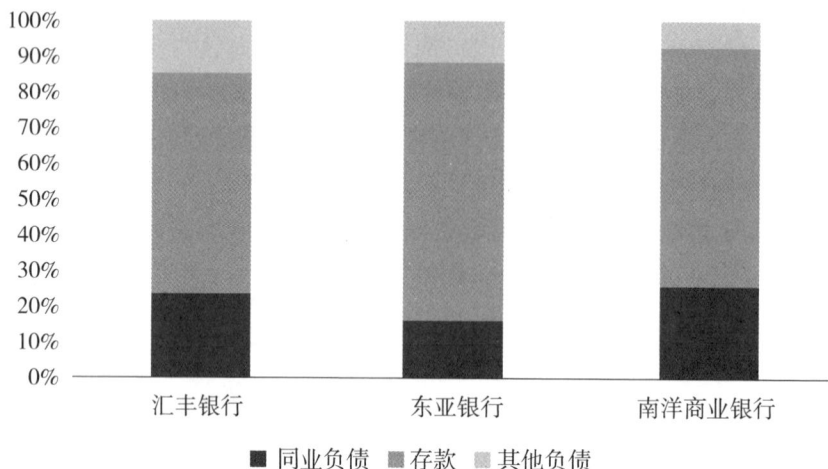

图10　三家内地港资银行负债结构对比（2018年）

三家港资银行的收益结构方面，净利息收入和手续费及佣金净收入合计占营业收入比重80%以上，其中手续费及佣金净收入占比差别不大，基本都是14%左右，而东亚银行的利息净收入占比高于另外两家内地港资银行（见图11）。

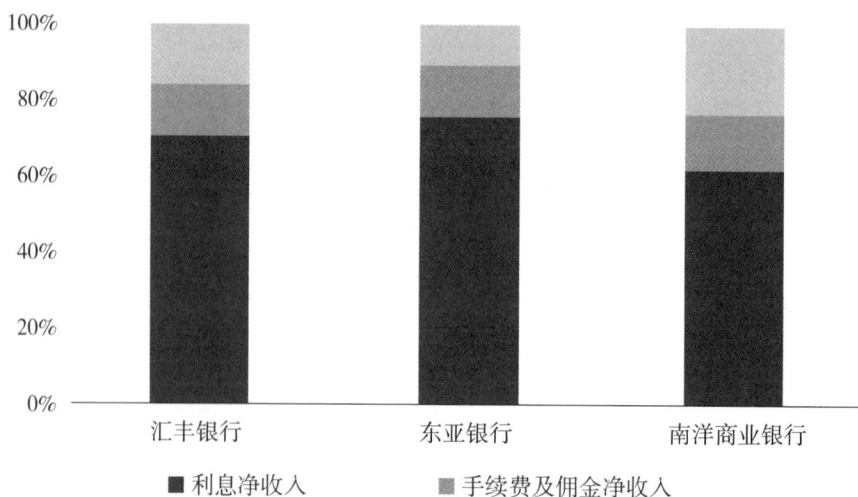

图11　三家内地港资银行收益结构对比（2018年）

三、澳资银行概况及其在内地的发展

澳门金融业市场结构单一，主要由商业银行和保险企业等金融机构组成，商业银行是澳门金融业的主体构成部分。根据澳门金管局统计，截至2020年1月，澳门共有银行31家，其中12家为本地注册成立的银行，另外19家为外地注册成立的银行在澳门开设的分支机构；截至2020年1月，澳门银行业总资产为2.01万亿澳门币，同比增长9.65%。

在澳门地区，中资银行业发挥着领导者的引领作用。目前，中资银行和港资银行共16家（中资八家，港资八家），分支机构共109个（中资86个，港资23个）。其中，中国银行和工商银行（澳门）的市场份额占据澳门银行业的半壁江山，两者2019年底的总资产之和与营业利润之和的行业占比分别为54.03%和49.88%。

由于进入内地的澳资银行只有三家（大丰银行、澳门国际银行、大西洋银行），且都为分行，没有公布完整的内地业务数据，后续将以这三家银行在本澳的业务为基础进行对比分析。

表4 澳门中资和港资银行名单和分支机构数量

中资		港资	
银行名称	分支机构数量	银行名称	分支机构数量
中国银行	34	华侨永亨银行	11
工商银行（澳门）	24	东亚银行	4
建设银行	9	汇丰银行	2
广发银行	6	星展银行（香港）	2
中信银行（国际）	1	创兴银行	1
交通银行	1	恒生银行	1
农业银行	1	招商永隆银行	1
建设银行	10	华南商业银行	1
合计	86	合计	23

数据来源：澳门金管局。

三家银行中，澳门国际银行资产规模最大，2019年底达到2109亿澳门币[①]，大丰银行规模居中，大西洋银行规模较小，资产、存、贷款都不到1000亿澳门

---

① 本部分三家澳（门）资银行数据皆为其本澳法人机构数据。

币。但是大丰银行利润创造能力最强，截至2019年底达到21.77亿澳门币。

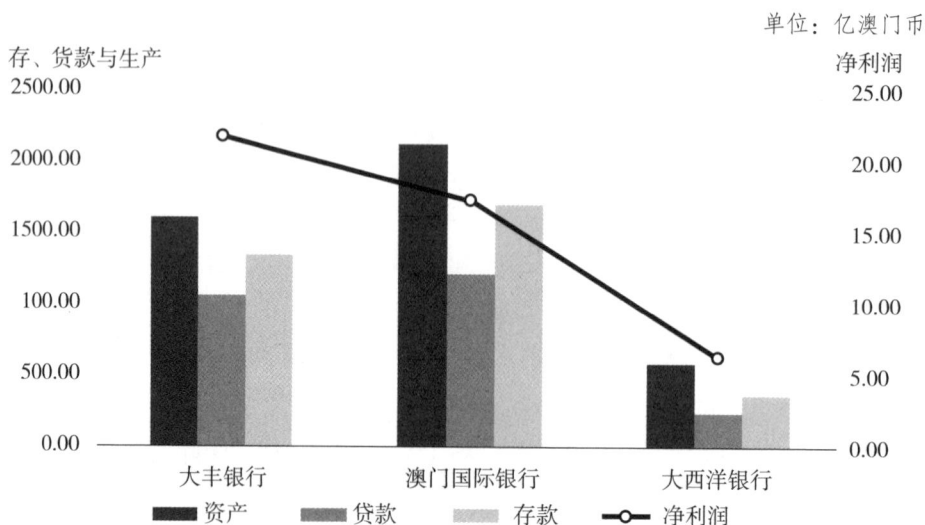

图12　三家澳资银行核心指标对比（2019年）

从三家进入内地的澳资银行资产结构来看，大丰银行和澳门国际银行的贷款、金融投资占比均较高，两类资产共占总资产的80%～90%，但是这两家银行同业资产占比较低；相比之下，大西洋银行的同业资产占比远超前述两家银行，但是贷款及金融投资资产占比较低（见图13）。

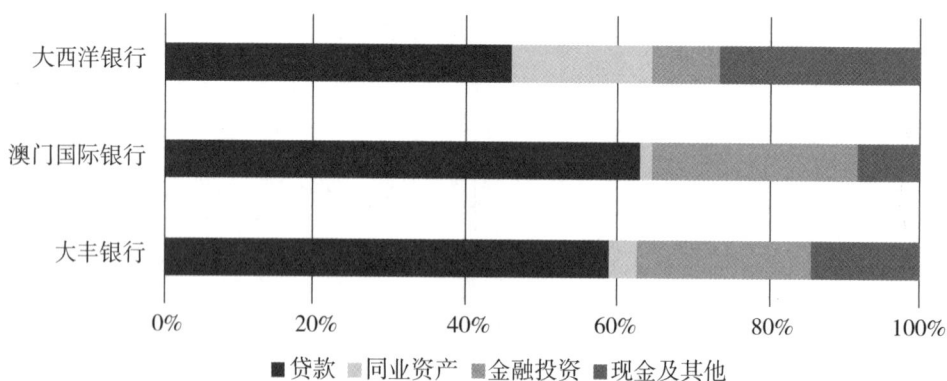

注：同业资产包括存放同业资产、买入返售资产及持有之存款证，金融投资包括政府债券资产和证券投资资产。

图13　三家澳资银行资产结构对比（2018年）

贷款领域，三家澳资银行的主要业务差别较大，澳门国际银行的对公业务占比较高，占全部贷款比重接近90%，大西洋银行对公贷款占比最低，且近两年进一步下降，截至2019年中，只有35%，大丰银行对公贷款居中，不过近几年有所提高（见图14）。

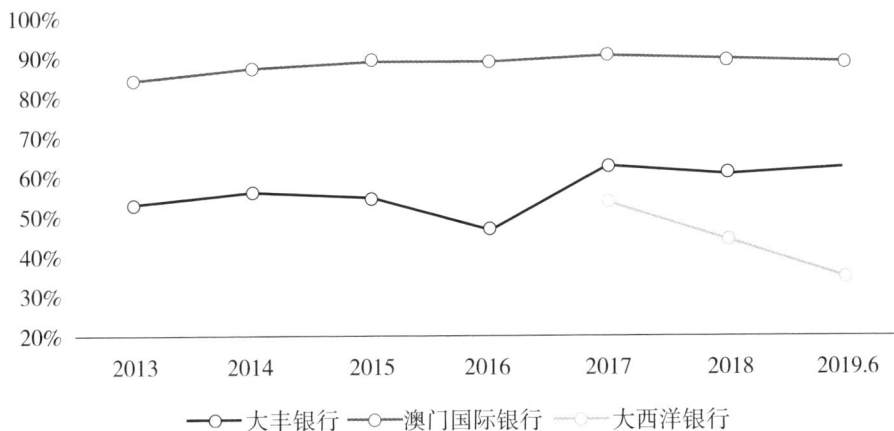

图14 三家澳资银行对公贷款占全部贷款比重

从对公业务领域的行业分布看，三家澳资银行主要聚焦于非银行金融业、制造业、批发和零售业、建筑及公共工程这几大行业。在此基础上，各银行也有自身的客户偏好。例如，大丰银行对公贷款的集中度比较低，前三个贷款最多的行业仅占全部对公贷款的三分之一左右，贷款最多的行业主要是非银行金融业、批发和零售业和建筑及公共工程，且近几年行业调整较大，其中非银行金融业贷款占比从2013年的1.18%快速上升到2019年6月的15.11%，同期建筑及公共工程贷款占比从24.74%下降至8.86%，批发和零售业占比基本稳定在10%左右（见图15）。澳门国际银行对公贷款初期集中度较高，近几年有所下降，主要集中在批发和零售业、建筑及公共工程以及制造业，近几年同样调整较大，其中批发零售业贷款占比从2013年65.67%快速下降到2019年6月的29.91%，同期制造业占比从12.16%下降至仅有0.29%，建筑及公共工程占比则从0.78%猛增至11.79%（见图16）。大西洋银行的贷款集中度是三家澳资银行中最低的，占比最高的三个行业是电力燃气及水、餐厅酒店及相关活动、建筑及公共工程，其中电力燃气及水占比从2017年5.96%上升至2019年6月的13.42%，另外两个行业占比变化比较稳定（见图17）。

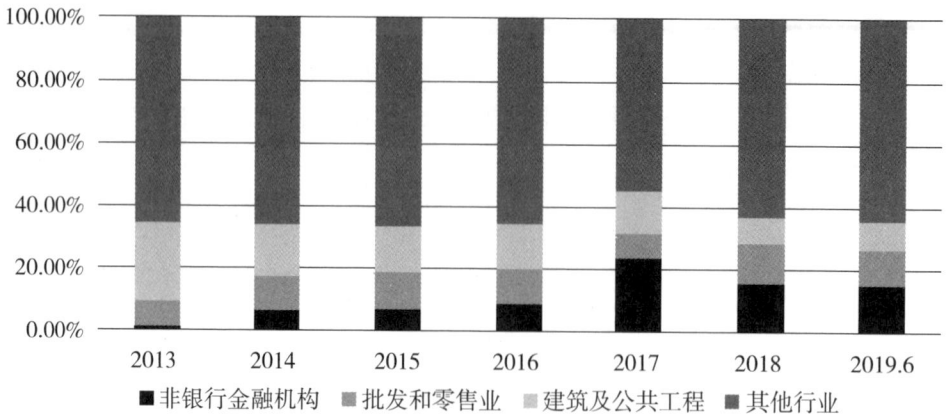

图15 大丰银行企业贷款的行业分布变化

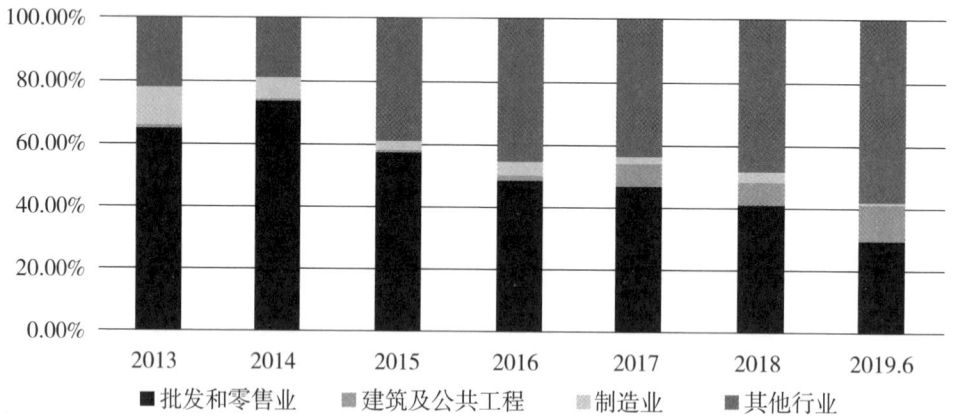

图16 澳门国际银行企业贷款的行业分布变化

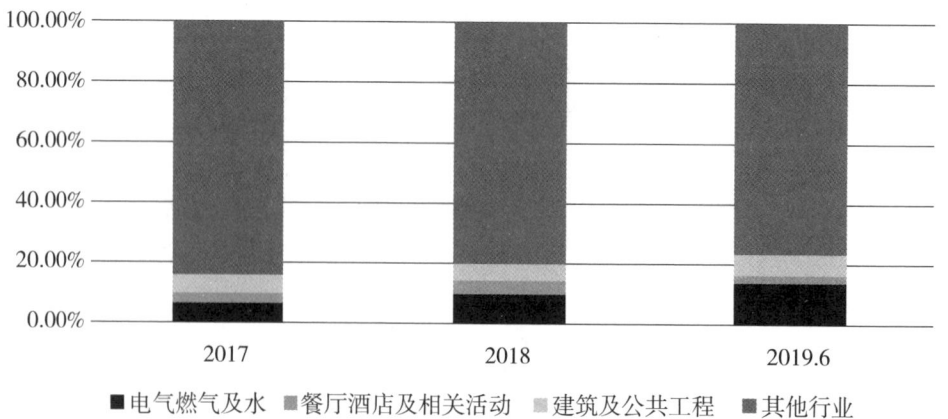

图17 大西洋银行企业贷款的行业分布变化

从贷款区域看，大丰银行和大西洋银行的贷款主要集中在澳门本地，其中大西洋银行本澳贷款占比高达97%，澳门国际银行的贷款地域分布较为分散，澳门本地占比较低，在内地业务占比较高（见图18）。

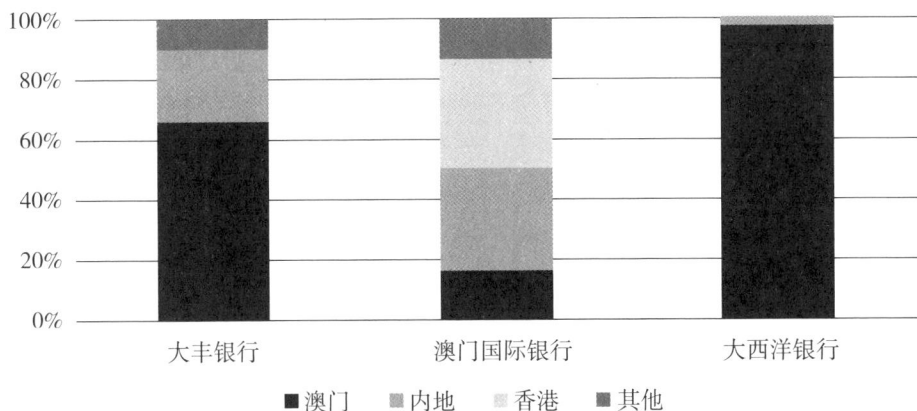

图18　三家澳资银行贷款区域分布（2019年6月）

从个人贷款的内部结构看，三家澳资银行并不像前述内地港资银行一样，主要集中在个人住房按揭领域。只有大西洋银行的个人住房按揭贷款占个贷比重较高，超过90%，澳门国际银行和大丰银行的个人住房按揭贷款占比均小于一半（见图19）。

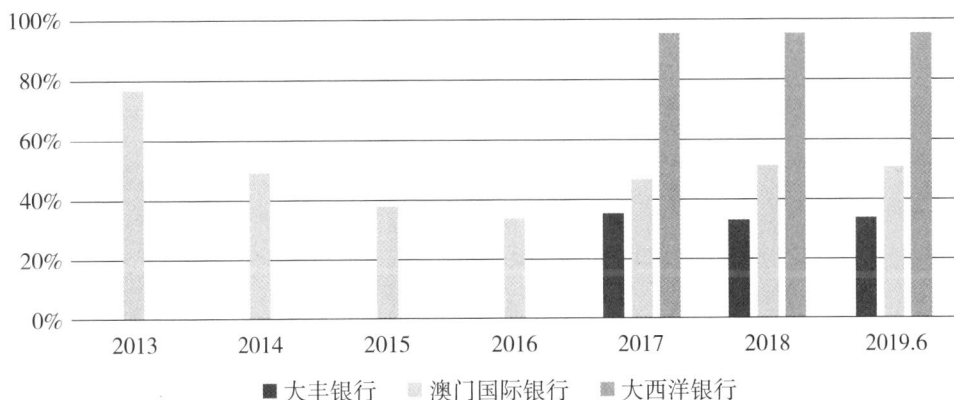

图19　三家银行个人住房贷款占个贷比重

负债方面，三家澳资银行的负债结构均以吸收存款为主，吸收存款占总负债比重在70%~85%之间，除了存款，同业负债也是负债的重要来源，大西洋银行由于流动资金充裕，较少在银行同业市场拆入资金，大丰和澳门国际银行的存款基础则更好，占比更高，不过澳门国际银行比大丰银行更加依赖同业负债（见图20）。

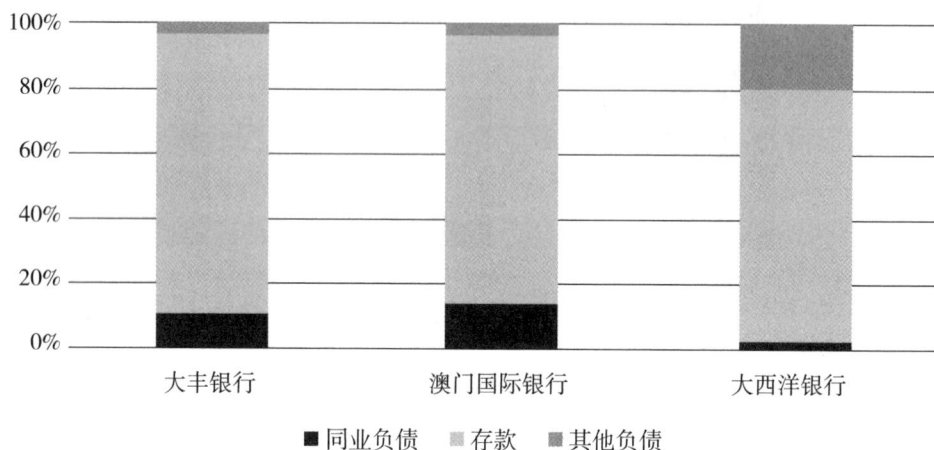

图20　三家澳资银行负债结构对比（2018年）

三家澳资银行的收益结构方面，净利息收入和手续费及佣金净收入合计占营业收入比重90%左右，其中大西洋银行的手续费及佣金净收入占比较高，达到16.4%，而澳门国际银行的利息净收入占比较高，达到91%，远超另外两家银行（见图21）。

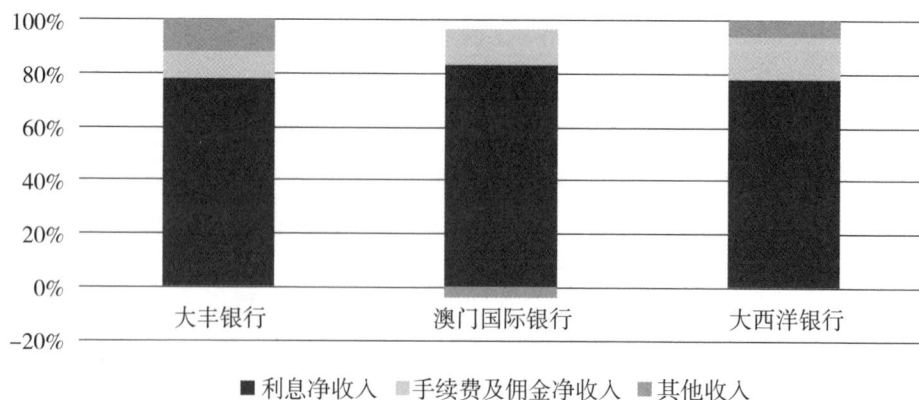

图21　三家澳资银行收益结构对比（2018年）

四、港澳银行参与大湾区城市建设的建议

在过去二十年的发展中，粤港澳金融合作已经具备良好的基础，尤其CEPA协议的签署，加速了银行业、证券业和保险业的往来。港澳银行机构在粤发展从单一化实现多元化，实现规模跨越式发展，港澳资银行已经成为广东跨境金融和中小企业金融服务领域的有益补充，未来应当结合大湾区的发展方向和定位，紧紧围绕湾区发展重点，以专业化为目标，发掘区域内特有的市场需求和机遇，推动业务进一步发展。

一是发力基建项目，助力大湾区互联互通。在粤港澳大湾区的建设中，首先要实现基础设施的互相联通，在交通、电信、互联网、5G等新旧基建方面将会出现巨大的融资需求，港澳资银行应抓住机会积极为湾区内基础设施项目的融资需求提供创新金融服务，加强与湾区地方政府的联系合作，为重点港口、高铁、轨道交通、跨海大桥等重大项目的建设提供配套融资服务，协助推动大湾区基础设施的升级完善。

二是加强金融产品互联互通，进一步加强跨境金融。截至2018年，人民币跨境贸易结算业务量为5.1万亿元，其中单是广东地区人民币结算业务量就达到3.4万亿元规模，占全国总规模的66.5%，居各省市首位。未来随着大湾区经济一体化的推进，以及政策的进一步放开，直接利好跨境业务的开展。为了利用好粤港澳大湾区境内外互通的窗口，港澳资商业银行可利用境外平台优势扩宽企业融资渠道，积极联动境内外机构，协同作业，向湾区内企业提供跨境人民币贷款和其他相关业务。另外，随着资本市场互联互通的深化，内地与港澳在保险、证券、资管等领域的合作也会增多，港澳资银行还应大力发展投、商行的联动业务，着力于资本市场相关、跨境财富管理相关的产品和服务，充分把握跨境资产管理业务的发展机遇。

三是抢抓大湾区金融科技发展机遇，加快金融科技项目的培育和落地。《粤港澳大湾区发展规划纲要》中明确提出"建设科技创新金融支持平台"，指出深圳要建设科技金融试点，加快金融科技载体建设。根据浙江大学互联网金融研究院司南研究室、浙江互联网金融联合会发布的《2019金融科技中心城市报告》，深圳市是八大全球金融科技中心城市之一，国内方面，深圳、广州、香港分列全国第三、五、六位。目前粤港澳大湾区正逐步形成科创企业集聚，在数字货币研究、监管科技、大数据应用、量化投资平台、网络安全、区

块链和人工智能等领域已经表现出技术领先优势，港、澳资银行机构要把握湾区科技金融建设的机遇，抢抓金融服务的先机，不断完善自身在粤港澳地区的大数据基础。同时结合湾区生态人文建设，从提高大湾区生活便利度角度出发，在支付、医疗、交通出行等城市服务领域，尤其是智慧城市建设方面，推进金融科技项目的落地。

四是增强创新意识，探索绿色金融商业可持续之路。建立绿色金融体系是我国的国家战略之一，《粤港澳大湾区发展规划纲要》明确提出支持香港打造大湾区绿色金融中心，建设国际认可的绿色债券认证机构；支持广州建设绿色金融改革创新试验区，研究设立以碳排放为首个品种的创新型期货交易所；研究在澳门建立以人民币计价结算的证券市场、绿色金融平台。可以看到，就绿色金融业务，国家对广州、深圳、香港、澳门都有相应的规划安排。根据银保监会数据，截至2019年底，国内主要银行机构的绿色信贷余额已经突破10万亿元，同比增长15.4%，占各项贷款总余额中的7%左右，截至2019年9月，广州地区银行机构绿色贷款余额超3000亿元；另外绿色信贷质量整体良好，据《中国绿色金融发展研究报告2018》[1]统计，2017年全国绿色信贷不良率仅0.37%，远远低于同期总体贷款的不良率。随着大湾区绿色发展理念的日益普及、绿色经济和产业的成熟，绿色金融还将获得更广阔的发展空间。

粤港澳大湾区规划
与定位分析
另附相关资讯文章
扫码获取

---

① 马中、周月秋、王文主编：《中国绿色金融发展研究报告（2018）》，中国金融出版社，2018年。

13

横琴—澳门金融合作发展的现状、问题与建议

曹晓东*

摘　要：《粤港澳大湾区发展规划纲要》提出支持澳门发展租赁等特色金融服务，探索与邻近地区错位发展，研究在澳门建立以人民币计价结算的证券市场、绿色金融平台、中葡金融服务平台；支持珠海等市发挥各自优势，发展特色金融服务业。在大湾区建设背景下，横琴新区与澳门特色金融产业融合发展迎来了历史性机遇。当年，横琴金融对澳门合作成效显著，体现在澳资金融机构逐渐集聚、金融创新推动粤澳合作便利化、惠澳利澳金融政策体系逐步形成、产业基金助力粤澳两地发展等方面。但也存在不少问题，例如产业结构单一化，限制了澳门金融产业的发展；金融要素支撑不足，阻碍了金融业转型升级；两地制度环境差异较大，影响了金融产业融合发展等。未来需要加强顶层设计，大力解决澳门金融人才匮乏、空间不足、配套设施不完善等问题，推动琴澳金融合作上新台阶，助力大湾区金融创新融合，助力澳门经济适度多元发展。

关键词：澳门　横琴　金融发展　金融合作

2019年12月20日，习近平主席在庆祝澳门回归祖国20周年大会暨澳门特别行政区第五届政府就职典礼上发表重要讲话指出："当前，特别要做好珠澳合作开发横琴这篇文章，为澳门长远发展开辟广阔空间、注入新动力。"2020年4月20日，澳门特区行政长官贺一诚表示："希望横琴引入澳门制度，成为第二个澳门。"贺一诚在《2020年财政年度施政报告》中强调：

---

* 曹晓东，管理学硕士，中国（广东）自由贸易试验区珠海横琴新区片区办公室主任助理、横琴新区金融服务局金融科技部负责人。

"澳门将设立跨境人民币结算中心，允许澳门和横琴之间资本自由流动。"目前，横琴各类金融企业约7000家，横琴金融岛CBD未来将有超1100万平方米高端商办建筑面积，单位面积投资强度比肩深圳前海。金融业是澳门特区促进经济适度多元发展的重点之一，目前，珠海正以发展跨境金融为核心，以加强科技金融和金融科技合作为两翼，推动在横琴建设跨境金融合作示范区。社会各界期望中央支持横琴粤澳深度合作区全面对接澳门金融市场规则体系，打造与澳趋同的金融环境，破除两地金融体制障碍和政策壁垒，促进资金自由有序流动。

一、澳门金融业发展的历史与现状

以1999年12月20日澳门回归作为一个重要时间节点，可以将澳门金融业发展历程分为回归前和回归后两个重要时期。澳门回归前大概一百年的发展过程中，金融业从无到有，从小到大。1902年8月，葡萄牙海外汇理银行（现为大西洋银行）在澳门开设分行，并于1905年取得澳门元的发行权。时至今日，大西洋银行仍为澳门特别行政区政府发钞银行之一。抗日战争爆发后，广州和香港的银行、银号等金融机构纷纷迁至澳门，澳门金融活动因此也一度出现繁荣景象，高峰时期约有300余家金融机构。但这些由华人经营的金融机构并不被澳葡政府所认可，无法取得银行牌照，只能以银号或者兑换店形式经营。银号可经营放款，但不能办理外汇结汇业务。兑换店则以货币兑换为主。1952年，澳葡政府成立"外汇管理委员会"，继续强化汇兑管理。至1964年又成立了"银行监察处"，最初的监察对象也只有大西洋银行一家机构。

1970年8月26日澳葡政府引入并颁布了葡萄牙第411/70号法令，这是澳门第一个银行法，填补了澳门金融制度和金融法规的空白，对澳门银行业的快速发展和金融监管起到了规范性作用。随后短短四年间，大丰、永亨、广东、恒生、南通等银号先后申请转为银行机构，与此同时，外资银行也纷纷赴澳开设分行。至1982年，澳门已有15家银行，七家货币兑换店，12家保险公司，一家邮政储蓄机构。随着银行法的颁布，银行监察处的职能也不断完善。1980年，澳葡政府成立了具有部分中央银行职能的"澳门发行机构"（IEM），随后银行监察处并入IEM，IEM负责监察金融市场活动，同时充当外汇、黄金的储备职能。至此，澳门金融体系初步形成。

1982年8月，澳门政府颁布自行制定了《信用制度暨金融机构管制》（第

35/82/M号法令），标志着澳门金融业逐渐成熟并走向快速发展。一方面以开放的姿态给澳门金融业带来更大的活动范围和发展空间，为海外银行开设分行制定了专门的条款，同时将信用机构的范围扩大到各种基金、财务公司、金融租赁公司；另外一方面也加强了监管，对银行授信限额要求更加严格，同时也大幅提高了商业银行的资本额，规定商业银行从每年利润净额中提取不低于20%的份额作为法定准备金，直至该准备金达到公司注册资本的半数为止，之后从每年利润净额中提取不低于10%的份额作为准备金，直到该准备金等同公司资本额为止。1989年6月，澳门货币暨汇兑监理署（AMCM）成立，替代了原来的IEM，标志着澳门金融监管体系进一步走向规范和成熟。随着金融业的不断发展，1993年澳门政府颁布了《澳门地区金融体系之法律制度》（第32/93/M号法令），以不断适应新时期的发展需求。该法令将在澳门开设银行机构的注册资本提高到不少于一亿澳门币，对此前的业务准则也重新作出修订。新法令比过去更严谨，更重视金融风险和对风险的管理，并寻求与国际金融监管规则接轨。随后几年，澳门政府又先后修订或新颁布若干项法令，其中涵盖融资租赁公司（第51/93/M号法令）、兑换店及汇兑制度（第38/97/M号法令、第39/97/M号法令）、现金速递公司（第15/97/M号法令）、保险活动管制法例（第27/97/M号法令）、私人退休基金法律制度（第6/99/M号法令）、财产管理公司（第25/99/M号法令）、投资基金（第83/99/M号法令）等等。至1999年12月澳门回归时，经澳门政府批准的金融机构约有60余家，其中银行22家、保险公司24家（其中财产险公司17家、人寿险公司7家）、货币兑换店十家、信托财务公司三家以及一家邮政储蓄机构。

2019年12月20日恰逢澳门回归20周年，在不断坚持"一国两制"的基础上，是澳门历史上经济发展最快的20年，这一时期的澳门金融业发展可以分为两个阶段：

（一）调整稳固阶段（1999年12月～2009年）

由于1997年亚洲金融危机给香港经济及金融业带来很大的冲击，而澳门金融业一直对香港保持高度依赖性，因而澳门经济也受到很大影响。澳门回归之初，面对经济下滑、失业严重、通货收缩的局面，特区政府提出了"固本培元"的经济发展方向，积极采取各种措施，以推动澳门经济恢复元气。其中一个重要举措便是2002年的开放赌权政策，特区政府批出三个博彩经营权牌照，之后又由三家持牌博彩公司依法批出三个副牌，最终形成了三正三副共六家博彩公司的局面。赌权开放后，美国及其他国家和地区的资本迅速进入澳门博彩业。中央政府适时推出内地居民自由行政策，逐步放开了内地居民到澳门进行旅游博彩消费。澳门博彩业急速繁荣起来。至2006年，澳门博彩业总收入超过了美国的拉斯维加斯，成为世界第一赌城。2007年，澳门人均GDP超越新加坡，成为亚洲"首富"（见图1）。

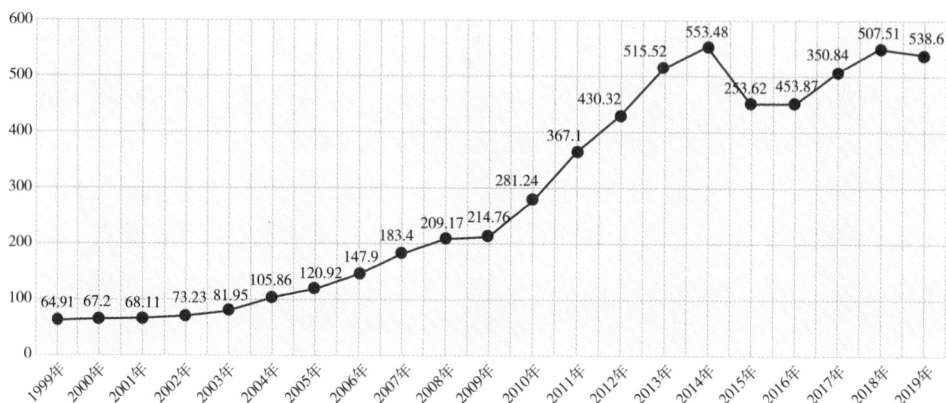

数据来源：世界银行公布数据

图1　1999～2019年澳门GDP数据（单位：亿美元）

澳门经济在博彩业的推动之下大幅好转，各行业均呈现出良好的发展势头，因此也吸引了香港及内地等地区的金融机构进入澳门，如香港恒生银行、东亚银行、中国工商银行、交通银行等。至2008年末，银行机构数量从1999年的22家增至27家。在这近十年的发展过程中，由于先后受到1997年亚洲金融危机、2008年全球金融危机以及2003年"非典"等事件的影响，澳门金融业基本处于一个不断调整、优化管理、审慎经营并逐步趋于稳固发展的阶段。与此同时，澳门货币暨汇兑监理署于2000年2月更名为澳门金融管理局，同年4月起，澳门金融管理局又受澳门特别行政区政府委托，对土地基金的资产进行管理。澳门金融监管制度在这一时期也逐步稳健和完善。

（二）蓄势待发阶段（2009～2019年）

2008年全球金融危机之后，世界及周边地区的大环境亦发生了巨大变化，同时由于受到金融危机的影响，全球最大的博彩及娱乐集团金沙公司传出财务危机，该集团在澳门的多个发展项目被迫停工，这一事件引发了澳门社会对经济发展单一依赖博彩业的讨论和探索。此外，随着CEPA协议补充协议的陆续推出，以及《珠江三角洲地区改革发展规划纲要》（2008年12月）、《粤澳合作框架协议》（2011年）、《粤港澳大湾区发展规划纲要》（2019年2月）等重要政策的出台，为澳门与内地融合发展提供了重要政策支持。2009年中央宣布开发横琴岛并配合澳门经济适度多元发展，2013年澳门大学横琴新校区正式启用，2018年港珠澳大桥正式通车，澳门与内地、香港之间的关系和合作更加便利、顺畅。在中央政府的大力支持之下，澳门经济持续蓬勃发展，至2014年澳门人均GDP达到历史顶峰水平约9.4万美元。2015年起因受有关政策影响，服务出口大幅减少，澳门经济也受到影响，经过几年恢复，至2018年恢复到与2014年近乎持平的状态。

至2019年底，澳门金融业现状如下：

从金融机构数量来看，截至2019年底，澳门共有29家银行（10家为本地注册银行，其余19家均为海外银行设在澳门的分行）、25家保险公司（其中财产险公司13家、人寿险公司12家）、两家私人退休基金管理公司[1]、两家金融公司[2]、两家非银行信用机构[3]、两家金融中介公司[4]、两家融资租赁公司[5]、两家现金速递公司、11家兑换店及六家兑换柜台。

从货币供应量来看，至2019年底，由最具流动性但无利息收益的金融资产所组成的狭义货币供应量（M1），按年上升9.2%至881.6亿澳门元，由M1及准货币负债组成的广义货币供应量（M2）按年上升5.5%至6875.3亿澳门元，近十年货币供应量走势图如图2所示。

从存贷款数据来看，存款总额从2010年的3400亿澳门元到2019年增长至11636亿澳门元，贷款总额从2010年的2457亿澳门元到2019年增长至10729亿澳门元，2019年的贷款与存款的比例为92.2%（见图3）。具体到存款明细，2019年居民存款6787亿澳门元，占存款总额的57.6%；非居民存款2438亿澳门元，占存款总额的21.0%；公共部门存款2491亿澳门元，占存款总额的21.4%（见图4）。

---

① 即工银（澳门）退休基金管理股份有限公司、澳门退休基金管理股份有限公司。
② 即工银（澳门）投资股份有限公司、中华（澳门）金融资产交易股份有限公司。
③ 即邮政储金局、澳门通股份有限公司。
④ 即海通国际证券有限公司、新鸿基投资服务有限公司。
⑤ 即莱茵大丰（澳门）国际融资租赁股份有限公司、工银金融租赁澳门股份有限公司。

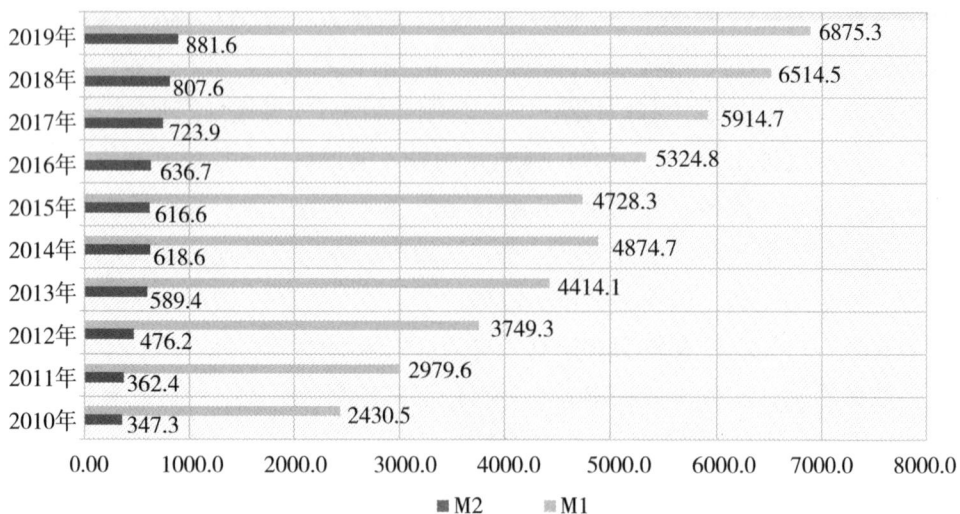

数据来源：澳门金融管理局

图2　2010～2019年澳门货币供应量（单位：亿澳门元）

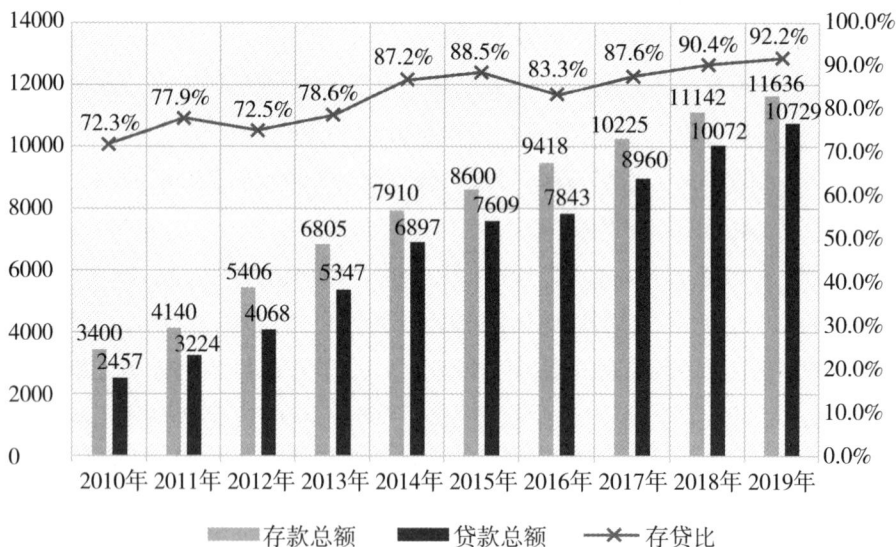

数据来源：澳门金融管理局

图3　2010～2019年澳门存贷款数据（单位：亿澳门元）

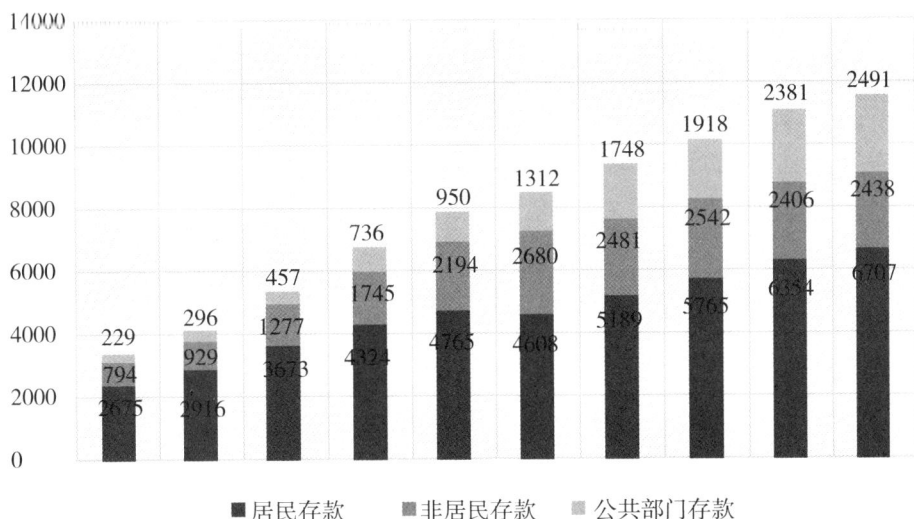

数据来源：澳门金融管理局

图4　2010～2019年澳门存款明细数据（单位：亿澳门元）

从外汇储备来看，截至2019年底，澳门特区财政外汇储备1782亿澳门元，较2018年增加146亿澳门元，涨幅约9.0%（见图5）。2012年起，外汇储备较2011年有大幅下降，其主要原因是受到2012年年初生效的《财政储备法律制度》影

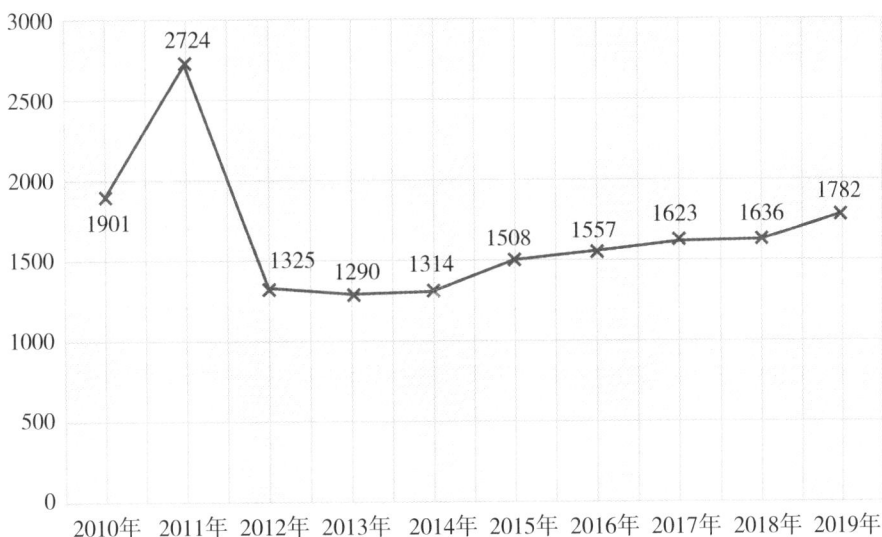

数据来源：澳门金融管理局

图5　2010～2019年澳门外汇储备数据（单位：亿澳门元）

响。根据这一法律，特区财政储备必须与外汇储备分项管理，拨入新设立的独立账户内；而由外汇储备拨归财政储备的资产，将反映在定期公布的财政储备账目内。受有关资产正式调拨的影响，2012年外汇储备资产总额相应下降。

从银行业经营情况来看，截至2019年底，全澳银行资产规模20151.71亿澳门元，较2018年增长12.9%。资本充足率14.24%（见图6）。

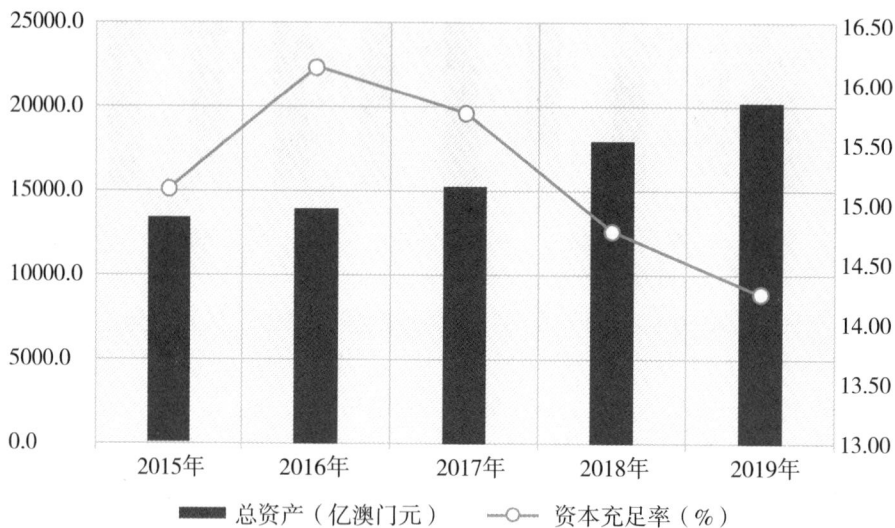

数据来源：澳门金融管理局

图6 2010～2019年澳门外汇储备数据（单位：亿澳门元）

从保险业经营情况来看，2019年毛保费收入284.65亿澳门元，较2018年涨幅高达34.5%，其中寿险毛保费收入255.74亿澳门元，占总收入的九成左右，寿险保费收入较2018年涨幅达37%。毛赔款总额83.52亿澳门元，较2018年增长48.8%，其中寿险赔款82.70亿澳门元，占总赔款额99%左右。保险密度41884.4澳门元，较2018年增长32.1%。2019年保险渗透率6.5%，较2018年增长37.6%。保险公司总资产1498.85亿澳门元，较2018年增长20.4%，其中寿险公司总资产1420.23亿澳门元，占比接近95%。总体来看，人寿险公司占据了澳门保险业的主流地位。

整体来看，澳门金融业仍然是以银行、保险两大行业组成，无证券交易所、金融期货交易所、商品期货交易所和贵金属交易所等机构。虽然2018年特区政府核准成立了中华（澳门）金融资产交易股份有限公司（MOX），但其目前主要以发债业务为主，并未涉及其他证券类业务。因此，严格来讲，澳门至今仍未形成现代意义上的金融市场。但澳门目前已经具备了各种有利的基础条件，未来澳门如何利用好横琴的空间载体，如何利用好自身的制度优势，给当下的澳门特区政府和金融管理部门提出了更高的要求，可以说，当下的澳门正是处于一个蓄势待发的阶段，一旦找到一个突破口，积蓄已久的能量将会爆发。

二、横琴金融业的发展

横琴新区位于珠海市南部，珠江口西岸，总面积106.46平方公里，与澳门一桥相通，相距不足200米，距香港41海里，是国内唯一与港澳陆桥相通的国家级新区。2009年8月，国务院正式颁布《横琴总体发展规划》，成为国务院批复的首个粤港澳紧密合作示范区。2015年横琴自贸片区正式挂牌，明确将横琴建设成为粤港澳深度合作示范区、21世纪海上丝绸之路重要枢纽和全国新一轮改革开放先行地。

（一）横琴金融基本情况

横琴金融从2009年开始起步，十年来从无到有，快速集聚，形成了门类齐全、特色鲜明、安全可控的发展态势。从2009年只有一家农信社分社起步，迅速构建起集20余种细分金融类企业、传统金融机构和新兴金融业态共同发展的多层次金融服务组织体系。截至2019年12月底，横琴新区有各类金融机构6565家，注册资本10923.39亿元人民币（细分数据详见图7）。

从税收贡献来看，2019年横琴金融业机构纳税合计60.77亿元，占全区比例约32.46%（见图8）。

从金融业增加值来看，2019年横琴新区实现金融业增加值140.35亿元，较2018年增长16.69%。2019年金融业增加值根据第四次经济普查作调整，同时上调了2018年金融业增加值数据。经调整后，横琴新区金融业增加值占GDP的比重，从2015年的5.65%上升至2019年的30.44%（见图9）。

从存贷款数据来看，2019年底横琴新区银行机构存款余额1171.03亿元，较2018年增长35.4%；贷款余额887.74亿元，较2018年增长44.6%；存贷比约为75.8%（见图10）

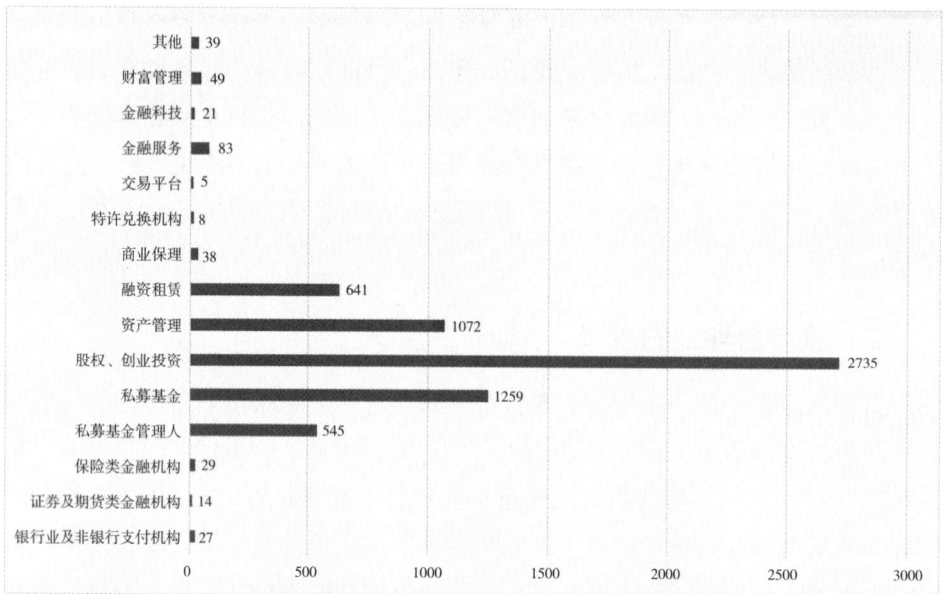

数据来源：横琴新区金融服务局

图7　2019年底横琴新区各类金融机构数量（单位：个）

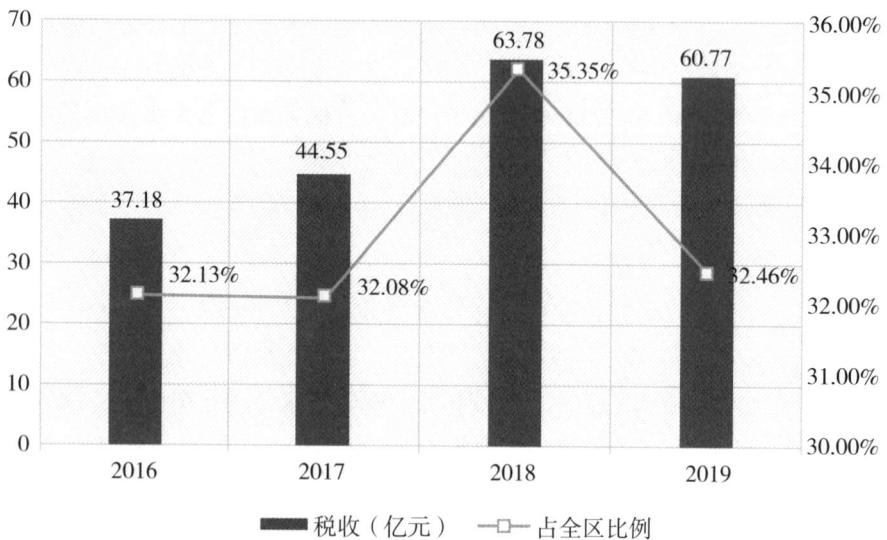

数据来源：横琴新区金融服务局

图8　2016~2019年横琴新区金融业税收数据

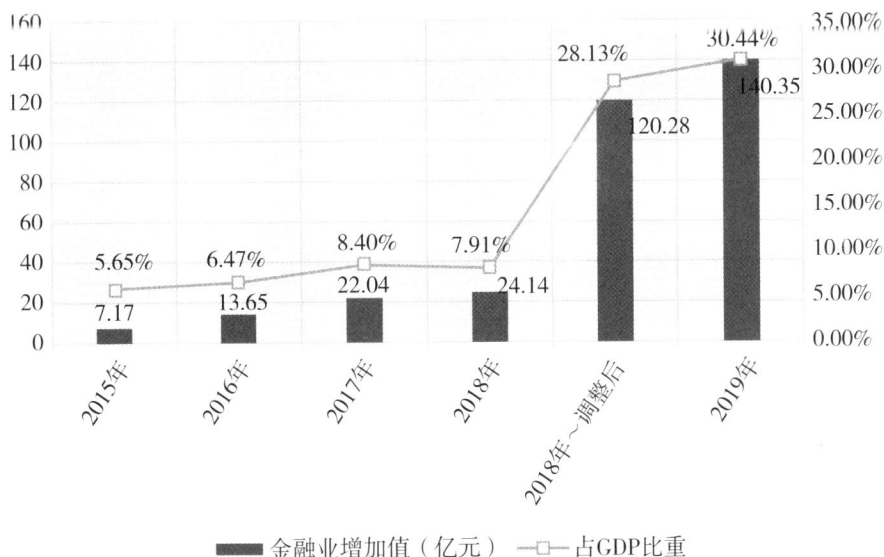

图例：金融业增加值（亿元） 占GDP比重

数据来源：横琴新区金融服务局

图9 2015～2019年金融业增加值数据

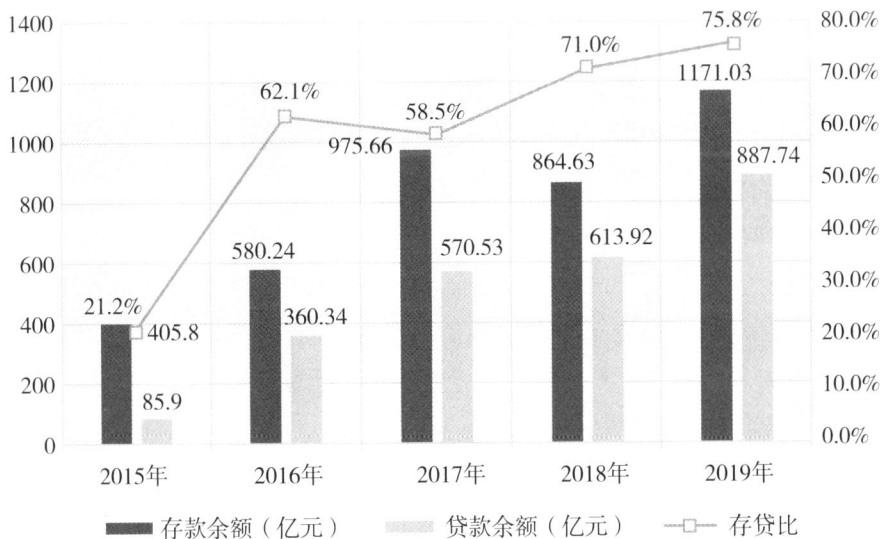

图例：存款余额（亿元） 贷款余额（亿元） 存贷比

数据来源：中国人民银行珠海市中心支行

图10 2015～2019年横琴新区存贷款数据

从资产管理规模来看，区内经证监会批复的证券、基金类机构资产管理规模约2.47万亿元。其中广发基金管理有限公司7444.86亿元；易方达基金管理有限公司12177.38亿元；中科沃土基金管理有限公司15.72亿元；广发证券资产管理有限公司2865.94亿元；易方达资产管理有限公司1361.71亿元；瑞元资本管理有限公司522.52亿元；银华资本管理（珠海横琴）有限公司586.07亿元。区内经中国证券基金业协会登记备案的私募基金管理人管理规模2856.83亿元，私募基金管理规模3245.64亿元。

（二）横琴对澳金融合作现状

第一，澳资金融机构逐渐集聚。截至2019年底，港澳资金融类企业187家，其中澳资金融类企业27家，注册资本119.13亿元。2014年1月，澳门国际银行股份有限公司（珠海）横琴代表处正式挂牌，成为首家获准进驻横琴的外资银行和澳门地区银行。2017年1月，大西洋银行横琴分行正式开业，是内地首家以"准入前国民待遇加负面清单"模式设立的外资银行，也是内地首家澳门银行营业性机构。2019年10月粤澳跨境金融合作（珠海）示范区正式揭牌，首期场地设在横琴总部大厦，将提供6000平方米的办公空间，为推进示范区建设以及澳门金融机构入驻提供物理空间保障，目前已有18家澳门相关机构签约入驻。

第二，金融创新推动粤澳合作便利化。横琴莲花大桥穿梭巴士受理金融IC卡项目，为两地居民跨境公交支付提供便利。发行"琴澳粤通卡"，为两地牌车主提供停车费、通行费等缴费便利。全国首张澳门单牌车机动车辆保险在横琴落地。跨境办税更加便利，澳门企业及居民在工银澳门、工行横琴分行即可办理横琴所有涉税事项。横琴获批开展自由贸易账户（FT）试点，为深化与澳门金融合作提供重要基础设施。大横琴公司同步在香港和澳门发行40亿元债券，是大湾区首支双币种国际绿色债券。横琴人寿保险有限公司发布首款跨境医疗保险产品。人民银行支持澳门中国银行手机银行和澳门通钱包的用户在中国银行内地商户进行线下扫码支付。港澳居民可通过跨境住房按揭业务在横琴购买住房，累计收汇超过6.9亿美元。

第三，惠澳利澳金融政策体系逐步形成。2017年10月出台实施《横琴新区关于支持和服务澳门发展特色金融业的若干措施》。2018年12月，珠海市出台《珠海市外商投资股权投资企业试点管理暂行办法》，开始合格境外有限合伙人（QFLP）政策试点，试点政策中降低了对港澳投资者的准入门槛。随后横琴新区出台了《横琴新区外商投资股权投资企业试点审批备案管理办法》，进一步落实外商投资股权投资企业落地相关细则。2019年3月，横琴新区管委会出台

《关于鼓励澳门企业在横琴跨境办公的暂行办法》，同年7月出台《横琴新区支持粤澳跨境金融合作（珠海）示范区发展的暂行办法》，进一步探索服务澳门经济适度多元发展，支持澳门加快发展特色金融产业。

第四，产业基金助力粤澳两地发展。粤澳合作发展基金落户横琴，首期规模200亿元，目前已投放资金约140亿元，重点是投向大湾区内的交通轨道、综合服务等基础设施。横琴政府也设立了天使投资基金，助力澳门青年创新创业，横琴澳门青年创业谷已经引进港澳创业项目226个，30家企业获得了融资，融资额突破5.03亿元，成为澳门青年内地创业的首选之地。

三、琴澳金融合作存在的问题及相关建议

琴澳金融合作虽然取得上述重要成果，但仍存在不少问题与不足。

一是产业结构单一化，限制了澳门金融产业的发展。澳门长期的产业结构单一化降低了澳门经济的抗打击、防风险能力，也制约了长期发展的动力，这也是澳门转型金融业的现实基础和触发因素。而澳门金融业结构也过于单一，仅以银行和保险作为主要的组成部分，资本市场的缺失，投资渠道不足等问题也限制了澳门经济的持续发展。

二是金融要素支撑不足，阻碍了金融业转型升级。澳门自身金融法律不健全，缺乏完善的金融法律法规。金融人才匮乏，由于金融业是知识密集型行业，人员素质决定了金融服务质量，澳门金融人才短缺是澳门金融服务业发展的瓶颈之一；澳门严重缺乏土地资源，配套设施不完善，也限制了人才的引进。澳门地区陆地面积狭小，是世界上人口密度最大的地区之一，构成了经济发展的固有限制。金融基础设施较为薄弱，相较香港，尤其在与内地、国际的即时支付结算和互联互通方面，澳门仍有较大的改善空间。

三是两地制度环境差异较大，影响了金融产业融合发展。澳门与横琴两地在金融法律制度与金融监管体制方面差异很大，融合发展的难度也很大，加上两地金融市场环境、会计制度、业务经营范围、企业信用信息、财税政策等差异很大，两地机构类型匹配程度也有较大差异。虽然横琴金融机构数量众多，但其绝大多数为新兴类金融机构，而澳门并未放开对该类金融机构的发展或未将其纳入金融机构行列，此外横琴新区银行、保险类持牌金融机构多以分支机构形式存在，而澳门的银行、保险机构多以总部形式存在，导致两地跨境金融业务联动存在较多的障碍。

鉴于琴澳金融合作存在的问题与不足，相对现实的方案是先要解决澳门金融人才匮乏、空间不足、配套设施不完善的问题，但这背后牵扯到两地制度、法律环境等更深层次的问题，若希望从根本上解决这些问题，则需要更高层面的顶层设计和制度安排，给予琴澳更多的管理权限、包括选择适用法律法规的权限。具体建议如下：

第一，金融人才方面。加强两地金融人才的交流合作，不断加大高等教育投入，鼓励和引导两地高等教育机构适时调整专业设置，向金融专业倾斜。不断加大引进金融人才的扶持力度，降低金融人才指标门槛，放宽金融人才签注限制，积极引进内地、香港及国际金融高端人才，以补足人才需求的缺口，为金融服务业发展储备人力资本。

第二，空间及配套设施方面。以粤澳跨境金融合作（珠海）示范区为基础，积极利用好横琴的物理空间，支持、鼓励澳门金融机构开展跨境办公，将澳门金融机构的中后台服务部门设在横琴，同时增加两地通勤车辆，便利金融人才两地来往。更进一步，要打破壁垒分明的业务准入方式，效法欧盟并探索试点"单一通行证"制度，让符合资格的金融机构在获得相关部门备案后，即可进入横琴，甚至以横琴作为桥头堡辐射粤港澳大湾区并开展业务，无须内地金融监管部门再进行准入审批，也无须单独设立子公司。

第三，顶层设计方面。两地金融融合发展的问题核心在于两地金融法律体系和监管制度的不同，推动这两种法律体系和监管制度对接统一的难度也非常大，且两地现有法律体系和监管制度或多或少存在一些不足之处，在这种情况之下，建议探索做更高层面的顶层设计和制度安排。具体可考虑借鉴阿布扎比国际金融中心模式，在横琴特定区域和范围内，由澳门、横琴两地成立联合理事会，采用全国人大授权、澳门立法会批准的方式，允许在该特定区域内选择所适用的民商事法律体系，具体由联合理事会根据自身业务需要，直接移植或者借鉴英美普通法系及其他国际先进地区成熟的金融监管制度，在法律体系和监管制度上与国际接轨，打造国际化的金融营商环境。

14

全面放开澳门单牌车入出珠海的实施路径

崔婷婷[*]

摘　要： 2016年澳门单牌机动车入出横琴政策正式拉开序幕，该政策的推行为澳门居民在横琴就业生活提供了便利的交通条件。《粤港澳大湾区发展规划纲要》对澳门单牌车出入提出了新要求，即"进一步完善澳门单牌机动车便利进出横琴的政策措施，研究扩大澳门单牌机动车在内地行驶范围"。现行的澳门机动车入出横琴相关政策为入出珠海提供了较为鲜活的"蓝本"，在此基础上，应以"推动规则制度衔接，促进粤港澳大湾区交通便利化"为原则，辅以信息化管理手段，探究全面放开澳门单牌车入出珠海的实施路径，包括完善相关法规、进一步优化管理政策；参考澳门机动车入出横琴管理方式，实现审批权力下放；修订管理细则，放宽申请条件；利用新技术优化车辆管理和保险服务；加强和细化通关便利化管理，以及提升道路交通管理，规范违法违规处置等。

关键词： 澳门单牌车　通关便利化　澳门　珠海　横琴

《粤港澳大湾区发展规划纲要》发布后，同年2月《广东省优化口岸营商环境促进跨境贸易便利化措施》中进一步指出，"2019年底前，进一步完善澳门单牌机动车便利进出横琴政策措施，制定相关配套措施"；4月，澳门旅游产业交流访问团到横琴参观考察特色旅游项目时，澳门休闲旅游服务创新协会会长黄辉亦提出建议："希望澳门机动车入出横琴的申请条件扩大至旅游大巴，方便澳门市民和游客前往横琴特色旅游项目"；7月，《广东省推进粤港澳大湾区

---

* 崔婷婷，珠海市横琴创新发展研究院助理研究员。

建设三年行动计划（2018—2020年）》再次强调"完善便利港澳机动车入出内地的政策措施"。为推动澳门单牌车入出内地的执法管理机制和制度建设，建议以"澳门单牌车入出横琴"模式为"蓝本"，总结粤澳两地牌车辆与澳门单牌车入出横琴政策实施过程中的经验教训，调整管理策略，以"推动规则制度衔接，促进粤港澳大湾区交通便利化"为原则，辅以信息化管理手段，力求全面提升澳门单牌车入出内地的申办、通关、行驶便利程度，落实全面放开澳门单牌机动车辆进入珠海。

一、澳门单牌车入出横琴基本情况

横琴开放澳门单牌车入出横琴政策出台后，极大地便利了澳门居民在内地就业及生活，两地经济交往更加密切。截至2019年底，横琴新区涉澳项目完成投资额536412万元，较上年同期增长2.27%，涉澳项目占全区固定资产投资额的11.36%。澳门居民在横琴置业共计5900余套，置业面积达40万平方米以上。

（一）相关政策及其执行情况

根据《临时入境机动车和驾驶人管理规定》（公安部90号令）中第二条"国家或者政府之间对机动车牌证和驾驶证有互相认可协议的，按照协议办理"，现行澳门单牌车入出横琴主要按照此上位法进行执行。2016年广东省人民政府和澳门特别行政区政府经协商一致，分别授权珠海市人民政府和澳门特别行政区保安司签署《关于澳门机动车辆入出横琴的协定》，其中对基本原则、准入条件、粤澳双方管理责任和义务、车辆管理、其他事项等进行约定；2016年11月28日广东省政府根据该协议精神，制定《广东省澳门机动车入出横琴管理暂行办法》，其中约定由珠海市人民政府根据本办法制定实施细则；2016年珠海市人民政府出台《澳门机动车入出横琴管理细则》；2018年6月珠海市人民政府根据《关于澳门机动车辆入出横琴的协定》又重新出台《澳门机动车入出横琴管理细则》，相较2016版的《澳门机动车入出横琴管理细则》，2018版具有以下特点：

一是放宽澳门单牌车的申请条件。在申请条件上除修改了原有的2条外，增加了3条新的申请条件（见表1）。在注重澳资企业投资情况外，增加倾向吸引澳门居民就业及生活的要素。

二是对于入出横琴澳门机动车须符合的条件和驾驶人的申请条件未作调整。

表1　2016版与2018版《澳门机动车入出横琴管理细则》对比

	资格申请条件	入出横琴澳门机动车须符合条件	驾驶人要求	申请流程	临牌有效期
2 0 1 6	1. 横琴注册设立至少一家独立法人公司，在横琴纳税额前列100家，并承诺5年内不迁出横琴，可申请3个以内机动车入出横琴临时指标，并办理横琴机动车入境牌证。 2. 取得横琴新区土地的澳门公司及其法人。	1. 机动车类型为9座（含）以下澳门非营运小型客车。 2. 持有澳门特别行政区政府商业及动产登记局颁发的机动车所有权经登记凭证，且在有效期内。 3. 已购买机动车交通事故责任强制保险，且保险与临时入境牌证有效期一致。 4. 境内道路交通违法和交通事故均已处理完毕。 5. 安装电子牌识别标签。 6. 机动车3年内无超出批准行驶范围行驶交通违法行为。 7. 机动车所有人、驾驶人临时入境时，驾驶人及机动车5年内无超出临时入境牌证有效期滞留境内交通违法行为。 8. 机动车所有人及驾驶人5年内无利用入出横琴机动车走私、偷越边境、携带禁止入出境的违禁危害国家安全和社会秩序的违禁物品及其产品或超范围非法经营等违法行为。 9. 在境内外无发生交通事故后逃逸违法行为。 10. 无国家法律法规规定的其他禁止性情形。	1. 入出横琴澳门机动车驾驶人须持有与机动车型相符的《中华人民共和国机动车驾驶证》。 2. 每辆横琴澳门机动车最多可以申请2个备案驾驶人，备案驾驶人须持有能够多次往返内地与澳门证件的有效往来港澳通行证。 ……入出横琴澳门机动车所有人、驾驶人临时入境时，必须由备案驾驶人驾驶，并携带横琴口岸通关关或其他县级以上医院出具的健康证明（港澳籍驾驶人除外）。	1. 机动车所有人通过澳门机动车入出横琴综合管理系统客户端（网上）提交申请材料及相关证明材料（含图片资料），横琴新区管委会通过网络对有关材料进行预审核。 2. 通过预审核的机动车所有人根据澳门机动车入出横琴可的检验机构对车辆唯一性、安全性，到粤、澳双方认可的检验机构对车辆进行检验，检图等情况进行检验，检验各车辆有关参数，图片等）推送至澳门机动车入出横琴综合管理系统。 3. 经车辆检验机构检验车辆合格后，机动车所有人带齐相关资料，到横琴新区管委会政务窗口提交书面申请。 4. 横琴新区管委会受理后对相符合申请条件的出具申请条件子以确认，符合申请条件的机动车入出横琴综合管理系统；不符合条件的，书面告知申请人。 5. 珠海市公安交通管理部门根据确认函和机动车出入境临时车辆检验报告，符合条件的，并推送至横琴机动车出入横琴综合管理系统；不符合条件的，书面告知申请人。 6. 海关、边检、检验检疫等口岸查验部门根据审核确认函、临时入境机动车号牌的电子信息，履行必要的审核程序，办理临时入境车辆及驾驶人备案手续。 7. 珠海市公安交通管理部门通过审核系统核准机动车所有人，符合条件的，核发临时入境机动车牌证，符合条件的，书面告知申请人。	第二十一条：入出横琴澳门机动车临时入境牌有效期不超过3个月。

（续上表）

	资格申请条件	入出横琴澳门机动车须符合条件	驾驶人要求	申请流程	临牌有效期
2018	1. 横琴注册设立至少一家具独立法人公司在横琴已实际运营开展业务，允许申请横琴3个以内机动车入出横琴临时入境牌证，并办理机动车入境牌证。 2. 横琴注册设立一家持有100%股权的独立法人公司，并取得横琴新区土地，允许申请横琴3个以内机动车入出横琴资格，并办理横琴机动车入境牌证。 3. 在横琴购置房地产（限住宅、写字楼单位及商铺）允许每个单位申请1个机动车入出横琴资格，并办理临时入境牌证。 4. 在横琴工作、持有横琴社保、合同并在横琴缴纳社保人员可以申请横琴1个机动车入出横琴资格，并办理横琴机动车入境牌证。 5. 属于横琴新区引进特殊人才（及下属分支机构或国有排除机关机构澳方排除政府部门、横琴新区国有所属的国有企业）有澳方排除机构凭派出协议横琴横除机动车入境牌证。 6. 对同时符合两个条件以上的，限选择其中一个办理。	同上	同上	1. 机动车所有人通过澳门机动车入出横琴综合管理系统客户端，网上提交申请材料及相关证明材料（含图片资料）；横琴新区管委会通过网络对有关材料进行预审。 2. 通过预审核的机动车所有人根据澳门机动车入出横琴综合管理系统的暗示，到粤、到澳双方认可的检验机构对车辆统一性、安全性、是否具有改装的暗示，安层空间等情况进行检验。检验机构将有关车辆检验信息（含车辆有关参数、图片等）推送至澳门机动车入出横琴综合管理系统。 3. 经车辆检验机构检验合格后，由交警部门上预审通过后，机动车所有人带齐书面申请到横琴新区管委会政务服务窗口提交书面申请。 4. 横琴新区管委会应在受理后对出具相关证明材料予以信息推送至机动车入出横琴综合管理系统；不符合条件的，书面告知申请人。 5. 珠海市公安交通管理部门根据机动车所有人及申请资料信息是否与申请人一致审核及车辆，确定临时牌照信息的电子信息，符合条件的，并推送至澳门机动车入出横琴综合管理系统；不符合条件的，书面告知申请人。 6. 海关、边检等口岸查验部门根据验证函、临时机动车号牌的相关资料，履行必要的现场核验，驾驶人入境证件相关程序，办理机动车所有人、车辆、资料采集程序，驾驶人备案手续。 7. 珠海市公安交通管理部门通过系统审核及驾驶人备案情况，符合条件的，核发机动车临时入境牌证；不符合条件的，书面告知申请人。	第十二条（三）机动车检验有效期内申请临时入境机动车牌证续期的，只需提交： 1. 机动车所有人的身份证明复印件。 2. 机动车所有人为澳门企业需委托书、受委托人的身份证原件及复印件。 3. 驾驶人证明正面一寸半彩色照片15张。 4. 驾驶人为非港澳籍居民需提供健康证原件及复印件。

仍按照《关于澳门机动车辆入出横琴的协定》中"机动车类型为9座（含）以下澳门非营运小型客车"来执行；在驾驶人方面仍要求换领内地驾驶证，且备案驾驶人不超过两人。

三是在申请流程上更为便捷、灵活。2018年版优化了相应流程，增设了交警部门网上预审，且采用全流程网上申请方式，除必要的验车、驾驶人备案、上牌等环节外，无需现场跑动，精简办事时间，加强了职能部门的协作能力，为进一步做好数据联通提供了借鉴。

四是延长了临时牌证有效期。在临时牌证有效期界定上，相较2016版3个月到期后需重新申请的规定，2018版第十二条规定"申请临时入境机动车牌证续期的，只需提交机动车所有人身份证明复印件、驾驶人证件照等几项材料便可续期"，同时配合2018年6月珠海市公安局对入出横琴的澳门单牌车实施的新管理措施"对澳门单牌车使用的临时入境机动车牌证，其三个月有效期到期后，经审核，申请进入横琴的资格及车辆所有权和唯一性相关信息不变的情况下，同一牌证最多可延长使用一年"。目前澳门机动车入出横琴资格有效期从三个月延长为一年，在一年有效期内，车主办理续期时仅需携带个人身份证件和车辆登记凭证，驾车前往澳门新通达车检场进行车辆唯一性检查（耗时约20分钟）即可完成。

（二）申请及通行情况

目前澳门机动车入出横琴车辆共开放指标2500个，其中2016年开放申请指标400个，2017年开放申请指标800个，2018年将申请指标放开至2500个。截至2019年底单牌车指标成功申请1254个（见图1）。横琴口岸澳门跨境车辆通关车次为1005045车次，通关人数为9138362人，据不完全统计，日均单牌车通关车次约为1000车次。

二、全面放开澳门单牌车入出珠海的现实意义

习近平主席在庆祝澳门回归祖国20周年大会暨澳门特别行政区第五届政府就职典礼上的讲话中指出："特别要做好珠澳合作开放横琴这篇文章，为澳门长远发展开辟广阔空间、注入新动力。"空间和动力均需要优秀的道路体系建设，全面放开澳门单牌车入出珠海具有重要的现实意义。

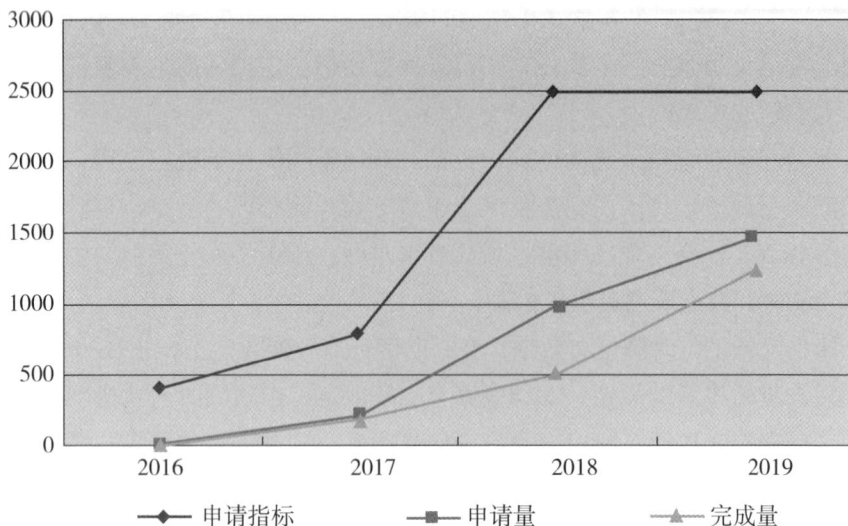

图1 2016～2019年澳门单牌车申请情况统计图

（一）助力为澳门长远发展开辟广阔空间、注入新动力

澳门机动车入出横琴措施是中央惠澳政策的重要体现，《粤港澳大湾区发展规划纲要》《广东省优化口岸营商环境促进跨境贸易便利化措施》均对澳门单牌车入出提出期望及要求，目前国家相关部委积极推动"港车北上、澳车北上"政策的实行，广东省自贸区、广东省港澳事务办公室等相关部门亦在积极探索相关政策的推进，《珠海市全面深化改革2020年工作要点》中亦提出"继续扩大澳门单牌车便利入出横琴政策受惠面，促进澳门居民全面融入内地发展"，一系列政策安排凸显了澳门单牌车入出珠海的重要意义。

（二）助力珠澳同城化发展

随着横琴开发建设的不断深入，澳门与珠海（横琴）经贸往来愈加密切。2019年珠海港澳台、外商经济投资226.37亿元，增长12.7%，全年接待入境旅游人数541.14万人次，增长5.3%，其中香港、澳门和台湾同胞入境旅游人数469.84万人次，增长5.3%[①]；截至2019年11月28日，横琴新区澳资企业总数达2030家，全年新增澳资企业651家，澳资企业数比去年底增长46.1%，澳资企业新增数比

---

① 数据来源：《2019年珠海市国民经济和社会发展统计公报》。

去年增长115.56%①。同时，2019年全年内地经由珠海口岸（关闸、路凼城、珠澳跨境工业区、港珠澳大桥）出入境人数达170998276人次，其中通过路凼城（莲花口岸）出入境人数为9750798人次②。随着珠海市人民政府《关于常住横琴的澳门居民参加珠海市基本医疗保险试点有关问题的通知》《关于鼓励澳门企业在横琴跨境办公的暂行办法》《横琴新区扶持澳门投资大型商业综合体发展暂行办法》等便利化政策的落地，澳门居民对融入和共同打造以横琴为载体的宜居宜业宜游的优质生活圈的诉求更为迫切，亟须更为便利的通行服务。

（三）助力澳门居民享受珠海优质文化旅游资源

目前，澳门人口密度已达到了每平方公里20000人，居世界前列，但人均公共绿地面积仅为10.3平方米，不及横琴人均绿地面积（22.9）的一半，澳门域内可供市民日常游览的公园仅有17处，最大的白鸽巢公园，占地面积为0.019平方公里，仅相当于横琴镇"相思瀑布"景观面积。因受制于澳门人口分布及交通联通的障碍，澳门居民主要通过拱北口岸（关闸口岸）进入珠海，主要在口岸附近进行购物消费活动。而横琴作为国际休闲旅游岛，可充分弥补澳门自然休闲类旅游的不足。但目前澳门居民乘私家车或公共交通工具前往芒洲湿地公园、星乐度露营小镇、东方高尔夫、紫檀博物馆等地的意愿尚无法完全实现，迫切需要采取更为便捷的交通方式，同等享受珠海及横琴的公共文化旅游资源。

（四）助力澳门世界休闲旅游中心建设

2019年澳门入境旅客已达3940.6万人次，同比增长10.1%，第四季度入境游客人均消费为1765澳门元③，有效支撑起了澳门作为"世界休闲旅游中心"的地位，但是由于澳门地理空间狭小，景点数量和游览形式单一，而横琴覆盖全年龄层的文化旅游项目与澳门旅游产业发展构筑了良性互动的要素基础，2019年5月，外国人144小时过境免签政策的落地，有助于吸引更多国际游客经澳门分流至横琴观光旅游。但两地车牌跨境旅游成本高企，从青年国际旅游有限公司了

---

① 数据来源：人民网，最后访问日期：2020年9月17日。

② 数据来源：《2019年澳门出入境数据》，澳门治安警察局网站，最后访问日期：2020年9月17日。

③ 数据来源：《2019旅游行业统计》，澳门统计暨普查局，最后访问日期：2020年9月17日。

解到，目前两地车牌旅游大巴点对点进入横琴单程收费700~800元，进入市区则为1000~1200元，若全天使用，则成本在2000元以上；两地牌7座以下小车的单程价格在600~800元不等，两地牌商务车单程价格则在1800元左右，高昂的成本阻碍了珠澳游客资源的互送共享和"一程多站"旅游产品的开发。

三、澳门单牌车入出珠海的实施基础与瓶颈

自2016年12月20日澳门单牌车入出横琴政策实施以来，逐渐形成相对成熟的政策体系和管理模式。深入探索实施全面放开澳门单牌车入出珠海的政策基础、资质认可、日常监管、营运能力、保险保障等现实条件已经具备。

2009年起，《关于澳门机动车辆入出横琴的协定》《广东省澳门机动车入出横琴管理暂行办法》《澳门机动车入出横琴管理细则》《澳门机动车入出横琴监管办法（试行）》等文件，以及于2016、2018年先后分两个阶段实施条件放宽、配额扩容、有效期及车牌证使用期限延长等便利规定，完善了澳门单牌车入出横琴的政策储备。2018年4月，澳门特区政府与国家公安部签署《内地与澳门关于互认换领机动车驾驶证的协议》，提出澳门与内地机动车驾驶证可互认换领，但该协议仍未完全实行。目前，横琴交管部门已于澳门机动车入出横琴申报大厅设立横琴科目一考试场，可实现澳门机动车小车驾驶资格证申请、考试、拿证"一条龙"服务。持有澳门客车驾驶资格证者亦可通过参加两次笔试、一次路考申领内地客车机动车驾驶资格证。

澳门车辆在横琴域内行驶，按照内地交通规范进行管理。已经上线的基于射频（RFID）和车牌识别的双基识别技术的汽车电子识别系统实现了在单牌车进入特定区域内提前发出警告，有效避免误闯关的情况发生。目前对发现的违法行为交管部门已实现100%处置。可见，日常监管及事故处置管控到位。同时，澳门单牌车入出珠海保险及事故维修保障渐趋完备。目前落户在横琴的中国人民财产保险股份有限公司作为澳门单牌车、两地车牌车辆承保单位，可为澳门车辆提供车辆保险、出险查勘、定损等业务服务及创新产品。横琴岛上即有一家二类资质的维修厂，可满足澳门机动车（含营运车辆）岛内维修的需求，参照目前两地牌车的保险及维修情况，在珠海市内亦完全可以满足车辆的出险、维修等处置。

据统计，目前澳门主岛和氹仔岛内日常运行公共巴士约1600余台，电召的士已投入使用的为200台（总量300台），黑色私人所有的士约2000台，各旅行

社自有旅游中巴、大巴约400余台，商务车100余台，澳门营运类单牌车运营能力充足，可完全满足澳门居民及游客乘坐营运类车辆通行珠海（横琴）的客运需求。

目前，实施澳门单牌车入出珠海也存在一些有待突破的瓶颈：

（一）配额管理机制过于严苛

目前两地牌香港、澳门跨境通行车辆需到粤方口岸相关部门备案，以便于执法部门的管理，这种管理模式是在特殊历史时期和特殊地缘关系上产生的，由于受到口岸通关能力、三地不同关税区、车辆保险互认、路网结构等条件的限制，一直沿用至今。配额管理限制了车辆和人员的自由往来，不利于粤港澳三地的经济社会融合和市场一体化建设，也会大大影响粤港澳大湾区的建设。[1]目前澳门单牌车入出横琴实施配额总量管理，已放宽配额2500辆，但目前澳门注册机动车数量已经超过24万辆，其中轻型汽车（含客车、运载车辆、公交巴士）保有量达到了11万辆、非营运私家车七万辆，入出横琴的澳门机动车配额仅为澳门轻型汽车保有量的2.27%、非营运私家车保有量的3.57%，无法满足澳门机动车入出珠海的需求。

（二）申请门槛过高、条件过窄

《澳门机动车入出横琴管理细则》明确了申请人资格和申请条件。但目前由于门槛过高、条件过于严格，仅有1254台澳门机动车通过审批，造成了指标浪费。从通关频率来看，平均每辆澳门单牌车每月入出境12次，距离"逐步扩大澳门机动车入出横琴的限额控制及可申请人群的覆盖面"的要求仍有较大差距，对满足澳门66.74万（澳门本地人口54.82万）人口畅通珠海的需求也有较大差距。

（三）办理程序相对繁琐

《澳门机动车入出横琴管理细则》明确了入出横琴的澳门机动车牌证申领流程，虽然已实现了大部分的无纸化网络申请，但因涉及11个流程、21类凭证材料，申请者需要亲自过关三次，在递交资料完备的情况下仍需要15个工作日方可办结，极大地增加了澳门企业和居民办理的时间成本和条件成本。

---

① 王福强、李丹：《粤港澳大湾区跨境车辆往来现状与问题分析》，《港澳研究》2020年第1期，第83页。

（四）珠澳口岸、珠海道路交通运力压力日益增大

港珠澳大桥通车大大拓展了粤港澳三地车辆往来通道，增加了三地车辆往来的频率和流量。随着粤港澳大湾区建设情况的推进，跨境车辆的需求将呈爆发式增长。目前拱北口岸通关能力已接近极限，广珠城轨和港珠澳大桥均落脚拱北，虽然横琴新口岸及跨境工业区口岸的开通分流了部分运力，但相对于拱北口岸本身的交通网络建设集中情况，仍然是杯水车薪。

四、澳门单牌车入出珠海的实施建议

实现澳门单牌车入出珠海，需要从强化顶层设计、修订管理细则等方面入手。按照《临时入境机动车和驾驶人管理规定》（中华人民共和国公安部90号令）的约定，澳门单牌车入出珠海可按照协议中约定进行执行，建议可由广东省向国务院申请授权，由粤澳两地政府就澳门单牌车入出内地事宜签署协定，后续可通过出台相关管理办法和管理细则，进一步细化管理政策。同时同步争取对粤港澳跨境公路车辆立法，从而完善对澳门单牌车的管理，为下一步"澳车北上"提供管理依据。

（一）参考澳门机动车入出横琴管理方式，实现审批权力下放

目前粤澳车辆往来，在澳门特区政府可自行决定，而广东省政府必须上报中央决定，公安部、海关总署等多个部门具有管理权，程序繁琐，影响了决策和实施效率。建议中央给予广东省政府一定的管理授权，使其在港澳合作中，地方政府享有较大的自主权。同时，由珠海地方政府实施准入审核管理，将部分营运类跨境车辆审批权限由省级下放至珠海，由地方公安机关交通管理部门实施牌证发放及境内道路交通安全管理。地方口岸查验部门实施进出境备案管理，各有关部门依据各自职权实施管理，将澳门车主身份认证和车辆注册登记信息认证工作交由澳门特区政府相应部门完成。此外，推动建设澳门单牌车入出内地综合管理系统，实现粤澳两地业务办理信息和监管信息共享，并提供网上预约、审核、办理等便捷服务。

（二）修订管理细则，放宽申请条件

澳门注册营运车辆经批准从事客、货运输业务的当前阶段仅限在横琴行驶，必须遵守国家有关法律、法规，坚持公平竞争、依法经营，严格按照经批准的合作或合资各方签订的合同或独资方签订的章程开展业务。建议成年澳门

居民每人可申请一辆入出粤港澳大湾区跨境车辆资格；澳门政府及相关职能部门、涉及民生事务协会、社会组织等不限制申请资格，且可适当缩减审批流程；不限制单牌车申请配额总量，有序稳步推动营运车申请资格。同时，由"指定驾驶人"制，改为驾驶员独立申请，参考客车"一站式"查验模式中备案司机的方式，建立澳门单牌车驾驶员备案库，准许库中所登记的驾驶员驾驶任意一辆已获资格且与其准驾车型相符的澳门单牌车从口岸通关，同时进一步推动驾驶证资格互认工作，取消科目一考试。

（三）利用新技术优化车辆管理和保险服务

提升电子临时入境机动车牌证的识别功能，将珠海市内道路交通卡口摄像头升级为可在前端同时识读"内地车牌+澳门车牌"，提升捕捉效率；亦可发放实体车辆牌证，实现车辆市内路面监管。澳门单牌车入出内地可参照内地标准交验机动车（包括对新出厂六年内的七座以下小型客车，检验周期为每两年一次的车辆不上线检测）。从实际业务能力等方面考虑，可委托澳门新通达科技实业有限公司（验车中心）等具备资质的机构进行验车工作。探索推动澳门调整验车标准与内地基本一致，可考虑认可澳门验车机构出具的机动车检验报告，无需重复交验机动车。落实《粤港澳大湾区发展规划纲要》中"支持粤港澳保险机构合作开发创新型跨境机动车保险和跨境医疗保险产品，为跨境保险客户提供便利化承保、查勘、理赔等服务"要求，推进创新型跨境机动车保险业务，为保障市内道路安全，针对目前澳门单牌车以只购买交强险为主的情况，鼓励澳门私家机动车购买商业险种，要求营运车辆必须购买规定保额的商业险种。

（四）加强和细化通关管理

根据车辆具有的营运和非营运属性，管理部门分别出台了不同的管理方案，海关总署出台了《中华人民共和国海关关于来往香港、澳门公路货运企业及其车辆和驾驶员的管理办法》（总署令118号）、《关于境内公路承运海关监管货物的运输企业及其车辆、驾驶员的管理办法》（总署令121号）等十余个相关法规进行管理。[①]针对目前通关车辆管理的情况，建议在全面放开澳门单牌车入出珠海的车辆管理方面，可采用以下方式：一是以"综合治理"取代"多

---

① 刘达芳：《论TIR证国际运输对区域经济一体化的助推作用》，《海关法评论》2014年第4卷，第383页。

头管理"。建议以澳门单牌车综合管理系统为各单位基础"数据池"，建立各部门联动处置机制。二是参照澳门机动车入出横琴备案方式，由澳门单牌车入出内地综合管理系统统一向海关、边检备案系统发送备案数据，做到数据源头一致、信息一致。三是通过综合管理系统弥补各单位备案系统缺陷，如海关检验检疫要求的驾驶员健康证信息、车辆超期滞留预警信息等。四是加快验放速度，澳门单牌车入出内地通关应继续采用信息化验放系统。珠海与澳门目前有拱北口岸、横琴口岸、港珠澳大桥珠海公路口岸、珠澳跨境工业区口岸可供澳门车辆通行，目前前三个均建设有客车"一站式"电子验放系统，如车辆及驾驶员信息正确，平均验放时间在30秒左右。但考虑到拱北口岸的交通压力，建议在单牌车入出珠海的口岸选择上可经由港珠澳大桥珠海口岸和横琴口岸，从而分流拱北口岸的车流。五是采用预约制度，澳门单牌车经口岸出入境需提前在澳门单牌车管理系统上进行预约，管理系统将预约清单同步到口岸车道前端系统，口岸车道前端系统建立白名单验放机制。从口岸交通能力考虑，目前除拱北口岸（14条客车通道）交通基本饱和外，横琴口岸（2021年计划建成11条客车通道）和港珠澳大桥珠海公路口岸（18条小客车通道，四条大巴车通道）交通量仍有较大富余。

（五）提升道路交通管理，规范违法违规处置

复制澳门机动车入出横琴监管经验，建议推广以下道路交通管理方式：一是在珠海市各出口道路以及重点路段建设基于射频（RFID）和车牌识别的双基识别技术的汽车电子识别系统，对澳门单牌车的越界行驶进行管理，同时可通过大数据分析澳门单牌车行车轨迹，对异常行为做出预警。二是推广澳门机动车入出横琴综合管理系统运用范围至全市，实现对澳门单牌车信息的汇集整理，将澳门单牌车交通违法处理信息同步至交警部门系统，向各管理单位提供信息查询、预警等服务，并对澳门单牌车申请者发送提醒通知。三是将珠海市内道路交通卡口摄像头升级为可在前端同时识读"内地车牌+澳门车牌"，快捷识别澳门单牌车交通违法信息，实现对澳门单牌车的道路交通违法行为管理。对澳门单牌车在内地存在违法违规行为的，根据属地原则参照内地法规处理。

15

建设"以中华文化为主流，多元文化共存的交流合作基地"：内涵、功能与路径

摘　要： 《粤港澳大湾区发展规划纲要》（以下简称《规划纲要》）提出，"以中华文化为主流，多元文化共存的交流合作基地"是澳门在大湾区的定位之一。但目前社会各界对这个"基地"的内涵尚未有清晰认知。此次规划是我国首次将某一城市（特别行政区）的文化特性与文化功能列入国家区域性发展战略，是国家级规划中首次赋予澳门"文化交流合作基地"的定位，也是中央对澳门多元文化交流传统与特色的认可。这个基地具有较强的平台性质，其重点应是服务大湾区、服务国家、面向世界的基地。未来除了继续巩固以往"一个中心、一个平台"的发展定位外，澳门社会各界也要清楚认知基地定位的内涵，从而制定长远的发展规划，凭借现存良好的多元文化形态以及湾区城市间的历史文化渊源，进一步巩固和发展自身乃至湾区的中华传统文化传承，助力粤港澳大湾区在新时代的对外开放和交流合作。

关键词： 粤港澳大湾区　澳门　多元文化交流基地　人文湾区

在2019年出台的《规划纲要》中，提及要将澳门打造成"以中华文化为主流，多元文化共存的交流合作基地"①（以下简称基地），也就是说，澳门除

---

*　卢嘉诺，澳门科技大学社会和文化研究所历史学专业博士研究生。

①　对于澳门"基地"的定位，最早在2017年7月1日的《深化粤港澳合作—推进大湾区建设框架协议》提出。

了原有的"一个中心、一个平台"①以外，新添"一个基地"的全新定位。这是国家级规划中首次赋予澳门基地的定位，而澳门拥有湾区内最早出现且保留完好的多元文化共存城市形态，可见此次是充分考虑澳门特殊的历史地位、文化积淀以及制度优势的布局，这也意味着澳门将承担更多的义务与责任。此次规划确定澳门不仅在大湾区内具备连接、引导、带动文化发展的地位，更是将中华文化推广出去的着力点。

从过往数年澳门特区政府及民间组织围绕"一个中心、一个平台"的定位所开展的工作成果可以看出，澳门社会已逐步形成对"一个中心、一个平台"的发展形成共识，对国家赋予澳门的发展任务采取高度重视态度。随着"一个基地"定位的提出，澳门特区政府乃至社会各界在尚未开展相关工作之前，有必要对"一个基地"进行准确的定位和清晰的认识。学术界对此缺少系统化解读，故围绕该定位的各种内容仍存在很大的讨论空间。正确地、系统地解读纲要文本赋予澳门的布局成为当下最为迫切的任务。除此之外，还有不少问题需要理清，譬如："一个基地"的概念是什么？为何要强调"以中华文化为主流，多元文化共存"？中华文化与多元文化在澳门的具体表现如何？该定位与大湾区的关系是什么，作用又是什么？"一个基地"与"人文湾区"的关系是什么？《规划纲要》凸显了澳门的"一个基地"定位，对未来澳门的功能发挥带来哪些可能性？目前对于如何有效建设这个基地、加强基地与湾区城市的联动等均缺乏构想，亟需政府与社会各界集思广益、审慎规划、努力建设。

一、基地的定位与内涵

中央在《规划纲要》中赋予澳门"以中华文化为主流，多元文化共存的交流合作基地"的这一布局，就基地本身而言，目前学术界尚未对此有明确定义。明清以来，广东一直是中国对外开放与交流的前沿，而澳门的窗口作用尤其明显，历史地位尤其重要。澳门地处华南海疆边陲，虽地方狭小，历来却是中国跨越大洋间重要的文化交流桥梁。

（一）基地的定位

从粤港澳大湾区整体情况来看，"9+2"城市群都是以岭南文化为主流的

---

① "一个中心、一个平台"为"世界旅游休闲中心"及"中国与葡语国家商贸合作服务平台"，国家在"十二五""十三五"规划中都明确支持澳门建设"一个中心、一个平台"。

城市，而岭南文化又属于中华文化中重要的一支。粤港澳大湾区又是接受外来文化最早、最深的地区：湾区各市在历史上程度不同地对外开放，其结果是呈现出不同程度的多元文化共存状态，其中澳门是九市两特区中最早出现、也是最典型的多元文化城市，而且还是目前保留中西文化共存城市形态最好的城市，因此，澳门作为这种文化形态的代表，被定义为"以中华文化为主流，多元文化共存"的交流合作基地。

从性质上来看，澳门作为唯一一个以"文化"作为发展定位的大湾区城市，基地体现出国家对澳门历史文化地位及其功能价值的认可。与香港、广州、深圳等城市提出的金融、商贸、科技、物流等定位比较，澳门基地的定位显现出较强的平台性质，产业性质稍弱，可见澳门未来发展的方向除了巩固以往中心、平台的发展优势之外，更应该凭借澳门现存的文化形态以及澳门跟其他大湾区城市的历史文化渊源，进一步巩固和发展大湾区内的中华传统文化，并在协助湾区各市对外开放的过程中，加强与不同文化的深度交流，从而达到和谐发展的目标。澳门独特的对外交流的历史锻造出具有鲜明特色的文化形态，在大湾区内起粘合与带动作用，是中华文化"走出去"的良好着力点。

从功能上来看，这个基地应是大湾区的基地、是国家的基地。此次规划是我国首次将某一城市（特别行政区）的文化特性与文化功能列入国家区域性发展战略[1]，这种做法在过往京津冀、长三角城市群规划中未曾出现过。澳门作为湾区四大中心城市之一，承担着区域发展的核心引擎的功能，按照中央的规划，澳门需要充分发挥自身优势并且"增强对周边区域发展的辐射带动作用"。此次澳门的定位着眼于"世界"及"中外文化"，其视野与粤港澳大湾区城市对接世界的目标相一致。

据了解，关于基地概念，是由澳门主动提出[2]、中央调研批复的，可见这个基地不仅仅是澳门自己的基地，而是辐射并且服务大湾区的基地，更应是国家进一步对外开放、促进文化交流、民心相通的重要战略部署，这也体现出澳门作为多元文化交流基地的价值所在。因此，基地应是以澳门为中心、以大湾区为辐射范围，促进中国对外开放，加强与不同文化和谐共融的文化交流发展基地，应该为中国进一步对外开放、推行"一带一路"倡议服务。

---

① 林广志，《"基地"建设 任重道远》，《澳门日报》2017年8月17日，第E06版。
② 林广志，《"基地"建设 任重道远》，《澳门日报》2017年8月17日，第E06版。

澳门拥有战略性的地缘政治优势、多元化的对外文化及经济交流经验，再加上与中国内地密切的沟通接触以及相对独立且宽松的文化环境，使得澳门可以作为促进中国现代化乃至对外交流的良好通道。尽管澳门的体量相较于其他城市较小，但澳门应该把握历史机遇，争取积极参与中国在新时期的对外开放，从而影响全球布局。这需要充分发挥其自身优势，以澳门独特的文化形态，借助其与其他湾区城市的历史文化渊源，促进大湾区的文化发展。

（二）基地的内涵

中央赋予澳门"以中华文化为主流"定位的依据，是根据澳门华人爱国爱澳的传统及文化风俗中以中华文化为主流的现实状况所得出，而这个现状应归功于早期华人士绅、商民的坚守、传承而得以实现和延续。可见这个定位完全符合当前澳门社会情况。

澳门在明代中叶开埠之后，与亚洲各国乃至欧洲各国的远洋贸易来往日益密切，逐渐成为东西方贸易以及文化交流的重要枢纽。近代以来，由于贸易、生计、人口贩卖、外国排华以及内地政局动乱等原因，大量来自中国内地（以祖籍广东、福建为多）的人口迁移到澳门定居，导致澳门的华人人口显著增加，逐渐形成并演化为一个以葡萄牙商人占据主导地位、大量华人聚集谋生的华洋杂处的社会。[1]

晚清以来，华人族群力量日渐壮大并成为澳门的"绝大多数"。[2]鸦片战争之后，内地的时局动荡导致迁入澳门的华人数量猛增，最终确立澳门华人人口的绝对优势地位。这些不同籍贯的华人为澳门带来不同地域的中华文化，逐步凝聚出澳门的中华文化精神纽带，反映出中华文化所具有的宏大兼容性核心价值。正因澳门华人族群构成所具有的特殊性，才使得澳门"以中华文化为主流"这一现象的形成变得可能。

---

[1] 林广志、李超：《人口结构与经济转型：以近代澳门为例》，《华南师范大学学报（社会科学版）》，2017年第1期，第13—26页。

[2] 1839年林则徐视察澳门时，澳门华人共计7033人（未包括水上人口），华人与葡人人口比例仅为1.25:1。至1849年，华人人口猛增至34000人。特别是1851年初爆发的太平天国运动以及1854年开始蔓延于珠三角地区的红巾之乱，导致大量华人富绅为避战乱和苛捐杂税而迁居澳门。1860年，澳门人口总数达到85471人，其中华人人口接近80000人；另据1871年、1878年、1896年和1910年的四次人口普查数据显示，澳门人口的华洋比已分别达到12.41:1、13.96:1、18.38:1和24.84:1。详见林广志、李超：《人口结构与经济转型：以近代澳门为例》，《华南师范大学学报（社会科学版）》，2017年第1期，第13—26页。

　　本土华人以及外来华人在不同的时期，以习俗、信仰作为切入点，根据不同的目的在澳门兴建了各种庙宇①，这些庙宇的兴建与当时的时代特征、经济发展密切相关，承担起不同的社会功能。华人文化以庙宇建筑作为载体在澳门生根发芽，它们构成了澳门中华文化的基础，也奠定了澳门华人的精神文化底色。

　　澳门的中华文化构建，也归功于早期澳门本土华人对中国传统文化的坚守。在华葡杂处的社会环境中，澳门的华人绅商曾担心中国传统文化特别是儒家思想的丢失，担心"家住澳门，华夷杂处，人不知书"②。以澳门望厦赵氏家族③为例，原籍浙江浦江并于清代初年迁入澳门④。其中赵元辂、赵允菁父子相继于清代乾隆、嘉庆年间中举，以"父子登科"成为一时佳话。1780年（乾隆四十五年），赵元辂赴北京应春官试，卒于京邸，年四十二。卒时遗嘱其子：人可死，书不可死也⑤。赵允菁继承父亲遗志，中举后以育人为己任，一生设馆课业，以传播儒家文化为己任，卓尔有成⑥，先后培养出曾望颜、鲍俊等众多香山名士。赵氏父子两代人的坚守与建设，弘扬中华文化，为华人文化在澳门奠定了坚实的基础。除此之外，赵允菁还作为澳门士绅参与协调中葡之间的纷争，是澳门士绅坚守中华文化的典范。

　　澳门的中华文化，也在内忧外患期间而得以保留。每当国内改朝换代、政

---

　　① 明清时期建成的妈阁庙、天后古庙等供奉妈祖天后娘娘，代表闽粤沿海地区的渔民文化，反映出早期澳门的经济结构；明清时期建成观音堂，供奉佛教观音以及佛祖，代表佛教信仰文化在澳门的落地生根；清乾隆年间建成的关帝庙（三街会馆）成为澳门商人聚会议事场所，代表关帝文化以及背后隐含的商贸文化，体现出清代华人议事机构的历史；而为了"防火""防灾""防疫"的目的，华人在不同时期相继建成了康真君庙、哪吒庙、包公庙以供奉相应"功能"的神祇；还有融合了道教和佛教的莲峰庙，同时供奉观音与天后这两个不同体系的神祇，也充分体现出了中华文化的包容性。

　　② 林广志：《冲突与交融：清代澳门华商的文化坚守与风俗涵化》，《文化杂志》2008年第67期，第1—14页。

　　③ 针对澳门望厦赵氏家族的研究，详见沈馥绚：《澳门赵氏家族研究——以〈赵书泽堂家谱〉、〈家乘略钞〉、〈浦江赵氏家谱〉为中心》，硕士学位论文，澳门大学，2019年。

　　④ 相关考证详见赵新良：《赵氏家族迁澳时间考》，《学术论丛》，2009年第48期（总第559期），第78—79页。

　　⑤ 《赵书泽堂家谱》之吴梯《九衢公行状略》，第49—52页。

　　⑥ 吴志良、汤开建、金国平编：《澳门编年史》第三卷，广东人民出版社，2009年，第1492页。

治动荡，澳门总会吸引不少文人雅士留寓于此，留下不少宝贵的文化遗产。抗日战争期间避居澳门的汪兆镛[①]、高剑父[②]二人，对澳门的中华文化传播有卓越贡献。汪氏对推动澳门文学和学术研究发展具有重要的开拓作用，居澳期间整理、编撰了不少学术著作[③]，并留下数十首关于澳门的诗作，反映出澳门社会风貌[④]，可谓"民初至抗战时期寓澳文士中最大者"[⑤]。高氏则带领岭南画派，推动澳门美术在抗日战争时期蓬勃发展[⑥]。多年寓居澳门期间创作出不少作品，描绘澳门当地的物产及生活写照，为后人留下不少珍贵手迹。他还举办抗日画展为难童筹备经费[⑦]，将其艺术救国的宗旨付诸实际行动，激发起港澳地区民众的抗日、反战及爱国主义民族精神。

与此同时，抗战时期迁到澳门的学校，如培正中学、培道中学、岭南中学等，至今仍是澳门传承中华文化的中坚力量。1936至1941年间，不少广东学校迁到澳门办学，澳门一时名校林立，澳门学生从八千人增至三万多人。期间许多闻名岭南的教育家纷至沓来，为澳门教育事业注入了活力，而这股外力也驱使澳门教育的近代化进程走向成熟。虽然抗战胜利后部分学校迁回广州，但对澳门的影响仍旧十分深远[⑧]。正因为抗日救亡的校园文化在澳门蓬勃发展，在民族生死存亡间为莘莘学子埋下爱国良种，才使得爱国思想在澳门得以留存。

早在明代末年，澳门已是华洋杂处之地，数百年来外来的信仰文化能够在此得以保留，东方与西方的信仰在此共生共荣。相较于内地其他内陆城市，澳门的中华文化传承显示出一个明显的动态发展过程，它是不同民族、文明之间经历文化碰撞、冲突乃至交融，在长时间相互作用、相互融合的结果。数百年来澳门的中华文化传承，在历史上并没有出现较大的断层，文化血脉传承较为

---

① 汪兆镛（1861—1939），近代岭南著名学者，长于金石、考据、经史、诗词、散文等。
② 高剑父（1879—1951），知名画家、教育家。岭南画派的创始人之一，与高奇峰、陈树人并称"岭南三杰"。
③ 邓骏捷：《澳门古籍藏书》，三联书店（香港）及澳门基金会，2012年，第56页。
④ 对于汪兆镛居澳期间的研究，详见彭海铃：《汪兆镛居澳交往研究》，澳门理工学院，2015年。
⑤ 彭海铃：《汪兆镛居澳交往研究》，澳门理工学院，2015年，第3页。
⑥ 黎明：《忆高剑父与岭南画派》，《岭南文史》，2011年第4期，第42—50页。
⑦ 吴志良、杨允中编：《澳门百科全书》，澳门基金会，2005年，第253页。
⑧ 刘羡冰：《抗日时期澳门教育的光辉一页》，《鉴古知今再思考》，澳门理工学院，2014年，第256页。

完好。澳门中西文化共存共荣、多元文化互动相生的情况，放眼世界都是一个值得关注的典范。

回归以来，中央政府高度重视中华文化在澳门特区的传承。在"一国两制"框架下，澳门人对中华文化的认同感上升到有史以来的最好时期，这归功于爱国爱澳的教育风气。但是，与大湾区其他城市一样，澳门也需要面临新时代的文化传承问题，需要摸索出一条适合澳门自身情况的发展道路。根据澳门所拥有的中西文化交融经历，一条适合澳门文化基调的道路被开拓出来：澳门历史城区在2005年被联合国教科文组织评定为世界文化遗产，澳门也因此成为世遗城市。

从澳门的发展历史来看，它一面传承中华文化，一面受西方文化的影响，最终塑造出如今世界文化遗产"澳门历史城区"的独特风貌：它是中国境内现存年代最远、规模最大、保存最完整和最集中，以西式建筑为主、中西式最具特色的建筑共存的历史建筑群①。这个以葡萄牙人居住范围为主的旧城区，呈现出海港城市与传统中葡聚居地的典型特色，显示出其中西文化融汇的特点。它见证了天主教和基督教在中国的传教历史，更是四百多年来中西文化交流、多元文化共存的最佳例证。

澳门历史城区的良好保留，显示出中华文化永不衰败的生命力及其开放性和包容性，以及中西异质文化和平共处的可能性。而在澳门占人口绝大多数的华人及华商仍然保持着中国传统的伦理道德观，其风俗习惯也大多得以保存。历史也证明，避居澳门的艺术家、教育家在澳门的活动，对增强澳门的中华文化底蕴起到不可或缺的积极作用。澳门华人既坚守着中国传统文化和风俗习惯，又吸纳了异族文化的一些品质，华葡友好相处最终达至共存共荣这一状态，充分显示出中国文化所具有的宏大的兼容性②。由此可见，在澳门打造"以中华文化为主流，多元文化共存的一基地"具有其历史底蕴及现实意义。

二、基地与湾区城市间的文化联系

澳门在历史上与湾区各城市有诸多交流，具有千丝万缕的历史文化渊源。

---

① 《澳门历史建筑群》申报文本，中华人民共和国国家文物局，第7页。

② 林广志：《冲突与交融：清代澳门华商的文化坚守与风俗涵化》，《文化杂志》2008年第67期，第1—14页。

故除了"一个基地"的定位，国家还赋予澳门另一项使命——"人文湾区"的构建。澳门应深入发掘与各市之间的联系，进一步加强大湾区的文化交流互动，在澳门构建出一个新时代以中华文化为主流、促进对外交往的文化交流合作基地，从而重新编织出一张文化网络，这个网络既有历史基础，又有其现实需要和现实可能。

16世纪中叶至19世纪中叶，澳门作为中国对外交流的主要平台及通道，在海上丝绸之路中充当起中国内陆与亚洲甚至全球的跨文化交流中心及贸易枢纽，其作用在于促进中葡之间的贸易、文化往来乃至全球的联系，搭建出珠江沿岸周边各市间的文化交流圈及文化网络。在构建"一个基地"时，需要考虑湾区城市间的内在文化联系，首要是找到湾区城市间的文化通路与共同点，深入发掘澳门与其他湾区城市的文化发展背景，追溯历史源头并理清他们之间的文化联系，方可找到澳门自身的正确定位，更好地作为"一个基地"服务湾区。

湾区城市同饮珠江水，关系紧密，而历史上澳门与各个湾区城市经贸文化交流非常密切。广州处于珠江出海口，是广东水路交通枢纽、海上丝绸之路的发祥地，还是中外经济贸易的重镇，更是东西方文化交流的窗口。澳门与广州的十三行贸易关系、人员来往以及文化交流密切，至今影响深远。澳门与佛山长期以来都有贸易和文化来往，而佛山作为武术之乡，不少武术家带着拳术、舞龙舞狮的技艺来到港澳开枝散叶，使佛山的武术文化得以在港澳留存，如今咏春拳、蔡李佛拳更被列入澳门新一批非物质文化遗产①。澳门与香港文化同源，人口组成结构相近，近代的移民以及中西文化交融历史相仿，且经贸来往非常密切，港澳地区长期处于竞争加合作的良好状态。鸦片战争后香港开埠，大量的澳门人、土生葡人乃至在澳门经商的商人移居香港经商，为港澳往后百余年的交往奠定基础。至于澳门与中山、珠海的联系，可谓最为密切，三地一衣带水，原同属香山县辖下，文化底蕴和生活习俗都最为接近，从人口学角度来看是真正意义上的同根同源。大量的中山、珠海人来到澳门经商、定居，甚至通过澳门走出国门、走向世界。

---

① 澳门文化局根据《文化遗产保护法》规定，于2017年建立非物质文化遗产列表项目，并于2020年6月更新清单，新增55个项目列入上述列表，其中将太极拳、咏春拳和蔡李佛拳纳入清单内的"有关对自然界及宇宙的认知、实践"项目。

　　除了商贸文化及社会文化以外，澳门作为中国南方的贸易门户以及海上丝绸之路的枢纽，一直都是中西文化交流的桥梁、宗教融合的交流平台乃至西方知识技术转移的输送带。西方宗教在华传教史也能够将澳门与其他湾区城市串联起来：澳门与肇庆的天主教文化渊源深厚，故应从"天主教入华传教"作为切入点进行观察。1583年（明万历十一年）利玛窦从澳门出发、取道广州前往当时位于两广总督府所在地的肇庆，自此开始在肇庆长达六年的传教，并且在此建立中国内地第一座天主教堂——僊花寺[①]，以此为据点开始艰苦的布道工作，因地制宜推行适应策略的传教方式。利玛窦在肇庆留下的珍贵遗产值得深挖。澳门与江门的关系也是多方面的，江门是著名侨乡，除了百年来透过澳门的窗口作用造就澳江两地密切的人员流动，更应该深挖两地的宗教与贸易关系。1552年，第一位来自西班牙的耶稣会传教士方济各·沙勿略到达广东上川岛，并且最终在此逝世。澳门与东莞位处珠江东西两岸，两地目前尚保存鸦片战争以来的西式炮台及海岸防线遗迹，其中海防的战法、炮台都源自欧洲，故作为南中国海的关隘，湾区内的海防遗迹历史值得深入挖掘。目前海上丝绸之路正进行统一的世界文化遗产申报工作当中，广东的明清海防遗存是一个相当具有价值的主题，故对于东莞、深圳以及惠州等珠江东岸的沿江、沿海城市，不妨从明清海防遗存的角度进行切入，寻求一空间。

　　时至今日，这张无形的文化网络似乎已经成为历史遗迹。当我们慢慢拨开历史的杂草，能够发现当年的文化交往有的已经断裂，有的仍旧在产生作用。澳门作为这个网络的中心，应当率先联合各地将这种联系重新发掘出来，提供更多的交流机会。从大湾区自身发展情况来看，"一个基地"的构建是澳门带动人文湾区建设发展的内在要求。粤港澳三地都属广府民系，地缘相近、人缘相亲、文缘相通，市民相互之间有天然的认同感。同质的文化就像流动的血脉，无疑会成为大湾区城市群制度与社会的润滑剂，并以某种同声同气的思想文化指向，为整个地域的社会与人群提供精神养分。

三、澳门建设"一个基地"的优势与建议

　　建设"一个基地"关系澳门全体市民的福祉，需要社会各界共同参与。澳

---

　　① 　关于肇庆僊花寺的情况，详见何凯文、龚智：《利玛窦所建僊花寺遗址位置的"文化整体"研究》，《文化杂志》，第95期，2015年，第167—174页。

门特区政府应透过广泛的宣传和教育，使得社会各界正确认识基地的概念、定义及其功能作用，深入了解这个基地是什么、有什么功能以及将来能起到什么作用，这需要一定的时间进行消化、沉淀。同时社会各界需要清晰了解一个大前提：构建这个基地不能单纯依赖澳门一个城市的力量进行，应当借助国家的力量，集合各湾区城市来共同建设。

"一个基地"来源于大湾区并服务于大湾区，故湾区各市应当共同建设使其成为湾区的基地，而不是针对或局限于澳门自身的基地，也正因为此次规划是国家层面的布局，才使得基地的功能有着无限发挥的空间和可能。而在筹备建设的前期过程中，澳门需要积极争取国家的支持，连同其他湾区城市共同制定基地的建设和发展规划。要在中央政府的统筹下、湾区各个城市的参与下，由澳门牵头开展文化产业发展会议，在澳门商讨基地建设，为人文湾区的构建提出建设性的建议并构建发展框架。

相比其他湾区城市，澳门在建设基地方面具有得天独厚的优势：澳门依靠自身的历史发展轨迹，在国家的大力支持下能够顺利发展与葡语国家的经贸关系，而多个外国外交领事机构驻澳使得对外交流合作变得便利。在"一国两制"的制度框架下以"中国澳门"的名义参加以地区为单位的国际文化、经济等组织①，且在海外设有多个经济贸易办事处②。澳门作为独立的关税区，具备自由港的条件，能够自由进行对外文化交流合作。澳门也拥有扎实的大型会展、会议接待条件，为湾区城市在澳门召开大型合作会议提供方便。

人文基础方面，澳门的官方语言为中文及葡文，大部分基础教育的教学语言也为中文；中华文化是由许多典型的文化汇聚而成的，其中包括各种地域性的文化，除了主流的广府文化之外，澳门还拥有丰厚的闽南文化、潮汕文化及客家文化等中华文化的重要分支，更留存葡萄牙文化以及土生葡人文化，这些都是澳门多元文化的文化基础，它们在中外文化交流发挥着重要作用，历史上就有无数的外国人透过澳门了解了深厚的中华文化。

正因为拥有上述各种优势，澳门需要作为主导的角色联合湾区各市，进

---

① 澳门特别行政区政府以"中国澳门"名义参加世界贸易组织、世界旅游组织、世界气象组织、世界海关组织、国际结算银行、联合国亚洲及太平洋经济社会委员会、亚洲太平洋经济合作会议、亚洲开发银行等十余个国际性组织。

② 包括澳门驻里斯本经济贸易办事处、澳门驻世界贸易组织经济贸易办事处以及澳门驻欧盟经济贸易办事处等。

一步梳理澳门与大湾区城市的历史文化渊源，建立"以中华文化为主流，多元文化共存"的价值共同体。而如何确保澳门"以中华文化为主流，多元文化共存"这一现状继续发展成为"交流合作基地"，成为目前急需思考的问题。结合澳门实际状况，在此提出以下几点建议：

第一，特区政府应根据大湾区的实际情况，就"一个基地"发展制定长远的工作规划，并与过往"一个中心、一个平台"的定位相结合。在总体的规划与强有力的组织下，方可推动整个大湾区的文化融合工作。在确定了"一个基地"的内涵后，特区政府必须拥有一个能够总体规划蓝图以及强有力的组织，推动与协调相关工作。因此，建议成立一个委员会，成员应包括适当比例的官、民代表，其职责应研究如何推动"一个基地"的政策和策略，如各行业的配套、人员培训以及大湾区城市的合作等。更重要的是，要将"一个中心、一个平台"与"一个基地"进行有机结合，制定出五至十年的工作规划，让全社会都能够参与到建设当中。

第二，澳门要想做好文化交流基地、充分发挥其多元文化交流功能，不仅必须巩固自身的多元文化，还要起到协同作用及服务功能，做好牵头组织的工作。要继续巩固澳门"以中华文化为主流，多元文化共存"的现状，制定出相关发展规划，以保护现存的本土文化特征，即广府文化、闽南文化、客家文化等中华文化乃至澳门土生葡人、少数族群等具有澳门特色的多元文化，针对历史文化、物质文化遗产与非物质文化遗产①等领域继续开展湾区内的合作研讨，使其纳入大湾区各市，共同参与到人文湾区建设工作当中。

第三，针对青少年爱国主义教育的问题，特区政府应继续加大基础教育中爱国主义思想教育的力度②，包括在课程以及教材编排上应更注重国情教育③，而且应该进一步加深各类"国情夏令营""爱我中华"学习之旅的交流深度。

---

①　截至2020年7月，澳门拥有世界文化遗产一处，即澳门历史城区，由22座建筑和8个广场前地组成；澳门非物质文化遗产名录共计12项，列入非遗清单项目共计70项。

②　按照2014年颁布的《本地学制正规教育课程框架》的规定，国情教育是中小学品德与公民课程的组成部分，并融合在日常的校内、校外教育活动之中。数据来源：澳门教育暨青年局。消息来源：澳门教育暨青年局，新闻稿《国情教育有助青少年成长》，2015年3月21日。

③　虽然特区在2019年成立了"家国情怀馆"供中小学生学习参观，但馆内空间有限，且推进力度不足，考虑到澳门特殊的教育体制，该项目的受众辐射面及内容深度都仍有发展空间。

在"后疫情时代"，澳门急需建立一个具规模且适合青少年学习、传承中华文化的场所，努力建设一个"一出门就能看见"的中华文化展示空间，一方面培养本地青少年的爱国意识，另一方面也可以透过打造文化旅游景点，使得外国旅客能够感受中华文化。可以参考邻埠香港在2016年年底宣布与北京故宫博物院合作建设香港故宫文化博物馆的做法，为年轻人提供一个系统且完整的文化学习环境，满足香港中华文化教育的需求，澳门也可以规划出具有相应规模的大型教育基地①。

第四，除了基础教育之外，高等教育及相关课题科研是澳门作为基地的重要支持，政府应继续大力扶持本地高校针对中华文化的学科建设以及相关研究。近年特区政府乃至各高校针对中华文化的正规教育推动力度日益加强：2017年特区政府在澳门基金会成立"历史文化工作委员会"，以弘扬和传播中华历史文化，推动澳门历史文化的研究与发展；同年澳门大学中国历史文化中心启用；2018年新编人教版历史教材进入中学课堂，增加了中华传统文化和本土历史文化内容；2019年澳门科技大学开设澳门史上首个以中国史、澳门史为主干的历史学博士学位课程；2020年澳门科技大学与中国社会科学院中国历史研究院签订合作协定。可见中华文化的科教工作，应是未来澳门高校历史研究的重点目标。

第五，针对澳门土生葡人文化的保育工作，需要形成相应的法律体系，完善目前由社会团体申报的境况。除了要对土生葡语这类濒临灭绝的语言予以支持及推广，特区政府应更加重视对葡萄牙语这一官方语言的教育，培养本地葡语人才，以确保澳门作为葡语国家商贸平台地位的可持续性。相关管理部门需要进行规划并且制定中长期的保育目标，以使相关文化能够得以妥善发展，做好澳门内部自身工作。

第六，需要进一步加强对外文化艺术交流，与包括葡语国家在内的各国保持可持续的人文来往，包括继续举办"澳门艺术节""澳门音乐节""澳门国际幻彩大巡游"等国际艺术盛事，丰富澳门本地的艺术生活，加强澳门与世界各地的艺术交流，巩固澳门作为文化交流平台的地位。

简而言之，从国家决策层面来看，应从大湾区城市的文化现状出发，为

---

① 2019年年底澳门特区政府与国家文旅部签署了《关于建设"澳门故宫文化遗产保护传承中心"合作备忘录》，将中心设在2004年落成的澳门回归贺礼陈列馆。

澳门"以中华文化为主流，多元文化共存"的文化载体进行规划与布局，一方面要确保各方面的文化传承，另一方面积极重视中华文化的传承教育，透过在澳门加强以中华文化为核心的软、硬实力建设，增强青少年国家意识和民族情怀。

结　语

澳门早在16世纪中叶就已率先步入全球化的行列当中，这座小城数百年的历史，为我们折射出中国在世界层面上的跨国贸易史，其狭小的空间连接宏大的全球历史，独特的文化蕴藏深厚的文明积累，这是澳门贡献给中国和世界的文化财富，也是澳门作为中国对外开放前沿的历史渊源。对世界而言，伴随国家"一带一路"倡议的实施，在粤港澳大湾区这一具有世界地标性影响的区域推动"以中华文化为主流，多元文化共存"的交流合作基地建设，一定程度上表明了国家在文化领域内新的全球观、生存观和发展观，展示出中国新的文化姿态。

随着澳门回归，如何保持中西文化交融、使澳门赖以有别于湾区乃至中国其他城市的独特优势长期延续，成为一个现实的课题。如今中国也正孵化出新的世界发展观、生存观，澳门特区的发展应紧紧把握"中华文化为主流"这一方向，以此为前提，助力国家的软实力及文化输出。在发展的过程中，应加强对年轻一代的爱国爱澳教育，积极筹备以中华文化为主流的教育基地，确保中华文化在澳门的顺利传承；同时对本地物质及非物质文化遗产的保育保持应有的重视，密切关注澳门世遗城市的保护情况，加快世遗监测中心的建设；在制定相关计划的时候应注重基地的平台特性而非产业发展，要持续扩大澳门葡语发展的优势，巩固"一个中心、一个平台"的优势，并持续发展澳门的基础建设与会展行业。

澳门文化作为一种意识形态下的精神积累，以及作为民间交往、互通互信的交流合作的平台功能此次被发掘出来，意味着澳门在中华文化主导下的多元文化共存，存在参与和推动区域性文化交流与合作的可能性①。而此次《规划纲要》的核心要义，应着眼于湾区城市间的良好分工，这是维持大湾区对外开放的特点之一。本次《规划纲要》凸显出澳门的基地地位，为澳门日后的发展

---

① 林广志，《"基地"建设 任重道远》，《澳门日报》2017年8月17日，第E06版。

提供指导方向，澳门内部应更加明确"以中华文化为主流"占据基础与主导地位，"多元文化共存"是文化特色的彰显及未来发展的方向。

澳门特区行政长官贺一诚在《2020年财政年度施政报告》中，继续强调澳门需要筹设爱国爱澳教育基地，为学校及社团开展爱国爱澳教育提供新的场所，并且要将爱国主义教育贯穿于课堂拓展和各类主题教育活动之中。包括加强中国历史教育，开展弘扬中华传统优秀文化及推广中华传统礼仪文化教育，增强学生的国家和民族认同感。可见，筹建以中华文化为主流的爱国爱澳教育基地，有其现实意义及需要。特区政府应该借助国家的力量在澳门建设大型文化载体，积极落实规划中的"澳门故宫文化遗产保护传承中心"等。

同时，澳门社会各界需要站在长远角度去思考中华文化的延续问题，对青少年的爱国教育营造良好环境，从而推动中华文化在澳门的传播和传承。特区政府会否考虑建立以中华文化为主题的、具有世界水平的场馆、街区，如中华海洋文明博物馆、中华美食一条街、中华大剧院等，以持续凸显和巩固中华文化在澳门的主流地位，也是一个值得探讨的问题。[①]

当前全球化发展正面临全新的大变局，澳门如何把握机遇在风浪中扮演好平台的角色显得尤为迫切。澳门在进一步对外开放、发挥交流平台作用的同时，应与时俱进、持续吸收新的文化，这也会更便利于中国新时代的对外开放。由此可见，"一个基地"乃至"人文湾区"的构建，使其成为对国家、区域乃至人类社会发展具有重要意义的文化交流合作平台，是当代澳门人的艰巨而光荣的历史任务。

---

① 林广志，《"基地"建设 任重道远》，《澳门日报》2017年8月17日，第E06版。

"澳科一号"卫星项目的背景、研发及其意义

张可可 徐懿*

摘 要：澳门首颗科学卫星（以下简称澳科一号）是第一颗也是迄今为止唯一利用低纬度轨道监测赤道附近南大西洋异常区地球磁场与空间环境的科学探测卫星。该卫星可以精确地监测地球磁场的时空结构演化过程，研究当前地球发电机运行状态，为判断未来地球磁场与空间环境变化趋势提供重要的数据。卫星获取的地球磁场信息可应用在国防、航空航海导航、日常手机导航、油气钻探及开采、矿产资源普查及勘探等领域。目前"澳科一号"项目已经完成了多轮科学与技术论证会并于2019年10月9日在澳门科技大学举行了启动仪式，将于2021年择机发射。"澳科一号"项目有望在地球岩石剩磁分布、地球发电机、地球磁场时空变化等基础科学领域做出国际领先的研究成果，同时应用于很多重要的应用领域，产生良好的经济与社会效益。

关键词：澳科一号 卫星 磁场 导航

澳门回归祖国20年来，搭乘科教强国的时代巨轮，开启了一场前所未有的科学征程。特区政府和社会各界高度重视科学研究，在法律、组织、制度和资源上，采取一系列行之有效的措施，扶持科学研究的发展。经过20年的努力，今天的澳门已经成为一个科研成果丰硕、科技人才汇集的重镇。目前，澳门拥有"月球与行星科学国家重点实验室""中药质量研究国家重点实验室""模

---

① 张可可，地球物理与空间物理学博士，澳门科技大学月球与行星科学国家重点实验室主任、讲座教授；徐懿，计算机与电子工程博士，澳门科技大学月球与行星科学国家重点实验室助理教授。

拟与混合信号超大规模集成电路国家重点实验室"和"智慧城市物联网国家重点实验室"，这四间国家重点实验室全部是在澳门回归后建设的，成为澳门科技创新发展的新高地。2019年10月9日，在庆祝澳门回归祖国20周年前夕，澳门科技大学隆重举行了"澳门首颗科学卫星项目发布会暨征名活动启动仪式"，澳门科技大学月球与行星科学国家重点实验室宣布，首颗澳门设计的科学卫星将于2021年择机发射。卫星的科学目标是"南大西洋异常区地磁探测与地球液核发电机动力学研究"，标志着澳门在该领域拥有世界先进的科研水平，也将进一步带动粤港澳大湾区在科学技术领域的创新合作。

一、地球磁场的研究意义及观测方式

地球是一个从内部地核与地幔一直到空间磁层的多圈层耦合的复杂系统。起源于地球内部导电液核的发电机产生的地球磁场穿过全部圈层，外延至数万公里以上与太阳风相互作用形成磁层，定义出地球空间环境的时空范围。空间环境中的磁层/电离层与大气层/生物圈之间存在物质交换和能量耦合，形成多圈层耦合的重要环节。地核发电机和它产生的地球磁场与空间环境存在各种直接和间接、全球和局部的相互作用，且在地球演化过程中不断地在变化。这种相互作用与时空变化是国际地学、环境、空间、气象界关注的前沿和难点。空间环境对依赖卫星通讯和电子设备的现代社会生产活动产生巨大影响，是人类活动范围向外层空间拓展的首要区域，并关系到现代文明发展进程。澳门首颗科学卫星即"澳科一号"项目拟探索研究地球磁场时空变化（特别是南大西洋磁异常区）以及其对空间环境的影响；通过澳门与内地团队合作实现优势互补，借助交叉研究突破学科壁垒，深入理解地球磁场长期变化的驱动机理及地球空间环境的响应过程，助力提升灾害性空间天气事件的预报和应对能力。

（一）地球磁场的研究意义

地球空间环境是人类航天活动的主要区域，它的变化和扰动过程直接影响到人类技术发展、现代工业社会活动、甚至人类生存环境。太阳日冕物质抛射、太阳耀斑等突发性活动能够诱发空间环境的突然变化，从而造成灾害性空间天气事件，对社会的正常运转造成干扰，尤其是现代工业发达的国家。灾害性空间天气事件可以在地面导电体产生强感应电流，摧毁电网、铁路信号、输油管道等重要设施。例如，1989年3月的地磁暴造成加拿大魁北克省断电九小时；铁路信号受地磁暴影响的事件在俄罗斯和瑞典都曾发生过；输油管道被地磁暴损坏的事件在阿拉斯加、加拿大和芬兰更是时有报道。

地球磁场与人类生存环境密切相关，它不仅影响着人类和动物的生活，还关系着地球生存环境的演变。太阳风是来自于太阳的高速、高能粒子流，它不停地吹袭地球，对地球大气、海洋乃至整个生态环境造成巨大的威胁。地球磁场是抵挡太阳风的第一道，也是最重要的一道屏障。假如没有地球磁场的保护，或许地球就和太阳系其他行星一样，没有适合人类生存的宜居环境。地球磁场抵挡了太阳风粒子，帮助地球保存了生命赖以存在的浓密大气（见图1）。因此地球磁场演化的研究为类地行星磁场的研究提供重要参考，有助于理解和认识类地行星磁场的过去、现状和未来，以及类地行星磁场与行星演化的联系。

由地球发电机过程产生的地球磁场在历史上经历了上百次的极性倒转，倒转期间地球磁场强度能下降至正常值的25%左右，这会严重削弱地球磁场阻挡太阳风的能力。上一次磁极倒转距离现在已达到78万年，超过了磁极倒转的平均间隔40万年。最近150年地球磁场强度下降了约超过10%，其中南大西洋地区是地球磁场减弱速度最快的区域之一，该地区磁场的减弱速度大约是平均值的十倍。这些现象可能是全球地球磁场极性发生倒转的前兆。然而目前的科学研究对地球磁场的变化规律知之甚少。因为人类无法深入到达地下3000公里处的地球外核，所以很难获取地球发电机所处环境中的物理化学参数，也就很难精确预测未来的地球磁场变化趋势。实时监测地球磁场，持续获取地球磁场分布是认识、掌握地球磁场变化规律的直接途径。

在世界范围，空间环境问题受重视的范围和程度正在加速扩大。世界上许多工业大国的科研界，很早就认识到地球磁场与空间天气研究的重要性，并开展了大量的科学研究。一些发达国家的政府和国际组织已将地球空间环境的问题提上议事日程。例如，2012年英国出台新的《国家安全威胁清单》（*National Risk Register for Civil Emergencies*），增加了灾害性空间天气类别；2015年美国白宫科技政策办公室发布了《空间天气战略方案和行动计划》（*Comprehensive Strategy and Action Plan for Space Weather*）；2015年世界气象组织（*World Meteorological Organisation*）将空间天气正式提升进入官方工作框架。中国是航天大国，航天活动非常频繁，而且对卫星通讯的依赖程度越来越高。可以预见，我国的长期（几十年到上百年）规划需要对地球磁场与空间环境的科学

问题有更深入广泛的了解与研究，并具备一定预报能力。"澳科一号"科学
成果与数据将及时为国家重要空间战略构建必要基础。

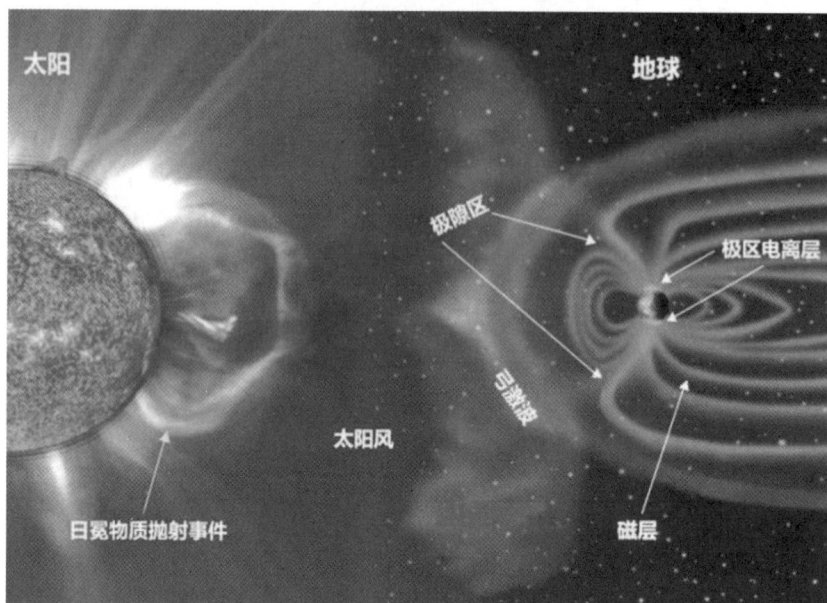

图1　地球磁场阻挡太阳风粒子

（二）地球磁场的观测方式

地磁观测是一切地磁模型、世界地磁导航地图的数据基础。由于世界各
地的地球磁场不一样，目前获取地球磁场分布最有效的办法是地面台站组网监
测、航空飞行观测与卫星磁测，更新世界地磁模型。

当前全世界大概有200个地面台站对地球磁场进行长期监测，这些台站能
够在时间上实现连续的磁场测量。但由于大多数台站建于陆地上，其测量数
据点无法均匀覆盖全球，特别在占地球面积70%的海洋中台站数量极少（见图
2），航空飞行观测也受到空间分布有限的局限。20世纪60年代开始磁测卫星
弥补了地面台站空间分布不均匀的缺点，实现了全球的地球磁场测量。2000
年前后多个磁测卫星计划相继实施，使得地球磁场模型得以持续更新，模型
精度得以提高。磁测卫星为建立地球磁场与空间天气模型提供了最有效的观
测数据。现今智能手机中用于地磁导向的地磁图均采用由卫星数据计算的地
球磁场模型。

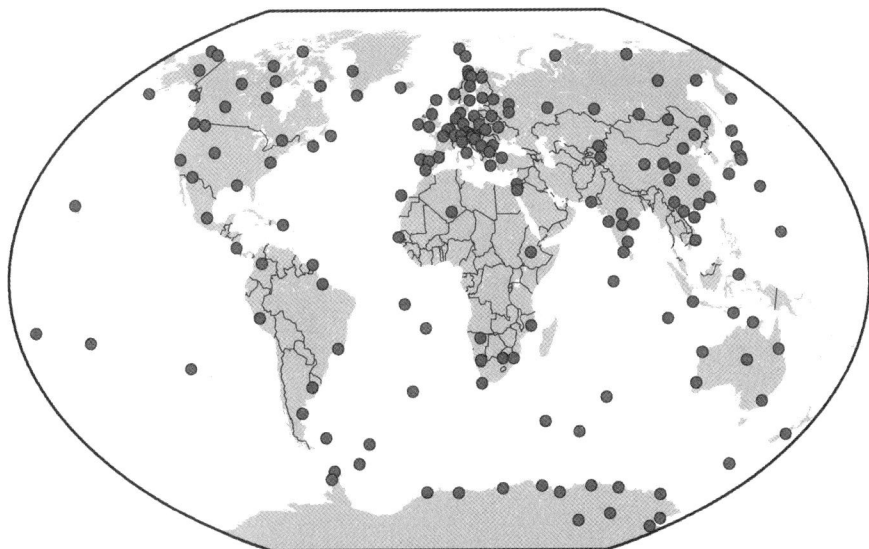

图2　地球磁场的地面长期观测台站分布图

测量地球磁场的低轨卫星可分为三代：第一代是1979年美国NASA发射的Magsat，由于技术指标存在缺陷，后期的卫星推迟了近二十年；第二代的地磁卫星分别为丹麦Ørsted、美国NASA与阿根廷合作的SAC-C卫星（又称Ørsted-2，是Ørsted卫星的复制版）、德国CHAMP卫星；第三代地磁卫星为欧空局Swarm，由3颗卫星组成的星座。

原定Swarm卫星的发射日期是在CHAMP卫星退役之前，这样它可接替CHAMP卫星的观测任务，完成一个完整的太阳活动周期间的观测。但随着CHAMP卫星在2010年9月的退役，这个目标已无法完成。Swarm卫星于2013年发射，目前轨道正在降低，可能未来在2021年退役。

二、"澳科一号"卫星项目应用背景

在地磁卫星时代，全球应用最为广泛的模型之一是由美国国家地球物理学数据中心（U.S. National Geophysical Data Center，缩写为NGDC）和英国地质调查局（British Geological Survey, BGS）开发的"世界地磁模型（World Magnetic Model，缩写为WMM）"。这个模型被广泛用于美英两国的国防部门、北约组织、世界卫生组织的定向，也是全世界民用部门定向的首选。不论是许多飞机上的航空磁罗盘、不少轮船的磁罗盘，还是安卓或苹果手机里的电子罗盘，都依赖于这个模型进行定向后的校正。因此，世界地磁模型的准确度必须得到保证。由于地球磁场变化很快，而且无法预测，世界地磁模型至少每5年就会更新一次，来保证足够的精度。最新版本的世界地磁模型，是在2014年12月发布的2015版（WMM2015），科学家预计使用这个版本的模型至2020年。

然而，2015版模型投入使用仅一年之后的2016年，位于南大西洋磁异常区下面的地球磁场出现了一次地磁急变（是指地球磁场的突然快速变化），使得本来打算用五年的模型，在一年后就误差陡增。而这两年的地磁北极加速移动，更使得2015版模型的准确度大幅下降。尤其是在北极地区，现在地磁北极还在西半球，将来就可能到达东半球的俄罗斯地区，利用世界地磁模型计算出来的方向结果会变得完全不可靠。因此，科学家们于2018年9月份发布了第二版的2015版模型——WMM2015v2。并计划在2019年1月15日再发布一个版本的模型进行修正，支持2015版模型成功延续到2019年年底，直至2020版的发布。据目前的研究，全球磁偏角的平均变化速度为0.2度。而在加拿大、格陵兰等地区靠近地磁北极的部分，以及北冰洋的相关海域，磁偏角的变化量会大增。若不能及时修正模型中地磁北极的位置，北极地区的很多定向都将变得不再准确，甚至南辕北辙，尤其是依靠磁场确定方向的手机导航。

到目前为止，历代的地磁卫星任务包括磁测仪器均由国外科研团队主持研发和运行。地磁卫星的科学应用产出主要取决于其磁测仪器自身精度、安装、以及磁测数据的标校水平。

虽然我国还没有真正意义上的高精度地球磁场向量观测的地磁卫星，但开展了多次的卫星的磁强计搭载任务，在地磁卫星的技术上做了很好的储备。例如，"张衡一号"（电磁监测试验卫星）是我国电离层轨道电磁场环境监测的科学试验卫星。这颗卫星由中国地震局提出并论证，最初设想用于监测全球地震带上空电离层及电磁场环境为地震前兆研究提供基础数据，后期扩展了空间科学、空间天气等科学目标及应用领域，并纳入到我国国家民用空间基础设施中长期发展规划。这颗卫星的轨道是500km高度的圆形太阳同步轨道，可以实现五天的轨道重访，轨道倾角97°。磁场探测是"张衡一号"的主要科学目标之一，执行这一任务的载荷是高精度磁强计，它包括两个磁通门向量磁场传感器和一个标量磁场传感器，可以实现在轨准确的向量磁场探测。"张衡一号"于2018年2月2日在酒泉卫星发射中心发射，获取了电磁场观测资料。此外，中国科学院地质与地球物理研究所具有多年仪器研发经验，承担国家重大科研装备研制项目"深部资源探测核心技术研发",承担"XX-5卫星""中国首次火星探测计划""小行星探测预研"等项目磁强计研制任务,成功研制出"卫星磁载荷系统"并应用于已发射的12颗"XX-5卫星"。这些卫星任务和深空探测计划均配置了我国最新研制的磁通门向量磁强计。

目前仍在运行的唯一的高精度地磁卫星探测任务——欧空局的Swarm卫星星座,其轨道正在降低,未来可能在2021年退役。"澳科一号"与计划中的澳科星座将有能力承担地球磁场卫星的任务,接替Swarm卫星继续监测全球的地球磁场与空间天气变化,更新世界地球磁场模型,为人类的科学与技术进步作出贡献。

地球磁场不仅是研究地球深部结构、空间环境、地球发电机动力学过程的关键元素,还是人类生活生产、现代社会科技发展的重要参数。地球磁场信息在国防、航空航海导航、日常手机导航、石油钻探及开采、矿产资源普查及勘探等领域都已经有举足轻重的应用。下面我们举两个应用例子:

一是地球磁场导航。地磁导航作为一种自主式、无长期积累误差、具有较强抗干扰能力的导航定位技术,可以完成全天时、全天候、全地域导航任务。随着地磁理论的不断完善以及敏感器、微处理器和导航算法的日趋成熟,地磁导航技术获得了快速的发展,并以其隐蔽性好、成本低和精度适中等优点成为了当前导航研究领域的一个热点。

二是石油与油气钻探。磁偏角是指是指地球上任一处的磁北方向和真北方向之间的夹角。当地磁北向实际偏东时,地磁偏角为正,反之为负。由于磁偏角是由地理北极和地磁北极不重合引起的角度,当地磁北极在运动时,这个角度就会发生改变。磁偏角在定向钻井的方位测量中具有举足轻重的重要作用。影响随钻测量精度的磁偏角参数精度是当前实现水平井的最大有效钻遇率的主要因素之一,成为十分突出的技术瓶颈。世界各地(包括国内)油田自2000年以来相继开展磁偏角的测量与更新工作,来提高石油钻井、绕障的成功率。

三、"澳科一号"卫星项目的启动

在澳门特别行政区政府、中央人民政府驻澳门特别行政区联络办公室、国家航天局的支持与协调下,澳门科技大学联合国内外科学家与工程师团队研制并即将发射全世界首颗低倾角、低轨道的地磁测量卫星——"澳科一号"卫星，用于测量低纬度的地球磁场与空间环境的变化，监测南大西洋磁异常区，研究地球深部的物理与动力学性质。

（一）卫星项目的启动

2019年2月，在珠海举行了"澳科一号"科学目标与任务需求评审会，与会专家一致通过了"澳科一号"卫星的科学与工程提议，并给出了支持的评审意见。在澳门特别行政区政府、中国人民政府驻澳门特别行政区联络办公室、国家航天局的支持与协调下，2019年5月在澳门组织了由澳门特别行政区政府三个委员会参加的"澳科一号"科学目标与任务需求评审会，会后行政长官批准了"澳科一号"卫星项目，10月9日隆重举行了"澳门首颗科学卫星项目发布会暨征名活动启动仪式"（见图3）。2019年11月，"澳科一号"卫星科学目标与任务需求评审会在北京举行，与会专家一致通过了评审，并给出评审意见。2019年11月在北京还举行了有关澳科一号卫星工程大总体工作方案、工程研制建设以及工程立项的评审会，与会专家一致通过了"澳科一号"卫星六大系统工程研制方案的评审，后续研制工作可以按计划开展。

作为献礼澳门回归祖国20周年的主要科教项目，中央电视台重点报道了"澳科一号"卫星是澳门成功实践"一国两制"的重点研发项目。2019年12月15日，由国家航天局与澳门方面共同设立的太空探索与科学中心在澳门科技大学揭牌。2019年12月16日，在澳门科技大学举行了"澳门星 航天情 中国梦——庆祝澳门回归祖国20周年航天科普展"，展出了"澳科一号"卫星的实体模型和相关设计进展。

"澳科一号"卫星的总体工程设计、卫星主体与各科学载荷的接口设计将在2020年年底前完成。卫星计划于2021年择机发射。这颗卫星将围绕低纬度地区飞行，未来，澳门科技大学还将计划发射三四颗不同轨道的同类地磁卫星，组成星座，实现对全球地球磁场的全方位覆盖与监测。届时，全世界所有基于卫星磁测数据的地磁模型将会采用"澳科一号"卫星以及后续卫星星座所测量的地磁数据。澳门科技大学拥有自主产权的磁测资料和高能粒子通量数据、地球磁场国际参考模型、岩石圈磁场模型以及空间环境预报模型将会应用到全球更新的地磁导航系统当中，其应用价值和产生的经济效益将是巨大的。

图3 澳门科学卫星项目启动仪式

（二）"澳科一号"卫星系统

"澳科一号"卫星首要科学任务预期完成南大西洋异常区的高分辨率的磁场探测，为获得SAA的全貌，需求卫星的轨道倾角约为41°，与Swarm卫星相比，可提高磁场空间分辨率一个数量级。理论上讲，地磁卫星期望低轨道，但考虑到寿命需求，卫星观测能涵盖半个太阳活动周（5～6年），轨道高度设置在450～550km，能够获取更丰富的磁场信号。地磁卫星预期获取连续、可靠和高精度的地球磁场向量资料，鉴于目前国际上磁强计的技术性能指针和工程指针的水平，采用磁通门磁强计测量地磁向量场，利用CPT标量磁力仪修正磁通门磁强计的零漂，采用星敏仪获取磁通门磁强计的姿态信息；南大西洋磁异常区内辐射带时空结构，过去主要通过极轨卫星探测，低倾角卫星在获取高能粒子的全方向信息更具优势，需求一台高能粒子探测仪。

"澳科一号"卫星的科学有效载荷包括：

磁通门向量磁强计：卫星计划的核心载荷，其主要功能是实现地球磁场的高精度向量测量。

CPT标量磁强计：主要实现在轨空间磁场总场强度及其变化量的准确测量，为向量磁场数据在轨校准提供准确的标量磁场数据。

星敏仪：确定卫星的三轴姿态，在地磁卫星系统中用于为磁场向量测量提供高精度方位信息，以确保磁场测量的向量精度。

光学平台：通过将向量磁强计探头与姿态测量星敏仪探头安装在光学平台上，进行高精度集成一体化设计来保障传感器的精确对准，同时，降低伸杆抖动、机热变形等对测量系统的影响。

高中能粒子探测器：探测卫星轨道上的高中能电子与质子。重点关注南大西洋异常区内辐射高中能电子与质子，同时监测辐射带外的高中能粒子源。

激光反射器：卫星激光反射器利用其定向反射特性，将地面站发射的激光脉冲信号反射回地面测距站，通过地面测距系统的接收、探测与处理，获取地面站与卫星之间的高精度距离。

太阳X射线监测器：对太阳耀斑X射线辐射进行高分辨率能谱探测，为地球空间天气变化提供关键的外部参数。

"澳科一号"卫星主要包括A、B两部分（见图4），其中A部分由卫星主体、长度约为3.7米的无磁伸杆以及光学测量平台构成，总长度大于八米。其中光学测量平台安装在伸杆中部，避免卫星主体的磁场干扰；光学测量平台上安装有一个高精度磁通门向量磁强计和三个星敏仪，分别用于精确测量磁场大小、方向，以及卫星姿态；平台和伸杆之间还将安装一个高精度磁通门向量磁强计，用于测量局地的磁场梯度，分离不同磁场源，并完成多个磁强计的相互标校；伸杆的顶端将安置一个标量磁强计，用于精校磁场资料；在卫星主体上将安装一个高能粒子探测器、一个中低能粒子探测器和一个激光反射器；B部分内则将安装一个中低能粒子探测器和一个太阳X射线监测器，这样可以配合A部分实现对南大西洋地区高空的辐射带进行三维时空监测。

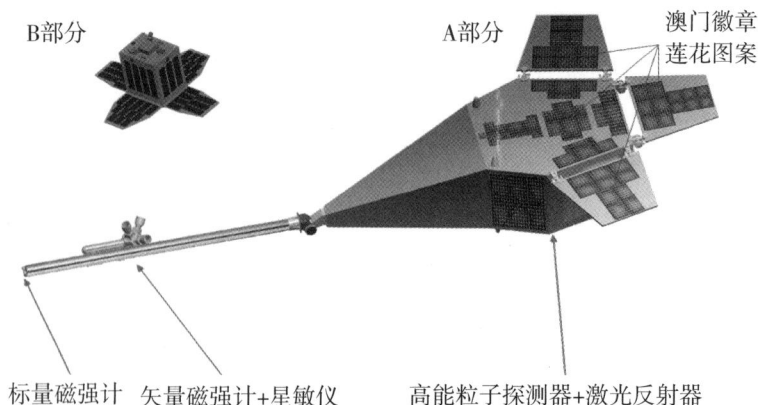

图4 卫星系统与科学有效载荷

四、"澳科一号"卫星项目的意义

"澳科一号"项目面向地球磁场与空间环境变化这一事关地球和生命起源与演化的重大科学课题，为人类科学进步作出贡献，服务于全人类社会发展。"澳科一号"卫星项目具有重大的科学意义及产业意义，对粤港澳大湾区科技创新与发展将起到极大的推动作用。

（一）科学意义

"澳科一号"卫星将是第一颗也是迄今为止唯一利用近赤道轨道监测赤道附近南大西洋异常区地球磁场与空间环境的科学探测卫星。卫星配备了先进的高精度磁场和高中能粒子探测科学载荷，提供南大西洋异常区上空高精度、高分辨率、长时间尺度的向量磁场数据以及高中能粒子数据，有望在地球岩石剩磁分布、地球发电机、内核磁流体动力学、地球磁极倒转、地核与地幔相互作用、地磁变化数据融合预报、航天器空间运行安全等重要基础和应用研究领域做出国际领先的研究成果。

"澳科一号"卫星项目的科学研究将与中国航天局、北京大学、西北工业大学、中国科学院、丹麦空间研究所、奥地利空间研究所等单位进行紧密的合作和交流，这是澳门与内地以及国际开展实际性合作交流的典范。卫星研制、发射和科学研究任务的开展也将持续推动内地与澳门实质性科技合作，充分培养、调动澳门科技创新元素，加快澳门经济社会发展转型，树立澳门特别行政区和粤港澳大湾区科技创新的良好范例。

（二）产业影响

"澳科一号"卫星项目本身具有非常巨大的产业前景。它的产品包括：

"澳科一号"卫星星座磁测数据及高能粒子通量资料："澳科一号"卫星星座将由3～4颗卫星组成，卫星轨道均设计为低高度（450～500km）的圆形轨道。其中首颗卫星在低纬度轨道飞行，主要用于监测近赤道地区上空的磁场及空间环境变化，重点探测南大西洋磁异常区上空的磁场演化及高能电子辐射水平及其来源。后续的卫星为高纬度轨道或极轨（轨道经过地球南北两极）卫星，与首颗（命名为"澳科一号"卫星）卫星组成星座，实现对全球磁场及空间环境进行实时全方位监测。"澳科一号"卫星星座将提供磁场高精度的向量、标量数据，高能电子辐射通量、能谱、方向分布等资料。

　　基于卫星磁测数据更新的地球磁场国际参考模型：该模型用于计算近地空间给定任意坐标任意时间的地球全球磁场值。模型所计算的磁场是由地球外核发电机所产生的，并通过其他磁场源进行修正。模型结果可用于航空航海导航系统、手机导航系统、石油钻探及开采等关键领域。

　　基于卫星磁测数据更新的地球岩石圈磁场模型：该模型用于计算近地空间给定任意坐标的岩石圈磁场值。模型所计算的磁场是由地球岩石圈中因剩磁获取磁性的岩石所产生的。模型结果可为全球的矿产资源勘探领域提供高质量高分辨率的岩石圈磁场数据。

　　基于卫星磁测数据的空间环境预报模型：该模型描述地球高空高中能粒子时空结构的关键要素（包括辐射水平，能谱、投掷角分布、加速与损失过程等）。模型主要用于监测和预测太阳风对近地空间环境的影响，及其引起的一系列地磁活动现象和过程。

　　因此卫星项目可以为建设智慧城市、开展导航应用、实施石油钻探及矿产勘探等方面提供高精度、高质量的磁场数据，其研究结果将用于矿产资源、空间天气预报、导航等应用。目前澳门产业较为单一，需要走多元发展的路线。作为中国太空科学领域第一个也是唯一的国家重点实验室和优秀的科学家团队，具有引领澳门地区参与航天事业的天然优势。本项目能促进澳门经济适度多元发展，产生良好的经济与社会效益。

　　（三）地区发展

　　澳门科学卫星将促使澳门成为国际地球磁场观测、资料与研究中心之一，并且促进澳门成为国际空间研究中心与人类生存环境研究中心，助力澳门成为吸引国际高端基础科学人才的优势平台，成为澳门青少年科学普及工作的生动依托，提升澳门在粤港澳大湾区中的科技影响力，打造澳门与内地实质性科技合作的亮点。卫星项目不仅是澳门寻求多元发展的良好示范，将提升粤港澳大湾区的科技影响力，推动澳门融入国家未来空间探索重大战略。

澳门高校在湾区城市办学的趋势与政策分析

邝应华 曾 娇[*]

摘　要：回归以来，澳门高等教育取得了令人瞩目的成绩，为澳门社会的和谐稳定与经济繁荣作出了贡献，也为澳门参与粤港澳大湾区建设奠定了坚实的基础。由于校园土地受限和本地生源不足，澳门高等教育规模偏小，综合效益难以提高，可持续发展受到影响。国家的支持、内地学生的认受、前期的合作探索以及丰富的国际资源是澳门高校到湾区办学的基础与条件。在大湾区建设背景下，澳门高校到湾区城市办学将开创多赢局面，既能释放澳门高校的优质资源，提高澳门青年对国家的认同感，又能为广东省提供更多优质的学位。同时，高等教育还可成为澳门特区参与湾区建设的重要抓手，通过为国内外市场提供高等教育服务，助力澳门经济适度多元发展，加快澳门融入国家发展大局。澳门高校应抓住机遇，勇于创新，争取实现到湾区城市办学零的突破，为粤港澳大湾区建设作出新贡献。

关键词：粤港澳大湾区　澳门　高等教育　中外合作办学

　　2018年6月15日，习近平主席在给澳门大学校长宋永华、澳门科技大学校长刘良的回信中，充分肯定了澳门高等教育取得的成就，"希望澳门高校百尺竿头更进一步，培养更多爱国爱澳人才，创造更多科技成果，助力澳门经济适度多元可持续发展，助力粤港澳大湾区建设"。习主席的重要指示，为澳门高等教育发展指明了方向，赋予了新的时代使命。2019年2月18日，中共中央国务

---

　　* 邝应华，澳门科技大学社会和文化研究所历史学专业博士生；曾娇，澳门科技大学社会和文化研究所国际关系专业博士生。

院正式印发《粤港澳大湾区发展规划纲要》，确立了粤港澳大湾区打造"教育和人才高地"的战略目标，并对推动大湾区教育合作发展提出了明确的要求，包括支持粤港澳高校合作办学、支持建设大湾区国际教育合作示范区等。2020年4月20日，澳门特区政府《2020年财政年度施政报告》提出，政府将推动高校逐步朝着市场化的方向发展。显而易见，澳门高等教育走市场化道路，深度参与粤港澳大湾区合作，既回应国家所需，也促进自身发展。然而，受澳门地小人少的限制，澳门高校无法发挥更大的作用。因此，顺应时势，到湾区城市办学，成为未来澳门高校发展的必由之路。

一、回归以来澳门高等教育的主要成绩与存在问题

澳门回归祖国以来，特区政府在"一国两制"、"澳人治澳"、高度自治方针的指引下，秉持"教育兴澳、人才建澳"的施政方针，大力发展高等教育，取得了许多令人瞩目的成果。但澳门地狭人少的先天条件，却成为澳门高等教育发展的瓶颈。如何扬长避短，实现可持续发展，是澳门高等教育亟须思考的问题。

（一）重视高等教育，成绩突出声誉佳

在中央政府的大力支持下，特区政府通过完善法律法规，设立新校，加大投入，优化管理，使澳门高等教育获得长足发展，主要成绩表现在以下方面[①]：

1. 形成多元化高等教育格局，数量和规模快速扩张

回归前，澳门共有七所高校，其中公立高校四所，私立高校三所。回归后，新增了澳门科技大学和中西创新学院两所私立高校，同时将澳门中等专业院校管理学院升格为高校（即澳门管理学院），高校数量增至十所。与此同时，师资队伍和学生数量也不断扩大，2018~2019学年，澳门高校共有教学人员2453人，研究人员478人，学生34279人，师生数量比回归初期均增长了近三倍。[②]

2. 澳门大学迁址横琴办学，探索高校办学空间新模式

澳门大学租借珠海土地办学，突破了澳门土地资源紧缺、办学受限的困境，使澳门高等教育实现了从盘活"地缘资源"到培育"区位优势"的转化，

---

① 庞川、林广志、胡雅婷：《回归以来澳门高等教育发展的成就与经验》，《华南师范大学学报（社会科学版）》，2019年第5期，第5—11页。
② 数据来自澳门高等教育局，最后访问日期：2020年5月3日。

澳门高等教育的整体价值得以提升，对深化"一国两制"实践，加强粤港澳大湾区的教育合作产生了深远影响。这种借地办学的模式，开创了澳门高等教育发展的新纪元。

3．获批四所国家重点实验室，科研水平达到新高度

在中央政府和澳门特区政府的支持下，"中药质量研究国家重点实验室""仿真与混合信号超大规模集成电路国家重点实验室""智慧城市物联网国家重点实验室"和"月球与行星科学国家重点实验室"先后落户澳门大学和澳门科技大学。此外，国家教育部还批准澳门高校与内地高校建立了多个人文社科重点研究基地及联合实验室。这些新平台吸引了一大批海内外科研人员加盟澳门高校，促进了澳门高等教育的科研发展，提升了澳门高校科技创新能力。

4．颁布《高等教育制度》，法律基础更加完善

经过全面修订，2017年8月，新的澳门《高等教育制度》（第10/2017号法律）获得通过。2018年，高等教育基金、高等教育委员会、高等教育规章、高等教育素质评鉴制度、高等教育学分制度等配套法规也全部出台。制度体系的规范化使澳门高等教育在多方面获得了法律上的根本依据和操作上的可行性，有利于澳门高等教育的整体布局和长远规划。

5．建立对外合作国际网络，国际化发展实现质的飞跃

利用澳门特殊的历史文化优势，澳门高校已与葡语系国家、中文地区、英语国家等海内外许多知名大学建立了关系网络，并在学科知识引入，理念方法借鉴上走在前列。除了师资、生源、课程的国际化程度稳步提升外，科研国际化发展尤为突出，2010～2018年，澳门高校在Web of Science的发文数量达13612篇，且科研合作专案的规格也越来越高。[①]国际化水平的提升，有利于澳门高等教育的战略布局。

6．综合实力明显增强，国际声誉不断上升

在2020年泰晤士高等教育（THE）世界大学排名中，澳门大学位列301～350，澳门科技大学位列251～300；在2020年QS世界大学排名中澳门大学位列387；澳门大学的工程学、化学、计算机科学、药理学与病毒学、材料

[①]　庞川、林广志、胡雅婷：《回归以来澳门高等教育发展的成就与经验》，《华南师范大学学报（社会科学版）》，2019年第5期，第5—11页。

科学、临床医学、社会科学及澳门科技大学的工程学学科均进入ESI前1%；2019年上海软科世界大学排名中澳门大学位列601~700，澳门科技大学位列501~600；澳门旅游学院"款待及休闲管理"在2020年QS学科排名中位列全球第14名。[①]短短20年，部分院校或学科已跻身世界一流，成为我国高等教育发展的典范。

（二）高校量多体小，综合效益难以提高

在充分肯定上述成绩的同时，亦要清醒看到澳门高等教育所面临的问题。澳门高等教育面临的首要问题是受土地限制，总体规模小，严重影响综合效益的发挥。澳门目前共有十所高校，学生数量最多的是澳门科技大学和澳门大学，也只是刚超万人；其次是澳门城市大学和澳门理工学院；其余六所高校学生数都很少，有的少至几百甚至几十名学生（见表1）。

由于澳门土地空间狭小，高校的校园面积历来受限，除澳门大学因横琴新校区（1.09平方公里）得以缓解外，本澳其他高校依然面临发展窘境，学生人数最多的澳门科技大学校园面积仅0.21平方公里。[②]

截至2019年第四季，澳门总人口为67.96万人。[③]从人口与高校数量对比看，一方面，澳门高校多，适龄青年上大学机会就多，有利于普及高等教育；据高教局数据，2018/2019学年澳门高等教育毛入学率高达85.27%，远高于广东省的42.43%和内地的48.1%；[④]另一方面，由于学生数太少，体量小，导致资源利用率低。在生师比方面，中国内地普通高等学校基本办学条件指标中对本科高校的合格生师比要求是：综合、师范、工科、财经、政法类院校为18∶1，医学类院校为16∶1，体育、艺术类院校为11∶1；[⑤]对比来看，澳门高校的生师比总体较低。生师比低，说明学生享受了充沛的师资资源和教育资源，但生师比并非越低越好，从投入与产出的效益看，也是资源不合理配置的表现，尤其是

---

① 数据分别来自澳门大学官网，澳门科技大学官网，澳门旅游学院官网及上海软科世界一流学科排名官网，最后访问日期：2020年5月7日。

② 数据分别来自澳门大学官网，澳门科技大学官网，最后访问日期：2020年5月7日。

③ 数据来自澳门统计暨普查局，最后访问日期：2020年5月7日。

④ 数据来自澳门高等教育局2018/2019年度澳门高等教育指标报告，最后访问日期：2020年5月7日。

⑤ 数据来自中华人民共和国教育部，教育部关于印发《普通高等学校基本办学条件指标（试行）》的通知，最后访问日期：2020年5月7日。

对于非研究型大学，教师资源利用率太低是一种浪费，影响整体效益的提高。

表1　澳门高等教育规模一览表（2018～2019学年）

高等院校	注册学生（人）	教学人员（人）	生师比
澳门大学	10414	685	15.20：1
澳门科技大学	11305	610	18.53：1
澳门城市大学	5557	311	17.87：1
澳门理工学院	3269	402	8.13：1
澳门旅游学院	1635	157	10.41：1
圣若瑟大学	1228	145	8.47：1
澳门镜湖护理学院	427	30	14.23：1
澳门管理学院	255	30	8.50：1
中西创新学院	143	36	3.97：1
澳门保安部队高等学校	46	47	0.98：1
合计	34279	2453	13.97：1

数据来源：澳门高等教育局官网。

（三）本地生源不足，持续发展受影响

充足而优质的生源是高校的源头活水，但澳门由于总人口少，生育率低，高等教育适龄人口也相应少，这是澳门高等教育发展面临的第二个问题与挑战。2018～2019学年，澳门18～22岁适龄人口仅为40200人，若平均分配到十所高校中，每所高校应为4020人，但现实情况却远非如此。一方面，除了升入本澳高校外，澳门青年还可以选择到内地、台湾、香港及海外其他国家和地区接受高等教育。2012～2013学年到外地求学的澳门学生比例为43.3%，2015～2016学年上升为45.2%，至2018～2019学年已高达52%；①随着内地经济的发展、高

---

①　数据来自澳门高等教育局，最后访问日期：2020年5月13日。

教声誉的提升及招收澳门保送生名额的增加，[1]内地成为澳门高中毕业生流出的最大目的地，以2018～2019学年数据为例，升入内地高校的澳门学生占当年澳门高中毕业生总数的30.9%；其次是台湾，占比10.6%，再次是香港，占比1.3%。[2]另一方面，由于澳门出生率持续偏低，导致澳门本地生源匮乏，高校"吃不饱"现象严重，极大地影响澳门高等教育的可持续发展。从近十年来的情况看，澳门人口出生率一直在10‰左右，最高为2012年的12.9‰，最低为2008年的8.5‰，自2014年以来，持续走低趋势明显。[3]据统计，在未来十年，澳门高中毕业生人数维持在3707～4442人之间，扣除去外地升学的人数外，澳门高校的本地生源窘境已显而易见。

为缓解澳门高校生源问题，在中央政府的支持下，澳门高校在内地的招生区域不断扩大。2001年面向内地14个省市及自治区招生，2005年增至17个，2006年进一步扩至20个，到2011年扩大至内地全部31个省市及自治区。内地已成为澳门高校的最大生源市场，在澳门高校生源结构中，外地生已超过一半（见表2）。

在可预见的未来，澳门高等教育的可持续发展，也必将依靠澳门以外的生源，尤其是祖国内地的生源。只有不断改善高校的办学条件，包括到湾区城市办学，增扩高校园区，提高师资数量和质量，才能扩大招生容量，实现高等教育的规模化发展。

表2　澳门高校生源结构表（2018～2019学年）

高校名称	本地生（人）	外地生（人）	外地学生占比
澳门大学	6514	3900	37.45%
澳门科技大学	1494	9811	86.78%
澳门城市大学	2479	3078	55.39%

---

① 据澳门特区高等教育局2019年10月17日发布的消息，国家教育部近年调整了内地高校招收澳门保送生政策，2018年内地高校录取澳门高中毕业生1361人，其中保送生951人；2019年有1044名澳门学生成功获录取，数字创新高。为了让更多澳门学生入读心仪的内地高校，教育部在总结2019年年招收澳门保送生工作的基础上，制定和公布了2020年内地高校招收澳门保送生的高校数量和总名额：2020年有95所内地高等院校（不包括暨南大学、华侨大学）招收澳门保送生，较2019年新增7所高校，共提供1185个保送名额。

② 数据来自澳门教育暨青年局，最后访问日期：2020年5月17日。

③ 数据来自澳门统计暨普查局，最后访问日期：2020年5月17日。

（续上表）

高校名称	本地生（人）	外地生（人）	外地学生占比
澳门理工学院	2621	648	19.82%
澳门旅游学院	1285	350	21.41%
圣若瑟大学	1094	134	10.91%
澳门镜湖护理学院	371	56	13.11%
澳门管理学院	248	7	2.75%
中西创新学院	137	6	4.20%
澳门保安部队高等学校	44	2	4.35%
合计	16287	17992	52.49%

资料来源：澳门高等教育局官网。

二、 澳门高等教育在湾区城市办学的必要性

粤港澳大湾区的建设，既对澳门高等教育提出了新要求，也为其发展提供了新机遇。湾区城市土地资源丰富，跨境延伸的校园可以扩大澳门高校的办学空间，解除用地之苦；内地生源充足，在湾区城市办学可形成近水楼台的优势，弥补澳门本地生源的不足，免去生源之忧。除了高校自身发展需要外，也符合国家、澳门特区和广东省的利益，高等教育可成为澳门特区参与湾区建设的抓手，通过有偿提供高教服务，助力澳门经济适度多元化发展；同时，此举既能让更多的澳门青年到湾区学习生活，提高他们的国家认同感，又能为广东省提供更多优质学位，提高高等教育毛入学率，实现多赢的局面。

（一）澳门高校在湾区城市办学是澳门融入国家发展、参与湾区建设的重要"抓手"

粤港澳大湾区建设是澳门融入国家发展大局、突破澳门发展空间局限、促进经济适度多元可持续发展，以及提升澳门在国家经济发展和对外开放中的地位和功能的重大机遇。澳门的高等教育，经过多年发展，已渐成规模，并形成了自己的特色和品牌，如葡语、旅游、博彩、中医药、微电子、大数据物联网、行星科学等特色学科，在大湾区高校群中独具一格，这种优势的外溢，必

将推动湾区建设。因此，以高校进入湾区城市，作为融入国家发展的先导，有助于快速拓展融合局面。

《粤港澳大湾区发展规划纲要》将澳门定位为湾区建设的四个核心城市之一，核心任务就是要打造具有全球影响力的国际科技创新中心。科创中心的建设需要技术、人才、资金、资讯等诸多要素有效流转，而高校的优势正在于能够让各种资源产生大范围的聚合与辐射。因此，澳门高等教育一方面要在格局上要打破思想局限，除了为澳门本地的需求培养相应人才外，还要深度配合大湾区及国家战略的发展需求，为湾区建设和国家战略发展培养人才；另一方面要在空间上打破地域限制，校园要从澳门本土向湾区城市延伸发展，增强自身的可持续发展力，提高在更广阔的市场中的良性竞争力，确立澳门在大湾区建设中不可动摇的地位，承担起新时代的责任。

（二）扩大高等教育规模，助力澳门经济适度多元发展

在中央政府的支持下，特区历届政府多年来一直努力推动经济多元化发展，但成效并不明显，新兴产业占整体经济的比重依然偏低，政府致力推动的会展业和文化创意产业占本地生产总值的比重均不到1%，而博彩业的比重仍高达50%。[①]通过扩大高等教育规模，促进澳门经济增长，符合教育经济学原理和澳门经济社会的实际情况。高等教育对经济增长的贡献主要体现在三个方面：一是通过改善教育对象的知识素养和能力结构，提高其从事社会生产和管理活动的能力；二是通过知识创新与知识应用，推动科学技术在社会生产和管理活动中的应用，提高社会生产力的水平；三是高等教育服务的质量和规模成为经济结构的组成部分，直接为国内（区域）生产总值作出贡献。

回归以来，澳门教育行业增加值虽然不断提升，但在GDP比重中长期维持低位，徘徊不前。1999年，高等教育、非高等教育合计录得增加值14.68亿澳门元，占年度GDP的3.14%；2017年为74.1亿澳门元，占年度GDP的1.86%。而欧美发达国家，早已将教育服务列入国民经济及服务出口统计口径，并取得较好的业绩。2017~2018学年，美国接待了100多万名国外学生，教育出口额453亿美元，在服务出口中排名第五，创造了455000个就业岗位；[②]2018年，澳大利亚

---

① 数据来自澳门特区政府《2020年财政年度施政报告》。

② "One of America's Most Vital Exports, Education, Never Goes Abroad, but It Still Faces Threats"，*Brook Larmer*，Jan. 3, 2019.

教育出口总额比2017年增长16%，达352亿澳元，由教育产生的旅游服务则突破324亿澳元。其中，高等教育所占比重最大，为222亿澳元。2018年，教育出口占澳大利亚出口总额4381亿澳元的7.7%，在商品和服务出口中排名第四。[①]其对中国教育出口则达到110亿澳元，较2017年的90亿澳元上涨22%左右，为澳大利亚对华出口总额876.1亿澳元的8.8%。[②]可见，扩大办学规模才能提升办学效益，才能对GDP有所贡献，而到湾区办学，是扩大澳门高校规模的必由之路。

（三）有助澳生进入内地升学，提高青年的国家认同感

青年是国家的未来，是保持澳门长期繁荣稳定的生力军。党的十九大报告明确提出，要"发展壮大爱国、爱港、爱澳力量，增强香港、澳门同胞的国家意识和爱国精神，让香港、澳门同胞同祖国人民共担民族复兴的历史责任、共享祖国繁荣富强的伟大荣光"。但长期以来，针对港澳青年的"国家意识"教育存在不少问题，一是工作对象范围窄小，往往偏向部分青年精英，未能大范围地涵盖普通青年群体；二是工作内容单调，过于强调乡情、亲情上的情感交流，缺乏思想意识方面的教育和传播，未能有效地在价值观上展开引导；三是工作方式陈旧，主要延续请进来观光联谊的形式，短期活动比较普遍，效果有限。随着中国的国际地位明显提升，越来越多的港澳青年希望了解内地、走入内地，直接参与内地经济社会发展，抱有参与祖国建设的强烈愿望。这为我们开展港澳青年的国家意识教育提供了新的契机。

高等教育对青年价值观、是非观的养成起着至关重要的作用，尤其是在内地接受高等教育，更是港澳青年养成国家意识，掌握国情知识，建立社群网络，实现在内地发展的最直接的途径。澳门高校到湾区城市办学，将会有更多的澳门适龄青年到内地求学，这是一个最直接的爱国爱澳教育基地。一方面，可以通过课程设计及活动安排，加强中国历史教育，开展弘扬中华传统优秀文化及推广中华传统礼仪文化教育，将爱国主义教育贯穿其中；另一方面，澳门学生到湾区城市生活后，对祖国内地会有更加深入的了解，必将增强学生的国家和民族认同感。此外，在湾区城市求学、交友、生活、实习等，为毕业后有志于留在内地工作和生活的澳门青年提供了一个环境转换的缓冲地，减少内地

---

① 参见澳大利亚外交和贸易部官网，最后访问日期：2020年5月17日。

② 《2018澳洲对华旅游出口突破160亿澳元，中国成为澳最大教育出口国》，澳华视界，最后访问日期：2020年5月17日。

环境适应的时间和成本。

（四）提供优质学位，助力广东高等教育发展

澳门小而微的特征使得澳门高等教育在许多方面的边际效应都呈现出加速递增或递减的趋势。所以，澳门的优质高教资源需要顺应大湾区的发展，借助到湾区城市办学向外产生辐射效应。一方面可以实现自我规模合理扩张，另一方面可以为广东省提供更多的优质学位。

据《广东省教育改革发展研究报告（2020）》，2019年广东高等教育毛入学率达46%以上，虽然较2018年增加3.57个百分点，但仍低于当年全国平均水平（51.6%）5.6个百分点，[①]更无法与香港地区的73.76%（2017年）、台湾地区的84.69%（2018年）及澳门地区的85.27%（2018年）相比，[②]这与广东省现有高等教育发展体量和质量的排位与经济总量第一的情况极不相称。在此背景下，广东省正拟通过新建或引进一批高校，扩大高等教育规模，争取到2020年，全省高等教育在校生总规模达到291万人，高等教育毛入学率达到50%左右。澳门高校到湾区城市办学正应了广东省这一结构性需求。

值得一提的是，从区域分布来看，不论是过去的"211""985"还是现在的"双一流"高校，毫不例外地均集中在广州，其他湾区城市都比较缺乏名校，当然这与历史因素直接有关，但这种不均衡的分布，已不再适应大湾区各城市的经济社会发展。因此，引进澳门优质高教资源，在广州以外的其他湾区城市建设知名高校，将有利于广东省高等教育的重新布局和整体发展，推进大湾区的建设。

三、澳门高校在湾区城市办学的可行性

澳门高校到湾区城市办学并非因某一孤立事件而引发的突发奇想，而是经过深思熟虑，在主客观条件都具备的基础上提出的澳门高校发展战略。通过前面的分析，此举无疑符合各方利益需求，形成了澳门高校到湾区城市办学这一行动的强烈动机。那么，到湾区城市办学是否可行？答案自然是肯定的。各级政府的支持为行动提供了政策、法律、财力等方面的保障，澳门高校自身的发

---

① 数据来自中华人民共和国教育部官网，最后访问日期：2020年5月17日。

② 数据来自澳门高等教育局2018/2019年度澳门高等教育指标报告。最后访问日期：2020年5月17日。

展成绩及前期探索经验为行动提供了技术、人力、物力等方面的基础，学生和家长对澳门高校的认受性为行动提供了良好的市场预期。

（一）粤澳政府支持澳门高校到湾区城市办学

政府政策的支持往往有直接而高效的效果。2019年9月26日，国家教育部与澳门特别行政区政府签署《内地与澳门特别行政区关于相互承认高等教育学历及学位的备忘录》，内地方面获得认可的学历适用范围包括高职（专科）、本科、硕士研究生、博士研究生学历、学士、硕士和博士学位，澳门方面则包括副学士文凭、学士、硕士和博士学位。[①]这为两地高教领域的学历互认带来便利，标志着澳门与内地在高等教育领域的合作迈进新阶段。粤港澳三地高等教育政策除了制定方针路线外，还具体落实到三地交流与教育的具体事项，诸如入境政策、居留权、学分互认以及医疗福利、生活等领域，都为澳门高校到湾区城市办学提供了基础。《规划纲要》颁布不久，广东省委、省政府便召开推进粤港澳大湾区建设发布会，并牵头起草了《中共广东省委广东省人民政府关于贯彻落实〈粤港澳大湾区发展规划纲要〉的实施意见》等文件，形成了广东推进大湾区建设的"施工图"和"任务书"；在《提高广东省高等教育毛入学实施方案（2018—2020）》中，明确提出，要把握和利用粤港澳大湾区建设机遇，引进香港和澳门的一批大学到湾区城市开展合作办学。澳门特区政府根据粤港澳大湾区建设领导小组第一次全体会议精神，开展了一系列工作，包括编写澳门五年发展规划附件，增加配合大湾区发展的相关内容；加强机制建设，成立了"建设粤港澳大湾区工作委员会"；澳门特区政府《2020年财政年度施政报告》提出要推动高等院校逐步朝着市场化方向发展，支持高校教学、科研及其成果的转化，推动高校创新发展，开展跨学科、跨领域的科研与教学；并将高等教育局和教育暨青年局合并，以优化教育资源配置，促进教育统筹发展。

事实上，早在2005年，香港高校已进入内地开展合作办学。当年，具有首创性的北京师范大学—香港浸会大学联合国际学院在珠海建立。2014年香港中文大学（深圳）在深圳成立。[②]2019年9月，位于广州市南沙区的香港科技大学

---

① 《内地与澳门签署学历互认备忘录》，澳门特别行政区政府入口网站，最后访问日期：2020年5月18日。

② 《香港三大高校挺进大湾区办学 学者：提高大湾区创新创意水平》，中国新闻网，最后访问日期：2020年5月18日。

（广州）项目正式动工，占地面积约1.13平方公里，相当于香港科技大学本部的两倍。[①]香港高校在广东省内办学，在土地、资金以及校园建设等方面都得到了广东省及相关市区政府的大力支持。从办学效果来看，香港高校在广东省办学总体上也是非常成功的。

（二）内地学生对澳门高校的认受性不断提升

随着澳门高校国际、国内声誉的不断提高，加之实施内地生在澳门就读等同留学待遇政策，内地学生及家长对澳门高校的认受性不断提高，这可以从内地生的数量和质量两个方面来看。在数量上，澳门高校中的内地生不断增长，回归前仅5653人，目前已达17992人；在质量上，澳门高校招收内地生源的要求也不断提高，以2020～2021学年澳门大学和澳门科技大学的本科生招生要求为例，前者要求"须参加各省市组织的2020年全国高考，成绩必须达到该省市本科第一批录取分数线，择优录取，申请人2020年高考之英语科成绩须达110分或以上（以150分制计算）"。[②]后者要求"综合参考应届高考成绩达省划本科第一批左右或以上等条件"。[③]

对比来看，澳门高校招生要求越来越高，但前来求学的内地生却越来越多，充分说明澳门高校经过多年的发展，已经积累了良好的口碑，被广大考生及家长认可，这为澳门高校到湾区城市办学奠定了生源基础。此外，内地生活成本相对更低，若花费更少的钱便能在湾区城市接受与本澳高校同等质量的国际化教育，必将吸引有更多的内地学生。

（三）澳门高校已开始进入湾区办学的探索

澳门的四所国家重点实验室在相关科技领域取得了重要突破，大幅度提高了澳门高等教育及整个澳门地区的科研能力和研究水平，凸显了澳门高等教育在建设湾区西岸科创基地中的潜力。在此基础上，澳门高校也在珠澳合作中进行了有效探索，四大国家重点实验室均横琴设立分部。以澳门科技大学为例，2019年，澳门科技大学与珠海百试通生物科技有限公司合作共建了"珠澳实验

---

① 《未来，在广州即可就读香港科技大学》，搜狐网，最后访问日期：2020年5月18日。

② 澳门大学2020/2021学年内地本科生招生简章，澳门大学官网，最后访问日期：2020年5月18日。

③ 澳门科技大学2020/2021学年本地本科生招生简章，澳门科技大学官网，最后访问日期：2020年5月18日。

动物产学研协同创新平台"，并将动物实验中心落户珠海，该平台将成为粤港澳大湾区建立的第一个实验动物产学研协同创新平台，双方将在重大疾病动物模型的研制和成果转化应用、新药创制、人才交流与资源共享等领域开展深入的合作。该校的中药质量研究国家重点实验室，近六年来获得国内外专利授权逾180项。以其中3项国际专利为载体，澳门科技大学与中山中智药集团合作，成立了科智公司，并在横琴注册分公司。另外，在IT领域，与企业合作建立了安迅通公司在横琴落户，公司主要研发人工智能，商业机器人已经在逐步市场化，销量可观。

此外，澳门已有7所高校（澳门大学、澳门科技大学、澳门城市大学、澳门理工学院、澳门旅游学院、澳门镜湖护理学院、圣若瑟大学）加入粤港澳高校联盟，依托澳门旅游学院成立了粤港澳大湾区旅游教育培训基地，使得澳门高校与湾区高校在学生交流、科研合作和协同创新方面积累了许多经验。这些先期的探索，提高了澳门高校到湾区城市办学的行动效率。

（四）丰富的国际资源带动湾区高教的国际化

澳门基于数百年东西方文化交融的特点和大中华区独有的与葡语国家紧密联系的优势，必将有助于湾区高等教育的国际化，助力大湾区的建设。由于社会制度及人文特点的影响，澳门高校的国际化程度普遍较高，并已建立了适应大学国际化发展的管理理念与文化、管理模式与架构、管理制度与程式等。

近年来，澳门高等教育国际化的合作主体逐渐多元化。一是与世界多国和地区的高等教育机构开展广泛的交流与合作，如澳门科技大学，在教育课程、学术研究、人才培养和学生交流等领域，已与欧洲、美洲、澳洲及中国内地、台湾、香港等近100多所教研机构建立了多种形式的合作关系；澳门理工学院与葡萄牙及其他葡语国家在内的30多所高校建立了紧密合作，该校结合中葡翻译、计算机科学等领域优势，建立了中葡英及其翻译联合实验室，并研发出了中葡英辅助翻译系统、中葡英语音识别同传系统。二是与国际组织、企业等机构合作。如澳门旅游学院与联合国教科文组织建立了长期的合作伙伴关系，协助该组织在亚太地区落实部分培训工作，并提供技术支持，该校自2016年成立世界旅游教育及培训中心以来，已多次与联合国世界旅游组织合办培训课程；澳门大学和澳门科技大学均是亚太大学联合会（AUAP）及国际大学联合会（IAU）成员；澳门科技大学、澳门旅游学院、澳门城市大学的旅游课程都取得了联合国世界旅游组织颁发的旅游教育质量认证。澳门高校的授课语言主要是以中文、英语为主，以葡语为辅，其中用中文授课的学位课程共有280门，用英语授课的学位课程共有287门，用葡语授课的学位课程共有57门，用西班牙语和日语授课的课程各2门。①为湾区提供国际人才服务分为两部分，一是成为国际化学生的培养基地，二是成为国内外高端人才（教师）集聚的储蓄基地。尤其是后者，通过"一国两制"的制度优势，在海外高端人才引进方面，具有更大的自主性和变通性，将带动湾区教育国际化发展。

结　语

深化粤港澳高等教育合作是粤港澳大湾区建设的重要内容，是粤港澳大湾区获得人才资源和智力支持，打造国际科技创新中心，建设世界一流湾区的关键所在。澳门高校应抓住国家大湾区建设尤其是广东省实施"创新驱动发展战略"及加大投入发展高等教育的机遇，勇于创新，加快到湾区城市办学的步伐。至于选择落地何处，综合来看，不妨优先考虑地理位置最近、初步完成城市规划建设的横琴新区。正如澳门特区政府《2020年财政年度施政报告》指出的，"横琴是澳门参与粤港澳大湾区建设、融入国家发展的第一站，是澳门经济多元化发展的最便利、最适宜的新空间""要秉持进一步解放思想、勇于变革的创新精神，用新思维、新方式在横琴建设粤澳深度合作区"。此外，从港澳融入国家发展的长远战略来讲，港澳高校到内地办学应与外国高校在内地开展的中外合作办学有所区别，因为港澳高校在一国之内，与外国高校不论在价值取向上还是在战略意义上，都不能画等号。因此，国家可适时修订《中华人民共和国中外合作办学条例》，突破港澳高校参照执行该条例的束缚和限制，允许港澳高校在大湾区独立办学，并在土地使用、基础设施配套建设等方面给予支持，此举将更加有利于深化内地与港澳的交流合作，对港澳参与国家发展战略，提升竞争力，推进"一国两制"新实践，保持长期繁荣稳定具有重要意义。

---

① 数据来自澳门高等教育局，最后访问日期：2020年5月17日。

18

湾区时代澳门青年创业政策的现状、问题与建议

刘成昆　杨容滔*

摘　要： 就业问题不仅是家庭和个人关注的焦点，更是一个重要的社会问题。在创新创业成为全球发展潮流的当下，推动青年成功创业对于实现个人价值、促进社会经济发展具有重要意义，是促进个人成长的重要途径，也是经济社会发展的重要推动力。澳门特区政府对青年创业高度重视，各项支持政策起步较早，内容丰富完善，推出了包含资金、场地、培训、行政、市场拓展等在内的一系列支持政策。但近年来，澳门青年创业面临着资金支持力度不足、创业领域较为传统低端、内生动力不强、外部竞争压力较大等多方面挑战，澳门青年整体创业热情出现下滑趋势。在粤港澳大湾区战略深入实施的大背景下，"大众创业、万众创新"是应有之义，也是澳门实现多元发展、优化产业布局的重要手段。立足澳门发展定位，加大对青年创业的政策、资金支持力度，加强对重点领域的创业扶持，加强与高等教育的融合对接，积极支持外地青年来澳创业等是新时期特区政府和社会的应有选择。

关键词： 澳门　青年　创业政策

青年是社会的未来，青年就业问题不仅关系着个人前途与命运，也关系着经济持续健康发展和社会和谐稳定，是当前社会各界普遍关注的热点。在"大

---

*　刘成昆，经济学博士，澳门科技大学可持续发展研究所所长，商学院教授；杨容滔：澳门科技大学商学院博士研究生。

众创业、万众创新"逐渐成为时代潮流的今天，青年创业问题被提到各个国家和地区关注的重要议事日程。在澳门，青年创业问题同样也是特区政府关注的重点工作，出台了相应的创业政策，为青年成长成才提供了良好的发展环境。

一、澳门青年创业政策现状

澳门特区政府高度重视青年创业工作，将其作为特区政府经济局的一项重要工作内容。在现有的政策中，既有专门针对青年创业而实施的支持政策，也有涵盖更广范围的支持政策。

（一）专门针对青年创业的支持政策

1. 青年创业援助计划

"青年创业援助计划"是由澳门特别行政区政府自2013年起实施的青年创业支持政策，主要是对有创业理想但缺乏资源的澳门创业青年，以及由澳门创业青年持有超过50%出资的有限公司提供免息资金援助，援助金额上限为澳门币30万元，最长还款期为八年。由第12/2013号行政法规进行了规范，资金主要用于设备购置、场所装修、购买知识产权、宣传推广、企业营运等方面，并且对申请资金的澳门青年接受培训作出了明确要求，要求澳门的创业青年须完成修读不少于42小时由澳门特区高等教育机构或澳门生产力暨科技转移中心组织和举办的与创业有关的培训课程；具有工商管理或同类的高等教育学位或学制不少于1年文凭的创业青年，免除修读前述培训课程。

"青年创业援助计划"自2013年实施以来至2019年，先后批准申请项目1541件，占总申请项目的74.23%，共批准金额35360.26万澳门元，平均每件批准金额22.95万元。每年度具体实施情况见表1。

表1　2013~2019年度"青年创业援助计划"实施情况

年度	申请宗数（件）	申请宗数同比增长（%）	批准宗数（件）	批准宗数同比增长（%）	批准率（%）	批准金额（万澳门元）	批准金额同比增长（%）	平均批准金额（万澳门元）
2013	182	—	77	—	42.31	1852	—	24.05
2014	377	107.14	288	274.03	76.39	6901.5	272.65	23.96

（续上表）

年度	申请宗数（件）	申请宗数同比增长（%）	批准宗数（件）	批准宗数同比增长（%）	批准率（%）	批准金额（万澳门元）	批准金额同比增长（%）	平均批准金额（万澳门元）
2015	428	13.53	287	-0.35	67.06	6844	-0.83	23.85
2016	318	-25.70	270	-5.92	84.91	6295.58	-8.01	23.32
2017	291	-8.49	234	-13.33	80.41	5380.68	-14.53	22.99
2018	258	-11.34	208	-11.11	80.62	4493.5	-16.49	21.60
2019	222	-13.95	177	-14.90	79.73	3593	-20.04	20.30

数据来源：澳门经济局。

表1详细统计了2013～2019年度青年援助计划申请宗数、批准总数、批准金额等具体数据。在申请宗数和批准宗数上，由于自2013年6月开始实施，所以2013年度的申请宗数与批准宗数最少，分别为182件、77件。同时2013年的批准率也是最低的，仅为42.31%。在批准金额方面，2013年同样为最低，为1852万元澳门币，但是每宗援助计划平均批准金额则是最高，为24.05万澳门元。2019年，申请宗数为222件，批准宗数为177件，批准率为79.73%，批准金额为3593万澳门元，平均每宗批准金额为20.3万澳门元。

2．中葡青年创新创业交流计划

为强化澳门作为"中葡商贸合作服务平台"的角色及深化"中葡青年创新创业交流中心"的建设，鼓励青创企业家到葡萄牙开拓当地市场及寻找合作和发展机会，澳门特区政府经济局于2017年推出"中葡青年创新创业交流计划"，针对21～44岁的澳门青年创业者前往葡萄牙开展创业活动提出资助，由澳门工商业发展基金、葡萄牙Second Home工作间具体实施。主要提供的援助有：一是提供境外创业场地。本计划的参与者可免费进驻位于葡萄牙里斯本的Second Home工作间，使用期最短为14天，最长为90天，可提出续期申请。续期申请必须于到期日前15个工作日向工商业发展基金提交申请。由工商业发展基金管理委员会评审续期申请，并按当时Second Home工作间的实际使用情况，对申请做出审批。二是提供创业培训及咨询服务。本计划的参与者必须参加由葡萄牙初创孵化加速机构Fábrica de Startups提供的培训以及"一对一"的专人顾问咨询服务，让参与者了解在葡萄牙/欧盟营商需知的各项法律法规、葡国的青年创业生态系统及各项辅助措施。同时，安排参与各项文化及商业交流活动，拓展人际和商业网络。三是提供相应资金支持。工商业发展基金提供用于参与本计划而往来澳门特别行政区与葡萄牙之间的交通费开支5000澳门元以及使用Second Home工作间期间，每天300澳门元的生活及住宿费补助。

3. 专业顾问服务互换计划

在内地尤其是在粤港澳大湾区一些城市为深化区域合作，为澳门青年创业提供了专门支持。在此基础上，澳门特区政府也支持青年通过区域合作开拓创业平台，参与内地为澳门青年创业提供的实践平台，积极推进与内地青年创业孵化中心的合作，通过相互认可的青年创业项目，推介澳门青年进驻内地孵化中心，协助青年在内地成功创业。

为此，澳门特区政府实施了"专业顾问服务互换计划"，通过澳门青年创业孵化中心与大湾区内的青创孵化机构合作，相互向进驻的初创企业提供免费的专业顾问服务，让澳门初创人士在内地开展业务时，得到专业、可靠的支持，并可以免费使用内地有关青创基地的工作空间。提供专业顾问服务的创业孵化基地见表2。

表2　提供专业顾问服务的创业孵化基地

城市	创业孵化基地	顾问服务内容
澳门	澳门青年创业孵化中心	定时定点提供法律、会计、税务及融资的顾问咨询服务
广州	创汇谷——粤港澳青年文创小区	提供7×24小时线上线下的顾问咨询服务；以可预约、多元化方式提供财税、会计、法律、人力资源等专业服务
	粤港澳（国际）青年创新工场	
	独角兽牧场孵化基地	
	天河区港澳青年之家（专创·众创空间）	以预约方式提供法律、会计及税务的顾问咨询服务
	粤澳青创国际产业加速器	以预约方式提供政策咨询、资源对接、市场拓展、创业导师辅导、补贴申报等顾问服务

（续上表）

城市	创业孵化基地	顾问服务内容
珠海	横琴澳门青年创业谷	开设横琴新区澳门青年创业服务中心，基本功能包括：为澳门创业青年提供工商登记、财税、法律等方面的咨询，以及知识产权、创业导师等服务
东莞	松山湖港澳项目转化服务中心	提供恒常的商业综合顾问服务（每周二14:00–17:00）；以预约方式提供包括工商注册、财务/税务、人力资源、金融、法律及知识产权等咨询服务（周一至周五办公时间）
东莞	松山湖港澳青年创业基地	提供恒常的商业综合顾问服务（每周二14:00–17:00）；以预约方式提供包括工商注册、财务/税务、人力资源、金融、法律及知识产权等咨询服务（周一至周五办公时间）
中山	易创空间	定时定点提供工商、税务、社保、人才等政务代办服务；以预约方式提供法律、政策、会计及税务的顾问咨询服务
江门	火炬高新技术创业园	以预约方式提供法律、政策、会计及税务的顾问咨询服务

资料来源：澳门经济局。

4. 澳门青年创业孵化中心

澳门青年创业孵化中心于2015年由特区政府出资成立，旨在凝聚青创氛围，为青年创业提供各方面的援助。主要面向的群体为澳门居民、青年创业者、澳门互动区会员、葡萄牙创业者、加速器企业、第三方服务机构、访客与临时租客等。创业孵化中心实行24小时全天候开放模式，以资源共享、合作引进的方式，为进驻会员提供完善的基础设施及专业服务，包括提供共享工作空间，法律、税务会计等咨询服务，开立公司服务，专家顾问辅导，路演推介/投资对接，创业培训指导交流，协助进驻海外（内地）孵化器等服务。

澳门青年创业孵化中心于2017年10月由特区政府交由澳中致远投资发展有限公司运营，显示出社会力量参与青年创业支持的澳门特色。

（二）对中小企业的支持政策

在专项针对青年创业的支持政策之外，澳门特区政府在更广范围内实施了援助政策，主要是在企业经营领域内的中小企业援助计划、中小企业信用保证

273

计划、中小企业专项信用保证计划等。以下做一简单介绍：

1. 中小企业援助计划

为推动中小企业长久发展，助力经济繁荣，澳门特区政府于2003年5月起，开始实行"中小企业援助计划"，为中小企业提供免息的财务援助，支持中小企业改善经营环境及提升营运能力。特区政府不断完善"中小企业援助计划"，分别于2006年、2009年、2012年及2017年对计划的内容进行修订，使中小企业在澳门经济快速发展的同时，能得到相应的发展机会与支持。援助上限为60万澳门元，最长可分8年摊还。对于已全部偿还援助款项的合格企业，特区政府还提供二次援助的机会。

2. 中小企业信用保证计划

澳门特区政府为每一受惠企业提供上限为所申请银行贷款额的70%的信用保证，最高为490万澳门元，最长还款期限为五年，不包括利息及与摊还贷款有关的其他负担。该计划旨在通过提供信用保证，协助中小企业取得银行融资，推动企业发展。但是所获贷款不可用于偿还现有债务，贷款方式则没有特别限制。

3. 中小企业专项信用保证计划

该计划旨在通过提供信用保证协助中小企业取得银行融资，所获贷款不可用于偿还现有债务，贷款方式则没有特别限制。以支持其开展企业革新及转型、推广及宣传所经营品牌，改善产品质量，以及开展新业务的专门项目。同时，协助直接受异常、未能预测或不可抗力事件，尤其受自然灾害或疫症事件影响的中小企业取得银行融资以解决支付员工薪金、营运场所租金等短期资金周转的困难。每笔承保贷款上限为100万澳门元，不包括利息及与摊还贷款有关的其他负担，规定还款期最长为五年。

（三）与大湾区其他城市比较

《粤港澳大湾区发展规划纲要》指出，要"在大湾区为青年人提供创业、就业、实习和志愿工作等机会""拓展就业创业空间""扩宽港澳居民就业创业空间"等内容，推动青年人的就业创业成为粤港澳大湾区协调发展的重要内容。澳门作为区域发展的核心引擎之一，地位特殊、作用特殊，对澳门青年创业政策的研究，理应放到粤港澳大湾区更大的范围和空间之中。

由于近年来受"大众创业、万众创新"潮流的影响，各地政府把支持青年创业摆上了重要议事日程，粤港澳大湾区内地九市在支持创业上都出台了相应的政策，加大了补贴力度（见表3）。

表3　粤港澳大湾区内地9市创业补贴统计表①

单位：万元

	广州	深圳	珠海	东莞	惠州	中山	佛山	江门	肇庆
创业培训补贴	0.1	0.25	0.1	0.1	0.25	0.1	0.25	0.25	0.09
一次性创业资助	1	5	1	1	0.5	0.5	1	1	1
租金补贴	1.2	3.48	2.4	1.8	1.8	1.8	1.8	3.6	1.2
创业带动就业补贴	3	3	3	3	3	3	3	3	3
创业企业社会保险补贴	3年	3年	3年			3年			
创业孵化补贴	0.3		0.3	0.3	0.3	0.3	0.3	0.3	0.3
示范性创业孵化基地补贴	30	20	50	30	30	30	30	30	10
优秀创业项目资助	20	20	10	10		10	20	30	
创业项目征集补贴	0.2	0.3	0.2						
创业项目对接及跟踪服务补贴	0.1								
创业者小额贷款额度	30	30	30	30	30	30	30	30	30
小企业贷款总额	300	300	300	300	300	300	300	300	300
劳动密集型和科技型小微企业贷款额度	500	500	500	500	500	500	500	500	500
乡村创业人员的创业孵化基地补贴	10				10		10		10
高层次进修学习或交流考察补贴		50		50		120	500		
创业实训补贴			0.3	0.25					

① 在本报告中，补贴数值为最高补贴数，最高直接补贴合计指社会保险补贴、贷款额度之外政府对创业企业和创业者的直接资金补贴。

（续上表）

	广州	深圳	珠海	东莞	惠州	中山	佛山	江门	肇庆
人才租房补贴			2.4						
创业导师（专家）工作奖补		0.12	0.5			0.3		3	
创业失败社会保险补贴			1年						
获奖企业的创业导师奖励				3					
购买社会专业化创业服务补贴				10					
高校学生创业补贴				0.2					
创业集市补贴						10			
最高直接补贴合计	65.9	102.15	70.2	109.65	45.85	176	566.35	71.15	25.59

数据来源：相关网络数据。

香港方面：香港特区政府对创业也提供了相应资助，一是中小企业市场推广基金，最高五万元；二是企业支援计划，最高1000万元；三是科技券计划，最高20万元；四是科创生活基金，最高500万元；五是专利申请资助计划，最高25万元；六是零售业人力需求管理科技应用支援计划，五万元。共计六项，最高直接补贴1555万元（单位均为港币）。

澳门方面，对创业者的直接补贴是提供30万澳门元的免息援助款项，最长还款期限为八年。

二、澳门青年创业政策分析

通过对澳门特区政府对青年创业政策的梳理、纵向维度实施情况的分析以及横向维度与粤港澳大湾区各城市创业政策的对比，可以对澳门青年创业政策作出初步分析。

一是创业政策支持的内容较为丰富完善。在澳门青年创业支持政策中，主要有资金帮扶、行政服务、创业教育、场地支持、市场开拓等内容。可以看出，澳门对青年创业的支持理念是非常先进的。在传统资金支持、行政服务的基础上，加入了创业教育、咨询培训等内容，在"青年创业援助计划""中葡青年创新创业交流计划"中，将受资助青年接受专业培训作为了享受资助的一个重要的前置限制条件，彰显了澳门特区政府在青年创业资助中对教育培训的重视，澳门青年创业政策更强调授人以渔的理念，对青年长远发展具有重要意义。加入了提供办公空间的资助，为创业者提供免费或廉价的办公场所，一定程度上缓解了创业初期资金紧张问题，同时也有助于壮大创业孵化基地规模，形成创业集聚效应，推动区域创业创新深入发展。加入了市场开拓服务，为创业者直接提供市场对接服务，帮助创业者能够较快地开拓前期市场，适应创业环境，很大程度上节省了创业者时间，提高创业成功率。丰富完善的创业政策相对于单一的资金支持，能够使创业者更好的积累经验，实现创业成功。

二是支持创业的机构多元。在对创业者的支持中，特区政府占据了重要角色，提供了绝大部分资金帮助。在澳门，除了政府之外，其他社会力量和组织也直接参与到了对青年创业支持的工作中来，比如说澳中致远投资发展有限公司负责接管运营了澳门青年创业孵化中心，工商业发展基金管理委员会负责对创业项目的审批和资助等。这是澳门青年创业支持政策中的鲜明特色，与澳门社团力量发达密不可分，澳门社会组织的成熟在全社会凝聚了更广泛的力量参与到了青年创业支持中来，形成了更大的资源优势。除澳门多元化的本土支持资源之外，由于澳门与内地和葡萄牙特殊的关系，也具有其他地域无法比拟的境外支持资源。在内地，随着粤港澳大湾区建设深入推进，大湾区内地九市分别出台了相关政策对澳门青年创业提供支持，广州市出台了《关于建设广州市港澳台青年创新创业示范基地的实施方案（2019—2021）》《2021年港澳青年来穗创新创业补助申报指南》等政策，广州、珠海、东莞、中山、江门等地建设了创业孵化基地，为澳门青年创业提供便利。在国外，由于澳门与葡语国家在商贸领域的密切联系，葡萄牙在里斯本提供了Second Home工作间，专门为澳门青年在葡萄牙创业发展提供场地、培训、资金支持，这是其他地域青年创业者很难获得的创业资源，凸显了澳门的城市优势。

三是创业政策内生动力面临严峻挑战。在"青年援助计划"项目中，从上文统计数据分析可以看出，自项目实施的第二年开始，批准宗数、批准金额、平均每宗项目批准金额都呈下降状态，而且下降的幅度有扩大的趋势。在申请和批准数量上来看，从2013年开始处于上升阶段，申请宗数在2015年达到顶峰，为428件，批准宗数在2014年达到顶峰，为288件（比2015年多1件），可以大致认为，申请宗数和批准宗数在2015年达到顶峰，自此之后开始下滑，至2019年分别为222件、177件，均为2014年以来的最低值（见图1）。从批准金额来看，2013年最低，为1852万元澳门币，2014年达到最高，为6901.5万元澳门币，自此之后，呈逐年下降态势。2019年为3593万元澳门币，为2014年以来的历史最低。在平均每宗批准金额上，2013年为最高，为24.05万元澳门币，自此之后逐渐下降，2019年最低，为20.3万元澳门币（见图2）。澳门青年创业政策的支持力度在逐年下降，青年人的申请热情也在逐渐减退，创业内生动力不足，政策环境和实施环境面临着挑战。

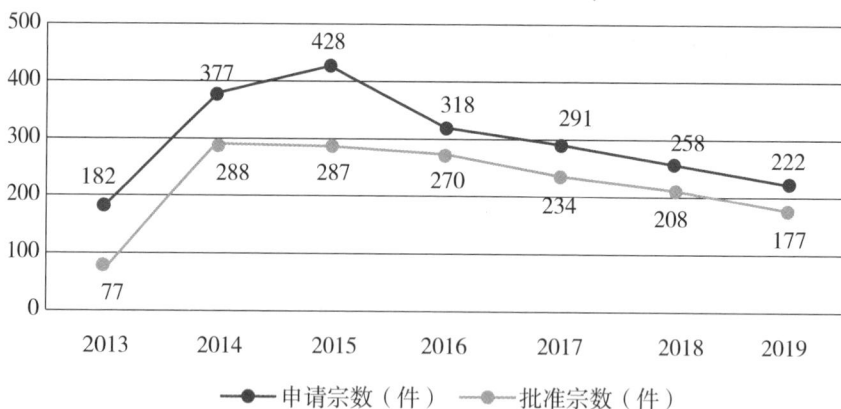

数据来源：澳门经济局

图1 2013~2019年青年援助计划申请宗数、批准宗数示意图

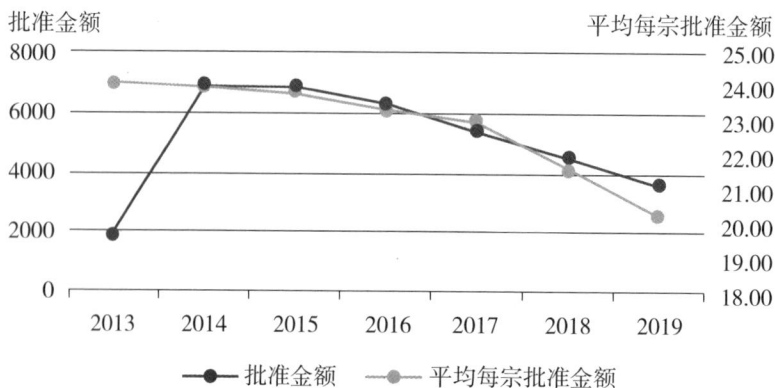

数据来源：澳门经济局

图2 批准金额与平均每宗批准金额示意图（万元澳门币）

四是创业领域集中于传统行业。在"青年援助计划"项目中，受援助的创业者创业领域相对集中于传统行业，且分化十分严重。从援助金额的行业占比方面来看，2013~2019年受援青年创业领域中主要集中于零售业、酒店或餐厅、公司服务、汽车修理、美容美发、教育医疗及社会福利、批发、建筑等17个行业。零售业一枝独秀，占据了45.60%的比重；第二位为餐厅及酒店，占比12.10%；第三位为公司服务，占比10.60%；第四位为汽车及电单车修理、发型屋及美容院等个人服务，占比8.20%；第五位为教育、医疗卫生及社会福利，占比6.40%。前五位共计占比82.90%（见图3），均为传统行业，高科技等新兴朝阳行业几乎没有涉及。这虽然与澳门作为传统重要的贸易城市的地位息息相关，但也说明了澳门在科技支撑、人才吸引等方面的不足。

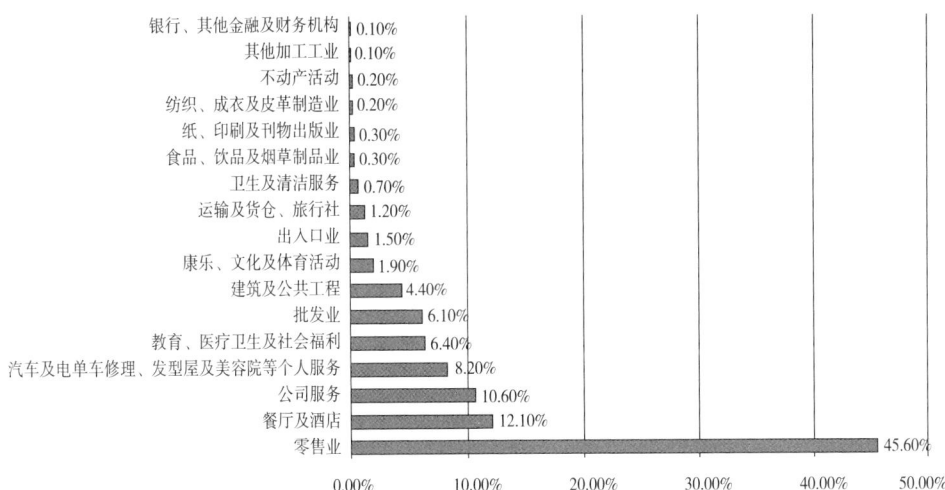

数据来源：澳门经济局

图3 援助金额行业比重

五是面临严峻外部区域竞争挑战。随着粤港澳大湾区国家战略的深入实施，澳门在享受区域发展便利的过程中，在支持青年创业政策方面面临着激烈区域竞争。大湾区中内地九市纷纷出台了对港澳青年赴内地创业的扶持政策，将会进一步削弱澳门自身对青年创业的吸引力和影响力。在创业资金支持上，澳门只是提供30万元的免息援助款，最长还款期限为八年，没有直接资金补贴，远远落后于粤港澳大湾区其他城市，位居末位（见图4）。在单个项目援助金额方面，力度较小，仅为20多万澳门元，且于2019年达到历史最低，为20.3万澳门元。这样水平的资金支持力度,对于房租、人力成本等都比较高的澳门来讲,显然是杯水车薪,起到的作用十分微弱,这也导致创业者只能聚焦于零售等传统行业,无法涉猎高科技等产业。同时,对创业者的吸引力越来越低,也是导致申请宗数逐年下滑、青年创业政策面临挑战的主要原因。

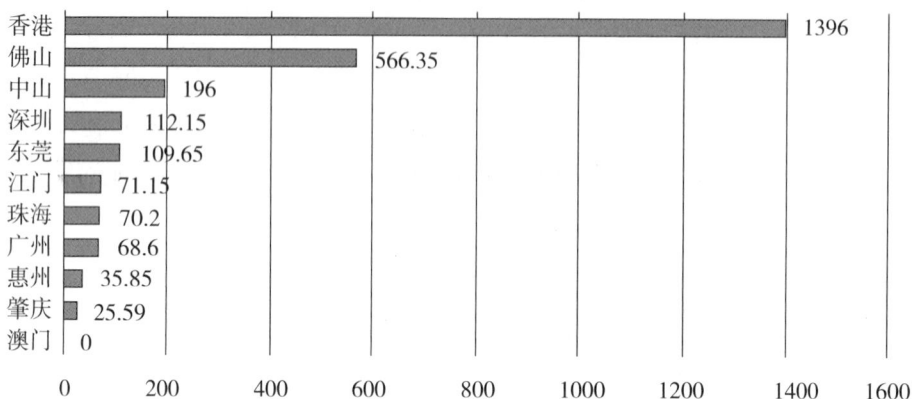

数据来源:相关网络数据

图4 粤港澳大湾区11地创业最高直接补贴合计值(单位:万元)

三、对澳门青年创业政策的若干建议

在人才是第一资源的当今社会,澳门对青年创业支持力度的落后局面势必会影响到澳门经济社会的多元发展。因此,为进一步推动澳门经济适度多元发展,更好融入国家发展大局,扩大"一个中心、一个平台、一个基地"优势和传统竞争优势,澳门应更加注重对青年创业的重视和支持。根据澳门青年创业政策的现状及对存在的问题进行分析,提出以下建议。

第一,加大对澳门青年创业的支持力度。目前,与粤港澳大湾区其他城市相比,在支持青年创业方面,澳门尚无直接资金补贴,仅有最高30万澳门元的免息援助,极大限制了青年创业者的创业热情、创业领域开拓和创业计划实施。澳门特区政府要充分认识到对澳门青年创业支持的重要意义,将其作为服务青年成长、培育新兴产业、促进经济适度多元、融入国家发展大局的重要举措,列入政府重要议事日程,广泛动员工商团体、社团力量等社会各界加大对青年创业的重视程度,加大资金扶持力度,提高免息援助额度。同时借鉴其他城市经验,试点实施直接资金补贴,特别是对人工智能、高科技等资金需求较大的行业，加大资金支持规模，扭转澳门青年创业热情下滑的趋势，增强澳门青年创业政策的内生动力，提升澳门青年创业激情和水平，提高澳门创业创新活力。

第二，加强对重点领域的创业支持。针对目前澳门对青年创业的支持过度集中于零售、餐饮等传统、低端领域的现状，要立足澳门发展定位和自身优势，加强对重点新兴行业的支持力度。针对澳门建设世界旅游休闲中心、中国与葡语国家商贸合作服务平台、"一带一路"重要节点城市、"以中华文化为主流，多元文化共存"的交流合作基地、中葡双语人才培训基地、粤港澳大湾区旅游教育培训基地等发展定位，重点鼓励支持国际会展、中葡交流、文化创意、旅游休闲等领域的青年创业活动。针对澳门拥有中药质量研究、模拟与混合信号超大规模集成电路、智慧城市物联网和月球与行星科学四个国家重点实验室等科技创新实力，重点鼓励支持生物医药、中医药、大数据、人工智能、工业互联网、物联网、云计算等新兴前沿领域的创新创业活动。通过资金、政策等支持倾斜方式，挖掘澳门现有优势发展青年创业活动，通过创新创业进一步扩大澳门产业优势，提升竞争力，为推动澳门产业多元、产业升级提供力量，进一步推动澳门青年创业质量提升。

第三，加强与高等教育的融合对接。在科学技术成为第一生产力的时代，高等教育作为科技第一生产力、人才第一资源和创新第一动力的重要结合点，是创新的主要源头，是创业的重要推动力。在当前澳门青年政策中，高等教育资源相对缺乏。在下一步发展中，要注重引入高等教育力量，推动孵化中心与高等教育有机融合。一方面，在高校中开展创新创业教育,鼓励高校青年学生积极创新创业，开展创业技能培训等，培育在校学生的创业意识、创新精神、创新创业能力，形成浓厚的创业氛围；另一方面，鼓励高校积极与社会力量合作开设创业孵化基地，利用高校科研优势，运用高校科研成果鼓励青年学生开展创业活动，实现"产学研用"有机结合，形成青年创业的良性循环。

第四，大力支持外地青年到澳门创业。近些年来，随着粤港澳大湾区一体化建设的推进以及内地城市的崛起，区域内其他城市对澳门青年创业提供了政策和资金支持，导致了澳门青年人才的外流，为澳门人才建设带来了挑战。推动澳门经济社会适度多元发展，更应该提升人才竞争力，应借鉴中葡青年创新创业交流计划，根据澳门发展定位，加强创新制度设计，有条件地吸引内地优秀青年及其他境外青年来澳门创新创业，试点推行更加完善、便利的人才交流机制，为创业青年提供必要的政策和资金支持，增强澳门创新创业活力和吸引力，提升青年创业水平，为经济社会持续繁荣发展争取更广泛的人才资源和技术支撑。

19

澳门青年在横琴创业的现状、特征与趋势

周运贤*

摘　要：澳门青年在横琴创业有助于粤港澳深度融合发展、澳门经济多元发展以及青年自身成长成才。在多个层面的政策红利支持和推动下，澳门青年加速融入国家创新创业浪潮，而国家发展的红利、琴澳融合的优势为澳门青年创业企业带来发展机遇，突破创业瓶颈，并为开拓内地市场提供助力。横琴澳门青年创业彰显了"发挥澳门所长，服务国家所需"的特征，充分结合澳门中葡商贸合作平台的优势，助力澳门世界旅游休闲中心建设，助力"一国两制"事业新实践。随着横琴粤澳深度合作区建设，澳门进一步融入国家发展，"一国两制"事业新实践的展开，澳门青年创业企业可以围绕"互联网+"、数字经济、金融科技、"AI+大数据"技术等领域，开创区域合作的新模式，从而使澳门青年更大的发展空间，在国家广阔的大舞台实现多元发展。

关键词：澳门　横琴　青年　创业　粤澳合作

2018年10月，国家主席习近平在视察横琴时指出，"建设横琴新区的初心就是为澳门产业多元发展创造条件。"同时强调，横琴有粤澳合作的先天优势，要加强政策扶持，丰富合作内涵，拓展合作空间，发展新兴产业，促进澳门经济发展更具活力。① 现任横琴新区党委书记牛敬指出，建设横琴新区的初心，就是为澳门产业多元发展创造条件。我们牢牢把握粤港澳大湾区建设机

---

* 周运贤，澳门科技大学社会和文化研究所国际关系专业博士研究生。
① 《广东珠海：坚守初心，拓展粤澳合作空间》，人民网，最后访问日期：2020年6月28日。

遇，全面推动粤澳合作。①现任横琴新区党委副书记、管委会主任杨川表示，珠海横琴新区毗邻澳门，是澳门产业升级的最佳内地承接区。②现任横琴新区党委副书记李伟辉表示，"过去十年累计完成固定资产投资2800亿元的横琴，正在探索建立'澳门资源+开放人才+先进技术+横琴载体+政策支撑+成果共享'产业协同发展新模式。"③借助横琴的发展平台，澳门科技创新产业正呈现良好的发展势头，同时横琴剩余土地空间已启用由澳门特区政府主导的联合评审新机制，将重点引进高新技术产业和现代服务业。④截至2019年底，横琴注册的澳门企业数量达2219家，澳资企业累计在横琴的投资总额188.33亿美元，其中2019年新增注册的澳资企业745家，较前九年澳资企业在横琴的注册累计数增长52.7%。⑤在落户横琴的澳门企业中，从事科学研究和技术服务行业的企业逾400家，约占横琴澳资企业总数的1/5。⑥为服务于澳门青年创业，横琴建设了横琴·澳门青年创业谷、横琴澳门青年创业谷保税基地、横琴澳门青年创业谷ICC基地、横琴智慧金融产业园等一批粤港澳深度融合发展的新载体和促进澳门经济多元发展、澳门青年成长成才的重要平台。其中横琴·澳门青年创业谷累计孵化项目380个，其中澳门项目203个，自2015年成立以来实现市级、省级、国家科技企业孵化器三级跳，并且陆续被授予"粤澳青年创新创业基地""中国青年留学人员创业基地""留学报国基地""广东珠海旅欧留学人员创业园""粤港澳青年创新创业基地"等。⑦从横琴澳门青年企业在横琴的创业历程，可以清晰地观察到琴澳融合、科技发展推动澳门经济适度多元等重要内涵，而其发展历程彰显了澳门青年通过科技创业，充分把握发展红利、参与大湾区建设，同时积极融入国家大局的发展历程。

① 《牛敬：把握机遇 促进澳门经济适度多元发展》，中国横琴官网。
② 《杨川：横琴是澳门产业升级最佳承接区》，财新网。
③ 《珠澳科创企业在横琴加速成长》，《中华工商时报》2019年12月12日，第01版。
④ 《珠澳科创企业在横琴加速成长》，新华网。
⑤ 《交卷！横琴新区2019年成绩单来了》，搜狐网。
⑥ 《珠澳科创企业在横琴加速成长》，新华网。
⑦ 横琴·澳门青年创业谷官网，最后访问日期：2020年6月28日。

一、横琴澳门青年创业的政策红利

每一次创业潮的背后，都有制度和政策红利的供给，针对港澳青年内地创业，从国家到地方层面都出台了不少政策，首先，《粤港澳大湾区发展规划纲要》（以下简称《规划纲要》）为港澳青年大湾区创业指明方向，广东亦出台多项政策鼓励支持港澳青年到大湾区都市创新创业。其次，横琴新区开发建设十年来，在多个方面推出政策，鼓励澳门青年到横琴创新创业。2019年横琴新区颁布的《关于进一步支持澳门青年在横琴创新创业的暂行办法》更是包括32条优惠政策，主要针对年龄介于18～45周岁之间的澳门青年，扶持在横琴及一体化区域经营，从事科技创新、特色金融、医疗健康、跨境商贸、文旅会展、专业服务等领域的澳门青年创业企业。再次，当地的龙头企业亦对港澳青年展开帮扶，"横琴—澳门跨境通勤专线"也正式开通。最后，澳门特区政府出台了一系列支持和协助澳门青年创新创业的政策，推动加强粤澳青少年交流合作，鼓励澳门青年把握大湾区发展机遇，到内地创新创业（见表1）。除此之外，为了给在内地发展的澳门青年打造理想的创业环境，特区政府与广东省政府扶持了一批粤澳青年创新创业示范基地，2019年5月，首批三家粤澳青年创新创业示范基地，即广州粤澳青创国际产业加速器、珠海横琴·澳门青年创业谷、中山澳中致远火炬创新园正式挂牌。除此之外，还有佛山港澳青年创业孵化基地、粤港澳（国际）青年创新工场、中国（江门）"侨梦苑"华侨华人创新产业集聚区、广州增城"侨梦苑"、仲恺港澳青年创业基地等平台对澳门青年内地创业提供助力。多个层面的政策支持直接推动澳门青年加速融入国家创新创业浪潮，为湾区高质量发展贡献澳门青春智慧。

表1　支持澳门青年创业的政策文件一览

层面	单位	文件名称	发布时间
国家	中共中央、国务院	《粤港澳大湾区发展规划纲要》	2019年
	国务院	《关于印发"十三五"国家科技创新规划的通知》	2016年
		《关于促进创业投资持续健康发展的若干意见》	2016年

（续上表）

层面	单位	文件名称	发布时间
国家	国务院	《关于强化实施创新驱动发展战略进一步推进大众创业万众创新深入发展的意见》	2017年
		《关于印发优化口岸营商环境促进跨境贸易便利化工作方案的通知》	2018年
		《中华人民共和国外商投资法实施条例》	2019年
	国务院办公厅	《关于加快众创空间发展服务实体经济转型升级的指导意见》	2016年
	发展改革委、商务部	《鼓励外商投资产业目录（2019年版）》	2019年
	中国人民银行、中国银行保险监督管理委员会、中国证券监督管理委员会、国家外汇管理局	《关于金融支持粤港澳大湾区建设的意见》	2020年
	财政部、税务总局	《关于粤港澳大湾区个人所得税优惠政策的通知》	2019年
澳门	特区政府	《青年创业援助计划》	2013年
广东	广东省人民政府	《广东省进一步扩大对外开放积极利用外资若干政策措施》	2017年
		《关于加强港澳青年创新创业基地建设的实施方案》	2019年
		《关于进一步促进科技创新的若干政策措施》	2019年
	广东省委办公厅、省政府办公厅	《关于促进中国（广东）自由贸易试验区人才发展的意见》	2016年
	广东省人力资源和社会保障厅	《关于支持珠海市横琴新区人社事业创新发展的意见》	2019年

（续上表）

层面	单位	文件名称	发布时间
珠海	珠海市人力资源和社会保障局、珠海市财政局	《珠海市支持港澳青年来珠就业（创业）和技能培训（训练）若干政策措施》	2019年
	珠海市科技创新局	《珠海市科技创业孵化载体管理和扶持办法》	2019年
横琴	管委会办公室	《关于支持港澳企业办理土地使用权抵押融资的意见（试行）》	2014年
		《关于支持港澳企业和港澳居民在横琴购置商业物业的意见（试行）》	2014年
		《横琴新区支持澳门经济适度多元发展的十一条措施》	2014年
		《横琴新区实施〈广东省财政厅关于在珠海市横琴新区工作的香港澳门居民个人所得税税负差额补贴的暂行管理办法〉的暂行规定（修订）》	2015年
		《横琴新区促进澳门中小企业发展办法（试行）》	2016年
		《横琴新区创新型企业（机构）办公场地优惠暂行办法》	2016年
		《横琴新区关于支持和服务澳门发展特色金融业的若干措施》	2017年
		《横琴新区支持粤澳合作中医药科技产业园发展的若干措施》	2017年
		《关于鼓励澳门企业在横琴跨境办公的暂行办法》	2019年
		《横琴新区扶持澳门投资大型商业综合体发展暂行办法》	2019年
		《关于进一步支持澳门青年在横琴创新创业的暂行办法》	2019年

（续上表）

层面	单位	文件名称	发布时间
横琴	管委会办公室	《横琴新区支持粤澳合作中医药科技产业园发展的专项措施》	2019年
		《横琴新区支持粤澳跨境金融合作（珠海）示范区发展的暂行办法》	2019年
		《横琴新区加快创新驱动企业及团队引进培育扶持办法》	2020年
	金融服务局	《粤澳跨境金融合作（珠海）示范区入园申请指南》	2019年
		《横琴新区外商投资股权投资企业试点认定备案管理办法》	2019年
	澳门事务局	《关于鼓励澳门企业在横琴跨境办公的暂行办法实施细则》	2019年
		《关于进一步支持澳门青年在横琴创新创业暂行办法的实施细则》	2020年
	建设环保局	《横琴新区鼓励户籍和港澳台人员创业及企业吸纳就业困难人员奖励办法（试行）》	2018年

《规划纲要》发布后，澳门中华学生联合总会2019年进行的一项调查显示，与2018年相比，澳门青年赴粤港澳大湾区其他城市发展的意愿明显增强，56.4%的受访者认同规划纲要为澳门带来重要发展机遇，46%的受访者明确表示有兴趣到粤港澳大湾区其他城市升学、就业和创业。[1]粤港澳大湾区将建设成为世界经济新的增长极，能让澳门更好地融入国家发展，给了澳门青年成就新梦想的机遇。广东与澳门地缘相近、语言相通，是澳门青年创业最适合的孵化区；澳门青年创新创业的路径可从大湾区城市合作研究中得到启发。澳门特区政府财政局局长容光亮表示，"不单只是针对青年，相信很多澳门企业和个人

---

① 新华社：《背靠祖国支持，发挥澳门所长——回归20年澳门与内地共享发展机遇》，中央人民政府驻澳门特别行政区联络办公室，最后访问日期：2020年6月28日。

都希望到内地营商或工作，尤其是到粤港澳大湾区寻求发展机会"。①除政策支持外，国家发展的红利、琴澳融合的优势、横琴与内地的联系，都为澳门青年创业企业带来发展机遇，突破创业瓶颈，并为开拓内地市场提供助力。

第一，国家发展的红利给澳门创业青年带来巨大的机会。横琴与澳门融合的区位优势，澳门往来横琴的便捷程度，横琴新区日新月异的变化，澳门青年创业谷创业青年的精神风貌，均进一步促进澳门青年依托横琴，在大湾区创业的意愿。港珠澳大桥通车更是给澳门带来更多的发展机会，打造世界旅游休闲中心需要澳门做好配套服务，将国际旅客"引进来"，更要与大湾区组团让品牌"走出去"。②深度参与区域合作更进一步激发澳门青年走出澳门，创新创业，共享大湾区融合的红利。横琴的区位优势、政策条件都十分优越，创业谷更是提供了"点对点"的服务对接，能够更加便利地享受到政策扶持、资源对接、人才引进、投融资服务等创业"大礼包"，可以放开手脚，专注于创新研发与市场开拓。

第二，琴澳融合的优势突破了澳门青年创业瓶颈。"澳门青年在本土创业的最大困难就是土地和人才。"③土地空间紧张会导致青年创业场所的使用成本较高，而人口总量不大导致人才储备不足，发展一些新兴产业如互联网、跨境电商面临人才不足的问题。横琴能够帮助澳门青年解决这两个问题。横琴澳门青年创业谷位于横琴口岸附近、澳门大学对面，占地12万多平方米，集办公、服务、公寓于一体，正好搭起了澳门青年进军内地市场的"跳板"。创业谷短时间内汇聚了创吧、创业邦、清华科技园等五家专业孵化机构，以及珠海市国际信息检索中心、南方集成电路设计中心、南方软件测评中心等12家公共服务平台。创业谷还为澳门青年提供办公场所补贴、金融服务、财税补贴扶持等十项优惠扶持政策，创业青年可"拎包入住"。横琴新区成立澳门青年创业服务中心，为澳门青年创业项目提供政策法律、会计税务、员工技能、创业指导、企业融资等方面的创业咨询和培训服务；开通横琴澳门跨境通勤专线，便利企业员工跨境通勤；每年举办面向澳门高校的实习计划，同时定期组织横琴

---

①　《澳门青年和企业都想到内地创业》，大众网，最后访问日期：2020年6月28日。

②　《澳门建世界旅游休闲中心将逢新机遇》，中工旅游，最后访问日期：2020年6月28日。

③　《横琴：澳门青年创业福地》，人民日报海外网，最后访问日期：2020年6月28日。

企事业单位赴澳门高校开展招聘活动，全力透过优化创新创业环境及各类政策扶持解除澳门青年在横琴创新创业的后顾之忧。

第三，依托横琴可以面向内地广阔市场。澳门青年创业公司的客户刚开始主要在澳门，但将来肯定是要面向内地这个大市场，借助横琴这个平台，能够完成与内地市场的对接。横琴为澳门发展跨境电商产业提供支撑，推动葡语国家产品经澳门更加便捷进入内地市场。横琴新区是澳门青年创业企业向内地辐射的出发点，横琴处于"一带一路"倡议支点位置，"港珠澳"相通的横琴新区，具有得天独厚的区位优势，为澳门青年企业面对内地、走向国际提供重要的平台支撑，有利于促进其创业的成效和提升企业的发展速度。

二、横琴澳门青年创业的现状与特征

澳门青年的创业依托了国家到大湾区政策性的红利和澳门独特的禀赋，两者有效结合彰显了澳门青年"发挥澳门所长，服务国家所需"的理念，同时也很大程度上确保了澳门青年创业的澳门特色。不同于内地创业青年，珠海横琴新区针对澳门青年的创业政策、横琴青年创业谷营造的创新生态，通过横琴这一平台，澳门青年创业项目的市场空间更加广阔，人才结构更加多元，融资渠道更为畅通。澳门青年创业项目将创业梦与社会发展趋势及政府政策相结合，获得长足发展。横琴澳资企业数量自2015年以来快速增长（见图1）。

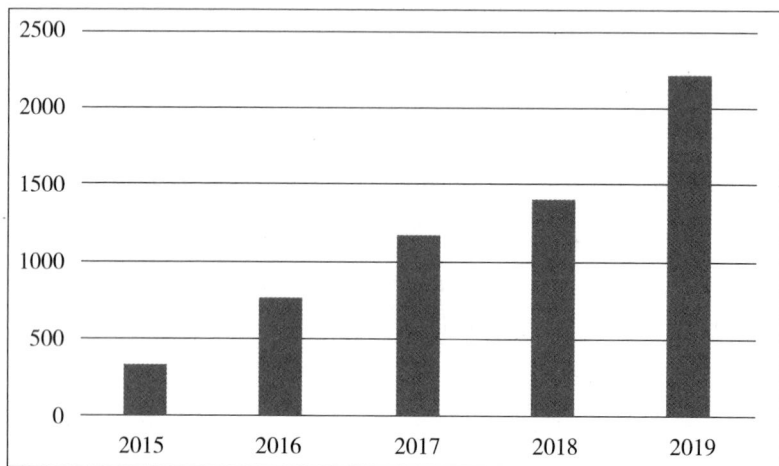

资料来源：作者自行整理。

图1 2015～2019年横琴澳资企业数量（单位：家）

　　通过图1可以看出，自2015年横琴自贸区挂牌以来，横琴澳资企业的规模增长速度较快。其中澳门青年创业企业是横琴澳资企业的主力军，涉及商务服务、休闲旅游、文化创意、医药健康、特色金融等产业领域，为澳门经济适度多元发展注入新的力量和活力。就总体特征而言，横琴澳门青年在创业方面充分发挥了澳门所长。

　　第一，澳门青年创业充分结合澳门中葡经贸合作平台的优势。澳门青年能够通过创业融入大湾区建设和国家发展，最大的优势就在于能够充分发挥澳门所长。澳门是中葡经贸合作平台，在中国与葡语国家经贸往来中具有无可比拟的优势，澳门当前致力于发展"一个中心、一个平台、一个基地"，为凸显澳门作为"中国与葡语国家商贸合作服务平台"的优势和作用，促进中国与葡语系国家更深入更广泛的经贸合作与文化交流，如澳门青年创业企业已经与葡语国家基于澳门中葡平台优势，在共建"一带一路"上深化新合作。

　　第二，澳门青年创业助力澳门世界旅游休闲中心建设。除澳门施美兰、南光等澳门旅游企业逐步在横琴布局，计划投资总额超400亿元外，澳门青年科技创业企业中，不乏在机器人教育培训、机器人竞技平台和工业自动化解决方案方面开展业务的公司。澳门开展机器人竞技活动这种较为新颖的赛事，有助于世界旅游休闲中心的建设，而且机器人产业也有利于促进澳门产业的适度多元发展。另外，由澳门青年创业打造的跨境说电商小镇，成为全国第一家践行"全体验式"网红养成分享的地标，进一步丰富了澳门世界旅游休闲中心以及横琴国际休闲旅游岛的内涵。

　　第三，澳门青年创业着力于传播"一国两制"成功实践。为庆祝横琴新区成立10周年，迎接澳门回归20周年，2019年12月15日，全国首家"一国两制"展览馆（澳门馆）在横琴口岸励骏庞都广场四楼跨境说书局开馆，并举办了"巨变——琴澳融合·庆祝澳门回归20周年影像展暨澳门研究图书主题展"，通过真实的历史影像和图文书籍讲述一部属于成长中的琴澳编年体通史。"一国两制"展览馆（澳门馆）的设立，不仅有助于文宣"一国两制"的优越性，还有助于港澳及内地青少年完整理解当代中国国家治理体系、一国之下两种制度的优势互补的积极成果，有助于为构建人类命运共同体提供借鉴思考，在新时代具有非同寻常的全球性意义和价值。

　　进入新时代，澳门主动对接国家重大发展战略，在中央政府支持下，积极发挥自身优势，参与粤港澳大湾区建设和"一带一路"倡议，在新时代担当助力国家全面开放新角色。"大众创业、万众创新"为实施创新驱动发展战略的重要载体，是振兴实体经济的举措。澳门青年响应中央政府号召，积极参与创新创业，力促澳门经济适度多元发展。在"精准扶贫"战略方面，澳门社会各界通过投资办厂、发展特色产业、推进旅游开发、开展就业培训、建设安居房、支持新农村建设等多种方式，对贫困地区进行帮扶。而在大湾区创业的澳门青年亦切实服务国家的脱贫攻坚工程。

其一，参与推动澳门经济适度多元发展。澳门青年通过科技创业为澳门经济适度多元发展贡献力量。国家"十一五""十二五""十三五"规划明确提出"支持澳门推动经济适度多元发展"，这是保持澳门长期繁荣稳定的必然要求。2018年，习近平总书记视察横琴时表示，"我们始终要不忘初心，让这里充满创新发展活力，促进澳门经济适度多元发展"。而横琴秉承"澳门资源+全球技术+创新人才+横琴载体"产业合作新模式，助力澳门经济适度多元发展。例如跨境说充分发挥自身科技及运营优势、大湾区区位及人才优势、葡语国家市场资源优势，建设跨境电商合作服务平台，利用澳门平台，发挥中国与葡语国家的平台作用，促进中国内地、葡语国家和澳门共同发展，通过电商行业加速澳门经济发展，扩大澳门国际影响力和加强对外交往，为澳门构建经济适度多元发展贡献力量。

其二，助力国家扶贫攻坚战略。横琴跨境说公司自2015年第一批进入澳门青年创业谷后，长期深耕中国内地市场，积极参与精准扶贫事业，在电商扶贫的道路上，争做横琴的标杆，积极与梅州五华、怒江兰坪、阳江阳西配合并深入探讨未来农村电商经济的发展。"能够跟随国家发展战略，不断奋进，脚踏实地，致力于实体经济与数字经济的创新深度融合，为粤澳合作新模式的建设出一份力量。"截至2019年底，跨境说已先后打造梅州五华、怒江兰坪、阳江阳西O2O农特产品体验馆，助力乡村振兴及电商扶贫，先后打造以"琴系怒江，开辟电商扶贫新模式"为主题的、集展销、体验、活动等功能于一体的怒江兰坪O2O农特产品体验馆，助力乡村振兴、农业赋能的五华优品O2O体验馆，采取在线线下结合的互联网新零售模式，多地联动，运用AI+大数据引擎，为阳西产品提供品牌文宣推介、质量提升、通路对接等基础服务的阳西O2O农特产品体验馆等。

其三，发挥科技优势支援抗疫狙击战。受新型冠状病毒肺炎疫情的影响，电商平台上与疫情防治相关产品有些已经断货，如医用口罩、医用防护用品等等，短时期内生产和供应能力存在巨大缺口，需要尽快组织货源恢复正常销售。唯有如此，才能避免恐慌性抢购和囤积，才能避免产生恶性循环。跨境说作为电子商务企业，除了要做好力所能及的社会公益，承担企业社会责任，更加重要的事情就是千方百计动用一切力量协助采购急需的医疗物资。跨境说作为立足澳门的电商企业，借助澳门中葡平台的优势，积极发挥电商企业自身的大数据作用，第一时间开启"抗疫计划——医疗物资全球采购"行动，整合众多海外渠道，全球范围寻找医疗物资，先后协助五华、竹山、英德等多地紧急采购医疗物资，并在巴西采购了一大批疫情防控口罩物资，陆续运输回国。

三、横琴澳门青年创业的发展趋势分析

在"一国两制"事业新实践中，融入国家发展，是澳门增添新动力、保持长期繁荣稳定的必由之路。国家部署在横琴设立粤澳深度合作区，构建粤澳双方共商共建共管的体制机制，优化"分线管理"政策，探索在民商事法律适用、贸易等领域深化改革扩大开放，打造与国际规则高度衔接的营商环境。优秀澳门青年以创新创业的方式融入国家发展，同时也在此过程中获得企业的进步、个人的发展以及社会的认可。短短数年，部分澳门青年创业企业已成长为国家高新技术企业，拥有自主可控的发明专利及知识产权，在中葡经贸以及科技合作中发挥重要作用，助力琴澳金融科技创新和跨境金融发展。澳门特区行政长官贺一诚表示，"横琴是澳门参与粤港澳大湾区建设、融入国家发展的第一站，是澳门经济多元发展的最便利、最适宜的新空间。"[①]横琴澳门青年创业的未来可期。结合澳门经济适度多元的要求以及横琴未来的发展定位，对横琴澳门青年创业提出如下建议：

（一）发展"互联网+"，助力澳门建成数字经济城市

在内地政策支持下，发展"互联网+"是大势所趋。随着中产阶级越来越多，他们的消费能力非常强劲，要满足其消费需求，主要是依靠电商。换句话说，日后很多生意交易，都要和电商、"互联网+"扯上关系。在这个大趋势下，澳门作为中国与葡语国家商贸合作服务平台，可以起到接通中国与世界的桥梁作用。目前，澳门迫切需要智慧产业的引入，从而以智慧产业支撑其未来

---

① 《贺一诚：横琴是澳门未来发展新出路、新机遇、新希望》，新华网，最后访问日期：2020年6月28日。

的快速发展。澳门青年科技创业企业可以着手建设琴澳数字自由贸易中枢，希望通过云计算、智能城市建设为主题的综合研发，结合市场上的智能软件技术、内容电商理念，带动本地旅游、商贸、生产、服务等产业多元发展，逐步扩大其海内外影响力。

（二）紧密围绕"一个中心、一个平台、一个基地"，发挥所长助力澳门经济适度多元发展

澳门当前致力于发展"一个中心、一个平台、一个基地"，连接中国与葡语国家经贸是发挥澳门独特优势，是内地、澳门和葡语国家共同打造"一带一路"倡议的重要平台。澳门科技企业应当实现连接线上线下并行的服务，促进澳门、中国内地与葡语系国家、拉丁美洲国家的合作商机。《横琴国际休闲旅游岛建设方案》获国务院批复，为了配合澳门建设世界旅游休闲中心，高水平建设横琴国际休闲旅游岛，探索与澳门联合构建"一程多站、综合运营、联动拓展"大旅游产业链，为澳门青年科技创业提供更多契机。

（三）大力发展金融科技，助推澳门特色金融发展

为促进澳门经济适度多元发展，商务部积极支持澳门发展会展业、特色金融、跨境电子商务。珠海正以发展跨境金融为核心，以加强科技金融和金融科技合作为两翼，推动在横琴建设跨境金融合作示范区。同时推进澳门青年创业谷建设，创新金融支持手段，构建全链条金融服务。围绕澳琴金融区块链场景应用，澳门青年在服务于澳门发展特色金融产业的科技创业方面有更广阔的舞台。

（四）整合大湾区人才，凝聚科技创新创业的力量

近年中国互联网及高新技术产业维持高速发展，尤其在"一带一路"倡议、粤港澳大湾区建设的带动下，中国互联网及高新技术产业发展更加迅猛。但相关专业人才缺口却日益扩大，行业急需知识结构完整的实战型人才。澳门科技企业立足横琴，把内地、香港和澳门的先进理念、前端技术、科研积累整合起来，投身创新、创业、创造的生动实践中，进一步加强探索，创造新的经验，不断扩大对新兴青年群体的组织覆盖，凝聚各行各业青年，在澳门科技创业的浪潮中实现发展。

（五）运用"AI+大数据"技术，开创区域合作的新模式

近年来，大数据和云计算已经成为社会各界关注的热点领域。秉承"按需

服务"理念的"云计算"正高速发展，"数据即资源"的"大数据"时代已经来临。从理念上来讲，我们认为大数据是海量数据处理所带来一系列颠覆变化整合，对于未来新兴企业甚至新兴国家都是战略核心的关键。澳门青年需要运用"AI+大数据"技术，开创区域合作的新模式，借助科技创业企业的技术优势及先进理念，通过"线上精准营销+线下深度体验"的模式打造区域优势商品的大数据中心，参与内地相关产业转型升级。

（六）不忘创业初心，融入国家发展，认真履行社会责任

澳门青年通过创新创业的实际行动，讲好"一国两制"成功实践的澳门故事。2019年中共中央办公厅、国务院办公厅印发《数字乡村发展战略纲要》，明确提出要发展农村数字经济，深化电子商务进农村综合示范，推进大数据研发中心和重要农产品全产业链大数据建设，助力打赢脱贫攻坚战。澳门青年在国家"一带一路"倡议下，带动扶贫地区融入粤港澳大湾区建设，为精准扶贫企业"走出去、引进来"及区域经济振兴、扶贫事业献一份力量，同时利用扶贫机遇，不断提升企业的科技能力和核心技术。

粤港澳大湾区规划与定位分析
另附相关资讯文章
扫码获取

附　录

20 粤港澳大湾区城市经济社会基础数据（2018～2019）

刘炜发　陈康宁

表1　粤港澳大湾区城市人口

单位：万人

城市\年份	广州	深圳	珠海	佛山	惠州	东莞	中山	江门	肇庆	香港	澳门
2018	1490.44	1302.66	189.11	790.57	483.00	839.22	331.00	459.82	415.17	748.64	66.74
2019	1530.59	1343.88	202.37	815.86	488.00	846.45	338.00	463.03	418.71	750.07	67.96

注：内地城市为"年末常住人口"，香港为"年底居住人口"，澳门为"年终人口"。

资料来源：广东省统计局，香港特别行政区政府统计处，澳门特别行政区统计及普查局，广东省相关各市统计年鉴及统计公报。

表2　粤港澳大湾区本地生产总值

单位：亿元人民币

城市\年份	广州	深圳	珠海	佛山	惠州	东莞	中山	江门	肇庆	香港（亿港元）	澳门（亿澳门元）
2018	22859.35	24221.98	2914.74	9935.88	4103.05	8278.59	3632.70	2900.41	2201.80	28351.61	4446.66
2019	23628.60	26927.09	3435.89	10751.02	4177.41	9482.50	3101.10	3146.64	2248.80	28656.79	4346.70

注：内地城市为"地区生产总值"，港澳地区为"本地生产总值"。

资料来源：广东省统计局，香港特别行政区政府统计处，澳门特别行政区统计及普查局，广东省相关各市统计年鉴及统计公报。

表3 粤港澳大湾区城市人均本地生产总值

单位：元人民币

城市 年份	广州	深圳	珠海	佛山	惠州	东莞	中山	江门	肇庆	香港 （港元）	澳门 （澳门元）
2018	155491	189568	159428	127691	85418	98939	110585	63328	53267	380507	673481
2019	156427	203489	—	—	86043	112507	92709	68194	53936	381714	645438

注："—"表示数据暂缺。内地城市为"人均地区生产总值"，香港为"按人口计算的本地生产总值"，澳门为"人均本地生产总值"。

资料来源：广东省统计局、香港特别行政区政府统计处、澳门特别行政区统计暨普查局，广东省相关各市统计年鉴及统计公报。

表4 粤港澳大湾区城市货物进出口货值

单位：亿美元

城市 年份	广州	深圳	珠海	佛山	惠州	东莞	中山	江门	肇庆	香港 （亿港元）	澳门 （亿澳门元）
2018	1485.05	4539.22	493.32	697.71	505.58	2033.31	355.11	223.19	59.04	88795	1023
2019	—	—	—	—	—	—	—	—	—	84041	1029.3

注："—"表示数据暂缺。

资料来源：广东省统计局、香港特别行政区政府统计处、澳门特别行政区统计暨普查局，广东省相关各市统计年鉴。

表5　粤港澳大湾区城市零售业销售额

单位：亿元人民币

城市\年份	广州	深圳	珠海	佛山	惠州	东莞	中山	江门	肇庆	香港（亿港元）	澳门（亿澳门元）
2018	9256.19	6168.87	1160.64	3287.54	1478.97	2905.61	1490.79	1407.58	866.70	4851.69	768.07
2019	—	6582.85	1233.36	—	1599.53	3179.78	1535.95	1520.43	925.49	4311.60	771.88

注："—"表示数据暂缺。内地城市为"社会消费品零售总额"，香港为"零售业总额"，澳门为"零售业销货额"。

资料来源：广东省统计局、香港特别行政区政府统计处、澳门特别行政区统计暨普查局、广东省相关各市统计年鉴及统计公报。

表6　粤港澳大湾区城市就业人口

单位：万人

城市\年份	广州	深圳	珠海	佛山	惠州	东莞	中山	江门	肇庆	香港	澳门
2018	896.54	1 050.25	115.97	440.91	290.33	667.17	212.99	247.13	225.30	386.70	38.54
2019	—	—	—	—	—	—	—	—	—	384.99	38.78

注："—"表示数据暂缺。内地城市为"年末数字"，港澳地区为"年度数字"。

资料来源：广东省统计局、香港特别行政区政府统计处、澳门特别行政区统计暨普查局、广东省相关各市统计年鉴。

表7 粤港澳大湾区城市客运量

单位：万人

城市\年份	广州	深圳	珠海	佛山	惠州	东莞	中山	江门	肇庆	香港	澳门
2018	48047.96	19872	5725.73	6119.02	6846	3383	1401	9418	2893	-	-
2019	49819.79	21215	5867.55	-	-	3276	-	8935	2722	-	-

注："—"表示数据暂缺。

资料来源：广东省统计局、广东省相关各市统计年鉴及统计公报。

表8 粤港澳大湾区城市留宿旅客数

单位：万人次

城市\年份	广州	深圳	珠海	佛山	惠州	东莞	中山	江门	肇庆	香港	澳门
2018	6532.55	6407.92	2452.62	1695.31	2440.62	2186.46	1412.18	-	1371.22	6514.80	1849.30
2019	6773.15	6718.03	2603.90	1933	2992.94	-	1496.27	-	-	5591.30	1863.27

注："—"表示数据暂缺。

资料来源：广东省统计局、香港特别行政区政府统计处、澳门特别行政区统计及普查局、广东省相关各市统计年鉴及统计公报。

表9 粤港澳大湾区城市旅游业总收入

单位：亿元

城市 年份	广州	深圳	珠海	佛山	惠州	东莞	中山	江门	肇庆	香港 （百万美元）	澳门 （百万澳门元）
2018	4008.19	686.81	466.16	809.14	501.63	529.37	294.10	587.48	322.99	—	69687.00
2019	4454.59	—	541.53	891.86	570.00	574.16	303.78	690.52	—	—	64077.00

注："—"表示数据暂缺。澳门特别行政区统计口径为"旅客消费"（不包括博彩消费）。

资料来源：广东省统计局，香港特别行政区政府统计处，澳门特别行政区统计及普查局，广东省相关各市统计年鉴及统计公报。

表10 粤港澳大湾区高等院校数

单位：所

城市 年份	广州	深圳	珠海	佛山	惠州	东莞	中山	江门	肇庆	香港	澳门
2018	82	13	10	13	5	9	5	4	6	8	10
2019	—	13	—	13	5	9	—	—	—	8	10

注："—"表示数据暂缺。"香港高等院校"仅统计香港特别行政区大学资助委员会资助的大学。

资料来源：广东省统计局，香港特别行政区政府统计处，澳门特别行政区统计及普查局，广东省相关各市统计年鉴及统计公报。

表11 粤港澳大湾区高等院校专任教师数

单位：人

城市\年份	广州	深圳	珠海	佛山	惠州	东莞	中山	江门	肇庆	香港	澳门
2018	62732	6644	6596	3528	2111	5454	1944	2171	4031	5053	2453
2019	-	-	-	-	-	-	-	-	-	-	2598

注："—"表示数据暂缺。"香港高等院校专任教师"仅统计香港特区大学资助委员会资助的大学中的高级教学人员和初级教学人员。

资料来源：广东省统计局，香港特别行政区政府统计处，澳门特别行政区统计及普查局，广东省相关各市统计年鉴。

表12 粤港澳大湾区高等院校在校学生数

单位：人

城市\年份	广州	深圳	珠海	佛山	惠州	东莞	中山	江门	肇庆	香港	澳门
2018	1086407	103829	138957	124245	44018	121408	56996	44183	105729	100866	34279
2019	-	-	-	-	49160	-	-	-	-	-	36107

注："—"表示数据暂缺。"香港高等院校"仅统计香港特别行政区大学资助的大学。

资料来源：广东省统计局，香港特别行政区政府统计处，澳门特别行政区统计及普查局，广东省相关各市统计年鉴及统计公报。

表13　粤港澳大湾区城市博物馆、纪念馆及美术馆数

单位：个

城市 年份	广州	深圳	珠海	佛山	惠州	东莞	中山	江门	肇庆	香港	澳门
2018	32	61	12	22	6	48	7	6	15	60	25
2019	－	63	13	23	10	53	－	7	15	60	37

注："—"表示数据暂缺。

资料来源：广东省统计局，香港特别行政区政府统计处、澳门特别行政区政府统计及普查局，广东省相关各市统计年鉴及统计公报。

表14　粤港澳大湾区城市医院数

单位：间

城市 年份	广州	深圳	珠海	佛山	惠州	东莞	中山	江门	肇庆	香港	澳门
2018	255	139	45	120	76	102	62	48	56	55	5
2019	269	144	44	127	78	－	67	48	59	55	5

注："—"表示数据暂缺。

资料来源：广东省统计局，香港特别行政区政府统计处、澳门特别行政区政府统计及普查局，广东省相关各市统计年鉴及统计公报。

表15 粤港澳大湾区城市医生数

单位：人

城市 年份	广州	深圳	珠海	佛山	惠州	东莞	中山	江门	肇庆	香港	澳门
2018	54134	36321	7090	20001	13339	19516	8800	10298	8140	–	1754
2019	–	–	7740	20937	13992	–	9321	10934	8471	–	1808

注："–"表示数据暂缺。

资料来源：广东省统计局。香港特别行政区政府统计处。澳门特别行政区统计及普查局。广东省相关各市统计年鉴及统计公报。

表16 粤港澳大湾区城市医院床位数

单位：张

城市 年份	广州	深圳	珠海	佛山	惠州	东莞	中山	江门	肇庆	香港	澳门
2018	86011	43569	8849	34508	15916	30239	15685	17079	13426	28929	1604
2019	–	47366	9186	–	–	–	–	17632	13791	28355	1628

注："–"表示数据暂缺。

资料来源：广东省统计局。香港特别行政区政府统计处。澳门特别行政区统计及普查局。广东省相关各市统计年鉴及统计公报。

表17　大湾区城市资本在澳门新成立公司数量及资本额

年份	季度	广州 公司数量(间)	广州 资本额(千澳门元)	深圳 公司数量(间)	深圳 资本额(千澳门元)	珠海 公司数量(间)	珠海 资本额(千澳门元)	佛山 公司数量(间)	佛山 资本额(千澳门元)	惠州 公司数量(间)	惠州 资本额(千澳门元)
2018	第1季	21	1480	17	1645	57	9504	5	85	1	#
	第2季	18	4555	21	1373	97	12266	4	#	1	#
	第3季	22	2259	33	1372	57	2505	5	300	0	0
	第4季	26	4060	22	2484	85	8192	8	747	2	#
2019	第1季	26	3534	21	1107	87	5686	14	1615	1	#
	第2季	37	2446	23	1919	107	55644	7	1166	3	#
	第3季	27	1946	29	4947	92	10813	5	110	–	–
	第4季	37	17944	39	14320	104	122822	7	679	2	#

年份	季度	东莞 公司数量(间)	东莞 资本额(千澳门元)	中山 公司数量(间)	中山 资本额(千澳门元)	江门 公司数量(间)	江门 资本额(千澳门元)	肇庆 公司数量(间)	肇庆 资本额(千澳门元)	香港 公司数量(间)	香港 资本额(千澳门元)
2018	第1季	1	#	9	494	31	627	5	238	132	41213
	第2季	10	139	16	373	13	236	0	0	188	31277
	第3季	2	#	16	1500	14	681	1	#	159	13206
	第4季	1	#	8	469	6	185	1	#	146	5709
2019	第1季	–	–	16	514	8	#	–	–	170	35351
	第2季	1	#	13	253	10	237	5	93	156	150693
	第3季	5	#	13	351	6	593	2	#	171	26030
	第4季	5	304	21	557	11	544	1	#	223	79638

注：　"#"表示保密资料；"—"表示数据暂缺。当一间公司有来自不同城市的资本时，公司数量会被重复计算。资料来源：澳门特别行政区统计及普查局。

表18　大湾区城市在澳门直接投资（累计总额及企业数量）

单位：千澳门元

城市及其在澳投资＼年份	广州		深圳		珠海		佛山		惠州	
	累计总额	企业（间）	累计总额	企业（间）	累计总额	企业（间）	累计总额	企业（间）	累计总额	企业（间）
2018	768401	97	2421770	59	1230831	376	3667	47	#	—

城市及其在澳投资＼年份	东莞		中山		江门		肇庆		香港	
	累计总额	企业（间）	累计总额	企业（间）	累计总额	企业（间）	累计总额	企业（间）	累计总额	企业（间）
2018	5603	6	-246235	55	-39897	44	#	2	84033463	1664

注："#"表示保密资料；"—"绝对数值为0。当一间公司有来自不同城市的资本时，公司数量会被重复计算。

资料来源：澳门特别行政区统计及普查局。

表19　澳门企业在大湾区城市的直接投资（累计总额及企业数目）

单位：千澳门元

澳企及其在城市投资＼年份	广州		深圳		珠海		佛山		惠州	
	累计总额	企业（间）	累计总额	企业（间）	累计总额	企业（间）	累计总额	企业（间）	累计总额	企业（间）
2018	1828877	6	#	2	9578409	50	#	1	—	—

澳企及其在城市投资＼年份	东莞		中山		江门		肇庆		香港	
	累计总额	企业（间）	累计总额	企业（间）	累计总额	企业（间）	累计总额	企业（间）	累计总额	企业（间）
2018	—	—	519399	6	85796	6	—	—	9903685	19

注："#"表示保密资料；"—"绝对数值为0。当一间公司有来自不同城市的资本时，公司数量会被重复计算。

资料来源：澳门特别行政区统计及普查局。

表20 粤港澳大湾区城市到澳门旅客数

单位：人次

年	月	总数	广州	深圳	珠海	佛山	惠州	东莞	中山	江门	肇庆	香港
2018	1	1 090 918	148 828	46 478	163 898	84 101	9 944	19 987	79 116	79 752	20 241	438 573
	2	1 530 054	213 551	78 381	195 973	184 095	16 668	42 015	139 085	126 567	31 966	501 753
	3	1 170 960	139 730	47 776	154 098	84 640	12 069	21 809	73 616	75 604	23 395	538 223
	4	1 232 070	150 015	69 608	161 946	90 286	12 197	24 332	79 734	84 565	23 512	535 875
	5	1 118 015	139 836	49 095	155 380	85 356	10 413	21 240	73 246	75 644	23 549	484 256
	6	1 103 569	133 027	49 840	154 783	78 502	8 929	19 244	71 805	66 508	19 480	501 451
	7	1 315 710	164 122	62 142	183 807	106 719	14 552	29 630	92 070	90 213	27 209	545 246
	8	1 488 070	195 030	79 428	202 380	139 067	18 906	37 299	113 261	111 037	35 290	556 372
	9	1 072 801	132 479	50 229	179 621	79 761	9 372	20 540	72 804	66 272	17 718	444 005
	10	1381059	185632	76385	224536	116125	15166	31836	98059	95973	27978	509369
	11	1353185	146112	62348	212872	93417	27620	30668	84860	78091	26120	591077
	12	1503837	163347	74568	236041	99735	18798	28787	92113	84740	23983	681725
2019	1	1567008	205521	74711	292214	145433	15141	32853	131215	109355	26825	533740
	2	1672327	203794	95026	214515	159023	23553	51335	121910	114065	31076	658030
	3	1365260	155093	61603	227315	89562	20089	27093	82418	75692	25051	601344

（续上表）

年	月	总数	广州	深圳	珠海	佛山	惠州	东莞	中山	江门	肇庆	香港
2019	4	1449185	140945	75024	227651	84759	16393	28490	82489	76210	20322	696902
	5	1506052	195538	94304	256279	113772	17595	37407	96278	84803	28296	581780
	6	1444031	161652	81267	248615	96642	13497	31356	89246	75613	23029	623114
	7	1616855	198743	98336	276137	118240	20514	45856	107115	89567	27921	634426
	8	1819327	229782	116124	303303	148241	22458	58832	131571	111199	31807	666010
	9	1419759	167936	81850	269327	97105	12449	39907	92685	75221	18508	564771
	10	1688963	229479	121060	314708	133219	17849	57912	121203	98864	26892	567777
	11	1514145	184350	89691	292478	108871	13788	45118	103397	82704	22677	571071
	12	1703076	211459	101650	324415	120383	13922	48393	113715	91356	22654	655129

资料来源：澳门特别行政区统计及普查局。

21

粤港澳大湾区建设大事记（2019）

刘炜发*

1月10日，2019年深澳合作会议在澳门特区政府总部举行。澳门特区行政长官崔世安及深圳市市长陈如桂率领双方代表出席，澳门特区政府经济财政司司长梁维特和深圳市副市长艾学峰通报了近年深澳合作重点工作的进展情况。会议上签署了三份合作备忘录及相关安排：《深圳市人民政府、澳门特别行政区政府法律合作安排》《澳门青年到深圳实习及就业项目合作框架备忘录》及《文化创意产业合作备忘录》。

1月23日，香港特区政府律政司与内地司法部就内地法律服务方面的新开放措施取得共识，以深化香港与内地的法律服务合作。司法部部长傅政华早前率领代表团到访律政司，与律政司司长郑若骅会面。双方决定：一是将《国务院关于印发进一步深化中国（广东）自由贸易试验区改革开放方案的通知》适用于中国（广东）自由贸易试验区内的内地与香港合伙联营律师事务所的开放措施扩展至全广东省；二是取消内地与香港合伙联营律师事务所港方出资比例不得低于百分之三十的限制；三是允许香港法律执业者可同时受聘于一至三个内地律师事务所担任法律顾问。

2月18日，中共中央、国务院印发《粤港澳大湾区发展规划纲要》（以下简称《规划纲要》），并发出通知，要求各地区各部门结合实际认真贯彻落实。《规划纲要》共有11章，全文两万六千多字，提出了大湾区的基本原则、战略定位、发展目标和空间布局，规划了建设国际科技创新中心、加快基础设施互联互通、构建具有国际竞争力的现代产业体系、推进生态文明建设、建设宜居宜业宜游的优质生活圈、紧密合作共同参与"一带一路"建设、共建粤港澳合作发展平台等重点领域。

2月19日，穗、澳两地消委会在广州市签署《广州市消费者委员会、澳门特

---

* 刘炜发，澳门科技大学社会和文化研究所学术助理。

别行政区政府消费者委员会消费维权合作协议》。该协议是在2018年4月签署的《粤港澳大湾区消费维权合作备忘录》基础上，穗、澳两地消委会就双方具体的合作作出细则性的规划，合作范围包括：加强穗、澳两地投诉个案受理与转介、消费教育、商品比较试验、培训交流、法律研究、共享信息、跨域调解与仲裁，以及由澳门消委会协助转办广州市消委会与葡萄牙消费者组织之间的投诉个案等各个方面。

2月21日，广东省人民政府、香港特别行政区政府、澳门特别行政区政府在香港共同举办《规划纲要》宣讲会，来自三地政府、粤港澳大湾区建设领导小组办公室和国家发改委的官员分别对《规划纲要》进行了解读和阐释。香港特区行政长官林郑月娥从为什么香港要参与大湾区发展、香港如何参与大湾区发展和未来工作重点三方面进行了重点阐述。粤港澳大湾区建设领导小组办公室副主任林念修表示，推进粤港澳大湾区建设有利于丰富"一国两制"实践、有利于促进更高水平对外开放、有利于引领高质量发展、有利于破解粤港澳三地发展面临的瓶颈问题。广东省省长马兴瑞表示，粤港澳大湾区建设是三地共同的重大机遇。广东将抓住这个重大机遇，把大湾区建设作为新时代改革开放的总牵引，主动与港澳共同做好谋划落实工作，以更高站位、更大格局深度对接"中央要求""港澳所需""湾区所向""广东所能"，举全省之力推进大湾区建设。澳门特区行政长官崔世安表示，作为粤港澳大湾区的中心城市之一，澳门特别行政区正积极部署、加快对接和布局，充分发挥"一国两制"的制度优势，发扬澳门同胞爱国爱澳的情怀，全力参与大湾区建设。

3月1日，中共中央政治局常委、国务院副总理、粤港澳大湾区建设领导小组组长韩正在人民大会堂主持召开粤港澳大湾区建设领导小组会议，深入学习贯彻习近平总书记关于粤港澳大湾区建设的重要指示精神，全面贯彻落实《粤港澳大湾区发展规划纲要》，研究部署2019年重点工作和重大政策举措。

同日，珠海横琴新区首条跨境办公客运专线"横琴—澳门跨境通勤专线"开通仪式在横琴粤澳合作中医药科技产业园举行，第一班跨境通勤专线从始发点开往澳门。目前横琴澳资企业已超过1400家，在充分收集、征求在横琴发展的澳资企业员工意见基础上，横琴推出首条横琴—澳门的往返跨境通勤专线，为在横琴的澳门企业员工和在横琴居住的澳门居民提供优质、便捷的跨境出行服务。

3月11日，横琴新区出台实施《关于鼓励澳门企业在横琴跨境办公的暂行办法》（以下简称《办法》），为拓展澳门企业尤其是澳门中小企业的发展空间，为澳门产业多元化发展创造条件。《办法》给予跨境办公企业最高每月每平方米70元人民币的租金补贴，通过创新办法协助解决企业员工缴纳社保、子女入学等配套问题，跨境办公企业可依法委托专业人力资源公司购买社会保险，其内地员工也可以以个人身份办理社会保险，同时符合相关条件还可参照在横琴注册企业享受同等的子女义务教育待遇和人才租房、生活补贴。香港企业也同样适用该《办法》。

3月14日，财政部、税务总局发布《关于粤港澳大湾区个人所得税优惠政策的通知》，广东省、深圳市按内地与香港个人所得税税负差额，对在大湾区工作的境外（含港澳台）高端人才和紧缺人才给予补贴，该补贴免征个人所得税。

3月18日，南方电网发布全力服务大湾区发展的26条重点举措，并联合71家行业协会、科研院校和企业发出服务大湾区发展电力合作倡议，与12家电力企业签署服务大湾区发展战略合作框架协议，倡导绿色低碳的生产生活方式，共同将大湾区打造成为世界清洁能源利用示范湾区，助力构建清洁低碳、安全高效的能源体系。

3月20日，中国人民银行广州分行宣布，在中国人民银行总行的指导下，人民银行广州分行当天组织中国银行广东省分行与中国银行（香港）有限公司（以下简称中银香港）在大湾区先行先试，创新推出中银香港代理见证开立内地中行个人账户业务，满足大湾区居民便捷移动支付服务需求。

3月22日，中国联通国际有限公司、中国联通广东省公司、香港电讯、澳门电讯有限公司在香港签署"粤港澳大湾区信息通信服务合作"协议。签约四方将发挥各自在粤港澳大湾区网络资源、产品服务、营销渠道等方面优势，全面落实《规划纲要》关于"构建新一代信息基础设施""建成智慧城市群""提升网络安全保障水平"等方面的举措，共同提升粤港澳大湾区基础设施网络连接能力。

3月26日，全国首个跨境办公试点楼宇——横琴总部大厦正式挂牌，首批10家澳门企业入驻。符合条件的澳企入驻楼宇，无需工商税务登记，同时享受每月每平米70元的租金补贴。

3月27日，深圳市政府发布《关于支持港澳青年在前海发展的若干措施》。在总计36条措施中，有近30条将直接为港澳青年带来实惠，从在前海就业可获资助、创办企业上市可最高获200万元奖励，到建设港人公寓、发放出入境交通补贴等，堪称"大礼包"。

4月2日，最高人民法院与香港律政司签署《关于内地与香港特区法院就仲裁程序相互协助保全的安排》（以下简称《安排》）。香港成为唯一与内地签署有关仲裁保全协助文件的司法管辖区，这标志着"一国两制"为香港所带来的优势，有助提升香港国际仲裁服务的竞争力，进一步巩固香港作为亚太区国际法律和争议解决服务中心的地位。根据《安排》，由合资格并经指定的香港仲裁机构管理的香港仲裁程序的当事人，可向内地法院申请保全措施。

4月3日，深港澳科技联盟成立大会在深圳举行。来自深港澳三地的100多名科技界代表作为首届联盟成员见证联盟成立。深港澳科技联盟由深圳市科学技术协会发起，由深港澳资讯科技、生物技术和中医药科技社团、相关高等院校（院系）、科研院所、企业等机构和组织的专家组成。根据《深港澳科技联盟章程》，联盟主要从优化整合联盟各成员资源，搭建科技创新和产业活动组织平台、科技创新和产业服务平台，开展科技创新和产业方法与理论的国际交流与合作等方面开展工作，将粤港澳大湾区打造成全球科技创新和产业高地。

4月18日，国家发改委正式公布《横琴国际休闲旅游岛建设方案》。该方案明确了旅游岛的发展基础、总体要求、总体布局、重点任务、保障措施，为更好地推进横琴新区发展，促进澳门经济适度多元发展，建设粤港澳深度合作示范区，打造宜居宜业宜游的国际休闲旅游岛，加快粤港澳大湾区旅游一体化发展提供了方向指引；明确了横琴国际休闲旅游岛的三大定位，提出要建设成促进澳门经济适度多元发展新载体、国际一流休闲旅游基地、国家全局旅游示范区。该方案提到，横琴国际休闲旅游岛建设将全力推进与港澳深度旅游合作，在旅游改革试验、规划及实施、国际旅游市场拓展、政策引导、资金投入、项目引进、人才培养等方面提出一系列支持政策。

5月20日，广西壮族自治区党委、政府发布《广西全面对接粤港澳大湾区实施方案（2019—2021年）》（以下简称《方案》）。根据《方案》，广西将加大东融基础设施互联互通。陆上方面，通过铁路规划建设积极融入大湾区两小时通勤圈；水上方面，推进北部湾港与香港、广州、深圳等国内大港合作，加快融入大湾区世界级港口群建设；航空方面，加快对接大湾区国际航空枢纽建设，打造承接国内、沟通东盟的北部湾区域性国际航空中心；信息方面，积极推动粤港澳电信运营商、行业龙头企业参与广西数字产业化和产业数字化发展。

5月27日，"珠海市人民政府与澳门科技大学签署框架合作协议"签署仪式在澳门科技大学举行，将共同做大做强粤港澳大湾区澳珠极点，打造粤港澳大湾区西岸澳珠优质教育和创新科技中心，培养更多爱国爱澳人才，创造更多科技成果，助力国家粤港澳大湾区建设和"一带一路"合作倡议，助力澳门经济适度多元可持续发展。珠海市委副书记、市长姚奕生与澳科大刘良校长签署协议。广东省人民政府马兴瑞省长，澳门中联办薛晓峰副主任，广东省人民政府欧阳卫民副省长、张虎副省长，澳门特区政府社会文化司谭俊荣司长，珠海市委书记、市人大常委会郭永航主任，全国政协常委、澳科大廖泽云校监，高等教育局苏朝晖局长等出席见证签约仪式。签约仪式后，在廖泽云校监和刘良校长等陪同下，签约嘉宾参观月球与行星科学国家重点实验室及中药质量研究国家重点实验室。

同日，2019年粤澳合作联席会议在澳门召开。会议主题是"推进粤港澳大湾区建设，支持澳门经济适度多元发展"，会议由广东省省长马兴瑞和澳门特区行政长官崔世安共同主持，围绕粤澳两地携手落实《粤港澳大湾区发展规划纲要》、实施《粤澳合作框架协议》，尤其是推动2019年重点工作进行讨论。

5月29日，广东省政府通过财政部深圳证券交易所政府债券发行系统成功招标发行470.13亿元地方债，其中发行粤港澳大湾区相关专项债券175.14亿元，标志着2019年全国首批粤港澳大湾区建设地方政府专项债券正式落地。本次招标发行的粤港澳大湾区专项债券共8期，募集资金主要用于佛山、江门、惠州、肇庆、中山等大湾区城市的土地储备、基础设施互联互通建设等方面。

5月30日，广州市发布以"五计划一平台"为主体的行动计划。该计划全称为《发挥广州国家中心城市优势作用支持港澳青年来穗发展行动计划》，为港澳青年在穗学习、实习、交流、就业、创业、生活等提供全面支持。这是大湾区内地城市首个支持港澳青年发展的综合性政策措施。

5月31日，第十届国际基础设施投资与建设高峰论坛分论坛"发挥金融引擎作用，助力中葡务实合作"在澳门举行。该分论坛由中国—葡语国家经贸合作论坛（澳门）常设秘书处主办，中国对外承包工程商会、澳门金融管理局及澳门贸易投资促进局支持。近年来，中国与葡语国家在能源、交通、农业等领域的合作带动了基础设施建设合作的快速发展，一系列合作项目取得积极效果，为未来双方进一步扩大合作奠定了良好基础。资金融通是开展务实合作的必要因素，来自中国内地、澳门与葡语国家的相关官员、金融机构、基金组织和企业代表，以及论坛秘书处举办的葡语国家金融合作研修班学员等出席，聚焦项目投融资议题，分享项目投融资成功经验，共同探索新的合作模式。

同日，广东省消委会与香港消委会、澳门消委会分别签署了粤港、粤澳消费维权合作协议，正式开通"粤港澳大湾区消费投诉转办平台"。通过平台，港澳消费者可直接向广东省消委会或珠三角9市消委会投诉，省内消费者关于港澳的消费投诉也可实现"一网转办"。根据协议，粤港澳三地消委会建立起消费纠纷快速处理、维权业务全面合作、信息资源共享等合作机制，其中的消费纠纷快速处理机制突破了跨境消费投诉移交、信息保护、法律适用等方面的路径障碍和制度壁垒，初步实现三地在纠纷处理协作方面相关规则的衔接，大幅提升区域消费维权联动的程度和水平。

6月3日，横琴新区"粤澳青年创新创业基地"暨横琴·澳门青年创业服务中心揭牌仪式在横琴·澳门青年创业谷举行。国家税务总局珠海市横琴新区税务局、中银—力图—方氏（横琴）联营律师事务所等首批8家合作单位及机构入驻澳门青年创业服务中心。横琴·澳门青年创业谷是全省首批三家"粤澳青年创新创业基地"之一，为鼓励澳门青年到大湾区内地城市就业创业，广东省政府和澳门特区政府共同遴选确定入驻对象。

6月6日，澳门特区政府公布《澳门特别行政区五年发展规划》附件"澳门特别行政区参与粤港澳大湾区建设"。2018年8月，中央成立"粤港澳大湾区建设领导小组"，澳门特区行政长官担任小组成员，同年11月成立"建设粤港澳大湾区工作委员会"，落实参与大湾区建设的组织领导，推进相关体制和机制的建设及路径。附件遵循五年发展规划所设定的基本原则，与五年发展规划的八大发展战略相结合，并紧扣特区政府年度施政报告方向。

6月13日，《广州市国土空间总体规划（2018－2035年）》草案通过广州市人民政府网等途径对外公示。在参与大湾区建设方面，规划提出了包括构建极点带动、轴带支撑网络化空间格局、推进穗港澳深度合作、打造南沙粤港澳全面合作示范区、共建广州大都市圈、加快广佛同城化等举措。

6月19日，第20次粤港澳文化合作会议在澳门召开。三地政府就如何推动大湾区文化繁荣发展进行深入交流。会议指出，过去一年，粤港澳三地在多个文化领域的合作取得进展，包括联合举办多项文艺演出、展览、座谈及交流互访活动，推动人员互动交流及人才培养。其中，三地积极推广演艺作品到大湾区巡演及交流，促进大湾区演艺行业发展；持续加强文博策展合作，举行学术研讨和专题讲座等多样活动，拓展观众来源，培训专业人才；积极推动大湾区电影产业及创意设计等融合发展；频繁进行图书馆业务交流，加强资源共享；促进在非物质文化遗产领域的交流与合作等。接下来，将共同打造三地全面创新合作的新高地，为湾区整体建设和发展提供更加强有力的人文支撑，通力合作共建"人文湾区"。

6月20日，广州市政府常务会议审议通过《广州市协同构建粤港澳大湾区具有国际竞争力的现代产业体系行动计划》。广州将以"先进制造业、战略性新兴产业、现代服务业、海洋经济、都市现代农业"五大产业为主导，携手大湾区城市共建世界级产业集群。同日，广州市政府常务会议审议通过《广州市进一步加快促进科技创新的政策措施》，发布12条支持广州科技创新的具体措施，包括面向港澳开放市科技计划（专项、基金）、协同推进市财政科研资金跨境使用、对境外高端人才给予个税补贴、三年内新增三万套人才公寓和公共租赁住房等。同日，广州市政府发布《广州市协同构建粤港澳大湾区具有国际竞争力的现代产业体系行动计划》。该行动计划明确广州将着力构建以高质量发展为主线，以先进制造业、战略性新兴产业、现代服务业、海洋经济、都市现代农业为主导，以九大行动为支撑、以六项措施为保障的"1596"现代产业体系，形成"一核、一廊、三翼、多极驱动"产业空间布局。

6月21日，第八届中国（广州）国际金融交易·博览会在广州开幕。博览会以"创新湾区金融，助力改革开放"为主题，本年度首次设立了粤港澳大湾区金融展区、金融文化展区、金融精准扶贫成果展区、金融科技体验区等特色展区，进一步展现广州、广东以及粤港澳大湾区金融改革创新发展的成果。

6月25日，香港特区政府教育局与广东省教育厅签署粤港资历框架合作意向书，共同推动粤港资历框架合作。意向书内容包括探索建立大湾区学分互认机制、推动大湾区人才交流等。粤港成立资历框架合作专题工作小组，以建立健全有效的合作沟通协调机制。

6月26日，粤港澳三地智库代表在广州签署框架协议，发起成立粤港澳大湾区智库联盟。该联盟由粤港澳大湾区研究院、香港"一国两制"研究中心、澳门发展策略研究中心发起成立，致力推动三地主要智库合作，促进理论创新和成果共享，为大湾区建设提供政策咨询和意见建议。粤港澳三地40余个智库组织负责人及代表参与活动中，广东粤港澳大湾区研究院、香港"一国两制"研究中心、澳门发展策略研究中心分别代表粤港澳三地智库组织，签署《发起成立粤港澳大湾区智库联盟的框架协议》。

6月27日，横琴大昌行物流中心在珠海市横琴新区投入运行，是首批由澳门特区政府推荐进驻横琴粤澳合作产业园的项目之一。中心位于珠海横琴新区环岛西路，总建筑面积约54000平方米，投资总额约2.5亿元人民币，涵盖常温、恒温、冷冻仓储及无缝冷冻链物流运输、食品加工、配送等服务。

7月4日，澳门居民参加珠海医保颁发社会保障卡仪式在珠海横琴新区综合服务中心举行。标志珠海市基本医疗保险正式覆盖常住横琴（含横琴、保税区、洪湾一体化区域）办理了居住证的澳门居民、购房租房的澳门居民。

7月5日，广东省委、省政府印发《中共广东省委广东省人民政府关于贯彻落实〈粤港澳大湾区发展规划纲要〉的实施意见》（以下简称《实施意见》），广东省推进粤港澳大湾区建设领导小组印发《广东省推进粤港澳大湾区建设三年行动计划（2018—2020年）》（以下简称《三年行动计划》）。《实施意见》包括重大意义和总体要求、重点工作任务、保障措施等三个部分，对标大湾区到2035年的建设目标，对未来十多年广东省重点推进落实的大事要事进行谋划，突出战略性和协调性。《三年行动计划》包括九个方面100条重点举措，主要是着眼中期安排，把近中期看得比较准的、可以加快实施的重点工作进行分工部署，进一步量化阶段性目标。

7月6日，粤港澳大湾区文学联盟在广州成立。广东省作家协会、香港作家联会、澳门笔会代表三地文学组织签署战略合作协议，实施"粤港澳大湾区文学名家造就工程""粤港澳大湾区文学精品工程""粤港澳大湾区文学互动工程""粤港澳大湾区文学传播工程"，在扶持湾区题材创作、开展三地文学互访活动、开展人才培训、加强青少年文学交流、推动国际华文文学合作交流、扩大大湾区文学国际传播等方面展开合作。

7月10日，广东省林业局发布《推进粤港澳大湾区建设林业三年行动计划（2018—2020年）》，明确了三年行动目标，提出以粤港澳大湾区为核心引擎，大力推动广东省增绿补绿工作，以自然保护地为突破口，推进大湾区林业交流合作，全面提升森林经营水平、加强森林资源保护管理、推进湿地和红树林保护与修复、规范野生动植物保护、推动自然教育体系建设，加快构建珠三角国家森林城市建设进程，构建珠三角保护地体系。

同日，东莞举办深化商事制度改革研讨会。东莞市政府与中国法律服务

（香港）有限公司、中国委托公证人协会有限公司签订了《莞港商事登记合作框架协议》，东莞成为全国首个签订商事登记合作框架协议的地级市。框架协议明确四方面合作内容：探索建立简化版公证文书信息数据库，推进公证文书电子信息共享，探索离岸申办东莞港资企业商事登记，推动两地商事登记交流学习。该协议的签订，将进一步巩固全程电子化登记及简化版公证文书改革成果，助推跨境商事登记全程电子化改革加快实施。

7月19日，第三届粤港澳高校联盟年会暨校长论坛在澳门大学举行，约150名来自粤港澳大湾区高校校长、专家学者就深化高校联盟合作、推进大湾区高等教育发展进行深入探讨。同时，还举行粤港澳高校联盟专业联盟签约仪式，涉及公共卫生、中医药、中文等领域，促进三地高校在各自专业上优势互补。粤港澳高校成立三大专业联盟，包括由澳门大学、中山大学、南方医科大学、香港中文大学、香港大学共建的粤港澳高校公共卫生联盟，由澳门大学、广州中医药大学、香港浸会大学共建的粤港澳中医药联盟，由澳门大学、中山大学、香港中文大学共建的粤港澳高校中文联盟。

同日，国家税务总局与香港特区政府财政司在北京签署《内地和香港特别行政区关于对所得避免双重征税和防止偷漏税的安排》第五议定书。第五议定书的签署对于促进两地税务合作、人员往来和经济发展具有重要意义。一是通过纳入"教师和研究人员"条款，给予一方的教师和研究人员在另一方工作取得的符合条件的所得减免税待遇，相关优惠可以有效支持两地间教师和研究人员的流动，推动两地科学技术进步，促进粤港澳大湾区发展；二是通过纳入近年国际社会持续开展的应对税基侵蚀与利润转移行动计划相关成果，顺应国际税收规则的最新变化，有效促进两地经济交往和投资往来。

7月22日，由广东省气象局、香港天文台和澳门地球物理暨气象局联合编制的《2018年粤港澳大湾区气候监测公报》发布，这是粤港澳三地气象部门首次联合制作并发布的气候监测公报，标志着三地气象部门携手服务大湾区建设，协同合作发展进入新的阶段。

7月30日，香港科技大学承担的省级科研项目财政资金316.96万元顺利拨付香港，成功实现粤港澳大湾区科研资金跨境自由流动。

8月1日，内地与港澳民航部门在澳门签署《中国民用航空局与香港特别行政区政府民航处、澳门特别行政区政府民航局关于加强航空安保协作安排》，将在航空安保政策和技术层面进行定期交流，保持长期合作。

8月6日，黄茅海跨海信道工程勘察设计合同在广州签约，标志着《粤港澳大湾区发展规划纲要》发布后，第一项跨海信道工程进入勘察设计阶段。黄茅海跨海通道起点位于珠海市高栏港区，东接珠海鹤高高速公路，向西跨越黄茅海水域，终点位于台山市斗山镇，对接新台高速并与西部沿海高速公路相交。该项目路线全长30公里，跨海段长度14公里。

8月9日，中共珠海市第八届委员会第七次全体会议召开。珠海将以横琴为主平台支持澳门经济适度多元发展，推进粤港澳大湾区建设实现良好开局。在科技创新方面，会议提到要积极建设广珠澳科技创新走廊。加快提升科技创新水平，抓好跨境科技合作、体制机制创新、重大平台载体建设、创新主体培育和人才"第一资源"。

8月12日，澳门特区政府举办"粤港澳大湾区发展建设的文化使命"国际论坛，国家发展和改革委员会副秘书长程晓波，国家文化和旅游部港澳台办公室主任谢金英等国家相关部委、粤港澳三地政府官员及各地嘉宾400余人出席。论坛安排了主旨演讲及以"人类命运与文化魅力""文化传统与社会进步""科技进步与人类文明"为主题的三个分论坛，来自十多个国家和地区的60多名文化研究方面的专家学者进行了深入交流。

8月14日，广东省人民政府门户网站发布《广东省人民政府办公厅关于成立广东省推进粤港澳大湾区国际科技创新中心建设领导小组的通知》。省政府决定成立广东省推进粤港澳大湾区国际科技创新中心建设领导小组，领导小组组长为省长马兴瑞，日常工作由省发展改革委承担。

8月28日，惠州机场新建的T2航站楼启用。相比T1航站楼，它的面积更大，设施设备更加先进、齐全。T2航站楼是惠州机场扩容扩建项目的重要部分，它的启用标志着广东"5+4"骨干机场布局和粤港澳大湾区世界级机场群建设又迎来一个新的节点。

9月10日，《肇庆市建设粤港澳大湾区一流营商环境若干措施》正式印发。出台的38条措施包括企业开办从"一天办成"提速为"秒批即办"，工程项目确保建设周期减少四个月以上，高端人才个税超15%部分由财政补贴等。

9月11日，国务院总理李克强在中南海紫光阁会见贺一诚，颁发任命他为中华人民共和国澳门特别行政区第五任行政长官的国务院第719号令。下午，国家主席习近平在人民大会堂会见了新当选并获中央政府任命的澳门特区第五任行政长官贺一诚。

9月17日，广州出入境边检总站发布九项服务粤港澳大湾区建设新举措，涉及便利人员船舶出入境、深化港口边检管理改革、推进边检政务公开等领域，涵盖空港、海港口岸，出入境旅客、员工，行政许可、政务公开等方面。

9月18日，澳门科技大学举行2019粤港澳大湾区发展论坛暨《粤港澳大湾区发展报告（2018~2019）》发布会。《粤港澳大湾区发展报告（2018~2019）》由澳门科技大学社会和文化研究所组织编制，广东人民出版社出版发行。报告以澳门参与大湾区建设为主题，反映和评价大湾区建设的现状与趋势，分析澳门参与大湾区建设的策略与路径。澳门、内地及香港20多位学者参与调研、撰写，是澳门高校研制和发布的第一部澳门如何参与大湾区建设的综合性、年度性报告，重点分析了大湾区制度创新、互联互通、空间规划、交通建设、人才政策、文化合作等问题，尤其关注澳门参与大湾区建设的机遇与挑战、策略与路径，是政府、社会及学界的重要参考读物。

9月26日，广州南沙粤港澳全面合作示范区重点项目建设动员会举行。香港科技大学（广州）和广州南沙科学城核心区——中国科学院明珠科学园两项目正式动工。动员会宣布，教育部正式批准筹备设立香港科技大学（广州）。

10月15日，澳门旅游学院与珠海市文化广电旅游体育局、珠海市珠光集团在澳门签署框架协议，三方将在珠海建设"澳门旅游学院粤港澳大湾区旅游教育合作中心"，致力于为大湾区培养旅游人才。

10月17日，从珠海到澳门的第四条对澳供水管道工程正式通水，这是粤港澳大湾区的重要水利项目。工程通水后，珠海对澳门供水能力从50万立方米/天提升至70万立方米/天，同时改变目前供水均从竹仙洞水库进入澳门的单一模式，增加从凼仔方向进入澳门的供水管路，从而实现双线路供水，大大提高澳门供水水源抗风险能力和安全保障能力，提升供水保证率。

10月23日，中共江门市委十三届十次全会指出，两年多来，江门市扎实推进大湾区建设，制定"1+1+5"工作举措，把大湾区建设摆在五项重点任务之首，牵引带动全局工作，成立市推进大湾区建设领导小组及12个专项小组，印发推进大湾区建设实施方案和三年行动计划，出台《关于打造珠江西岸新增长极和沿海经济带上的江海门户的决定》。

11月8日，澳门街坊会联合总会广东办事处横琴综合服务中心揭牌。这是澳门社团在内地开设的第一间社会服务中心，设立该中心的澳门街坊会联合总会被誉为澳门最大的"居委会"，现有会员四万余人。

11月27日，珠海对澳供气管道正式贯通，为澳门供气提供有力保障。该工程的单管设计供气流量为1.2万立方米/小时，年供应天然气能力约为3000万立方米，可满足澳门半岛约10万户家庭（35万人）的用气需求。

11月29日，珠海市横琴新区管委会与澳门科技大学签署合作协议，共建横琴·澳门科技大学产学研示范基地。该基地是澳门科技大学在粤港澳大湾区设立的首个产学研基地，也是大学主动结合澳门与内地创新科技优势，吸引集聚国际高端创新资源，将澳门创新研发的科技成果在内地转移转化的重要举措，将为推动澳门更好地融入国家发展大局提供更多理论和智力支持。横琴新区党委副书记、管委会主任杨川与澳科大校长刘良签署协议。澳门中联办教育与青年工作部副部长苟人民，澳门特区政府政策研究和区域发展局局长米健、副局长吴海恩，珠海市委副书记赵建国，珠海市科技创新局局长王雷，珠海市政府党组成员、横琴新区党委书记牛敬，澳门科技大学副校长唐嘉乐等出席见证签约仪式。

12月1日，根据《珠海经济特区横琴新区港澳建筑及相关工程咨询企业资质和专业人士执业资格认可规定》，取得香港、澳门建筑及相关工程咨询资质的企业和执业资格的专业人士，具备规定条件并经合法备案，从本日起可在横琴新区范围内为市场主体直接提供服务。

12月10日，粤港澳大湾区劳动争议联合调解中心暨珠海（横琴）速调快裁服务站揭牌仪式在珠海举行。此次联调中心成立，粤港澳三地达成五点共识：一是积极支持和参与粤港澳大湾区劳动争议联合调解中心的建设；二是优化完善粤港澳大湾区劳动领域治理体系和治理能力现代化，打造社会治理创新的典型和标杆；三是推进完善粤港澳大湾区劳动用工融合和人才交流的制度体系和运行机制，健全预防为先、调解先行的跨境劳动用工纠纷替代性解决机制；四是探索为港澳企业和港澳籍人士提供在粤投资创业、就业的劳动用工创新服务模式；五是加强劳动争议调解资源领域创新合作及港澳籍调解人才培训，拓展合作、丰富文化交流。

同日，105家澳门企业机构进驻位于珠海的澳门产业多元十字门中央商务区服务基地。这些企业涵盖了澳门科技创新、特色金融、医疗健康、跨境商贸、文旅会展、专业服务等六个特色新兴产业和澳门青年创新创业项目。

12月13日，广东省人民政府与中国建设银行股份有限公司在广州签署《支持与服务粤港澳大湾区建设战略合作协议》，共同推动粤港澳大湾区国际金融枢纽建设，进一步提升金融服务实体经济水平。广东省委书记李希、省长马兴瑞，中国建设银行董事长田国立、行长刘桂平见证签约。根据协议，双方重点围绕科技金融、绿色金融、特色金融、智慧政务等领域加强合作，以构建服务大湾区资源要素市场化配置和流转的金融基础设施平台为发展目标，推进粤港澳金融市场互联互通，携手港澳建设国际金融枢纽，为大湾区建设具有全球影响力的国际科技创新中心、构建具有国际竞争力的现代产业体系、构筑"一带一路"建设重要支撑区、打造宜居宜业宜游优质生活圈等提供有力支撑。

12月15日，庆祝澳门回归祖国20周年航天科普展在澳门科技大学开幕。开幕式宣布在澳门科技大学设立国家航天局澳门太空探索与科学中心，澳门首颗科学与技术试验卫星命名为"澳科一号"。当日，澳门特区行政长官崔世安与国家航天局局长张克俭签署合作协定，推动该卫星研制工作，以航天科技助力澳门发展。该卫星计划于2021年择机发射，旨在观测南大西洋上空地球磁场异常区磁场变化的精细特征，实现地磁场中近期变化预报，获取的辐射带高能电子宽能带能谱分布等信息，对研究相关地球科学问题具有重要作用。

12月19日，国家主席习近平出席澳门特区政府欢迎晚宴并发表重要讲话。习近平在讲话中指出，澳门融入国家发展大局积极主动。特区政府和社会各界人士深明，伟大祖国是澳门发展的坚强后盾，紧紧把握共建"一带一路"和粤港澳大湾区建设等国家战略实施的重大机遇，充分用好中央支持政策，把"国家所需、澳门所长"和"澳门所需、国家所长"有机结合起来，为澳门发展拓展新空间、注入新动力。澳门和祖国内地合作领域日益拓展、合作机制更加健全、合作水平不断提升，有力促进了互补互利、协同发展。

12月20日，庆祝澳门回归祖国20周年大会暨澳门特别行政区第五届政府就职典礼在澳门东亚运动会体育馆隆重举行。中共中央总书记、国家主席、中央军委主席习近平出席并发表重要讲话。他指出，澳门回归祖国20年来，澳门特区政府和社会各界人士同心协力，开创了澳门历史上最好的发展局面，谱写了具有澳门特色的"一国两制"成功实践的华彩篇章。他希望澳门特区要积极对接国家战略，把握共建"一带一路"和粤港澳大湾区建设的机遇，更好发挥自身所长，增强竞争优势。当前，特别要做好珠澳合作开发横琴这篇文章，为澳门长远发展开辟广阔空间、注入新动力。

12月25日，香港与澳门签订全面性避免双重课税安排（全面性安排），标志着香港与澳门将建立更紧密的税务合作关系。这是香港与贸易伙伴签订的第四十三份全面性避免双重课税协定/安排。在全面性安排下，香港居民就源自澳门的收入在澳门所缴纳的税款，可根据香港税例抵免香港就同一笔收入所征收的税项。就澳门居民而言，在香港已缴纳税项的收入可在澳门豁免征税，或在香港所缴纳的税款可抵免澳门就同一笔收入所征收的税项，从而避免双重课税。全面性安排有助加深粤港澳三地的经济贸易联系，鼓励商界在三地营商投资，促进人才培训和交流，进一步推动大湾区的发展。

12月30日，国际货币基金组织公布评估报告，肯定了香港作为全球金融中心、区内贸易枢纽、全球最开放经济体之一的地位。

Abstract

In 2019, the Chinese Government released *The Outline Development Plan for the Guangdong–Hong Kong–Macao Greater Bay Area (The Outline Development Plan).* The Chinese government has set out a series of significant policies at all levels to facilitate the movement of persons, capital, material, and data, in order to facilitate the integration of the region. Significant progress has been made on all fronts. However, the impact of the COVID-19 pandemic has threatened development, mobility, cooperation and collaboration in the region. In 2019, The Institute for Social and Cultural Research at Macao University of Science and Technology organized and edited a series of reports titled: 'The Development of The Guangdong-Hong Kong-Macao Greater Bay Area'. Over 20 academics from Macao, Hong Kong and Mainland China contributed.

The reports are focussed on institutional innovation, geographical mobility, and the joint exploitation of Zhuhai's Hengqin Island by the Macao and Hengqin governments. There is a total of 19 articles along with annexes, comprising six main parts: the main report, think tank pieces, current hot topics, reviews and evaluations, case studies, and a report on Macao and Hengqin. The articles focus on 2019, analysing systematically the current situation in the Greater Bay Area, its problems and characteristics. They also make predictions for the direction of development in 2020 and make a number of relevant policy recommendations. The case studies considered are:Institutional innovation in the Greater Bay Area; The joint development of Hengqin by Macao and Zhuhai; Urban innovation capability; Urban liveable environment; High-tech industry; Technology and finance collaboration; Multicultural exchange base and construction of a "Humanistic Bay Area"; Innovation and Entrepreneurship of Macanese youth; The development of science and technology in universities and their operations in the Greater Bay Area; The layout of foreign banks in the Greater Bay Area; The positioning of the Hengqin New Area; Hengqin-Macao financial cooperation; The development of Macao's technology enterprises; The entry and exit of Macanese vehicles in and out of Zhuhai.

In recognition of the impact of the coronavirus and relevant countermeasures this year, the reports also cover the public health emergency management system and cooperation mechanisms of the Greater Bay Area cities, in addition to the impact of the COVID-19 epidemic on the regional food and drink industry. Records of key data and events relating to the Greater Bay Area in 2019 are attached at the end of the book for reference by government policymakers and other interested parties.

With regard to the current situation, problems and development strategies of system innovation in the Greater Bay Area, the report concludes that comprehensive and in-depth implementation of innovations to the "Planning Outline", system is of first importance. It also concludes that technological innovation is critical, especially in achieving breakthroughs in communication, including the free flow of personnel, logistics, information, and capital. These factors are core to the planning and promotion of innovation in the Greater Bay Area, and the continuous improvement of regional integration and development capabilities.

Of second importance is the strengthening of the top-level design of the Greater Bay Area's innovation and development, alongside the establishment of a realistic, efficient Greater Bay Area innovation cooperation mechanism. There should also be a comprehensive review and evaluation of the technology base and innovation ability of Greater Bay Area cities, including an analysis of the differences, gaps and technological cooperation models between cities. This would help improve innovation ability and innovation cooperation level, and promote economic transformation. technological innovation, and sustained economic growth.

Last but not least is the need to further clarify Hengqin's position, function and connotation in the wider Greater Bay Area, in accordance with the "requirements of the Party centre", while focusing on "demand in the Bay Area", "the direction of the Greater Bay Area". There is also a need to focus on "the needs of Macao", and to commit to building Hengqin Island into an in-depth "Guangdong, Hong Kong and Macao cooperation demonstration area."

In order to implement the spirit of President Xi Jinping's important instructions "to ensure Macao and Zhuhai cooperate effectively in the development of Hengqin", this report covers a number of specific issues on this topic, including institutional innovation, cooperation models, and implementation paths. The report argues that, as an important symbol of wider Guangdong-Macao cooperation, Hengqin-Macao cooperation will enrich "one country, two systems". It also stands to promote the long-term prosperity and stability of Macao, integrating it into national development, while reshaping the advantages Zhuhai's development brings to "the era of the Greater Bay Area".

"Ensure Macao and Zhuhai cooperate effectively in the development of Hengqin" and "cooperative development" are the two key tasks, the success of which is underpinned by institutional innovation. Macao's long-term prosperity and stability and integration into national development is the ultimate goal. To this end, the report proposes:construction of a "Hengqin-Macao System Innovation Demonstration Zone" on Hengqin Island; extension of the Macao Free Port system to Hengqin on the principle of joint construction; introduction of the Macanese legal system and management systems in key areas; development of an effective top-level design and management system; revision of the Hengqin development plan, developing key industries, and an innovative social management model to create a "Macao-style life"; realizing the barrier-free flow of business and people, so as to integrate Hengqin and Macao.

These measures would aid a major breakthrough in the innovation of systems in the Greater Bay Area. It would be a major triumph for the Guangdong-Hong Kong-Macao Greater Bay Area and for new practices in "one country, two systems".

Contents

General Report

Abstract: Hengqin New Area, as an important carrier of Hengqin-Macao cooperation, shoulders the mission of supporting the development of Macao and practising "One Country, Two Systems" upon its establishment. In the past decade, Hengqin enjoys central, regional and local policy supports and has formed the policy advantages of the national-level new area, free trade zone and Guangdong-Hong Kong-Macao Greater Bay Area, which lay a solid foundation for the cooperation between Macao and Hengqin. The two parties, through candid negotiation and positive coordination, have been cooperating closely and have made significant achievements. They have adopted flexible land cooperation models, promoted practical industrial cooperation, kept exploring new cooperation systems and models. The scale of Hengqin New Area has taken shape. The infrastructure construction has primarily completed, and the economic output grows fast. Macao has stable and prosperous economy and society are stable and prosperous, and has achieved initial results of the moderately pluralistic development of industries. It is now marching toward the strategic goal endowed by the central government, that is, "one center, one platform, one base". In the future, the two parties will conduct closer industrial cooperation, make new breakthroughs in livelihood cooperation, and will further facilitate integrated development. Moreover, under the national strategic background of "One Country, Two Systems" and the development of Guangdong-Hong Kong-Macao Greater Bay Area, it is necessary to intensify institutional innovation and build Hengqin into "Hengqin-Macao Institutional

Innovation Demonstration Area". It will implement the same system as the Macao free port and introduce Macao laws and regulations in key areas in order to expand the connotation of "One Country, Two Systems" and facilitate Macao integrating into the national development cause. It will be the best model of synchronized development of Hengqin and Macao and the new practice of "One Country, Two Systems" in the new era.

Key words: Guangdong-Hong Kong-Macao Greater Bay Area; Macao; Hengqin; Regional Economic Cooperation; Cooperation between Hengqin and Macao

Hot Topics

03   A study of public health emergency response and corporation in Guangdong – Hong Kong – Macau Greater Bay Area

Li Siyang, Wu Shaolong / 022

Abstract: In the area of public health emergency response and corporation, Guangdong, Hong Kong and Macau have enjoyed an excellent infrastructure framework and mature medical system. However, it is much more important than ever to improve this system with the development of GAB and the global COVID-19 pandemic. Although these three cities have had a lot of successful experience, because of the difference in political regime, medical management system, standard of medical service, drug usage and social security system, there are still sophisticated obstacles on the way. Thus, in order to have a smart, solid, advanced, comprehensive, flexible and efficient public health emergency response and corporation system, it is necessary to strengthen its institution building, especially promoting the benefits of regional prevention and control of infectious diseases consortium and medical research center, and improve the national and GBA public health legal system. In the process, international advanced experience could be useful indeed.

Key words: Guangdong – Hong Kong – Macau Greater Bay Area (GBA); Public Health; Emergency Response; Cooperation

04 The Impact of the COVID-19 Pneumonia Epidemic on the Catering Industry in the Greater Bay Area and its Countermeasures

Cheng Gang / 050

Abstract: Affected by the epidemic situation of COVID-19 pneumonia, the catering industry in Guangdong-Hong Kong-Macau Greater Bay Area generally faces the great challenge of survival and death. Catering brand pattern will take place thorough, revolutionary change. In order to cope with the impact of the epidemic on the industry, Guangdong, Hong Kong and Macao catering industry actively carried out production self-rescue, strict business protection, to ensure the health and safety of employees and customers, and assume corporate social responsibility. The government pays great attention to supporting the catering industry, and timely launches special financial and financial support policies, which to some extent alleviates the cash flow problems of some catering enterprises. Food and Beverage Association and other social organizations actively lead the industry to overcome the difficulties, organized to carry out booking takeout, jointly sent letters to the take-out platform to negotiate, issued a joint proposal for rent relief. After the baptism of the epidemic situation, the catering industry needs to reflect on and change the problems such as the low threshold in the past, the lack of unified industry planning, the relative solidification of the expansion model, and the relatively single profit model, so as to deeply analyze the trend changes of consumption habits and consumption psychology. The government needs to introduce timely targeted support policies, effectively reduce the burden of taxes and fees on enterprises, ease the liquidity difficulties, accelerate the recovery of market consumption confidence, protect the real people's livelihood consumption economy, and help the catering industry survive the difficulties. At the same time, give full play to the complementary advantages of urban catering in the area, and promote the high quality development of catering industry after the epidemic.

Key words: COVID-19; Guangdong-Hong Kong-Macau Greater Bay Area; Catering Industry; Business Model

06   Research and Evaluation of Livable Environment in GHM Greater Bay Area

Li Chao，Tan Haoran / 104

Abstract：Building a high-quality living circle that is livable, suitable for business and tourism is an important part of the construction of Guangdong-Hong Kong-Macao Great Bay Area. Targeted at New York Bay Area, San Francisco Bay Area and Tokyo Bay Area, and based on livable foundation, medical service, infrastructure, livable cost and livable reputation, this report uses principal component analysis to comprehensively analyze and evaluate the livable environment of cities in Guangdong-Hong Kong-Macao Great Bay Area. The research conclusion shows that there are significant differences in the development level of livable environment among the cities in Guangdong-Hong Kong-Macao Great Bay Area. The cities can be divided into three echelons according to the evaluation results of the index system. Among the bases, livable foundation and medical service are the main factors that affect the difference in livable environment of the cities. The contradiction between relatively high livable cost in central cities and relatively low livable foundation in peripheral cities is further highlighted. According to the conclusions of relevant research, this report puts forward targeted policy recommendations to further improve the livable environment of cities in Guangdong-Hong Kong-Macao Great Bay Area.

Key words：GHM Greater Bay Area; Livable Environment; Principal Component Analysis

07   The Status Quo, Problems and Suggestions of the Development of High-Tech Industry in Guangdong–Hong Kong–Macao Greater Bay Area

Sui Yanying / 120

Abstract：Since the promulgation and implementation of the Outline Development Plan for the Guangdong-Hong Kong-Macao Greater Bay Area, Guangdong, Hong Kong and Macao have adhered to complementary advantages,pursued win-win results with mutual benefit, and actively promoted the development of

Guangdong-Hong Kong-Macao Greater Bay area through industrial division and cooperation. With the joint efforts of Guangdong, Hong Kong and Macao, the Greater Bay Area has a good industrial development momentum, especially the high-tech industry has formed a certain scale. The new generation of information technology, high-end equipment manufacturing, biomedicine, digital economy and other industries are booming. However, there are still some problems in the high-tech industry of the GreaterBay Area, such as unbalanced industrial development, excessively concentrated regional distribution, the quality of high-tech enterprises to be improved, and the unclear development orientation of some high-tech zones. It is urgent to speed up the development of a modern industrial system in the Greater Bay Area to improve the quality of high-tech enterprises and innovate the management system and mechanism of the high-tech zones.

Key words: Guangdong-Hong Kong-Macao Greater Bay Area;High-tech Industry;High-tech Enterprise;High-tech Zone

08 The Status Quo, Problems and Trends of the High–Tech Industrial Development Zones in Guangdong–Hong Kong–Macao Greater Bay Area

Yang Haishen / 131

Abstract: High-tech industrial development zones in Guangdong-Hong Kong-Macao Greater Bay Area （HIDZ-GBA） is a substantive support to promote GBA to become an international technological innovation center with global influence and construct a modern industrial system with international competitiveness. This report systematically combs and analyzes the development policies, industrial development and innovation capacity of HIDZ-GBA, and summarizes the features and effects of HIDZ-GBA's strategic positioning with innovation as the core, the overall growth of industrial scale and competitiveness, and the significant enhancement of comprehensive innovation capacity. However, it also finds that there is room for further improvement in the level of governance system and capacity, degree of industrial transformation and upgrading, and industrial synergy, as well as capability of independent innovation. Based on this, It is predicted that the future development of HIDZ-GBA will face greater external challenges, pay more attention to the cultivation and docking of innovative soft environment, and will enter the development stage of digital smart park. Besides, it is proposed to boost the modernization of governance system and capacity in HIDZ-GBA by innovations in systems and mechanisms, promote the high-quality development of HIDZ-GBA by industry synergy, and enhance the comprehensive innovation capacity of HIDZ-GBA by innovation cooperation.

Key words: Guangdong-Hong Kong-Macao Greater Bay Area; High-tech Industrial Development Zone; Park governance

09　The Status, Problems and Promoting Paths of the Cooperative Development of Technology Finance in the Guangdong–Hong Kong–Macao Greater Bay Area

Liu Jianing / 146

Abstract: The report of the 19th National Congress of the Communist Party of China pointed out that the implementation of the innovation-driven development strategy is "the general trend". It is of great significance to strengthen the construction of financial technology carriers and promote the coordinated development of technological and financial innovation in Guangdong, Hong Kong and Macao. With regard to the positioning and mission of the Guangdong-Hong Kong-Macao Greater Bay Area, there are still many areas that need to be strengthened for the coordinated development of technology finance in the three places. For example, the financial authority is concentrated in the central government, and the elements and carriers of technology, finance, and industrial integration are not well connected, Regional technology collaborative innovation has not formed a joint force, the cooperation model of finance + innovation + Guangdong manufacturing has not been deeply formed, and there is a lack of talent in technology finance. Based on the above conditions, it is necessary to vigorously promote the circulation of resources, strengthen the strategic fulcrum of financial radiation under the new situation; strengthen innovation cooperation, cultivate a strategic engine that leads the development of the industry;

promote institutional innovation, and form a new pattern of technological and financial cooperation.

Key words: GBA (Guangdong-Hong Kong-Macao Greater Bay Area) ; Technology Finance; Coordinated Development

10 Establish the Human Resources Supporting System to Promote the Development of High-Tech Industries in Guangdong-Hong Kong-Macao Greater Bay Area

Zhu Cuihua / 158

Abstract: As a masterpiece over the forty years since the reform and opening up, Guangdong-Hong Kong-Macao Greater Bay Area (GBA) has been obtaining remarkable accomplishments in economic development, and shoulders heavy responsibilities to build world-class technology innovation center and world-class city cluster propped by high-tech industries in the future. To achieve the goals, it is of great importance to gather high-tech talents that high-tech development needs. This report combs and analyzes the advantages and predicaments of GBA's human resources supporting system in the first place, and then puts forward an idea for the establishment and perfection of this system from the perspectives of talent introduction, cultivation and retention in order to enhance the talent attractiveness of GBA as well as the growth and retention of talents, promoting the development of high-tech industries in GBA.

Key words: Guangdong-Hong Kong-Macao Greater Bay Area; Human Resources; High-tech Industry

11 Position, Function and Prospect of Hengqin New Area in the Construction of Guangdong-Hong Kong-Macao Greater Bay Area

Wu Cilin, Zhang Yunxia / 172

Abstract: The Outline Development Plan for the Guangdong-Hong Kong-

Macao Greater Bay Area mentions "Hengqin" for 22 times with a section devoted to Hengqin, positioning Hengqin as the demonstration zone for in-depth cooperation among Guangdong, Hong Kong and Macao. Hengqin has ushered in a once-in-a-lifetime strategic opportunity for development. At present, the construction of the Guangdong-Hong Kong-Macao Greater Bay Area has entered a stage of acceleration and in-depth development. How Hengqin can seize opportunities, find its own orientation and role, give full play to the role of the main platform for promoting the diversified development of Macao's economy, and support the integration of Macao into the development of the country has become an important issue for urgent research. This article proposes that Hengqin could target its development orientation and goals closely following the five strategic orientations of the Outline, and give advices on how to make breakthroughs in aligning with Macao's market regulatory regimes and standards, choosing the right path for industrial development and expanding cooperation in social areas and areas important to people's livelihood.

Key words: Hengqin; Macao; Guangdong-Hong Kong-Macao Greater Bay Area

12 Comparative Analysis of the Operation and Development of Foreign Banks in the Guangdong–Hong Kong–Macao Greater Bay Area: A Case Study of Hong Kong and Macao–funded Banks

XU Wei, JIA Runsong, CHEN Xi / 183

Abstract: The level of financial market opening of the Guangdong-Hong Kong-Macao Greater Bay Area (Greater Bay Area) has always been at the forefront of China. Before the concept of the Greater Bay Area was proposed, there were already a number of Hong Kong and Macao foreign banks deploying branch banks in Guangdong as key markets for their business expansion in the Chinese mainland. These financial institutions are mainly Hong Kong-funded banks, and Macao-funded banks account for a relatively low proportion. This report selects six representative banks in Hong Kong and Macao to conduct a comparative analysis of their business performance and business development direction, and meanwhile traces back their development experience in

Guangdong. With the rapid construction of the Greater Bay Area and the continuous deepening of domestic financial opening, the Hong Kong and Macao banking institutions in Guangdong will continue to increase in breadth and depth in the future, and the development of foreign banks in Hong Kong and Macao will usher in new development opportunities and huge market space in the Chinese mainland.

Key words: Guangdong-Hong Kong-Macao Greater Bay Area; Hong Kong-Funded Banks; Macao-Funded Banks; Opening-up of China's Financial Markets

14 The Implementation Path of Fully Liberalizing Exit–Entry Permits about Macau's Single–Plate Vehicles in Zhuhai

Cui Tingting / 218

Abstract: 2016 has witnessed the official implementation of the exit-entry permits in Hengqin about Macau's single-plate vehicles. After being released, the policy has provided convenient commute conditions for Macao residents who work and live in Hengqin. The Outline Development Plan for the Guangdong-Hong Kong-Macao Greater Bay Area puts forward new exit-entry requirements about Macau's single-plate vehicles— "to further improve policy measures to facilitate journeys made to and from Hengqin by single-plate vehicles from Macao, and explore expanding the area on the Mainland which can be accessed by single-plate vehicles from Macao." The current policy of exit-entry permits in Hengqin about Macau's single-plate vehicles can be a fresh model for Zhuhai. The principle, which refers to promote the convergence of rules & systems and the convenience of commute in the Guangdong-Hong Kong-Macao Greater Bay Area, should be enhanced as well as the information management methods. On this basis, the implementation path of fully liberalizing exit-entry permits about Macau's single-plate vehicles in Zhuhai can be fully facilitated and constructed. The path includes: improving the relevant laws and regulations and further optimization of management policies; decentralizing the approval power as the management of Macau's single-plate vehicles exit-entry in Hengqin; revising management rules for the relaxation of application conditions; applying new technologies to optimize vehicle management and insurance services; strengthening and refining the management of clearance facilitation; improving traffic management and standardizing the handling of traffic violation, and so forth.

Key words: Macau's Single-Plate Vehicles; Clearance Facilitation; Macau; Zhuhai; Hengqin

15 The Connotation, Function and Construction of Macau as a "Cultural Exchange and Cooperation Base"

Lo Ka Nok / 230

Abstract: The "Outline of the Guangdong-Hong Kong-Macao Greater Bay Area Development Plan" states that one of the positioning of Macao in the Greater Bay Area is "as a base for communication and cooperation with the mainstream of Chinese culture and the coexistence of multiple cultures". But at present, all sectors of the community have not yet clearly understood the meaning of this "Base". It is the first time in China that the cultural characteristics and cultural functions of a city (or special administrative region) have been included in the national regional development strategy. Not only is it the first time that Macao has been given the status of "cultural exchange and cooperation base" in national planning, but it also shows the recognition of the tradition and characteristics of the central government's multicultural exchange in Macao. This base has a strong platform nature, and its focus should be on serving the Greater Bay Area, serving China, and facing the world, not only for Macao itself. In addition to continuing to consolidate the development orientation of "one center and one platform" in the future, all sectors of the Macao society should also clearly understand the connotation of the base positioning, so as to formulate long-term development plans. Relying on the existing multicultural form and the historical and cultural connection between Greater Bay Area cities, it could be further consolidate and develop the inheritance of Chinese traditional culture in itself and even the Greater Bay Area, and assist the Guangdong-Hong Kong-Macao Greater Bay Area in further opening up, communication and cooperation.

Key words: Guangdong-Hong Kong-Macao Greater Bay Area; Macao;

Abstract: Macau's first scientific satellite （MSS-1）will be the first and, by far, the only geomagnetic satellite that uses a low latitude orbit to monitor the geomagnetic field and space environment of the South Atlantic Anomaly. The satellite will accurately measure the secular variations of the geomagnetic field, and provide important data for the understanding of the geodynamo process responsible for the origin and maintenance of the field. In addition, the geomagnetic field information obtained by the satellite will be applied to the fields of aviation navigation, daily mobile navigation, oil drilling and mining, general survey of mineral resources and exploration. MSS-1 project has carried out several rounds of scientific and technical demonstrations and held a launching ceremony at the Macau University of Science and Technology on 9th October, 2019. It was planned that the satellite would be launched in 2021. The MSS-1 project is expected to make a noticeable international impact on both the basic and applied research fields such as the Earth's magnetism, Earth's lithospheric structure, space weather, and Earth's core magnetohydrodynamics, along with significant economic and social benefits to Macau.

Key words: Macao's first scientific satellite; Magnetic field; Navigation

Abstract: Since 1999, Macao's higher education has made remarkable achievements, which has contributed to the harmony and stability of Macao's society and economic prosperity, and laid a solid foundation for Macao's participation in the construction of the GBA. However, due to the limited campus and the shortage of local students, the scale of Macao's higher education is small, the comprehensive benefit is difficult to improve, and the sustainable development is affected. The support from national government, the acceptance of students from Mainland , early cooperative exploration and abundant international resources are the basis and conditions for Macao universities to run schools in the GBA. In the context of the construction of the GBA, Running schools in the GBA cities will open a win-win situation. It can not only release the high quality resources of Macao colleges and universities and enhance the identity of Macao youth to the country, but also provide more high quality degrees for Guangdong Province. At the same time, higher education can also become an important grasp for Macao to participate in the construction of the GBA. By providing higher education services to the domestic and foreign markets, it can help Macao's economy to develop moderately and diversifiedly and accelerate Macao's integration into the overall situation of national development. Macao colleges and universities should seize the opportunity to strive to achieve the "zero" breakthrough of running a school in the city of GBA, and make new contributions to the construction of GBA.

Key words：Macao; Higher Education; Guangdong-Hong Kong-Macau Greater Bay Area; Sino-Foreign Cooperative Education.

18　The current situation, problems and suggestions of Hengqin Macao financial cooperation

Liu Chengkun，Yang Rongtao / 271

Abstract：The Outline Development Plan for the Guangdong-Hong Kong-Macao Greater Bay Area proposes to support the development of special financial services such as leasing in Macao; to explore the development of misalignment with neighboring areas; to study the establishment of securities market denominated in RMB, the green financial platform and Sino-Portuguese financial service platform in Macao; to support the cities such as Zhuhai to develop characteristic financial service industries by leveraging their respective advantages. Under the background of the construction of the Grand Bay Area, the integration and development of the Hengqin New Area and Macao's characteristic financial industry has ushered in a historic opportunity. Currently, the cooperation between Hengqin Finance and Macao has achieved remarkable results, which is reflected in the gradual gathering of Macao-funded financial institutions, the financial innovation to facilitate cooperation between Guangdong and Macao, the gradual formation of a financial policy system for benefiting Macao, and industrial funds assisting the development of Guangdong and Macao. However, there are also some problems. The simple industrial structure restricts the development of Macau's financial industry. The insufficient financial element support hinders the transformation and upgrading of the financial industry. The differences in the institutional environment between two places affect the integration and development of the financial industry. In the future, it is necessary to strengthen the top-level design, to vigorously solve the problems of lacking financial talents, insufficient space, and imperfect supporting facilities in Macau in order to promote the financial cooperation between Hengqin and Macao to a new level, to facilitate the financial innovation and integration of the Greater Bay Area, and to facilitate the moderately diversified economic development of Macau.

Key words: Macao; Youth Entrepreneurship; Policy

19 The Development of Macao's Young Entrepreneurs in Hengqin

Abstract: The entrepreneurship of Macao youth in Hengqin will contribute to the in-depth integration of Guangdong, Hong Kong and Macao, the diversified development of Macao's economy and the growth of the youth themselves. Supported and promoted by policy dividends at multiple levels, Macao youths are accelerating their integration into the country's wave of innovation and entrepreneurship. The dividends of national development, the advantages of Qin-Ao integration, and the connection between Hengqin and the Mainland all bring development opportunities for young entrepreneurs in Macao. 1. Break through the bottleneck of entrepreneurship and provide assistance for the development of the mainland market. The Hengqin Macao Youth Entrepreneurship underscores the characteristics of "playing the strengths of Macao and serving the country", fully combining the advantages of Macao's Sino-Portuguese economic and trade cooperation platform, helping the construction of Macao's world tourism and leisure center and the new practice of "one country, two systems". In the future, with the construction of Hengqin's Guangdong-Macao deep cooperation zone and the further integration of Macao into the country's development, the huge advantages of "one country, two systems" will be further exerted, and young entrepreneurs in Macao can develop "Internet +" to help Macao build a digital economy city and vigorously develop financial technology, To promote the development of Macao's characteristic finance, integrate talents in the Greater Bay Area, gather the power of technological innovation and entrepreneurship, use "AI + big data" technology to create a new model of regional cooperation, so that Macao youth can fulfill their social responsibilities in a more in-depth manner. Space to achieve diversified development.

Key words：Macau; Hengqin; Youth; Innovation and Entrepreneurship; Guangdong-Macao Cooperation